V/2504

Le Chic à Cheval (2ᵉ Série)

A TRAVERS L'EUROPE

CROQUIS DE CAVALERI[E]

A TRAVERS L'EUROPE

CROQUIS DE CAVALERIE

TYPOGRAPHIE FIRMIN-DIDOT ET Cie. — MESNIL (EURE).

N° 1. — Officier des hussards de Hanovre; rég. n° 15.
N° 2. — Officier du rég. de cuirassiers de la Garde.
N° 3. — Officier du 2e rég. des dragons de la Garde.
N° 4. — Officier du 3e rég. des hulans de la Garde.
N° 5. — Officier des gardes du corps.
N° 6. — Officier des reitres de la Garde saxonne.

OFFICIERS DE CAVALERIE DE LA GARDE EN TENUE DE GALA.

L. VALLET

ANCIEN CAVALIER-ÉLÈVE DE L'ÉCOLE DE SAUMUR

A TRAVERS L'EUROPE
CROQUIS DE CAVALERIE

PRÉFACE DE M. ROGER DE BEAUVOIR

OUVRAGE ILLUSTRÉ

DE 300 GRAVURES DANS LE TEXTE ET 50 EN COULEURS

D'APRÈS LES DESSINS DE L'AUTEUR

PARIS

LIBRAIRIE DE FIRMIN-DIDOT ET CIE

IMPRIMEURS DE L'INSTITUT, RUE JACOB, 56

1893

Reproduction et traduction réservées.

A SON ALTESSE ROYALE

MGR LE DUC D'AUMALE

TRÈS RESPECTUEUX HOMMAGE

L. Vallet.

AVANT-PROPOS

« Quand l'ennemi est rempli de terreur, il
faut en profiter. »

MARMONT.

A cavalerie! ce nom évoque aussitôt d'éclatantes fanfares, un bruissement d'acier, d'étonnantes chevauchées, d'incroyables victoires, mais aussi, hélas! de glorieux revers.

Depuis le jour où Alexandre franchissait l'Hydaspe à la tête de ses 6.000 cavaliers devant l'armée de Porus, depuis Zama où la cavalerie de Scipion renversait la fortune d'Annibal; en passant par l'épopée romaine, celle des Gaulois, des Germains et des Francs, de Charlemagne et des Saxons, de Charles Martel et des Sarrasins; en traversant le moyen âge, la chevalerie, les croisades, les guerres de *Cent*, de *Trente* et de *Sept* ans pour arriver à nos jours au milieu des luttes de la Révolution et de l'Empire, que n'a-t-on pas dit et écrit sur la cavalerie, l'exaltant jusqu'à l'apothéose ou l'écrasant sous le plus cruel et le plus injuste dédain?

Aujourd'hui encore, son existence, son utilité, son mode d'emploi, ce qu'on peut en attendre, autant de sujets sur lesquels s'exercent nombre d'écrivains, militaires ou non.

Inutile, encombrante, ruineuse, il faut la supprimer, disent les uns. Solidement organisée, riche en officiers, en hommes et en chevaux, telle il la faut désormais, répliquent les autres.

Eh bien, il n'y a pas de moyen terme : elle est utile ou elle ne l'est pas.

La grosse difficulté a toujours été de rencontrer un véritable général de cavalerie.

AVANT-PROPOS.

Le maréchal Marmont affirme que, pendant vingt années de guerre, il n'en a connu que trois : Kellermann, Montbrun et Lasalle.

« Eussiez-vous un coup d'œil rapide et un éclat de détermination
« plus soudain que le coursier emporté au galop, a écrit le général
« Foy, ce n'est rien si vous n'y joignez la vigueur de la jeunesse, de
« bons yeux, une voix retentissante, l'adresse d'un athlète et l'agi-
« lité d'un centaure. Avant tout, il faudra que le ciel vous ait dé-
« parti avec prodigalité cette qualité précieuse qu'aucune ne rem-
« place et dont il est plus avare qu'on ne le croit communément, la
« bravoure! »

C'est que la cavalerie est, par excellence, l'arme de l'offensive et de l'à-propos. Son élément est la rapidité, l'audace est son caractère. Rares et fugitifs sont les moments qui s'offrent à l'action de la cavalerie sur le champ de bataille; il faut les saisir, et l'inspiration seule sait en profiter. C'est elle qui sacre les généraux de cavalerie.

L'histoire de la guerre nous apprend, du reste, que partout où la cavalerie a décidé de la victoire, elle agissait en grande masse. La guerre de Sept ans et celles de l'Empire le prouvent.

A son avènement au trône, Frédéric II s'exprimait ainsi à propos de la cavalerie prussienne. « Elle était composée de très grands
« hommes montés sur des chevaux énormes; c'étaient des colosses
« sur des éléphants, qui ne savaient ni manœuvrer ni combattre;
« il ne se faisait aucune revue où, par maladresse, il ne tombât
« quelques cavaliers par terre. »

Deux ans après, cette même cavalerie, dirigée, instruite, bien commandée, obtenait des succès merveilleux à Czaslau, à Friedberg, à Sorr et à Kasseldorf.

Cela n'empêchait pas Frédéric II d'écrire à de Ziethen, le commandant de sa cavalerie : « Je vous recommande, avant tout, de pour-
« suivre l'ennemi à outrance, sans lui donner le temps de respirer
« et de se reconnaître: Je veux croire que votre monde est fatigué,
« mais songez que l'ennemi l'est mille fois davantage et qu'il im-
« porte de le pousser, de le poursuivre, de ne pas lâcher prise.
« Mon cher Zieten, à l'époque où nous sommes, un jour de fatigue nous en procure
« cent de repos. Allons, général, toujours le cul sur la selle! toujours aux trousses
« de l'ennemi! »

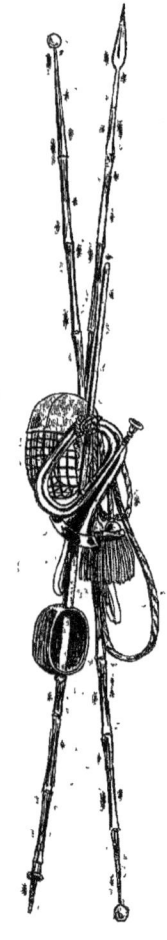

*Armes d'exercice;
Angleterre.*

AVANT-PROPOS.

Dans ces conditions, la cavalerie contribuera en tout temps aux succès d'une armée.

C'est pour avoir oublié les principes de Frédéric le Grand que la cavalerie prussienne a succombé à Iéna et à Auerstadt, et après la retraite sur l'Oder et les côtes de la Baltique, à Eylau, à Heilsberg, à Friedland.

« Si j'en voulais bien à quelqu'un, écrivait Napoléon à Lannes, le 18 novembre 1805, c'était à Walter, parce qu'il faut qu'un général de cavalerie suive toujours l'ennemi l'épée dans les reins, surtout dans les retraites, que je ne veux pas qu'on ménage les chevaux quand ils peuvent prendre des hommes et parce que j'ai la conscience qu'on pouvait faire hier ce que l'on fait aujourd'hui. »

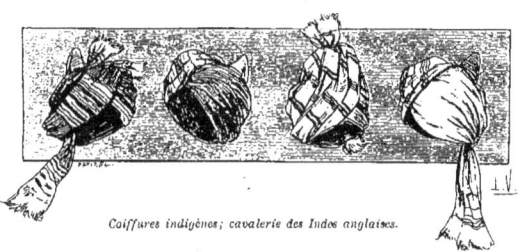

Coiffures indigènes; cavalerie des Indes anglaises.

Aussi est-ce à la rapidité des marches de la cavalerie impériale, à l'emploi intelligent que sut faire d'elle un commandant jeune, ardent, audacieux, ne doutant de rien, qu'il faut attribuer surtout les prodigieux succès obtenus.

En voici un exemple frappant. Du 7 octobre au 7 novembre, la cavalerie d'avant-garde, sous les ordres de Lassalle, n'a jamais séjourné plus de 24 heures dans le même cantonnement. Elle a livré 17 combats et parcouru en moyenne 42 kilomètres par jour, distance qui, par certaines journées, a été portée au double.

Comme résultats des brillantes chevauchées du corps de cavalerie de Murat, le général Belliard, son chef d'état-major, dressait, le 7 novembre, le tableau des prises faites depuis le 9 octobre, c'est-à-dire depuis le combat de Saalfeld jusqu'à la capitulation de Lubeck :

Officiers, 975; soldats, 71.897; étendards, 77.
Canons, 509; chevaux, 18.450; caissons et fourgons, 617.

La simplicité de la conception, la vigueur de l'exécution, telles furent les principaux facteurs de la victoire.

« La cavalerie, s'écriait l'Empereur, demande de l'audace, de l'habileté et surtout de ne pas être dominée par l'esprit de conservation et d'avarice. »

L'action de la cavalerie s'exerce notamment en grande masse. Le plus grand corps de cette armée réuni sous un même commandement fut le 4ᵉ corps, en Russie; il avait à sa tête le général Latour-Maubourg; il comprenait 11 régiments : 5 de cuirassiers et 6 de lanciers, soit 43 escadrons de 160 à 170 chevaux, avec 4 batteries d'artillerie; au total 7.000 sabres et 8.000 chevaux.

Par la réunion en grande masse, la cavalerie, nouvellement formée et peu instruite, devenait capable de hauts faits de guerre. De 1813 à 1815, elle en a témoigné. Avec elle, Napoléon accomplit des prodiges.

Par contre, comme le déclare le général Kœhler, la cavalerie prussienne, pendant ces mêmes campagnes de 1813 à 1815, ne sut pas conserver sa place d'honneur parmi les autres armes.

Blücher, lui-même, partage cette opinion.

Quoique employée en petit nombre, la cavalerie peut rendre d'importants services. C'est ainsi qu'à la bataille de Custozza, le colonel Pultz, à la tête de deux brigades autrichiennes, chargeant les divisions Bixio et Humbert, passa sur le corps des tirailleurs, enfonça quelques carrés et répandit la panique jusqu'aux lignes les plus reculées. L'attaque avait eu lieu à 7 heures du matin, et de 11 heures à 4 heures du soir, les deux divisions italiennes, sous l'empire de la frayeur que leur avaient inspirée ces charges à outrance, se tenaient encore en avant de Villafranca, immobilisées et terrifiées. 700 cavaliers vigoureusement menés avaient empêché 30,000 hommes de prendre part à la bataille.

En 1875, à Eraül, un petit corps carliste aux ordres du général espagnol Dorregaray, luttait depuis plusieurs heures contre des forces régulières très supérieures en nombre; le combat se poursuivait pied à pied, sur des pentes couvertes de bois; tout à coup le vieux marquis de Valdespina se précipite du haut en bas des pentes avec 15 *cavaliers* sur les bataillons réguliers déjà victorieux. Cet héroïque peloton renverse tout sur son passage; il succombe presque en entier, mais l'infanterie carliste utilise l'instant psychologique, elle charge une dernière fois l'ennemi surpris et hésitant, le culbute définitivement vers la plaine, lui prend ses canons et son chef, le colonel Navarro.

L'histoire de la cavalerie fourmille de ces exemples.

L'exploration est le premier devoir de cette arme. Rechercher les positions de l'adversaire, dissimuler celles de l'armée. Voilà sa mission principale.

Combien a été utile à l'Allemagne, en 1870, ce rideau impénétrable de hulans qui, sur 20 lieues de profondeur, a tantôt couvert les mouvements de l'armée prussienne et tan-

AVANT-PROPOS

tôt les a masqués. Tous se le rappellent encore. Que n'auraient pu faire les corps de la province si la cavalerie ne leur eût manqué? A qui les généraux allemands ont-ils dû leurs renseignements, malheureusement si exacts? A la cavalerie. N'insistons pas sur ces souvenirs douloureux; ils sont à la mémoire de tous.

Rien n'est venu modifier le grand rôle de la cavalerie; elle le conservera tant que la loi des rapidités existera.

La *rapidité*, c'est l'imprévu, la surprise, la variété dans l'action. Action de choc vis-à-vis des autres armes, combat individuel, poursuite; en résumé : sabre et offensive prêts à faire face à tous les incidents multiples qui peuvent naître des combinaisons nouvelles de la tactique.

Cavalier roumain; tenue d'hiver.

Les troupes engagées dans les plus sanglantes affaires pendant ces campagnes récentes, contre des adversaires pourvus de l'armement le plus perfectionné, ont rarement subi des pertes aussi fortes que celles supportées par la cavalerie impériale, à la journée d'Aspern, le 21 mai 1809, où dans une charge de 5.000 cuirassiers, 3.000 hommes restaient sur le terrain.

Cela prouve que l'armement moderne ne doit pas, comme l'ont affirmé beaucoup d'écrivains contemporains, interdire à la cavalerie l'*action en masse* sur les champs de bataille de l'avenir. Si les champs de bataille étaient des champs de tir, les feux mériteraient les succès qu'on leur attribue. Mais les champs de bataille ne sont pas des champs de tir.

Roumanie; hussard.

Il est tout aussi illogique de croire que la cavalerie a pour mission de tout culbuter que de la proclamer incapable désormais d'une action décisive.

Ce qui est certain, toutes les armes ayant fait d'immenses progrès, pour ne pas rester en arrière, la cavalerie doit mieux monter ses chevaux, leur donner plus de sang et partant plus d'avoine, et aussi, le moins possible de poids à porter.

Avec les armes actuelles, la cavalerie, maintenue à distance de 2.000 mètres de l'ennemi, devra, pour l'atteindre, être en état de parcourir cet espace au galop allongé. Il est donc nécessaire de décharger les chevaux en conséquence, afin qu'ils soient toujours en condition, et se souvenir du sage précepte de l'Arabe :

> A la montée, épargne-moi ;
> A la descente, soutiens-moi ;
> En plaine, use de moi ;
> A l'écurie, soigne-moi.

. . . .

C'est dans cet ordre d'idées, dans cet esprit d'impartialité et avec compétence, que M. Louis Vallet, l'auteur du *Chic à cheval*, a exposé l'organisation des cavaleries de l'Europe. Il a augmenté le texte de son ouvrage de jolies illustrations. Elles ajoutent au mérite de son livre et en sont un commentaire heureux. Il sera lu partout avec fruit, mais il aura un attrait de plus, par l'application artistique qu'en a fait l'auteur soit des récits du texte, soit des théories techniques.

Les militaires, eux-mêmes, y honoreront les glorieux faits d'armes de leurs aînés et ils rediront avec fierté que la cavalerie disposa d'une couronne en une seule bataille.

Richard III, que Shakspeare a immortalisé plus que ne le pouvaient faire ses crimes, ne s'écriait-il pas à Bosworth : « *Un cheval, un cheval, mon royaume pour un cheval !* »

Roger de Beauvoir.

Août 1892.

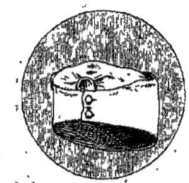

Bonnet de police de la cavalerie autrichienne.

AVIS AU LECTEUR

Les pages de ce livre consacrées à l'*Allemagne* ayant été imprimées depuis longtemps, il est nécessaire d'appeler l'attention du lecteur sur certaines modifications introduites depuis cette date, notamment dans la composition et la répartition de l'armée de l'Empire allemand.

C'est ainsi que le nombre de corps d'armée a été augmenté de deux et s'élève à dix-neuf non compris la Garde. Leur dénombrement, au point de vue du recrutement et des réserves, rectifiant celui donné à la page 18, est le suivant, avec l'indication de leurs quartiers généraux respectifs.

1er Corps (Kœnigsberg). — Prusse orientale partie est, jusqu'à la Vistule.
2e Corps (Stettin). — Prusse occidentale partie ouest, Poméranie et le nord de la Posnanie.
3e Corps (Berlin). — Brandebourg.
4e Corps (Magdebourg). — Province de Saxe, duchés d'Anhalt et de Saxe-Altenbourg, principautés de Schwarzbourg et celles de Reuss.
5e Corps (Posen). — Posnanie partie sud et le nord-ouest de la Silésie.
6e Corps (Breslau). — Silésie partie sud-est.
7e Corps (Münster). — Westphalie septentrionale, province Rhénane partie nord, principautés de Lippe-Detmold et de Schaumbourg-Lippe.
8e Corps (Coblentz). — Province Rhénane partie sud.
9e Corps (Altona). — Schleswig-Holstein, grand-duchés de Mecklembourg-Schwerin et de Mecklembourg-Strélitz, villes libres de Brême, Hambourg et Lubeck.
10e Corps (Hanovre). — Hanovre, grands-duché d'Oldenbourg, duché de Brunswick.
11e Corps (Cassel). — Westphalie méridionale, Hesse électorale, Francfort-sur-le-Main, grand-duché de Saxe-Weimar, duchés de Saxe-Cobourg-Gotha et de Saxe-Meiningen, principauté de Waldeck, grand-duché de Hesse-Darmstadt.
12e Corps (Dresde). — Royaume de Saxe.
13e Corps (Stuttgart). — Royaume de Wurtemberg.
14e Corps (Carlsruhe). — Grand-Duché de Ba de et Haute-Alsace.
15e Corps (Strasbourg). — Basse-Alsace et partie nord-est de la Lorraine.
16e Corps (Metz). — Lorraine nord-ouest et sud.
17e Corps (Dantzig). — Prusse orientale partie ouest et Prusse occidentale partie est.

Le royaume de Bavière fournit deux corps d'armées indépendants : le 1er comprenant la partie méridionale (quartier général à Munich); le 2° la partie septentrionale et le Palatinat (quartier général à Wurzbourg). La 5ᵉ brigade de cavalerie de ce dernier corps est en partie en garnison en Lorraine, à Dieuze et à Sarreguemines.

Dans l'énumération des régiments de cavalerie allemande (pages 2 à 8), il y a à rectifier certains changements de garnison, d'après les indications fournies à cet égard par les listes insérées aux p. 33 et suivantes, qui rectifient également la composition de la division de cavalerie de la Garde (p. 9). Par suite d'une faute d'impression aux pages, 2, 3, 4, 5, 6 et 15, on a mis à plusieurs reprises *du Schleswig*, au lieu de *de Silésie;* de même, il faut lire *de Lithuanie*, au lieu de *de Litthau* (p. 3 et 6). A la p. 8, pour le 3ᵉ régiment de chevau-légers de Bavière, au lieu de *ex-régiment Archiduc Maximilien d'Autriche*, il faut lire : *ex-régiment du duc Maximilien de Bavière*.

Enfin, il faut rectifier comme il suit le cinquième alinéa de la page 24 : « Actuellement, il y a quatre officiers généraux ayant rang de maréchal, mais qui portent des titres particuliers : le général-feldmaréchal von Pape, qui est *colonel-général d'infanterie;* puis le grand-duc de Bade, le grand-duc de Saxe-Weimar et le prince de Bismarck, qui sont *colonels-généraux de cavalerie (General-Oberst der Cavallerie)*.

CROQUIS
DE
CAVALERIE

CHAPITRE PREMIER

ALLEMAGNE

Près les événements de 1814-1815 la Prusse procéda à la réorganisation de sa cavalerie.

Tout d'abord cette cavalerie fut composée de 64 régiments, 32 de ligne et 32 de landwehr; dans ce nombre étaient compris les régiments de la Garde, savoir :

    2 régiments cuirassés,
    2 — de hulans,
    1 — de dragons,
    1 — de hussards,
    2 — de landwehr.

L'armée prussienne étant alors répartie en 4 corps d'armée, la cavalerie comptait donc, en moyenne, 8 régiments par corps d'armée.

Ces 32 régiments de la ligne se répartissaient de la façon suivante :

    8 régiments de cuirassiers,
    8 — de hulans,
    4 — de dragons,
    12 — de hussards.

Les régiments de la landwehr correspondant à ceux de la ligne formèrent jusqu'en 1852 des brigades distinctes.

En 1852 l'embrigadement fut ainsi modifié :

Au lieu des divisions mixtes constituées par la réunion des brigades de la ligne et de celles de la landwehr, on forma des brigades mixtes en accolant à chaque régiment de ligne le régiment de la landwehr de même numéro.

Cet état de choses dura jusqu'en 1860.

Casquette d'officier de la landwehr (1800).

A partir de cette dernière année, la cavalerie de la landwehr fut supprimée et remplacée par la création de 8 nouveaux régiments de ligne : les régiments de hulans nos 9, 10, 11 et 12, et les régiments de dragons nos 5, 6, 7 et 8.

En même temps on créa dans la Garde le régiment de hulans n° 3, et le régiment de dragons n° 2.

C'étaient donc 48 régiments que comptait alors la cavalerie prussienne : 40 régiments de ligne et 8 régiments de la Garde.

En outre, en temps de guerre, il était formé, avec les réservistes et les landwehriens disponibles, 16 nouveaux régiments, dits RÉGIMENTS DE RÉSERVE.

Après les rapides succès de la campagne de 1866, 20 autres régiments de cavalerie furent formés, soit avec les contingents des pays annexés à la Prusse soit avec ceux des États de la Confédération de l'Allemagne du Nord.

Ces 20 nouveaux régiments prirent à la suite de la cavalerie prussienne les numéros suivants :

CUIRASSIERS.

4 régiments de hulans : nos 13, 14, 15 et 16;

11 régiments de dragons : nos 9, 10, 11, 12, 13, 14, 15, 16, 17, 18 et 19;

5 régiments de hussards : nos 13, 14, 15, 16 et 17;

Auxquels il convient d'ajouter la cavalerie saxonne qui comprenait 2 régiments de hulans et 4 régiments de REITER.

A l'heure actuelle et sur le pied de paix, la cavalerie allemande se décompose de la manière suivante :

Casque de M. de Bismarck pendant la campagne de 1870.

Régiments des gardes du corps, en garnison à Potsdam;

Régiments des cuirassiers de la Garde, en garnison à Berlin ;

Leib-cuirassiers, du Schleswig, Grosser Kurfürst, régiment n° 1, en garnison à Breslau;

Cuirassiers de Poméranie, régiment de la Reine, n° 2, en garnison à Pasewalk;

Cuirassiers de la Prusse orientale, régiment du comte de Wrangel, n° 3, en garnison à Konigsberg;

Cuirassiers de Westphalie, régiment von Driesen, n° 4, en garnison à Münster;

Cuirassiers de la Prusse occidentale, régiment du duc Frédéric-Eugène de Wurtemberg, n° 5 (1ᵉʳ, 2ᵉ, 4ᵉ et 5ᵉ escadrons à Grandenz, 3ᵉ escadron à Eylau, 2ᵉ escadron à Rosenberg);

Cuirassiers du Brandebourg, régiment de l'empereur Nicolas Iᵉʳ de Russie, n° 6, en garnison à Brandebourg;

Cuirassiers de Magdebourg, régiment de Sedlitz, n° 7 (1ᵉʳ, 2ᵉ et 5ᵉ escadrons à Halberstadt, 3ᵉ et 4ᵉ escadrons à Quedlinbourg);

Cuirassiers du Rhin, régiment du comte Gessler, n° 8, en garnison à Deutz.

DRAGONS.

1ᵉʳ Dragons de la Garde, régiment de la reine d'Angleterre, en garnison à Berlin;

2ᵉ Dragons de la Garde, en garnison à Berlin;

Dragons de Litthau, régiment du prince Albert de Prusse, n° 1, en garnison à Tilsitt;

Dragons de Brandebourg, régiment n° 2, en garnison à Schwedt (a. O.);

Dragons de Neumarck, régiment du baron de Derfflinger, n° 3, à Bromberg;

Dragons du Schleswig, régiment de Bredow, n° 4, en garnison à Lüben;

Dragons du Rhin, régiment du baron de Manteuffel, n° 5, en garnison à Hofgeismar;

Dragons de Magdebourg, régiment n° 6, en garnison à Diedenhofen;

Dragons de Westphalie, régiment n° 7, en garnison à Saarbruck;

2ᵉ Dragons du Schleswig, régiment du roi Frédéric III, n° 8 (1ᵉʳ escadron à Oels, 2ᵉ escadron à Creutzbourg, 3ᵉ escadron à Bernstadt, 4ᵉ et 5ᵉ escadrons à Hamslau;

1ᵉʳ Dragons du Hanovre, régiment n° 10, en garnison à Metz;

Officiers de dragons (régiments nᵒˢ 6 et 9).
petite tenue.

Dragons de la Prusse orientale, régiment n° 10, en garnison à Allenstein ;
Dragons de Poméranie, régiment de Wedell, n° 11 (1er, 2e et 5e escadrons à Gumbirmen, 3e et 4e escadrons à Stallüponen) ;
2e Dragons de Brandebourg, régiment d'Arnim, n° 12, en garnison à Gnesen ;
Dragons du Schleswig-Holstein, régiment n° 13, en garnison à Metz ;
Dragons de Kürmärck, régiment n° 14, en garnison à Colmar ;
3e Dragons du Schleswig, régiment n° 15, en garnison à Haguenau ;
2e Dragons du Hanovre, régiment n° 16 (1er, 2e, 3e et 5e escadrons à Lünebourg, 4e escadron à Nelzen.
1er Dragons du grand-duché de Mecklembourg, régiment n° 17, en garnison à Ludwigslust ;
2e Dragons du grand-duché de Mecklembourg, régiment n° 18, en garnison à Parchim ;
Dragons d'Oldenbourg, régiment n° 19, en garnison à Oldenbourg ;

Officier de dragons de la reine Olga, régiment n° 5.

1er Leib-dragons badois, régiment n° 20, en garnison à Carlsruhe ;
2e Dragons badois, régiment n° 21 (1er, 2e, 3e et 5e escadrons, à Bruchsal, 4e escadron à Schwetzingen) ;
3e Dragons badois, régiment du prince Charles, n° 22, en garnison à Mulhouse ;
1er Dragons du grand duché de Hesse, régiment de la Garde, n° 23 (escadron de la Garde et 5e escadron, à Darmstadt, 2e, 3e et 4e escadrons à Babentsausen) ;
2e Dragons du grand duché de Hesse-Leib, régiment n° 24 (escadron de la Garde, 2e et 5e escadrons à Darmstadt, 3e et 4e escadrons à Butzbach) ;
1er Dragons du Wurtemberg, régiment de la reine Olga, n° 25, en garnison à Ludwigsbourg ;
2e Dragons du Wurtemberg, régiment n° 26 (3 escadrons à Ulm et 2 escadrons à Wiblingen).

HUSSARDS.

Leib-garde, régiment en garnison à Potsdam ;
1er Leib-hussards, régiment n° 1 (1er, 2e et 5e escadrons, à Dantzig et Langfuhr, 3e et 4e escadrons à Sargardt (4e escadron destiné à Dantzig) ;
2e Leib-hussards, régiment de l'Impératrice, n° 2, en garnison à Posen ;

PRINCESSE, COLONEL HONORAIRE D'UN RÉGIMENT DE HUSSARDS.

Hussards de Brandebourg, régiment de Ziethen, n° 3, en garnison à Rathenow ;

Hussards, 1ᵉʳ du Schleswig, régiment Schill, n° 4, en garnison (1ᵉʳ, 2ᵉ et 5ᵉ escadrons à Ohlau, 3ᵉ et 4ᵉ escadrons à Strehlen) ;

Hussards de Poméranie, régiment de Blücher, n° 5 (1ᵉʳ escadron à Schlawe, 2ᵉ, 3ᵉ, 4ᵉ et 5ᵉ escadrons à Stolp) ;

Hussards, 2ᵉ du Schleswig, régiment du comte de Goetzen, n° 6 (1ᵉʳ, 2ᵉ, 4ᵉ et 5ᵉ escadrons, à Leobschütz, 3ᵉ escadron à Oberglogau ;

Hussards 1ᵉʳ du Rhin, régiment du roi Guillaume 1ᵉʳ, n° 7, en garnison à Bonn ;

Hussard de la landwehr ; 1868.

Hussards 1ᵉʳ de Westphalie, régiment n° 8 (1ᵉʳ, 3ᵉ et 4ᵉ escadrons à Neuhaus, 2ᵉ et 5ᵉ escadrons, à Paderborn) ;

Hussards, 2ᵉ du Rhin, régiment n° 9, en garnison à Trier ;

Hussards de Magdebourg, régiment n° 10, en garnison à Stendal ;

Hussards, 2ᵉ de Westphalie, régiment n° 11 (1ᵉʳ, 3ᵉ, 4ᵉ et 5ᵉ escadrons à Dusseldorf, 2ᵉ escadron à Benrath) ;

Hussards de Thuringe, régiment n° 12 (1ᵉʳ et 2ᵉ escadrons à Weissenfels, 3ᵉ, 4ᵉ et 5ᵉ escadrons à Mersebourg) ;

1ᵉʳ Hussards hessois, régiment n° 13 (1ᵉʳ, 2ᵉ et 5ᵉ escadrons à Francfort, 3ᵉ et 4ᵉ escadrons à Mainz) ;

2ᵉ Hussards hessois, régiment du Landgrave Frédéric II de Hesse-Hombourg, n° 14, en garnison à Cassel ;

Hussards de Hanovre, régiment n° 15, en garnison à Wandsbeck ;

Hussards du Schleswig-Holstein, régiment de l'empereur François-Joseph d'Autriche, n° 16, en garnison à Schleswig ;

Hussards du Brunswick, régiment n° 17, en garnison à Brunswick ;

1ᵉʳ Hussards du royaume de Saxe, régiment n° 18, en garnison à Grossenhain ;

2ᵉ Hussards du royaume de Saxe, régiment n° 19 (1ᵉʳ, 3ᵉ et 5ᵉ escadrons à Grimma, 2ᵉ et 4ᵉ escadrons à Lansigk).

Colback du régiment de hussards n° 2 ; Prusse.

Rég. de hussards de Hanovre (n° 15) ; officier en tenue de parade.

HULANS.

1ᵉʳ Hulans de la Garde, en garnison à Potsdam ;

2ᵉ Hulans de la Garde en garnison à Berlin;

3ᵒ   —   —   à Potsdam;

Hulans de la Prusse occidentale, régiment de l'empereur Alexandre III de Russie, n° 1 (1ᵉʳ, 2ᵉ, 3ᵉ et 5ᵉ escadrons à Militsch, 4ᵉ escadron à Ostrowo);

Hulans du Schleswig, régiment de Katzler, n° 2 (1ᵉʳ et 3ᵉ escadrons à Ratibor, 2ᵉ escadron à Pless, 4ᵉ escadron à Sohrau, 5ᵉ escadron à Gleiwitz);

1ᵉʳ Hulans du Brandebourg, régiment de l'empereur Alexandre II de Russie, n° 3 (1ᵉʳ et 2ᵉ escadrons, à Francfort-sur-l'Oder, 3ᵉ, 4ᵉ et 5ᵉ escadrons à Furtenswalde);

1ᵉʳ Hulans de Poméranie, régiment de Schmidt, n° 4, en garnison à Thorn;

Trompette de cavalerie.

Éperon d'officier de hulans.

Hulans de Westphalie, régiment n° 5, en garnison à Dusseldorf;

Hulans de Thuringe, régiment, n° 6 (1ᵉʳ, 2ᵉ et 5ᵉ escadrons à Mulhouse, 3ᵉ et 4ᵉ escadrons à Langensalza);

Hulans du Rhin, régiment n° 7, en garnison à Sarrebourg;

Hulans de la Prusse orientale, régiment du comte de Dohna, n° 8 (1ᵉʳ, 2ᵉ, 3ᵉ et 5ᵉ escadrons à Lyck, 4ᵉ escadron à Marggrabowa);

2ᵉ Hulans de Poméranie, régiment n° 9, en garnison à Demmin;

Hulans de Posen, régiment du prince Auguste de Wurtemberg, n° 19, en garnison à Züllichau;

2ᵉ Hulans de Brandebourg, régiment n° 11, en garnison à Sarrebourg;

Hulans de Litthau, régiment n° 12 (1ᵉʳ escadron Goldhap (2ᵉ, 3ᵉ, 4ᵉ et 5ᵉ escadrons à Insterbourg);

1ᵉʳ Hulans du Hanovre, régiment du Roi, n° 13 en garnison à Hanovre;

5ᵉ Hulans de Hanovre, régiment n° 14 (1ᵉʳ, 3ᵉ, 4ᵉ et 5ᵉ escadrons à Saint-Avold, 2ᵉ escadron à Falkenberg);

Hulans de Schleswig-Holstein, régiment n° 15, en garnison à Strasbourg;

Hulans de Altmark, régiment de Hennings de Treffenfeld n° 16 (1ᵉʳ, 2ᵉ et 5ᵉ escadrons à Salzwedel, 3ᵉ et 4ᵉ escadrons à Gardelegen);

Officiers du 1ᵉʳ et 2ᵉ régiments de hulans de la Garde prussienne.

1ᵉʳ Hulans du royaume de Saxe, régiment

Sur la frontière : hussard prussien.

n° 17, en garnison à Oschatz;

2ᵉ Hulans du royaume de Saxe, régiment n° 18 (1ᵉʳ, 2ᵉ et 5ᵉ escadrons à Rochlitz; 3ᵉ et 4ᵉ escadrons à Geithain);

1ᵉʳ Hulans du Wurtemberg, régiment du roi Charles, n° 10, en garnison à Stuttgart;

2ᵉ Hulans du Wurtemberg, régiment du roi Guillaume, n° 20, en garnison à Ludwigsbourg;

1ᵉʳ Hulans de Bavière, régiment de l'empereur Guillaume II, roi de Prusse, en garnison à Bamberg;

2ᵉ Hulans de Bavière, régiment du Roi, en garnison à Ansbach.

SCHWERE REITER (*grosse cavalerie*).

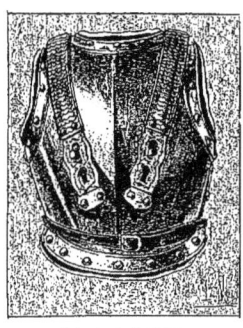

Cuirasse de la garde.

Royaume de Saxe, Garde-Reiter, régiment en garnison à Dresde;

Royaume de Saxe, régiment de carabiniers (1ᵉʳ, 2ᵉ et 4ᵉ escadrons à Borna, 3ᵉ et 5ᵉ escadrons à Pegau);

Royaume de Bavière, 1ᵉʳ Schweres-Reiter, régiment du prince Charles de Bavière, à Munich;

Royaume de Bavière, 2ᵉ Schweres-Reiter, ex-régiment de l'archiduc Rodolphe d'Autriche, en garnison à Landshut.

CHEVAU-LÉGERS (ROYAUME DE BAVIÈRE).

1ᵉʳ régiment, empereur Alexandre de Russie, en garnison à Nurenberg;

2ᵉ régiment, Taxis, en garnison à Dillingen;

3ᵉ régiment, ex-régiment archiduc Maximilien d'Autriche, en garnison à Dieuze;

4ᵉ régiment du Roi (4 escadrons à Augsbourg, 1 escadron à Neu-Ulm);

5ᵉ régiment, archiduc Albert d'Autriche (4 escadrons à Saargemünd, un escadron à Sweibruken);

6ᵉ régiment, grand-duc Constantin Nicolajevitch (2 escadrons à Bayreuth, 2 escadrons à Amberg, 1 escadron à Neumarck).

Chevau-légers bavarois; 1812.

En résumé le royaume de Prusse (1) compte 10 régiments cuirassés dont 2 de la Garde; 28 régiments de dragons dont 2 de la Garde; 21 régiments de hulans, dont 3 de la Garde;

Le royaume de Saxe : 2 régiments de hulans, 1 régiment de grosse cavalerie (Schw. de Saxe;

Le royaume de Bavière : 2 régiments de hulans, 2 de giments de hussards, 2 régide carabiniers et un régiment Reiter) de la garde du roi

(1) Y compris les Badois, Hessois, Wurtembergeois, etc.

A L'ÉTAPE; HUSSARD DE LA GARDE.

et les seconds lieutenants; à partir du grade de capitaine, les officiers se remontent à leurs frais, dans le commerce.

Il convient d'ajouter que l'Allemagne est un remarquable pays de production chevaline et que l'élevage y est l'objet de soins fort attentifs et intelligents. L'entraînement, militaire (bien entendu) et supérieurement organisé et surveillé, y donne des résultats de premier ordre. La cavalerie allemande a, malheureusement pour nous, montré

En vedette; cuirassier.

pendant la campagne de 1870-71, ce qu'on pouvait attendre d'elle; aussi, comme lignes générales, est-elle devenue le modèle imité par toutes les grandes armées européennes.

Les ressources chevalines de l'Allemagne peuvent s'évaluer à près de quatre millions d'animaux. L'introduction très suivie et très généralisée du sang anglais a donné des résultats fort brillants. Nulle part les officiers de cavalerie ne sont aussi bien montés. Les races nombreuses que produit le pays permettent une répartition conforme aux services exigés par chaque subdivision d'arme. Mais les chevaux des cuirassiers et ceux des hussards sont peut-être, entre tous, les plus remarquables.

Carabiniers saxons; casquette d'officier.

Un haras très renommé, celui de Trakenen, dans la Prusse orientale, a hérité de la vieille réputation des produits de l'ancienne race lithuanienne si heureusement modifiée par les croisements anglais et arabes. Les chevaux de ce haras ont du reste une marque spéciale et bien connue des amateurs : un bois d'élan à cinq pointes et une couronne surmontée d'une croix servent de signe distinctif aux produits étrangers au haras, mais nés de ses étalons.

Le Mecklembourg, le Hanovre, et surtout la vieille Prusse, jouissent, au point de vue des soins donnés à la race chevaline, d'une réputation légendaire. La province de Prusse, d'armée, vend à elle seule plus sur laquelle se trouve le 1er corps de chevaux que le reste de l'Allemagne.

Officier de cuirassiers; petite tenue.

La réquisition basée sur la conscription des chevaux fournirait en temps de guerre le complet réglementaire. C'est à ce système qu'on eut recours pendant la guerre de 1870-71 (1) où le nombre des chevaux incorporés s'éleva en tout à 280.000. On estime qu'aujourd'hui il faudrait environ 250.000 chevaux réquisitionnés pour arriver au complet réglementaire.

Le pays militaire est divisé en zones de remontes attribuées à chaque corps d'armée pour la mobilisation. Ces zones ne coïncident pas toujours avec les légions territoriales; elles sont proportionnées aux besoins de chaque corps d'armée. Voici comme il est procédé : tous les six ans on fait un recensement général. Ce travail terminé, les résultats en sont soumis au ministre de l'intérieur. Ce dernier, s'entendant avec son collègue de la guerre, attribue à chaque corps d'armée la portion ou plutôt la zone de production qui lui est nécessaire.

Le commandant de corps d'armée fixe le nombre et la

(1) Pendant la guerre de 1870-71, les pertes en chevaux ont été de 14,979 têtes.

OFFICIERS DES DRAGONS DE NEUMARCK (RÉGIMENT N° 3)
ET DES HUSSARDS DE BRUNSWICK (RÉG. N° 17).

catégorie des animaux à fournir en cas de mobilisation et communique cette décision aux autorités civiles. Celles-ci fixent alors la répartition entre les différentes subdivisions de la zone, de façon à ce que chaque subdivision sache la quantité et la race des animaux qu'elle aura à fournir.

Dans chacune des subdivisions administratives existe une commission civile, chargée de tenir à jour le contrôle de réquisition. Cette commission, en cas de mobilisation, réunirait le nombre de chevaux qui lui est demandé ou plutôt imposé, en augmentant ce contingent d'un tiers pour parer à toutes les éventualités.

Les animaux réunis par les soins de la commission civile seraient remis aux mains d'une commission militaire comportant un certain nombre de membres civils, ceux-ci n'ayant voix que pour fixer le taux des indemnités à payer aux propriétaires dépossédés.

La commission militaire fixe sur place le nombre d'animaux nécessaire et l'indemnité dont il vient d'être question.

Des hommes de la landwehr, de la réserve ou de la landsturm prennent ensuite possession des chevaux réquisitionnés et les conduisent aux corps destinataires.

On peut compter qu'éventuellement, tout serait exécuté le plus rapidement et le plus simplement du monde.

Équipement de hussard; Prusse.

Dépôt de remonte en Saxe, au domaine de Kommerau, à Karlkreuth : la Saxe adopte le système prussien de remonte.

Un rescrit impérial a abaissé les conditions de fortune exigées pour divers officiers.

L'effectif de la cavalerie est de 465 escadrons.

Les escadrons entretiennent 4 *krümperferde* ou chevaux déclassés mais utilisables, qui sont nourris sur les économies régimentaires. Ils sont surtout employés comme chevaux de trait, soit un total de 1860 krumperferde pour la cavalerie.

La vacance de recrues n'existe pas dans la cavalerie; tous les hommes de troupe de cette arme accomplissent intégralement leurs trois années de service.

Sabretache de hussard; régiment de la Garde; Prusse.

Officier de dragons de la landwehr.

L'armée allemande compte, comme officiers généraux :

	Exerçant un commandement ou remplissant un service.	Non pourvus de commandement et investis du grade à titre honorifique.
Feld-maréchaux.	6	2
Généraux de l'infanterie, de la cavalerie et de l'artillerie.	45	43
Généraux-lieutenants.	112	4
Généraux-majors.	203	2
	366	51

Prusse; officier de cuirassiers, petite tenue de service.

Officiers de cavalerie	2.576 +186 détachés dans les divers services de l'état-major.
Cavaliers	67.142, dont 1.200 volontaires d'un an et 509 sous-officiers vétérinaires, armuriers et selliers.
Chevaux	72.511, dont 1,200 des volontaires et 1.860 krümperferde.

Vétérinaires : 157 vétérinaires supérieurs, dont 21 de corps d'armée et 136 de régiment (cavalerie et artillerie) 93 régiments à 5 escadrons = 465 escadrons.

Il faut faire la distinction, dans l'armée allemande, de ceux qui font partie du *soldatensland* qui sont les combattants et des employés qui ne sont pas des combattants.

Les officiers de cavalerie, jusqu'au grade de capitaine inclusivement, se pourvoient de montures à leurs frais; les lieutenants de cavalerie reçoivent un cheval à titre gratuit, *chargenferde*, qui devient leur propriété au bout de quatre ans.

Pour faciliter aux officiers l'acquisition des montures, il est créé à titre provisoire, dans les 3ᵉ et 8ᵉ corps, des dépôts de chevaux d'officiers. Chacun des régiments de cavalerie de ces corps d'armée doit recevoir 20 chevaux destinés à cet usage.

Tout sous-officier, après une prime d'assermenté de gnalés par une conduite exemprime une fois donnée, un certance civile, *zivilversorgungs-*d'un des emplois que les gransont tenues de réserver aux and'offrir aux sous-officiers la comme dans la plupart des auparlement; mais cette idée a gouvernement, comme dans la tion absolue.

Cuirassier régiment n° 8; tenue d'ordonnance.

douze ans de service, a droit à 1.250 francs; ceux qui se sont siplaire, reçoivent en plus de la tificat donnant droit à l'assis-*schein*, c'est-à-dire l'obtention des administrations de l'État ciens militaires. La question perspective de devenir officiers, tres armées, a été agitée au rencontré dans les émules du presse officieuse, une opposi-

Le 5 novembre 1891 a paru un nouveau règlement sur le recrutement d'armes dans la cavalerie, *Vorschrift für die Waffenübungen der Kavallerie*, qui concerne exclusivement le maniement du sabre et de la lance.

25 brigades de cavalerie sont commandées par des colonels.

Dans l'armée allemande, l'avancement a lieu à l'ancienneté par sélection. Tout officier omis dans une promotion qui comprend un ou plusieurs officiers du même grade moins anciens que lui, se considère comme autorisé ou invité à demander sa mise à la retraite.

La moyenne d'âge au moment de la nomination au grade de second lieutenant est de 20 ans.

La carrière normale de l'officier allemand se déduit ainsi qu'il suit :

8 à 10 ans dans le grade de second lieutenant;
5 à 6 ans   —   de premier lieutenant;
9 à 10 ans   —   de capitaine;
5 à 7 ans   —   de major;

Officier de cuirassiers du Schleswig (régiment n° 1); petite tenue de service d'hiver.

Trompette des dragons d'Oldenbourg (régiment n° 19); tenue de parade.

CROQUIS DE CAVALERIE.

3 ans dans le grade de lieutenant-colonel.
3 ans — de colonel.

L'âge des colonels nommés généraux-majors varie de quarante-sept à cinquante-cinq ans.

Pour le recrutement des hommes, on procède suivant la loi générale de recrutement.

D'après cette loi le service est obligatoire pour tout citoyen allemand, de dix-sept jusqu'à quarante-deux ans. Aucune exemption complète du service, même en faveur des ecclésiastiques, n'est admise.

Les conscrits sont ordinairement appelés dans le courant de l'année où leur vingtième année est révolue.

En principe, tout homme reconnu apte au service actif doit passer trois ans (1) sous les drapeaux ; il est ensuite versé dans la réserve où il reste pendant quatre et six mois, puis dans la landwehr où il compte pendant cinq ans. Enfin il est inscrit sur les registres de la landsturm. Dans la cavalerie, on accepte des engagements pour quatre années ; et afin de conserver plus longtemps les cavaliers au corps et de pouvoir leur donner une instruction plus parfaite, on réduit de deux ans le service dans la landwehr pour ceux qui consentent à rester quatre ans sous les drapeaux. Ces hommes passent alors dans la landsturm, au bout de dix et six mois. Sortis de l'armée active, les hommes peuvent être rappelés en temps ordinaire, sous les drapeaux, deux fois pendant qu'ils comptent dans la réserve, pour une durée de huit semaines au plus à chaque rappel.

La cavalerie reçoit aussi des volontaires

Officier supérieur des cuirassiers de la Reine (Poméranie); régiment n° 2; tenue de cérémonie.

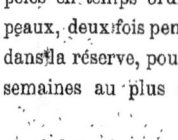

Dragon wurtembergeois; régiment n° 18.

Étendards des gardes du corps, de la cavalerie de la garde et de la ligne.

(1) Depuis la régularisation de l'institution de la landwehr en 1815, la durée du service actif dans l'armée prussienne a toujours été de trois ans. Il est fortement question en ce moment d'une nouvelle réduction du temps du service, et cela, malgré l'énergique opposition des officiers, opposition qui se manifeste surtout dans la cavalerie, avec juste raison.

d'un an et de quatre ans. Les premiers sont généralement peu nombreux, à cause des dépenses assez considérables que doit s'imposer un jeune homme qui veut faire son volontariat dans la cavalerie. Les volontaires de quatre ans, dispensés de deux années de service dans la landwehr, sont, au contraire, parfois en très grand nombre, surnisons. Les hussards de la Garde, par exemple, en sont presque exclusivement composés. Les volontaires de quatre ans sont reçus par les régiments, beaucoup plus volontiers que les recrues du contingent. Ces derniers sont de 35 à 45 par escadron, actuellement.

Les hommes de la landwehr peuvent être également rappelés deux fois; mais seulement pour quatorze jours chaque fois.

Timbales du rég. de cuirassiers de la garde; Prusse.

« Primitivement, après ces trois ans d'activité, on avait à servir deux ans dans la réserve, puis quatorze ans dans la landwehr : sept dans le 1er ban et sept dans le 2e. A partir de 1859, la durée du service dans la réserve fut portée à quatre ans, et celle dans la landwehr réduite à douze ans pour cinq années dans le 1er ban et sept dans le 2e. Le 2e ban de la landwehr a été supprimé par la loi du 9 novembre 1867; mais cette suppression ne s'est pas faite en une fois, aussitôt la promulgation de la loi. Tout au contraire, d'après les dispositions transitoires adoptées, le gouvernement prussien a eu la faculté de libérer successivement, selon les besoins et les éventualités, les contingents de la landwehr de plus de douze ans de service, en commençant par les plus anciens. En 1870, on disposait encore de la sorte le contingent ayant seize ans de service, et c'est seulement en 1882 que fut libéré le dernier contingent ayant treize ans de service.

La loi du 2 mai 1874 avait étendu à tout l'empire les fixations de la loi prussienne du 9 novembre 1867. Mais la loi du 6 mai 1880 a augmenté de six mois la durée totale du service en prescrivant qu'à l'avenir le passage de la réserve dans la landwehr aurait lieu, non plus en automne comme l'incorporation dans l'armée active,

Patte d'épaules des engagés volontaires du 1er rég. de cuirassiers.

Officier du rég. de dragons de Kurmarck (n° 14).

mais au printemps suivant. » (*État militaire des principales puissances étrangères*, par M. S. Rau, du service d'état-major.)

Voici quelle est la division du territoire, au point de vue du recrutement et des réserves : 17 régions de corps d'armée dont 11 pour les provinces de la monarchie prussienne, 3 pour la Saxe et le Wurtemberg et le grand-duché de Bade, 2 pour la Bavière et 1 pour les PAYS-ANNEXÉS. En voici le dénombrement :

1ᵉʳ Corps. — Prusse orientale jusqu'à la Vistule.
2ᵉ Corps. — Prusse occidentale et Poméranie.
3ᵉ Corps. — Brandebourg.
4ᵉ Corps. — Province de Saxe, duchés d'Anhalt et de Saxe-Altenbourg, principautés de Reuss.
5ᵉ Corps. — Posnanie.
6ᵉ Corps. — Silésie.

Casque du « poker », timbalier, des gardes du corps; Prusse.

7ᵉ Corps. — Westphalie septentrionale, Rhin septentrional, Lippe-Detmold et Schaumbourg-Lippe.

8ᵉ Corps. — Rhin méridional.

9ᵉ Corps. — Sleswig-Holstein, Mecklembourg-Schwerin et Strelitz, villes libres de Lubek, Hambourg et Brême.

10ᵉ Corps. — Hanovre, grand-duché d'Oldenbourg, duché de Brunswick.

11ᵉ Corps. — Westphalie méridionale, Hesse, Francfort-s.-le-Main, grand-duché de Saxe, duché de Saxe-Cobourg-Gotha, duché de Saxe-Meiningen, principauté de Waldeck, grand-duché de Hesse.

12ᵉ Corps. — Royaume de Saxe.
13ᵉ Corps. — Royaume de Wurtemberg.
14ᵉ Corps. — Grand-duché de Bade.
15ᵉ Corps. — Alsace-Lorraine.

La Bavière se divise en 2 corps d'armée : 1ᵉʳ Corps, partie méridionale du royaume de Bavière ; 2ᵉ corps, partie septentrionale du royaume.

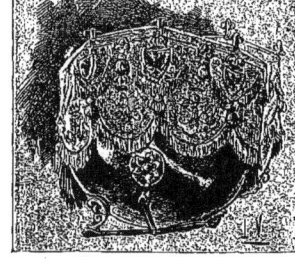

Timbales du rég. des gardes du corps; Prusse.

Les conscrits désignés pour la cavalerie doivent être vigoureusement constitués, choisis parmi ceux qui sont accoutumés au cheval, et ceux dont les aptitudes physiques sont particulièrement propres au service de l'arme.

Les recrues de cavalerie arrivent dans la ligne vers le milieu d'octobre, tandis que la garde reçoit les recrues dans la première moitié de novembre, en même temps que

HULAN (RÉG. N° 12).

celles destinées à son infanterie, la taille nécessaire est de 1ᵐ 67 pour les régiments de la garde et pour la cavalerie de ligne. Elle est de 1ᵐ 62 pour la cavalerie légère de la ligne.

La limite du poids est d'environ 65 kilogrammes pour la cavalerie légère et de 70 kilogrammes pour la grosse cavalerie.

Il y a dans la cavalerie allemande 5 grades différents pour les sous-officiers :

1° UNTEROFFIZIER : le sous-officier proprement dit; il remplit les fonctions dont sont chargés les brigadiers dans l'armée française;

2° SERGEANT : l'équivalent de notre maréchal des logis.

3° VICE-WACHTMEISTER;

4° WACHTMEISTER : maréchal des logis chef;

5° PORTE-ÉPÉE-FANRICH : enseigne ayant la dragonne d'officier (le mot porte-épée signifie dragonne).

Les enseignes ayant passé les examens de sous-lieutenants ont le droit de porter l'épée d'officier.

Les distributions et, en route, le logement, sont faits par des sous-officiers nommés FOURRIERS.

L'habillement et les maîtres ouvriers sont dirigés et surveillés par des QUARTIERS-MAITRES.

La cavalerie reçoit des ouvriers des deux sortes : les ŒKonomie-Handwerke, qui ne comptent pas dans le rang, qui sont habillés en tireurs à pied, c'est-à-dire qu'ils portent le costume particulier à leur corps, mais avec le pantalon différent et la botte sans éperons; les ouvriers ne font aucun service militaire; — puis ceux qui font au contraire partie de l'effectif combattant, et parmi lesquels se trouvent des maréchaux et des selliers.

Officier de dragons, rég. n° 44; grande tenue à pied.

Colonel.

Major.

Capitaine.

1ᵉʳ lieutenant.

2ᵉ lieutenant.

Très curieuse caricature montrant en schéma les cinq grades de l'armée allemande

*Les sous-officiers qui ne sortent pas des écoles sont en général d'anciens soldats rengagés après leurs quatre ans de service actif, et promus de suite après leur rengagement.

Quand la pénurie des cadres l'exige, on nomme sous-officiers des *Gefreiter*(soldats de première classe) ayant moins de trois ans de service, quoique le principe soit de ne nommer sous-officier que des soldats ayant plus de trois ans de service actif.

Sauf, pour des actions d'éclat devant l'ennemi, les sous-officiers allemands ne peuvent devenir officiers. Mais comme en Allemagne le grade de sous-officier est beaucoup plus considéré qu'il ne l'est en France (par la population, s'entend), les sous-officiers allemands sont très fiers de leur grade et n'ambitionnent pas d'autres galons.

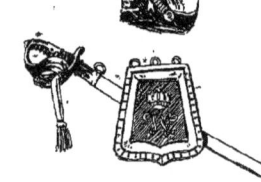

Hussards du Brunswick.

Tous les officiers prussiens sont pris parmi les porte-épée-fahnrich, après un examen devant une commission spéciale, *Ober-Militair-Examination-Commission*; cette même commission fait passer aussi l'examen de *porte-épée-fahnrich*, aux candidats à ce dernier grade. Il suffit, pour être admis à la première épreuve, d'être âgé de dix-sept à vingt-trois ans et d'avoir servi six mois au moins dans un corps de troupe.

Il n'est fait d'exception à cette règle générale qu'en faveur d'un très petit nombre de jeunes gens provenant des corps de cadets et qui peuvent être promus directement officiers s'ils ont subi avec succès l'examen final de la classe la plus élevée (selecta) de cette institution. Tous les autres sont envoyés dans les régiments sans autre titre que le droit au grade de porte-épée-fahnrich, auquel ils sont promus au fur et à mesure des vacances. Mais pour arriver porte-épée-fahnrich, il est indispensable d'obtenir un certificat d'acceptation du chef de corps dans lequel le candidat veut entrer.

Les porte-épée-fahrich sont, au contraire, tous des aspirants au grade d'officier.

Pour être PORTE-ÉPÉE-FANRICH, il faut avoir été AVANTAGEUR OU CADET.

On appelle AVANTAGEURS, des jeunes gens qui s'engagent en déclarant qu'ils désirent devenir officiers et qui en conséquence jouissent de privilèges spéciaux. Ces jeunes gens, il va sans dire, passent avant leur incorporation un examen, dont un diplôme de bonnes études peut leur tenir lieu.

Les privilèges accordés aux AVANTAGEURS sont assez variables, suivant les régiments; les colonels ayant à cet effet une assez grande latitude.

Officier de hussards; Prusse.

L'un des moyens jugés les plus propres à compléter leur éducation est de les admettre à la table des officiers et à tous leurs entretiens et conférences militaires.

Les CADETS sont les jeunes gens élevés dans les écoles militaires destinées à fournir des officiers à l'armée allemande.

Ces écoles comprennent six classes successives, et l'examen à passer par le candidat, qui doit être âgé d'au moins onze ans, varie suivant le nombre de ses années et la classe où il désire entrer.

Le temps passé dans les écoles de cadets ne compte pas comme service effectif. Les cadets après avoir passé six ans à l'école, une année pour chaque classe, passent l'examen de porte-épée-fanhrich. S'ils satisfont aux examens de sortie, ils sont dirigés sur un régiment où ils servent pendant trois mois dans les mêmes conditions que les avantageurs.

Les limites d'âge pour pouvoir être enseigne sont de dix-sept ans au moins et de vingt-trois ans au plus. Tous les officiers de l'armée allemande passent donc par la troupe avant d'obtenir l'épaulette, et vivent avec elle et avec les sous-officiers en contact direct pendant les cinq mois que durent leur stage d'enseigne. Une seule exception à cette règle est faite en faveur des élèves qui ont obtenu les meilleurs numéros des écoles de Lichterfeld, Dresde et Munich.

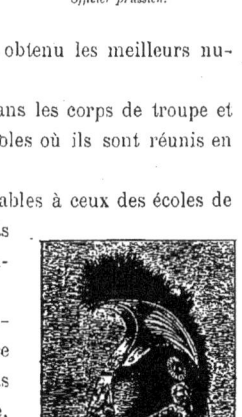

Officier prussien.

Ces derniers ne sont pas envoyés dans les corps de troupe et peuvent rester, à leur gré, dans ces écoles où ils sont réunis en sections spéciales.

Ces sections suivent des cours semblables à ceux des écoles de guerre. Ces cours terminés, les cadets qui en font partie se présentent pour subir l'examen d'officier.

Les jeunes gens qui passent brillamment cet examen sont, toujours à titre exceptionnel, nommés sous-lieutenants sans avoir servi dans un corps de troupe, ni subi le vote d'acceptation du corps des officiers.

Mais ces privilèges qui ne sont accordés

Sabre de hulan prussien.

Bavière, cuirassiers.

qu'à un mérite très réel, ne qu'à un fort petit nombre toujours comme une distinction exceptionnelle.

Les cadets sont donc, envoyés, pour la majeure partie, pendant cinq mois, dans un régiment, sans autre titre que le droit ou grade de porte-épée-fahnrich, auquel ils sont promus au fur et à mesure des vacances. Au bout de ces cinq mois, nouvel examen et nomination au grade d'enseigne porte-épée.

Saxe; 1855.

Nouveau stage de six mois au moins dans le grade d'enseigne, nouvel examen et admission à la KRIEGS-SCHULE (École de guerre).

A l'École de guerre, les candidats officiers suivent des cours variant entre huit et dix mois, et enfin subissent l'examen d'officier devant l'Ober-Militair-Examination-Commission. Après quoi ils retournent à leur corps attendre qu'il s'y produise des vacances.

Mais il ne suffit pas d'avoir passé par toutes ces épreuves échelonnées pour être promu officier.

Wachmeister des *Leib-cuirassiers*; rég. n° 1. *Petite tenue.*

Il faut que le candidat obtienne le consentement du corps d'officiers dans lequel il désire entrer; sans ce consentement, solennellement exprimé dans le procès-verbal d'une réunion tenue à cet effet par tous les officiers, nul ne peut être promu au grade d'officier d'un régiment quelconque. Si l'unanimité des voix se prononce en faveur du candidat, il est de suite présenté au gouvernement pour le grade d'officier. Si le candidat n'a pour lui que la majorité des voix, tous les officiers qui se sont prononcés contre doivent formuler leur opinion par écrit, en indiquant les motifs de leur opposition, et c'est alors le commandant du corps d'armée qui prononce, et si l'avis est favorable, le candidat est présenté au gouvernement pour le grade d'officier. Si enfin la majorité des officiers du régiment déclare le candidat indigne d'en porter l'uniforme, il est immédiatement écarté.

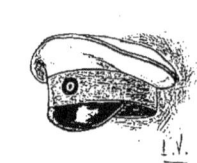
Casquette d'officier du régiment de cuirassiers n° 6 (1810).

Avant de présenter un candidat à l'acceptation du corps d'officiers, on fait une enquête des plus minutieuses sur toutes les circonstances de sa vie privée.

La hiérarchie des officiers allemands est la suivante :

1° SECOND LIEUTENANT, équivalant à notre grade de sous-lieutenant;

OFFICIERS DE HUSSARDS (RÉG. N° 4) ET DES CUIRASSIERS DE LA GARDE.

CROQUIS DE CAVALERIE.   23

2° Premier lieutenant, — lieutenant;
3° Rittmeister, = capitaine (Hauptmann pour l'infanterie);
4° Major, — chef d'escadrons;
5° Obersleitnant, = lieutenant-colonel;
6° Oberst, — colonel.

En Allemagne, la conséquence obligée du grade suivre la désignation du grade. De là l'usage de faire suivre la désignation du grade de la fonction. Exemples :

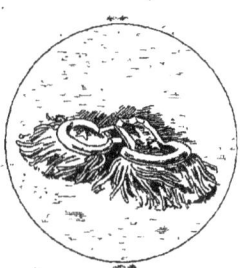
Épaulettes de Oberstlieutenant.

Premier lieutenant compagnie führer, = premier lieutenant commandant de compagnie; Rittmeister eskadronchef, capitaine, caractérisé major; Oberst kommandeur, — colonel commandant de brigade.

Ainsi, des lieutenants-colonels commandant quelquefois des escadrons, des majors peuvent commander un régiment, un colonel peut commander une brigade.

C'est du reste l'usage assez fréquent de nommer à la fonction quelque temps avant de nommer au grade.

D'autre part, un officier peut être caractérisé d'un grade supérieur en n'occupant que la fonction d'un grade inférieur.

Le principe de l'avancement est l'ancienneté, les officiers restant jusques et y compris le grade de major dans le même régiment, puis avançant ensuite sur toute l'armée, y compris l'état-major.

Mais ce n'est là qu'un principe. Il n'existe pas en Allemagne de loi sur l'avancement; celui-ci n'est dirigé que par des traditions, très respectées, et par la volonté suprême du souverain.

Les officiers non promus au grade supérieur, quand arrive leur tour d'avancement, quittent habituellement l'armée active, et sont pourvus d'emplois dans la landwehr et aussi d'emplois civils.

La retraite proportionnelle existe du reste dans l'armée allemande.

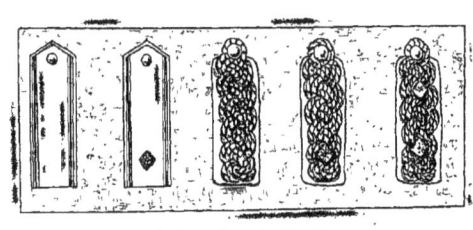
Grades sur les pattes d'épaules.

Hanovre; régiment de dragons n° 16; capitaine-adjudant, attaché à la personne du prince; tenue de gala.

L'Empereur s'est du reste réservé le droit de faire avancer les officiers d'un mérite exceptionnel, en dehors de toute règle.

Il fait en outre usage de ce droit pour les personnages princiers, dont les grades sont généralement honorifiques.

L'empereur actuel, Guillaume II, poursuit le rajeunissement des cadres. Après avoir épuré les hauts commandements par la mise à la retraite d'office ou gracieuse des vieux colonels et généraux, il renvoie les lieutenants et les capitaines âgés de cinquante ans et dont les capacités n'ont pas été reconnues suffisantes.

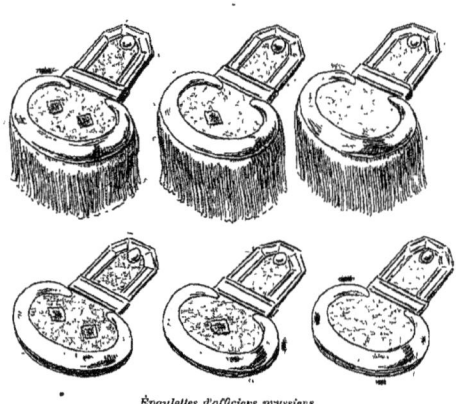

Épaulettes d'officiers prussiens.

La hiérarchie des officiers généraux comprend quatre grades différents, savoir :
1° GÉNÉRAL-MAJOR (général de brigade) ;
2° LIEUTENANT-GÉNÉRAL (général de division) ;
3° GÉNÉRAL d'infanterie, de la cavalerie ou de l'artillerie, selon l'arme d'origine, placés généralement à la tête d'un corps d'armée, ou inspecteurs généraux ;
4° GÉNÉRAL FELDMARSHAL.

Actuellement 3 officiers généraux ayant rang de maréchal portent, en outre, des titres particuliers. Ce sont : le prince Luitpold de Bavière, qui est *feldzeugmeister* général ; le prince Auguste de Wurtemberg et le grand-duc de Mecklembourg-Schwerin, qui sont colonels-généraux.

Voici maintenant quels sont, en résumé, les insignes distinctifs des différents grades.

Les VOLONTAIRES D'UN AN ont un liséré aux couleurs nationales autour des pattes d'épaules ou des épaulettes pour les hulans, savoir :

Noir et blanc pour la Prusse,

COLONEL DU RÉG. DE DRAGONS N°. 8; LIEUTENANT DE DRAGONS N° 22.

Bleu et blanc pour la Bavière,
Vert et blanc pour la Saxe,
Noir, blanc et rouge pour le Wurtemberg.

Les GEFREITE, portent au collet un bouton de métal estampillé des armes du pays auquel leur régiment appartient.

Les UNTEROFFIZIER ont un galon d'or ou d'argent, suivant le métal du bouton, autour du collet et des parements des manches.

Les SERGEANTEN ont un galon d'or ou d'argent autour du collet et des manches, et en outre un bouton de chaque côté du collet.

Les VICE-WACHTMEISTER, WACHTMEISTER, PORTE-ÉPÉE-FAHNRICH, ont le bouton et le galon de sous-officier autour du collet et des parements des manches, et en plus, la dragonne d'officier; les autres sous-officiers ont une dragonne spéciale. Tous les sous-officiers allemands portent des gants et ont la casquette à visière.

Sous-officier des dragons de Brandebourg; rég. n° 2; Hausanzug, tenue ordinaire.

OFFICIERS.

Tous les officiers allemands, sauf les hussards, portent les épaulettes.

Les épaulettes sont sans franges pour les officiers subalternes, à franges d'argent pour les officiers supérieurs et à torsades d'argent pour les officiers généraux.

Le SECOND LIEUTENANT : Épaulettes simples, sans franges.

Le PREMIER LIEUTENANT : Épaulettes sans franges avec une étoile de métal sur le corps de l'épaulette.

Le RITTMEISTER : Épaulettes sans franges avec deux étoiles.

Le MAJOR : Épaulettes à franges sans étoiles.

Le OBERSTLEITNANT : Épaulettes à franges avec une étoile.

 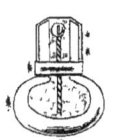

Marques distinctives des militaires attachés aux grands quartiers généraux en 1866 et en 1870-71.

Le OBERST : Épaulettes à franges avec deux étoiles.

Le GÉNÉRAL-MAJOR : Épaulettes à torsades sans étoiles.

Le GÉNÉRAL-LIEUTENANT : Épaulettes à torsades avec une étoile.

Général de l'infanterie, de la cavalerie et de l'artillerie.

Le GÉNÉRAL DE CAVALERIE : Épaulettes à torsades avec deux étoiles.

Le GÉNÉRAL OBERST : Épaulettes à torsades avec trois étoiles.

Le GÉNÉRAL FELDMARSCHALL : Épaulettes à torsades avec deux bâtons en croix.

Patte d'épaules des volontaires d'un an.

Ces épaulettes sont réservées à la grande tenue. En tenue ordinaire,

Dragon wurtembergeois; rég. n° 22.

elles sont remplacées par des pattes d'épaules, lisses pour les officiers subalternes, en tresses pour les officiers supérieurs, et en grosses torsades pour les officiers généraux. Sur ces pattes d'épaules se retrouvent les mêmes étoiles que sur les épaulettes. Les officiers de hussards ne portent pas d'épaulettes, mais toujours des pattes d'épaules.

L'insigne du service, pour tous les officiers combattants, est la ceinture.

Cette ceinture à gros glands est :

Argent et soie noire pour les officiers prussiens,
Argent et soie bleue et blanche pour les Bavarois,
Argent et soie verte pour la Saxe,
Argent et soie noire et rouge pour le Wurtemberg,
Argent et soie rouge pour les Hessois,
Or et soie bleue et rouge, pour le Mecklembourg,
Argent et soie noire et rouge pour les Badois,
Argent et soie bleue pour le Brunswick.

Les porte-épées (dragonnes) des officiers sont également en argent ou en or tissé des couleurs nationales.

Les feldwebel-leitnants n'ont ni ceinture ni épaulettes (sauf dans les régiments de hulans) ; leurs pattes d'épaules, sans étoiles, sont plus étroites que celles des seconds lieutenants.

Les officiers de hussards portent une ceinture d'un modèle spécial, *Husaren-Scharpen*, d'argent mélangée des couleurs nationales.

Les musiciens et trompettes portent des épaulettes d'un modèle spécial appelées *Schwalbenneister* (nids d'hirondelle), argent ou or, sur fond de couleurs différentes suivant les régiments.

Hors du service, les officiers de tout grade portent habituellement une redingote d'une coupe fort élégante, appelée *Interim uberrock*, bleu de ciel ou foncé, suivant les régiments. La tenue des officiers allemands comporte toujours le sabre ou l'épée, dans le service comme hors du service.

Dans tous les régiments de cavalerie les escadrons sont différenciés entre eux par une couleur distinctive qui se porte au bourrelet du gland de la dragonne. Ces couleurs sont :

1er Escadron, blanc,
2e — rouge,
3e — jaune,
4e — bleu de ciel,
5e — vert.

Les différents contingents de l'armée allemande sont distingués par la cocarde et l'emblème héraldique du casque.

Les régiments des pays suivants portent la cocarde de leur pays respectif.

Ce sont :

Grand-duché de Bade, cocarde rouge et jaune (1);
— Hesse, rouge et blanc;
— Mecklembourg, rouge, jaune et bleu ;
— Saxe, vert et blanc;

Duchés d'Anhalt, vert;

Principautés de Reuss, jaune, rouge et noir ;

Principauté de Schwarstbourg-Rudolstadt, bleu et blanc;

Grand-duché de Saxe-Weimar, jaune, vert, noir;

Royaume de Saxe, blanc, vert et blanc;
— de Bavière, blanc, bleu et blanc ;
— de Wurtemberg, noir, rouge et noir;

Duché de Brunswick, jaune et bleu ;

Royaume de Prusse, noir, blanc et noir;

Les contingents des pays suivants portent simultanément deux cocardes : la cocarde prussienne et la cocarde de leur pays d'origine.

Ce sont :

Grand-duché d'Oldenbourg, croix rouge sur fond bleu, blanc ;

Principauté de Lippe-Detmold, rouge et jaune;
— Schaumbourg-Lippe, rouge, bleu et blanc ;
— de Waldeck, jaune, rouge et noir ;

Villes de Hambourg et de Brême, croix rouge sur fond blanc;
— Lubeck, rouge et blanc.

La cocarde de la landwehr est noire avec une croix blanche sur le fond.

Une institution dont l'initiative appartient en propre à la Prusse et qui a été adoptée par la plupart des grandes armées européennes, est celle des volontaires d'un an.

Il est fort juste, en effet, et d'une importance dont dépend la supériorité intellectuelle d'un pays, que les jeunes hommes aspirant à une carrière qui demande de longues études préparatoires, ne voient pas le résultat de ces études absolument compromis par une interruption de trois années. Le volontariat d'un an est une satisfaction donnée à ce très légitime desideratum.

D'autre part, et quoi qu'en puissent dire les partisans d'une égalité chimérique dans laquelle le niveau intellectuel de l'étudiant serait ramené à la mesure de celui du portefaix, il est bien évident que l'éducation, le rang social, l'instruction de la classe

---

(1) Le jaune est d'or et le blanc en argent pour les officiers.

pouvant profiter du volontariat, comportent un certain degré d'intelligence et des facultés d'assimilation qui rendent bien suffisant, au point de vue militaire, le séjour d'un an sous les drapeaux.

Quiconque a passé par notre armée, sait combien peu de loisirs laissait aux volontaires d'un an, le tableau de travail: Il en est de même en Allemagne, où tout ce qui touche aux questions militaires est traité avec le plus grand sérieux.

Leur année de volontariat terminée, les EIJAHRIG-FREIWILLIGEN passent un examen; et selon leur instruction militaire théorique et pratique, d'après leurs notes de l'armée, le zèle qu'ils ont montré, leur aptitude physique, ils sont proposés pour être officiers de réserve.

Et puisque nous parlons des officiers de réserve, disons de suite que le recrutement en est assuré : 1° au moyen des officiers démissionnaires de l'armée active; 2° par le moyen de la promotion au grade de sous-lieutenants, des volontaires d'un an proposés à cet effet et reconnus aptes au grade après un stage de deux mois au moins accompli dans un régiment.

La nomination définitive de ces derniers est du reste subordonnée à leur acceptation par les officiers du régiment où ils désirent entrer, comme pour les officiers de l'armée permanente.

Une seule classe d'officiers ou plutôt d'assimilés, est dispensée de cette acceptation par le corps d'officiers, celle des FELDWEBEL-LEITNANTS.

Ce grade, créé en octobre 1877, n'est en réalité qu'un grade intermédiaire entre celui de watchmeister et celui de sous-lieutenant; quelque chose en un mot qui correspond par certains côtés avec le grade d'adjudant dans l'armée française.

Les feldwebel-leitnants remplissent les fonctions de sous-lieutenants et en touchent la paye.

Anciens sous-officiers de l'armée permanente, ils marchent immédiatement après les sous-lieutenants.

En cas de mobilisation, l'armée allemande dispose encore d'une autre catégorie d'officiers : ceux dits ZUR DISPOSITION (à la disposition).

Anciens officiers, pour la plupart retraités, les officiers A LA DISPOSITION ont obtenu, à titre de faveur spéciale, de continuer à faire partie de l'armée, contre l'engagement de reprendre, en cas de guerre ou de besoin, du service actif.

Saxe; officier de hussards; rég. n° 18.

Ces officiers conservent le droit de porter leur ancien uniforme, ce qui n'est pas une mince faveur dans un pays où la tenue a tant de prestige. Cette faveur très appréciée est une fort juste satisfaction donnée à toute une classe de gens ayant rendu de grands services et prêts à en rendre de nouveaux; c'est d'ailleurs une habile façon de rehausser le prestige de l'armée, que de considérer comme une haute faveur le droit d'en faire encore partie apparente. Une des choses qui, du reste, contribue grandement à maintenir l'amour et le prestige de l'uniforme est la répugnance, soigneusement entretenue d'ailleurs, qu'ont les officiers allemands à s'habiller en civil.

Dotés d'une tenue de ville à la fois élégante et commode, à peu près sûrs de ne rencontrer, partout où ils montrent leur uniforme, que considération ou respect, les officiers allemands sont fort jaloux de paraître en officiers et de ne pas risquer d'être confondus avec le premier civil venu. Aussi les voit-on, dans le monde, où ils sont très recherchés, à la promenade où ils attirent, naturellement et par comparaison avec le piètre accoutrement moderne, tous les regards, au théâtre et dans les coulisses, vêtus d'uniformes impeccables, et d'une tenue, d'une correction de mise, dont on trouverait difficilement l'équivalent chez les autres peuples.

Je ne vois pas qu'il y ait un manquement aux devoirs du patriotisme dans cette déclaration. Les officiers allemands, pour être nos ennemis, n'en ont pas moins des qualités de premier ordre. N'y aurait-il pas plutôt mauvaise grâce, et même apparence de mesquine jalousie, à les critiquer sans mesure et sans bonne foi, pour cette seule raison qu'ils demeurent nos ennemis? Il faut bien mettre un peu sur le compte de leur réelle valeur, leurs succès d'il y a vingt ans. — Ce qui n'implique en aucune façon dans ma pensée qu'ils auraient cette fois aussi facilement raison de nous. Et quand ce ne serait que pour nous tenir en haleine, il peut sembler utile à l'occasion de constater l'importance de leurs qualités.

Peut-être sera-t-il intéressant de placer à la suite de cette digression le petit tableau suivant qui montre, à la date du 1ᵉʳ octobre 1890, les forces relatives, en escadrons, des principales armées d'Europe.

À cette date, la Russie occupe le premier rang, avec 687 escadrons.

L'Allemagne vient ensuite et compte 465 escadrons.

Types d'officiers; aujourd'hui et avant 1870.

La France tient le troisième rang avec 420 escadrons.

Puis viennent :
L'Autriche-Hongrie avec 252 escadrons,
L'Italie avec 144 escadrons.

Les escadrons russes, réunis à ceux de la France, donneraient donc un total de 1.107 escadrons.

Ceux de l'Allemagne, de l'Autriche et de l'Italie, 861 escadrons.

Avec l'Angleterre, l'Allemagne est aujourd'hui le seul pays qui ait conservé les uniformes brillants et variés des temps passés. Les chefs de l'armée ont compris qu'il fallait de belles tenues pour que les soldats fussent fiers de les porter.

Les beaux uniformes surexcitent les passions guerrières des jeunes gens. Cette vérité admise par tous les hommes de guerre de valeur, Napoléon, Frédéric, etc., est si évidente, que les engagements sont toujours proportionnés à la renommée et à la brillante tenue des régiments.

Les hussards de Ziethen, par exemple, recrutent un nombre considérable de volontaires.

Le luxe des uniformes de la cavalerie allemande est obtenu très adroitement et très économiquement. Il consiste surtout dans la variété des couleurs, dans l'élégance très militaire de la coupe des vêtements, et surtout dans le port, pour toute la cavalerie, de la culotte noire, demi-collante, et de la botte (1).

En outre, dans chaque arme, aucun régiment n'est absolument pareil; chacun a sa couleur distinctive au collet, aux parements ou aux lisières, la couleur du fond restant cependant la même, sauf aux hussards, dans toute l'arme. Ainsi les dragons portent tous la tunique bleu de ciel; mais le col, les parements des manches varient de couleur avec le régiment; et si deux régiments se rencontrent qui aient la même couleur distinctive, ils sont différenciés par le métal du bouton ou par le plumet du casque. Il en est de même pour les hulans. Les régiments de hussards sont plus différents encore, entre eux. Comme jadis en France et par une vieille coutume qui a eu force de loi dans toute l'Europe, chacun, dis-je, a sa couleur absolument particulière, auquel il tient comme à sa légende même, et que chaque régiment croit

Colonel du rég. n° 1 des leib-cuirassiers du grand Électeur; tenue de bal.

(1) Les Allemands ont comme presque toutes les nations fait l'essai de l'odieux pantalon basané, et comme toutes les nations militaires, sauf la France, ils l'ont vite abandonné.

ORDONNANCE; CUIRASSIER (RÉG. Nº 5).

porter plus glorieusement que le voisin. Les hussards ont en outre conservé le joli colbach de fourrure qu'ils portent depuis Frédéric le Grand ; la dimension seule en a été réduite de façon à en faire une coiffure très élégante, légère et parant un coup de sabre.

Ces distinctions qui maintiennent soigneusement l'esprit du corps, entretiennent entre chaque régiment une émulation qui ne peut que profiter à la cause générale ; et, il faut bien croire qu'elles se peuvent obtenir sans dépenses exagérées, avec un peu d'ordre et un judicieux emploi des deniers du budget, puisque plus nombreuse que le nôtre, la cavalerie allemande, comptant même une Garde impériale, coûte moins cher que la cavalerie française.

Certes, ce n'est pas la tournure des hommes d'outre-Rhin qui fait valoir leur uniforme. Le troupier allemand est en général lourd et d'aspect peu dégagé. La discipline rigoureuse peut seule avoir raison de ces défauts qui sont inhérents à la race même et à son alimentation.

Les officiers sont, ai-je dit plus haut, très fiers de leur tenue et ne la quittent que rarement. La cavalerie compte fort peu d'officiers qui ne soient nobles, et quelques régiments, les cuirassiers et les hussards surtout, sont commandés par les noms les plus aristocratiques de l'Allemagne. Les officiers de la cavalerie de la Garde renchérissent encore sur cette élégance, et ceux des gardes du corps mènent souvent un train princier contre lequel l'Empereur est obligé de réagir. Néanmoins, il s'en faut que cette élégance soit absolument la nôtre ; certaines de ses pratiques nous sembleraient au moins curieuses. Il n'est pas rare, par exemple, de voir un officier allemand sortir un peigne et une brosse de sa poche et s'en servir avant de s'asseoir à table.

Bon nombre de ces officiers montrent cependant le plus grand mérite à conserver une tenue irréprochable, car beaucoup, peu fortunés, emploient une partie appréciable de leur solde à payer leur uniforme.

Naturellement, les officiers prussiens sont ceux dont la tenue est la plus correcte. Ce sont eux qui donnent le ton. Ainsi, depuis quelques années les officiers prussiens ont mis à la mode la casquette minuscule, ce qui, entre parenthèses, est fort peu seyant ; depuis lors, tous les officiers allemands ont diminué le volume de la casquette.

Ajoutons avant de clore ce chapitre, que, dans son ensemble, l'armée allemande présentait un aspect plus brillant, plus militaire même, sous le règne du vieil Empereur. Il n'y a là assurément encore que des nuances, perceptibles seulement pour un œil militaire exercé, mais cependant ces nuances existent.

Ne seraient-ce pas là des symptômes de l'énervement que cause à toute armée, et surtout aux plus robustes, les longues années de paix?

Je crois, dans cette courte étude, avoir fait preuve d'impartialité et dit exactement ce que j'avais vu, me rappelant les éloquentes paroles de deux hommes célèbres, à des points de vue bien différents.

« L'injustice envers son ennemi, a dit le général de Brack, est toujours une mau-
« vaise et fausse politique, et la meilleure manière de se créer des ressources pour
« combattre ne se trouve pas dans l'insulte, mais bien dans l'observation. »

« Ne contraignons pas notre admiration pour cette grandeur, écrit M. de Vogüé, à
« propos de la mort de l'empereur Guillaume Ier; en la méconnaissant, nous nous mé-
« connaîtrions nous-mêmes. Il n'a fallu rien moins que notre sang pour la porter si
« haut; QUI LA RABAISSERAIT DIMINUERAIT LE PRIX DE CE SANG. »

Paquetage de campagne; cuirassiers, Prusse.

PRINCIPAUX OFFICIERS
DE LA CAVALERIE ALLEMANDE
EN 1892

PRUSSE.

DIVISION DE CAVALERIE DE LA GARDE.

CHEF-LIEU DE LA DIVISION : BERLIN (1).

COMMANDANT : GENERAL-LIEUTENANT *Edler von der Planitz.*
CHEF D'ÉTAT-MAJOR : MAJOR *von Natzmer*, de l'état-major.
ADJUDANT : RITTMEISTER *von Dewitz*, des hussards de la Garde.

1re Brigade, à BERLIN.
(Régiment des Gardes du corps et celui des Cuirassiers de la Garde.)

COMMANDANT : OBERST Prince *Édouard de Salm-Horstmar*, à la suite des cuirassiers de la Garde.
ADJUDANT : PREMIER LIEUTENANT Comte *von der Asseburg*, des gardes du corps.

2e Brigade, à POTSDAM.
(1er et 3e Hulans de la Garde.)

COMMANDANT : GENERAL-MAJOR *von Kleist.*
ADJUDANT : RITTMEISTER *von Wrochem-Gellhorn*, à la suite des hussards de la garde du corps.

3e Brigade, à BERLIN.
(1er et 2e Dragons de la Garde.)

COMMANDANT : OBERST *von Kotze*, à la suite du 1er dragons de la Garde.
ADJUDANT : SECOND LIEUTENANT *von Bülow*, du 1er hulans de la Garde.

(1) Les renseignements donnés ici ont été puisés dans l'Annuaire militaire de 1892; ils diffèrent sur quelques points secondaires de ceux du texte.

CROQUIS DE CAVALERIE.

4e Brigade, à POTSDAM.
(Hussards de la Garde du corps et 2e Hulans de la Garde.)

COMMANDANT : GENERAL-MAJOR *von Michaelis.*
ADJUDANT : PREMIER LIEUTENANT Comte *von Schmettow*, du 2e hulans de la Garde.

CAVALERIE DE LIGNE.

1re Brigade (3e Cuirassiers, 1er Dragons), à KOENIGSBERG (1).

COMMANDANT : GENERAL-MAJOR *von Below.*

2e Brigade (10e Dragons, 8e Hulans), à ALLENSTEIN.

COMMANDANT : OBERST Baron *von Kleist* (placé à la suite du 8e dragons).

3e Brigade (2e Cuirassiers, 9e Hulans), à STETTIN.

COMMANDANT : GENERAL-MAJOR *von Wurmb Ier.*

4e Brigade (9e et 12e Dragons), à BROMBERG.

COMMANDANT : OBERST *Synold von Schütz* (à la suite du 7e hussards).

5e Brigade (2e Dragons, 3e Hulans), à FRANCFORT-SUR-L'ODER.

COMMANDANT : GENERAL-MAJOR Baron *von Stosch.*

6e Brigade (6e Cuirassiers, 3e Hussards), à BRANDEBURG A. H.

COMMANDANT : GENERAL-MAJOR *von Langenbeck.*

(1) Le numéro de chaque brigade est celui de la division dont elle fait partie, l'exception de la 37e, qui appartient à la 1re division. Chaque corps d'armée comprend deux divisions, sauf les XIe et XIIe, qui en comptent trois.

ADJUDANT : RITTMEISTER Baron von Humboldt-Duchroeden (à la suite du 7e dragons).

7e Brigade (10e Hussards, 16e Hulans), à MAGDEBOURG.

COMMANDANT : GENERAL-MAJOR Comte von Wartensleben Ier.

ADJUDANT : RITTMEISTER von Pachelbl-Gehag (à la suite du 16e hussards).

8e Brigade (7e Cuirassiers, 12e Hussards), à ERFURT.

COMMANDANT : OBERST von Haeseler (à la suite du 2e hussards).

9e Brigade (4e Dragons, 10e Hulans), à GLOGAU.

COMMANDANT : GENERAL-MAJOR Baron von Dincklage.

10e Brigade (2e Hussards, 1er Hulans), à POSEN.

COMMANDANT : GENERAL-MAJOR van Rosen.

11e Brigade (1er Cuirassiers, 8e Dragons, 4e Hussards), à BRESLAU.

COMMANDANT : OBERST von Naso.

12e Brigade (6e Hussards, 2e Hulans), à NEISZE.

COMMANDANT : OBERST Baron von Entress-Fürsteneck (à la suite du 4e hulans).

ADJUDANT : RITTMEISTER von Schwerin (à la suite du 10e hulans).

13e Brigade (4e Cuirassiers, 8e Hussards), à MUNSTER.

COMMANDANT : GENERAL-MAJOR von Malizan, Baron zu Wartenberg und Penzlin.

14e Brigade (11e Hussards, 5e Hulans); à DUSSELDORF).

COMMANDANT : OBERST von Sick.

15e Brigade (8e Cuirassiers, 7e Hussards), à COLOGNE.

COMMANDANT : OBERST von Thümen (à la suite du 10e hussards).

ADJUDANT : RITTMEISTER von Engelbrecht (à la suite du 5e hulans).

16e Brigade (7e Dragons, 9e Hussards), à TRÈVES.

COMMANDANT : OBERST Baron von Gemmingen-Hornberg (à la suite du 8e cuirassiers).

17e Brigade (17e et 18e Dragons), à SCHWERIN.

COMMANDANT : OBERST Henri XVIII, Prince de Reuss (à la suite du 17e dragons).

18e Brigade (15e et 16e Hussards), à ALTONA.

COMMANDANT : OBERST Bothe (à la suite du 14e hulans).

ADJUDANT : RITTMEISTER Comte von Kielmansegg (à la suite du 5e dragons).

19e Brigade (10e Dragons, 13e Hulans), à HANOVRE.

*COMMANDANT : GENERAL-MAJOR von und zu Schachten.

20e Brigade (16e Dragons, 17e Hussards), à HANOVRE.

COMMANDANT : OBERST von Gottberg (à la suite des hussards de la Garde).

ADJUDANT : RITTMEISTER von Cleve (du 11e hulans).

21e Brigade (5e Dragons, 13e Hussards), à FRANCFORT-SUR-LE-MEIN).

COMMANDANT : GENERAL-MAJOR Prince Philippe de Croy.

ADJUDANT : RITTMEISTER von Storch (à la suite du 13e hussards).

22e Brigade (14e Hussards, 6e Hulans), à CASSEL.

COMMANDANT : GENERAL-MAJOR von Szczytnicki.

25e Brigade (1) (23e et 24e Dragons), à DARMSTADT.

COMMANDANT : GENERAL-MAJOR von Massow.

28e Brigade (2) (20e et 21e Dragons), à KARLSRUHE.

COMMANDANT : OBERST von Nitkisch-Rosenegk (à la suite du 3e hulans de la garde).

29e Brigade (14e et 22e Dragons), à COLMAR.

COMMANDANT : OBERST von Lieres und Wilkau (à la suite du 14e hussards).

30e Brigade (7e et 11e Hulans), à STRASBOURG.

COMMANDANT : OBERST von Engel (à la suite du 19e dragons).

31e Brigade (15e Dragons, 15e Hulans), à STRASBOURG.

COMMANDANT : OBERST von Bardeleben (a la suite du 16e dragons).

33e Brigade (1) (9e et 13e Dragons), à METZ.

COMMANDANT : OBERST von Hantelmann (à la suite du 5e dragons).

34e Brigade (6e Dragons, 14e Hulans), à METZ.

COMMANDANT : OBERST von Thümen (à la suite du 16e hussards).

35e Brigade (5e Cuirassiers, 4e Hulans), à GRAUDENZ.

COMMANDANT : OBERST von Kaisenberg (à la suite du 12e hulans).

36e Brigade (1er et 5e Hussards), à DANZIG.

COMMANDANT : GENERAL-MAJOR Comte von Wartensleben 2e.

ADJUDANT : RITTMEISTER Mosel (à la suite du 6e dragons).

37e Brigade (11e Dragons, 12e Hulans), à INSTERBURG.

COMMANDANT : OBERST von Kraatz-Koschlau (à la suite du 10e dragons).

ADJUDANT : RITTMEISTER von Blücher (à la suite du 2e cuirassiers).

(1) Les 23e, 31e et 32e brigades appartiennent à l'armée saxonne (12e corps).
(2) Les 26e et 27e brigades appartiennent à l'armée wurtembergeoise (13e corps).

OFFICIER DES GARDES DU CORPS; TENUE DE GALA. PRUSSE.

COMITÉ DE CAVALERIE.

GENERAL-LIEUTENANT von *Krosigk*, inspecteur de la cavalerie, président.
GENERAL-LIEUTENANT von *Rosenberg*, inspecteur de la cavalerie (à la suite du 3e hussards).
GENERAL-LIEUTENANT *Edler von der Planitz Ier*, commandant la division de la cavalerie de la Garde.
OBERST-LIEUTENANTS : Baron *von Schele.*
Von *Sluyterman Langeweyde.*
MAJOR von *Einem*, dit von *Rothmaler.*
RITTMEISTER Baron von *Hollen.*

INSPECTION DE LA CAVALERIE.

1er INSPECTEUR : GENERAL-LIEUTENANT von *Krosigk.*
ADJUDANT : RITTMEISTER von *Keller*, du 15e dragons.
2e INSPECTEUR : GENERAL-LIEUTENANT von *Rosenberg.*
ADJUDANT : MAJOR von *Beneckendorff und von Hindenburg*, du 8e dragons.

RÉGIMENT DES GARDES DU CORPS, à POTSDAM.

CHEF : S. M. l'Empereur et Roi.
OBERST : Baron von *Bissing.*
MAJORS : Comte von der *Asseburg.*
Comte von *Hohenau.*
RITTMEISTERS : Von *Kunheim.*
Von *Arnim.*
Baron von *Sauerma.*
Comte *Droste zu Vischering von Nesselrode-Reichenstein.*
Von *Keudell.*
PREMIERS LIEUTENANTS : Prince *Albert de Schleswig-Holstein-Sonderburg-Glücksburg.*
Von *Leipziger.*
Comte von *Seherr-Thosz.*
Comte von der *Asseburg.*
Comte *zu Lynar.*
Von *Kessel.*
SECONDS LIEUTENANTS : Comte von *Spee.*
Comte von *Hahn.*
Comte von *Saucrma-Jeltsch.*
Von der *Osten.*
Comte von *Radolin.*
Baron von der *Lancken-Wakenitz.*
Comte von der *Schulenburg.*
Comte von *Westphalen.*
Comte von *Arnim-Boitzenburg.*
Comte von *Matuschka*, baron von *Toppolczan-Spaetgen Ier.*
Comte *Henckel von Donnersmarck.*
Comte von *Platen-Hallermund.*
Comte *Neidhardt von Gneisenau.*
Comte von *Matuschka*, baron von *Toppolczan-Spaetgen II.*
A la suite (1) :
GÉNÉRAL DE CAVALERIE : Comte *von Brandenburg.*
MAJOR : Prince *Frédéric Léopold* de Prusse.
RITTMEISTERS : Comte von *Brühl.*
Von *Sydow.*
SECOND LIEUTENANT : Comte von der *Groeben.*

CUIRASSIERS DE LA GARDE, à BERLIN.

OBERST : Von *Rothkirch und Panthen.*
MAJOR : Comte von *Klinckowstroem.*
RITTMEISTERS : Von *Kramsta.*
Comte von *Einsiedel.*
Von *Neumann-Cosel.*
Comte von *Roedern.*
Comte von *Schonborn-Wiesentheid.*
PREMIERS LIEUTENANTS : Comte von *Posadowsky-Wehner.*
Comte von *Blücher.*
Von *Quistorp.*
Von *Könemann.*
Von *Rothkirch und Panthen.*
SECONDS LIEUTENANTS : Von *Arnim.*
Von *Gotsch.*
Baron von *Fürstenberg.*
Von *Lepel.*
Von *Behr.*
Von *Foerster.*
Von *Krosigk.*
Von *Helldorff.*
Prince *Maximilien de Bade.*
Prince *Frédéric de Schonburg-Waldenburg.*
Comte *Henckel von Donnersmarck.*
A la suite :
GÉNÉRAL DE CAVALERIE : Grand-duc *Frédéric François III de Mecklembourg-Schwerin.*
GENERAL-MAJOR : Prince *Günther de Schwarzbourg-Rudolstadt.*
OBERST : Prince *Édouard de Salm-Horstmar.*
SECOND LIEUTENANT : Von *Wulffen.*

1er RÉGIMENT DE DRAGONS DE LA GARDE.

Du NOM de la Reine de la Grande-Bretagne et d'Irlande, à BERLIN.

CHEF : S. M. la Reine d'Angleterre.
COMMANDANT : OBERST-LIEUTENANT von der *Knesebeck.*
MAJORS : Baron von *Zedtwitz.*
Willich dit von *Pollnitz.*
RITTMEISTERS : Comte d'*Eulenburg.*
Comte *Dohna.*
Baron *Gedult von Jungenfeld.*

---

(1) Les officiers placés à la suite exercent des fonctions très variées, soit auprès du souverain, soit au ministère de la guerre, soit dans les commandements des brigades, soit comme attachés militaires d'ambassade, etc., etc.

Comte *von Hohenau.*
Von Arnim.
PREMIERS LIEUTENANTS : *Von Heyden.*
Comte *de Lynar.*
Von Sydow.
Baron *Löw von und zu Steinfurth.*
Prince *Aribert d'Anhalt.*
Von Brocken.
SECONDS LIEUTENANTS : Baron *von Moeller-Lilienstern.*
Baron *von Senden I*er.
Von Gadow.
Baron *von Senden II.*
Von Gerlach.
Comte *von Konigsmarck.*
Comte *von Behr-Negendank.*
Comte *von Spee.*
Baron *von Senden III.*
Comte *von Schweinitz und Krain*, baron *von Kauder.*
Prince *Hermann Stolberg-Wernigerode.*
Von Stumm.
Von Erckert.
Von Foerster.

A la suite :

GENERAL-FELDMARSCHALL : Prince *Albert de Prusse.*
Prince *Georges de la Grande-Bretagne.*
OBERSTS : *Von Kotze.*
Grand-duc héritier *Auguste d'Oldenbourg.*
MAJOR : *Von Plüskow.*
RITTMEISTERS : Duc *Georges d'Oldenbourg.*
Comte *von Bismarck-Bohlen.*
Comte *Dohna.*
SECONDS LIEUTENANTS : Prince *Frédéric-Charles de Hesse.*
Baron *von Dungern.*

HUSSARDS DE LA GARDE DU CORPS, à POTSDAM.

CHEF : S. M. *l'Empereur et Roi.*
S. M. *Guillaume II*, Roi de Wurtemberg.
COMMANDANT : OBERST-LIEUTENANT *von Moszner.*
MAJOR : *Jean-Albert*, duc *de Mecklembourg-Schwerin. Miketta.*
RITTMEISTERS : *Von Dewitz.*
Von Gossler.
Von Knorr.
Von Blücher.
Von Trotha.
Von Klitzing.
PREMIERS LIEUTENANTS : *Von Treutler.*
Baron *von Kap-Herr I*er.
Von Chelius.
Comte *de Solms-Laubach.*
Prince *H. de Schönburg-Waldenburg.*
SECONDS LIEUTENANTS : *Schmidt von Schwind.*
Baron *von Bodelschwingh-Plettenberg.*
Baron *von Kap-Herr II.*

Christian-Ernest, prince héritier *de Stolberg-Wernigerode.*
Comte *de Montgelas I*er.
Baron *von der Lancken-Wakenitz.*
Prince héritier *de Solms-Hohensolms-Lich.*
Von Waldow.
Baron *von Ketteler.*
Comte *von Königsmarck.*
Von Quillfeldt.
Comte *von Kageneck.*
Comte *de Montgelas II.*

A la suite :

GENERAL-LIEUTENANT : Prince *Maurice de Saxe-Altenbourg*, duc en Saxe.
OBERST : *Von Gottberg.*
MAJOR : *Von Byern.*
RITTMEISTER : *Von Wrochem-Gellhorn.*

1er HULANS DE LA GARDE, à POTSDAM.

COMMANDANT : OBERST *Rabe von Pappenheim.*
MAJORS : *Von Tresckow.*
Von Schmidt-Pauli.
RITTMEISTERS : Comte *von Brühl.*
*Von Loebenstein I*er.
Von Loebenstein II.
Comte *Vollrath de Stolberg-Roszla.*
PREMIERS LIEUTENANTS : *Von Oertzen.*
Von Pacheibl-Gehag.
Von Unger.
Baron *von Reibnitz.*
Von Doering.
SECONDS LIEUTENANTS : *Von Arenstorff.*
Von Bülow.
Comte *Finck von Finckenstein.*
Blecken von Schmeling.
Jobst-Hermann, comte et seigneur *de Lippe-Biesterfeld-Weiszenfeld.*
Comte *von Zedlitz und Trützschler.*
Comte *d'Eltz.*
Comte *de Solms-Sonnenwalde.*
Prince *Charles-Antoine de Hohenzollern.*
Comte *von Bredow.*
Comte *von Gersdorff.*
Von Levetzow.
Comte *von Lehndorff.*

A la suite :

GENERAL-MAJOR : *Frédéric*, grand-duc héritier *de Bade.*
RITTMEISTERS : Comte *von Haugwitz.*
Von Keszycki.
SECOND LIEUTENANT : *Léopold*, comte et seigneur *de Lippe-Diesterfeld.*

2º HULANS DE LA GARDE, à BERLIN.

COMMANDANT : OBERST Comte *d'Eulenburg.*
MAJORS : *Von Oertzen.*
Comte *von Haslingen.*
RITTMEISTERS : *Von Wiedebach und Nostitz-Jankendorf.*

Von Vollard-Bockelberg.
Von Below.
Von Tiedemann, dit Von Brandis.
Baron Thumb von Neuburg.
PREMIERS LIEUTENANTS : Comte von Beroldingen.
Von Katte.
Von Bismarck.
Comte von Schmettow.
Comte von der Goltz.
SECONDS LIEUTENANTS : Von Bernuth.
Von Wedell.
Comte von Haslingen, dit Von Schickfus.
Comte von Magnis.
Von Brandenstein.
Comte von Götzen.
Frédéric, prince de Solms-Braunfels.
Baron von Edelsheim.
Comte von Wedel.
Comte von Kalnein.
Baron von Bernewitz.
Von Brockhusen.

A la suite :
RITTMEISTER : *Otto, prince de Schaumbourg-Lippe.*
SECOND LIEUTENANT : Comte von Hahn.

2° DRAGONS DE LA GARDE, à BERLIN.

COMMANDANT : OBERST-LIEUTENANT *Henry XIX*, prince de Reuss.
MAJORS : Von Czettritz und Neuhaus.
François, prince de Ratibor et de Corvey.
RITTMEISTERS : Baron von Lentz.
Von der Marwitz.
Comte von der Schulenburg.
Von Scherff.
Von Bülow.
PREMIERS LIEUTENANTS : Comte von der Schulenburg.
Von Sydow.
Baron von Zedlitz-Leipe.
Comte Finck von F ckenstein Ier.
Comte von Francken-Sierstorpff.
SECONDS LIEUTENANTS : Von Dycke.
Von Kock.
Von Borcke.
Baron von Hoverbeck, dit Von Schoenaich.
Von Schierstaedt.
Von Loesch.
Von Beneckendorff und von Hindenburg.
Von Erckert.
Von Seidlitz.
Baron von Broich.
Baron von Eberstein.
Von Dresky.
Baron von Stolzenberg.
Comte Finck von Finckenstein II.

A la suite :
GÉNÉRAL-LIEUTENANT : Prince *Frédéric de Hohenzollern.*
OBERST : Von Willich.

3° HULANS DE LA GARDE, à POTSDAM.

COMMANDANT : OBERST-LIEUTENANT *von Hennigs.*
MAJORS : Von Gustedt.
Von Mitzlaff.
Von Woyrsch.
Von der Schulenburg.
RITTMEISTERS : Von Koller.
Baron von Esebeck.
Baron von Richthofen.
Von Sydow.
Von Mettenthin.
PREMIERS LIEUTENANTS : Comte de Westerholt et de Gysenberg.
Baron Roth von Schreckenstein.
Von Willich.
Baron Von Esebeck.
Comte Kuno de Stolberg-Rossla.
SECONDS LIEUTENANTS : Von Koss.
Baron von Tessin.
Prince *Maurice de Hohenlohe-Schillingsfürst.*
Baron von Heinze.
Von Reden.
Otto, comte de Solms-Wildenfels.
Frédéric, prince héritier de Waldeck et Pyrmont.
Otto, prince de Salm-Horstmar.
Baron von Hollen.
Von Petersdorff.
Comte de Reventlow.
Guillaume, prince de Salm-Horstmar.
Ernest, comte de Solms-Rödelheim.
Von Veltheim.

A la suite :
GÉNÉRAL DE CAVALERIE : Prince *Christian de Schleswig-Holstein.*
OBERST : Von Nickisch-Rosenegk.
MAJOR : Von Massow.
RITTMEISTER : Von Krosigk.

RÉGIMENT DE CUIRASSIERS DE LA GARDE DU CORPS, N° 1, DIT DU « Grand Électeur » (RÉGIMENT DE SILÉSIE), à BRESLAU.

COMMANDANT : OBERST *von Frankenberg und Proschlitz.*
MAJORS : Von Pfuel.
Comte von Moltke.
RITTMEISTERS : Comte de Dohna.
Baron von Schuckmann.
Von Rochow.
Comte von Schweinitz und Krain, baron von Kauder.
Comte von Matuschka, baron von Toppolczan und Spaetgen.

2° CUIRASSIERS, DIT « de la Reine » (DE POMÉRANIE), à PASEWALK.

COMMANDANT : OBERST-LIEUTENANT *von Natzmer.*
MAJORS : Von Ziegler und Klipphausen.
Comte von Schmettow.

Comte von *Wachtmeister.*
RITTMEISTERS : Comte *von Schwerin.*
Baron *von der Goltz.*
Von Arnim.
Von Schuckmann.

3º CUIRASSIERS, DIT « *du comte de Wrangel* » (DE PRUSSE ORIENTALE), à KŒNIGSBERG.

COMMANDANT : OBERST-LIEUTENANT *von Rabe.*
MAJOR : *Klockmann.*
RITTMEISTERS : *Von Maubeuge.*
Von Kunheim.
Orlop.
Von Pelet-Narbonne.
Von Werdeck.
A la suite :
RITTMEISTERS : *Von Stangen.*
Von der Groeben.

4º CUIRASSIERS, DIT « *de Driesen* » (DE WESTPHALIE), à MUNSTER.

CHEF : GÉNÉRAL DE CAVALERIE *Pierre*, grand-duc d'Oldenbourg.
COMMANDANT : OBERST *von Sichart.*
MAJORS : Baron *von Fürstenberg.*
Baron *von Toll.*
RITTMEISTERS : *Von Branconi.*
Von Bila.
Comte *von Brockdorff-Ahlefeldt.*
Von der Groeben.
A la suite :
RITTMEISTER : *Von Etterlein.*

5º CUIRASSIERS, DIT « *du duc Frédéric Eugène de Wurtemberg* » (DE PRUSSE OCCIDENTALE), à RIESENBURG, EYLAU et ROSENBERG.

CHEF : S. M. *Guillaume II*, Roi de Wurtemberg.
COMMANDANT : OBERST LIEUTENANT Comte *von Matuschka*, baron *von Toppolczan und Spaetgen.*
MAJORS : *Sieg.*
Von Rouppert.
RITTMEISTERS : *Von Massow.*
Weisz.
Baron *von Scherr-Thosz.*
Von Unruh.
A la suite :
RITTMEISTER : Duc *Albert de Wurtemberg.*

6º CUIRASSIERS, DIT « *de l'Empereur Nicolas Iᵉʳ de Russie* » (DE BRANDEBOURG), à BRANDEBOURG.

CHEF : Grand-duc *Paul Alexandrovitch de Russie.*
COMMANDANT : OBERST *von Bredow.*
OBERST-LIEUTENANT : *Von Gruben.*
RITTMEISTERS : *Von Katte.*
Von Besser.
Von Meyer.
Comte *Finck von Finckenstein.*

Comte *von Schwerin.*
A la suite :
MAJOR : *Von Spalding.*
RITTMEISTER : Baron *von Hollen.*

7º CUIRASSIERS, DIT « *de Seydlitz* » (DE MAGDEBOURG), à HALBERSTADT.

CHEF : GÉNÉRAL DE CAVALERIE *Ernest II*, duc de Saxe-Cobourg-Gotha.
COMMANDANT : OBERST-LIEUTENANT *Von Rundstedt.*
MAJORS : Comte *von Haugwitz.*
Baron *von Bothmer.*
RITTMEISTERS : *Von Schwerin.*
Von Zitzewitz.
Comte *von Reichenbach.*
Baron *von Glaubitz und Altengabel.*
Von Briesen.
Comte *Henri de Stolberg-Stolberg.*
A la suite :
GENERAL-OBERST DE CAVALERIE (avec le rang de GENERAL-FELDMARSCHALL) : *Otto*, prince *de Bismarck*, duc de Lauenbourg (GRAND-CROIX DE LA LÉGION D'HONNEUR).
MAJOR : *Von Campbell-Laurentz.*

8º CUIRASSIERS, DIT « *du comte Gessler* » (DU RHIN), à DEUTZ.

CHEF : GENERAL-OBERST DE CAVALERIE *Charles-Alexandre*, grand-duc de Saxe.
COMMANDANT : OBERST-LIEUTENANT Comte *von Lüttichau.*
MAJORS : *Von Enckevort.*
Baron *Hiller von Gaertringen.*
RITTMEISTERS : *Schallehn.*
Baron *von Lersner.*
Fries.
Haniel.
Von Hänisch.
A la suite :
OBERST : Baron *von Gemmingen-Hornberg.*
RITTMEISTER : Baron *Digeon de Monteton.*

1ᵉʳ RÉGIMENT DE DRAGONS, DIT « *du prince Albert de Prusse* » (DE LITHUANIE), à TILSITT.

COMMANDANT : OBERST *von Meyer.*
MAJORS : Baron *von Senden-Bibran.*
Von Osteroht.
Böhmer.
Von Parpart.
RITTMEISTERS : *Kullak.*
Von Petersdorff.
Von Rüdgisch.
A la suite :
GENERAL-FELDMARSCHALL : Prince *Albert de Prusse.*
GÉNÉRAL DE CAVALERIE : *Von Heuduck.*
MAJOR : *Wernitz.*

2º DRAGONS (1ᵉʳ DE BRANDEBOURG), à SCHWEDT.

CHEF : GENERAL FELDMARSCHALL Prince *Albert de Prusse.*
COMMANDANT : OBERST *von Blumenthal.*

SOUS-OFFICIER DES HUSSARDS DE BLÜCHER (RÉG. N° 5).

MAJORS : Baron *von Rodde*.
  Comte *von der Schulenburg*.
  Von Kalckreuth.
  Von Platen.
RITTMEISTERS : Comte *von Bismarck-Bohlen*.
  Von Reuss.
  Von Arnim.
          A la suite :
RITTMEISTER : *Von Berger*.

3ᵉ DRAGONS, DIT « *du baron de Derfflinger* » (DE LA NOUVELLE MARCHE), à BROMBERG.

CHEF : *Gustave*, Prince royal de Suède et de Norvège.
COMMANDANT : OBERST-LIEUTENANT Comte *von Schlippenbach*.
MAJOR : Comte *von Klinckowstroem*.
RITTMEISTERS : *Von Hagen*.
  Von Platen.
  Von Schmiterlöw.
  Von der Decken.
  Von Witzleben-Normann.
  Von Wienskowski.

4ᵉ DRAGONS, DIT « *de Bredow* » (1ᵉʳ DE SILÉSIE), à LUBEN.

CHEF : GÉNÉRAL DE CAVALERIE *Guillaume*, Comte de *Stolberg-Wernigerode*.
COMMANDANT : OBERST *von Plato*.
MAJORS : Chevalier *de Longchamps-Berier*.
  Baron *Rüdt von Collenberg*.
RITTMEISTERS : *Von Britzke*.
  Comte *von Schweinitz und Krain*, baron *von Kauder-Schmige*.
  Comte *von Oeynhausen*.
          A la suite :
OBERST : *Von Krosigk*.
MAJOR : *Von Dresky*.

5ᵉ DRAGONS, DIT « *du baron de Manteuffel* » (DU RHIN), à HOF-GEISMAR.

COMMANDANT : OBERST-LIEUTENANT *von Braun*.
MAJOR : *Andersch*.
RITTMEISTERS : *Koppe*.
  Weisbrodt.
  Baron *von Waldenfels*.
  Spangenberg.
  Scriba.
          A la suite :
OBERST : *Von Hantelmann*.
RITTMEISTER : Comte *von Kielmansegg*.

6ᵉ DRAGONS (DE MAGDEBOURG), à THIONVILLE.

COMMANDANT : OBERST *von Rabe*.
MAJOR : *Von Busse*.
RITTMEISTERS : *Schmid*.
  Venske.
  Dehnicke.

Von Wright.
Chevalier et seigneur *von Oetinger*.
          A la suite :
OBERSTS-LIEUTENANTS : *Von Homeyer*.
  Rosentreter.
RITTMEISTER : *Von Nathusius*.

7ᵉ DRAGONS (DE WESTPHALIE), à SAARBRUCK.

CHEF : GÉNÉRAL DE CAVALERIE. Prince *Léopold de Bavière*.
COMMANDANT : OBERST-LIEUTENANT *Preusser*.
MAJORS : *Arent*.
  Von Gustedt.
RITTMEISTER : *Von Gustedt*.
  Von Berg.
  Von Rosenstiel.
  Hoth.

8ᵉ DRAGONS, DIT « *du roi Frédéric III* » (2ᵉ DE SILÉSIE), à KREUZBURG, BERNSTADT ET NAMSLAU.

COMMANDANT : OBERST-LIEUTENANT Comte *von Moltke*.
MAJORS : Baron *von König*.
  Von Beneckendorff und von Hindenburg.
  Schalscha von Ehrenfeld.
RITTMEISTERS : *Von Schack*.
  Zahn.
  Von Bismarck.
  Von Boddien.
          A la suite :
OBERST : Baron *von Kleist*.
MAJOR : *Von Festenberg-Pakisch*.

9ᵉ DRAGONS (1ᵉʳ DE HANOVRE), à METZ.

CHEF : S. M. *Charles Iᵉʳ*, Roi de Roumanie.
COMMANDANT : OBERST-LIEUTENANT *von Strantz*.
MAJORS : *Kieckebusch*.
  Von Pawel-Rammingen.
RITTMEISTERS : *Von Gorne*.
  Baron *von Maltzahn*.
  Von Colomb.
  Von Windheim.
  Lübbert.
  Hellwig.

10ᵉ DRAGONS (DE PRUSSE ORIENTALE), à ALLENSTEIN.

CHEF : S. M. *Albert*, Roi de Saxe.
COMMANDANT : OBERST-LIEUTENANT *von Raven*.
MAJORS : Baron *von Esebeck*.
  Von Arnim.
  Comte *von der Schulenburg*.
RITTMEISTERS : *Von Wrochem*.
  Von Schweinichen.
  Von Wilamowitz-Mollendorf.
  Boy.
          A la suite :
OBERST : *Von Kraatz-Koschlau*.

11ᵉ DRAGONS, DIT « de Wedell » (DE POMÉRANIE),
à GUMBINNEN ET STALLUPŒNEN.

COMMANDANT : OBERST von Meyer.
MAJORS : Wolff.
 Baron von Stosch.
 Rademacher.
RITTMEISTERS : Von Wedell.
 Von Hertzberg.
 Schultze-Moderow.
 Gülcher.

   A la suite :

MAJOR : Voitus.
RITTMEISTER : Weidlich.

12ᵉ DRAGONS, DIT « d'Arnim » (2ᵉ DE BRANDEBOURG),
à GNESEN.

CHEF : S. A. R. la princesse Frédéric-Charles de Prusse.
COMMANDANT : OBERST Comte von Klinckowstroem.
MAJORS : von Werder.
 Alberti.
 Prince von Schönaich-Carolath.
RITTMEISTERS : Baron von Schrötter.
 Von Bistram.
 Von Schön.
 Léonard, comte de Stolberg-Wernigerode.

   A la suite :

GÉNÉRAL DE CAVALERIE : Comte von Wartensleben.

13ᵉ DRAGONS (DE SCHLESWIG-HOLSTEIN), à METZ.

COMMANDANT : OBERST-LIEUTENANT von Holtzenbecher.
MAJORS : Sichart von Sichartshoff.
 Von Wickede.
RITTMEISTERS : Melms.
 Von Kemnitz.
 Von Voss.
 Dietz von Bayer.

   A la suite :

RITTMEISTER : Dann.

14ᵉ DRAGONS (DE LA MARCHE ÉLECTORALE), à COLMAR.

CHEF : S. M. Léopold II, Roi des Belges.
COMMANDANT : OBERST-LIEUTENANT von Bachmayr.
MAJORS : Bauer.
 Thies.
 Rau.
RITTMEISTERS : Von Gaffron.
 Von Schmidt.
 Nehring.
 Lagatz.

15ᵉ DRAGONS (3ᵉ DE SILÉSIE), à HAGUENAU.

COMMANDANT : OBERST-LIEUTENANT Baron von Fürstenberg.
MAJORS : Von der Schulenburg.
 Kienitz.
RITTMEISTERS : Von Keller.
 Von Hauqwitz.
 Von Prittwitz und Gaffron.
 Von Busse.
 Wolff von Schutter.

16ᵉ DRAGONS (2ᵉ DE HANOVRE), à LUNEBOURG et UELZEN.

CHEF : S. A. R. le comte de Flandres.
COMMANDANT : OBERST-LIEUTENANT Moritz.
MAJOR : Von Rochow.
RITTMEISTERS : Von Rauch.
 Von Bodecker.
 De Graaff.
 Baron von Uslar Gleichen.
 Simon.

   A la suite :

OBERST : Von Bardeleben.
MAJOR : Baron von Massenbach.

17ᵉ DRAGONS (1ᵉʳ DE MECKLEMBOURG), à LUDWIGSLUST.

CHEF : GÉNÉRAL DE CAVALERIE François III, grand-duc de Mecklembourg-Schwerin.
COMMANDANT : OBERST-LIEUTENANT Baron von und zu Egloffstein.
OBERST-LIEUTENANT : Comte von Hardenberg.
RITTMEISTERS : Von Arnim.
 Comte de Dohna.
 Von Bernuth.
 Von Buch.
 Von Katzler.

   A la suite :

OBERST : Henry XVIII, prince de Reuss.
OBERST-LIEUTENANT : Paul-Frédéric, duc de Mecklembourg-Schwerin.
RITTMEISTERS : Von Seeler.

18ᵉ DRAGONS (2ᵉ DE MECKLEMBOURG), à PARCHIM.

COMMANDANT : OBERST-LIEUTENANT Baron von Senden-Bibran.
MAJORS : Von Ziegler und Klipphausen.
 Von Muellern.
 Von Busse.
RITTMEISTERS : Von Zieten.
 Von Hauqwitz.
 Von Faber du Faur.
 Von Sittmann.
 Von Levetzow.

19ᵉ DRAGONS (D'OLDENBOURG), à OLDENBOURG.

CHEF : GÉNÉRAL DE CAVALERIE Pierre, grand-duc d'Oldenbourg.
COMMANDANT : OBERST Auguste, grand-duc héritier d'Oldenbourg.
MAJORS : Von Witzleben.
 Baron von Schrötter und von Stutterheim.
RITTMEISTERS : Baron von Tettau.
 Von Alten.
 Baron von Massenbach.
 Von Baumbach.

OBERST : *von Engel.*
MAJOR : *von Damnitz.*

20e DRAGONS (DU CORPS, 1er de BADE), à KARLSRUHE

CHEF : GENERAL-OBERST DE CAVALERIE *Frédéric,* Grand-Duc de Bade.
COMMANDANT : OBERST-LIEUTENANT *von Schmidt.*
MAJORS : Von *Wagenhoff.*
Strahl, baron *von Salis-Soglio.*
RITTMEISTERS : *Liman.*
Brand.
Baron *von der Recke von der Horst.*
Dumrath.

21e DRAGONS (2e de BADE), à BRUCHSAL et SCHWETZINGEN.

COMMANDANT : OBERST-LIEUTENANT *von Uslar.*
MAJORS : Von *Kleist.*
Hardt.
Von *Ernst.*
RITTMEISTERS : *Herbst.*
Ligniez.
Stark.
Thiergärtner-Drummond.

22e DRAGONS, DIT « *du prince Charles* » (3e de BADE), à MULHOUSE.

CHEF : GÉNÉRAL DE CAVALERIE Prince *Charles de Bade.*
COMMANDANT : OBERST *von Tresckow.*
MAJOR : *Kühls.*
RITTMEISTERS : *Erdmann.*
Von *Nathusius.*
Baron *Grote.*
Jochmus.
Preusz.
A la suite :
RITTMEISTER : Von *Hesberg.*

23e DRAGONS (DE LA GARDE, 1er DE HESSE GRAND-DUCALE), à DARMSTADT.

COMMANDANT : OBERST-LIEUTENANT *von Krócher.*
MAJORS : Von *Wedell.*
Von *Rosen.*
RITTMEISTERS : *Winsloe.*
Von *Steinau-Steinrück.*
Baron *von Uckermann.*
Von *Oertzen.*
A la suite :
MAJOR : Von *Zimmermann.*

24e DRAGONS (DU CORPS, 2e de HESSE GRAND-DUCALE), à DARMSTADT et BUTZBACH.

CHEF : GÉNÉRAL DE CAVALERIE *Henri,* Prince *de Hesse et sur le Rhin.*

COMMANDANT : OBERST *von Voigt.*
MAJORS : Baron *von Ardenne.*
Von *Schmidt.*
RITTMEISTERS : *Rocholl.*
Von *Boddien.*
Von *Tresckow.*
Baron *von Lyncker.*
Baron *von Starck.*
A la suite :
OBERST-LIEUTENANT : *Otto.*
MAJORS : *Brinckmann.*
Von *Brockhusen.*

1er HUSSARDS DU CORPS; à DANTZIG, à STARGARDT et à LANGFUHR.

COMMANDANT : OBERST Comte *de Gueldre-Egmond d'Arcen.*
MAJOR : *Mohr.*
RITTMEISTERS : *Douglas.*
Von *Livonius.*
Von *der Osten.*
Comte *von Hardenberg.*
Clifford Kocq von Breugel.
Schulze.
A la suite :
OBERST-LIEUTENANT : *Hoffmann-Scholtz.*

2e HUSSARDS DU CORPS, DIT « *de l'Impératrice* », à POSEN.

CHEF : S. M. *l'Impératrice et Reine Frédéric.*
COMMANDANT : OBERST-LIEUTENANT. *von Bassewitz.*
MAJORS : Comte *von Sponeck.*
Schultz von Dratzig.
Comte *Schack von Wittenau.*
RITTMEISTERS : *Hoffmann.*
Von *Schack.*
Comte *von Schmettow.*
A la suite :
OBERST : Von *Haeseler.*

3e HUSSARDS, DIT « *de Zieten* » (de BRANDEBOURG), à RATHENOW.

CHEF : *Arthur,* duc *de Connaught et Strathearne.*
COMMANDANT : OBERST-LIEUTENANT *von Griesheim.*
MAJORS : Von *Owstien.*
Von *Seydlitz.*
RITTMEISTERS : *Bode.*
Von *Goetzen.*
Von *Hertzberg.*
Von *Böhlendorff-Kolpin.*
A la suite :
GENERAL-LIEUTENANT : Von *Rosenberg.*
RITTMEISTERS : Von *Winterffeld.*

4° HUSSARDS, dit « de Schill » (1ᵉʳ de Silésie), à Ohlau et Strehlen.

Chef : Grand-duc *Michel Nicolaidvitch de Russie.*
Commandant : Oberst *von Müller.*
Major : Baron *von Senden-Bibran.*
Rittmeisters : *Von Paczensky und Tenczin.*
   Von Kemnitz.
   Baron *von Wechmar.*
   Von der Marwitz.
   Baron *von Buddenbrock.*

5° HUSSARDS, dit « du prince Blücher » (de Poméranie), à Stolp.

Chef : Prince *de Galles.*
Commandant : Oberst *von Natzmer.*
Major : *von Zitzewitz.*
Rittmeisters : *Von der Knesebeck.*
   Von Bonin.
   Schillow.
   Lederbogen.
   Baarth.
       A la suite :
Major : *Von Rothkirch und Panthen.*

6° HUSSARDS, dit « du comte Goetzen » (2ᵉ de Silésie), à Leobschütz et Ober-Glogau.

Chef : Grand-duc *Alexis Alexandrovitch de Russie.*
Commandant : Oberst Baron *von Sauerma.*
Majors : *Von Wrochem.*
   Von Lautz.
Rittmeisters : *Von Kleist.*
   Von Rothkirch und Panthen.
   Baron *von der Knesebeck-Milendonck.*
   Ernst.
   Von Glasenapp.
       A la suite :
Rittmeister : *Von Heuduck.*

7° HUSSARDS, dit « du roi Guillaume Iᵉʳ » (1ᵉʳ du Rhin), à Bonn.

Commandant : Oberst-Lieutenant *von Winterfeld.*
Major : *Von Wallenberg.*
Rittmeisters : *Von Hellmann.*
   Von Kossecki.
   Baron *von Teltau.*
   Prince *Adolphe de Schaumbourg-Lippe.*
   Von Wallenberg.
       A la suite :
Les Généraux de Cavalerie : Comte *von der Goltz.*
   Baron *von Loë.*
   Prince *Henri de Hesse.*
   Prince *Charles de Suède et Norvège.*
Oberst : Synold *von Schütz.*
Major : *Von Mühlberg.*

8° HUSSARDS (1ᵉʳ de Westphalie), à Paderborn et Neuhaus.

Chef : Tzarévitch *Nicolas de Russie.*
Commandant : Oberst-Lieutenant *von Below.*
Majors : Comte *von Itzenplitz.*
   Edler *von Graeve.*
Rittmeisters : *Michels.*
   Von Bitter.
   Comte *de Villers.*
   Von Burgsdorff.
       A la suite :
Rittmeister : *Brecht.*

9° HUSSARDS (2ᵉ du Rhin), à Trèves.

Commandant : Oberst-Lieutenant *von Hagenow.*
Major : *Seaderer.*
Rittmeisters : *Schotten.*
   Von Loos.
   Baron *Seutter von Lötzen.*
   Grolman.
   Abegg.
   Baron *von Uslar-Gleichen.*

10° HUSSARDS (de Magdebourg), à Stendal.

Commandant : Oberst-Lieutenant *von Bonin.*
Majors : *Brieson.*
   Von Müller.
Rittmeisters : *Von Hertell.*
   Bartsch von Sigsfeld.
   Von Katzler.
   Baron *von Lützow*, dit *von Dorgelo.*
       A la suite :
Oberst : *Von Thümen.*
Rittmeister : *Böhm.*

11° HUSSARDS (2ᵉ de Westphalie), à Dusseldorf et Benrath.

Commandant : Oberst-Lieutenant *von Britzke.*
Majors : *Von Ziethen.*
   Baron *von Fritsch.*
Rittmeisters : *Von Arnstedt.*
   Von Borries.
   Von Blücher.
   Von Cossel.
   Baron *von Wrede.*

12° HUSSARDS (de Thuringe), à Merseburg et Weiszenfels.

Chef : Grand-duc *Vladimir Alexandrovitch de Russie.*
Commandant : Oberst-Lieutenant *von Liebermann.*
Majors : Baron *von Stesch.*
   Von Katte.
Rittmeisters : *Conrad.*
   Von Hagke.

OFFICIER DE HUSSARDS; SAXE.

Baron *von und zu Egloffstein*.
Von Oheimb.
Von Rumohr.
Von Schnehen.
A la suite :
GÉNÉRAL D'INFANTERIE : *Ernest*, duc *de Saxe-Altenbourg*.
OBERST : *Von Gossler*.

13ᵉ HUSSARDS (1ᵉʳ de HESSE), à FRANCFORT et à MAYENCE.

CHEF : S. M. *le Roi d'Italie*.
COMMANDANT : OBERST Baron *von Bissing*.
MAJORS : *Von Byern*.
Von Rundstedt.
RITTMEISTERS : *Von Issendorff.*
Von Schmeling.
Von Jagemann.
Jacobi.
Von Westernhagen.
Baron *Digeon de Montelon.*
A la suite :
Victor-Emmanuel, prince héritier *d'Italie*.
MAJOR : *Von Stutterheim.*
RITTMEISTER : *Von Storch.*

14ᵉ HUSSARDS, DIT « *de Frédéric II, landgrave de Hesse-Hombourg* » (2ᵉ de HESSE), à CASSEL.

CHEF : *Frédéric*, prince héritier *de Danemark.*
COMMANDANT : OBERST-LIEUTENANT Baron *von Werthern.*
MAJORS : Baron *von Langermann und Erlencamp.*
Von Mechow.
RITTMEISTERS : *Von Schönfeldt.*
Comte *von Hutten-Czapski.*
Baron *von Fritsch.*
Kähne.
Baron *von Langermann und Erlencamp.*
A la suite :
OBERST : *Von Lieres et Wilkau.*

15ᵉ HUSSARDS (de HANOVRE), à WANDSBECK.

CHEF : GÉNÉRAL DE CAVALERIE *Frédéric-François III*, Grand-Duc *de Mecklembourg-Schwerin.*
COMMANDANT : OBERST-LIEUTENANT *Von Huth.*
MAJORS : *Von Gersdorff.*
Von Blumenthal.
Comte *von und zu Westerholt und Gysenberg.*
RITTMEISTERS : *Engels.*
Baron *von und zu Weichs an der Glon.*
Von Koenig.
Von Hake.
A la suite :
GÉNÉRAL-LIEUTENANT : *Charles-Auguste*, grand-duc héritier *de Saxe.*
RITTMEISTERS : Baron *von Diepenbroick-Grüter.*
Comte *von Schlieffen.*

16ᵉ HUSSARDS, DIT « *de l'Empereur d'Autriche* » (de SCHLESWIG-HOLSTEIN), à SCHLESWIG.

CHEF : S. M. *l'Empereur d'Autriche.*
COMMANDANT : OBERST-LIEUTENANT *von Schmeling.*
MAJORS : *Von Bornstädt.*
Von Holy-Poniecitz.
RITTMEISTERS : *Boehm.*
Mackensen.
Von Bülow.
Von Dechend.
A la suite :
OBERST : *Von Thümen.*
RITTMEISTER : *Von Pachelbl-Gehag.*

17ᵉ HUSSARDS (DE BRUNSWICK), à BRUNSWICK.

COMMANDANT : OBERST-LIEUTENANT *von Versen.*
MAJORS : *Von Hirschfeld.*
Schweppe.
RITTMEISTERS : *Von der Marwitz.*
Von Koppy.
Walther-Weisbeck.
Comte *von Pfeil.*
Von Hoffmann.
A la suite :
RITTMEISTER : *Von Kresigk.*

1ᵉʳ HULANS, DIT « *de l'Empereur de Russie* » (de PRUSSE OCCIDENTALE), à MILITSCH ET OSTROWO.

CHEF : S. M. *l'Empereur Alexandre III.*
COMMANDANT : OBERST-LIEUTENANT *Kuhlmay.*
OBERST-LIEUTENANT : *Von Rohr.*
MAJORS : *Von Briesen.*
Troost.
Von Frankenberg und Ludwigsdorf.
RITTMEISTERS : *Torgany.*
Schwerin.
Von Lieber.
A la suite :
Grand-duc *Georges Alexandrovitch de Russie.*
RITTMEISTERS : *Sembach.*
Keibel.

2ᵉ HULANS, DIT « *de Katzler* » (de SILÉSIE), à RATIBOR, PLESS, SOHRAU et GLEIWITZ.

COMMANDANT : OBERST-LIEUTENANT *von Papen.*
MAJOR : *Von Quast.*
RITTMEISTERS : Prince *Egon von Ratibor und Corvey.*
Von Biela.
Breyer.
Gergonne.
Von Brixen.
A la suite :
RITTMEISTER : *Von Stangen.*

3° HULANS, DIT « de l'Empereur Alexandre II de Russie » (1er de Brandebourg), à Francfort, Furstenwalde et Beeskow.

CHEF : Grand-Duc *Serge Alexandrovitch de Russie.*
COMMANDANT : OBERST-LIEUTENANT Von *Wickede.*
MAJORS : Von *Niebelschütz.*
Von *Alten.*
RITTMEISTERS : Von *Jagow.*
Von *der Marwitz.*
Von *Kramsta.*
Von *Prittwitz und Gaffron.*
Von *Glasenapp.*

A la suite :
RITTMEISTER : Comte von *Pückler.*

4° HULANS, DIT « de Schmidt » (1er de Poméranie), à Thorn.

CHEF : GÉNÉRAL DE CAVALERIE Prince *Georges de Prusse.*
COMMANDANT : OBERST-LIEUTENANT von *Humbracht.*
MAJORS : Von *Fuchs.*
Comte von *Merveldt.*
Heidborn.
RITTMEISTERS : Baron von *Wrangel.*
Comte von *der Groeben.*
Becker.
Geiger.

A la suite :
OBERST : Baron Von *Entress-Fürstenzck.*

5° HULANS (de Westphalie), à Dusseldorf.

CHEF : GÉNÉRAL DE CAVALERIE Adolphe, Grand-Duc de Luxembourg, Duc de Nassau.
COMMANDANT : OBERST von *Bayer-Ehrenberg* (à la suite du 1er hulans de Wurtemberg).
MAJORS : Von *Schmidt.*
Von *Buch.*
RITTMEISTERS : Baron von *Brenken.*
Von *Engelcken.*
Von *Boehn.*
Von *Nimptsch.*

A la suite :
RITTMEISTER : Von *Engelbrecht.*

6° HULANS (DE THURINGE), à Mulhouse et Langensalza.

CHEF : S. M. le Roi de Danemark.
COMMANDANT : OBERST Von *Wenden.*
OBERST-LIEUTENANT : Baron von *Hövel.*
MAJORS : Von *Wittich.*
Von *Heiligenstedt.*
RITTMEISTERS : *Kühne.*
Von *Blumenthal.*
Schmidt.
Riedesel.
Bayer.

7° HULANS, DIT « du Grand-Duc de Bade » (du Rhin), Saarburg.

CHEF : GENERAL-OBERST DE CAVALERIE *Frédéric*, Grand-Duc de Bade.
COMMANDANT : OBERST-LIEUTENANT von *Coettritz und Neuhaus.*
MAJORS : Von *Vollard-Bockelberg.*
Von *Bredow.*
Von *Mechow.*
RITTMEISTERS : *Krahmer.*
Von *Erhardt.*
Loeb.
Winsloe.

8° HULANS, DIT « du comte de Dohna » (de Prusse occidentale), à Lyck et Marggrabowa.

CHEF : Archiduc *Charles-Louis d'Autriche.*
COMMANDANT : OBERST von *Mandelsloh.*
MAJORS : Von *Scheffer.*
Von *Horn.*
RITTMEISTERS : *Fenner.*
Krieger.
Von *Dewitz.*
Von *Belgu.*
Von *Tschirschky.*

A la suite :
Archiduc *François-Ferdinand d'Autriche.*
MAJOR : Von *Keller.*

9° HULANS (2° DE POMÉRANIE), à Demmin.

CHEF : GÉNÉRAL DE CAVALERIE *Frédéric-Guillaume*, Grand-Duc de Mecklembourg-Strélitz.
COMMANDANT : OBERST-LIEUTENANT von *Bärensprung.*
MAJORS : Baron Von *Kirchbach.*
Beamish-Bernard.
Von *Neumann-Cosel.*
RITTMEISTERS : Von *Plüskow.*
Von *Rohr-Wahlen-Jürgass.*
Dreher.
Von *Bernstorff.*

A la suite :
GENERAL-LIEUTENANT : Grand-Duc héritier de Mecklembourg-Strélitz.
RITTMEISTER : *Eben.*

10° HULANS, DIT « du prince Auguste de Wurtemberg » (de Posnanie), à Zullichau.

COMMANDANT : OBERST-LIEUTENANT von *Boehm.*
MAJORS : Von *Gersdorff.*
Von *Bornstedt.*
Von *Hagen.*
RITTMEISTERS : Von *Rohr.*
De *Graaff.*
Baron von *Wechmar.*

Von *Winterfeld*.
Baron *von Wolff*.
A la suite:
Rittmeister : Von *Schwerin*.

11ᵉ HULANS (2ᵉ de Brandebourg), à Saarburg.

Commandant : Oberst-Lieutenant von *Schaumberg*.
Major : *Oelrichs*.
Rittmeisters : Baron von *Manteuffel*.
Comte *von der Recke Volmerstein*.
Baron *Grote*.
Von *Berg*.
Von *Borcke*.
Von *Cleve*.

12ᵉ HULANS (de Lithuanie), à Insterburg et Goldap.

Commandant : Oberst-Lieutenant *Lange*.
Majors : Von *Massow*.
Von *Jaraczewski*.
Rittmeisters : *Dreher*.
Von *Schimmelpfennig*, dit Von der *Oye*.
Seiffert.
Hennig.
Ziermann.
A la suite :
Oberst : Von *Kaisenberg*.

13ᵉ HULANS, dit « du Roi » (1ᵉʳ de Hanovre), à Hanovre.

Chef : S. M. l'Empereur et Roi.
Commandant : Oberst-Lieutenant von *Bülow*.
Majors : Von *Krosigk*.
Von *Dittmar*.
Von *Biegeleben*.
Baron *de Beaulieu-Marconnay*.
Rittmeisters : Von *Heyden-Linden*.
Von *Uechtritz und Steinkirch*.
Von *Pieschel*.
A la suite :
Général de Cavalerie : Comte von *Waldersee*.
Rittmeisters : Von *Seydewitz*.
Comte von *Perponcher-Sedlnitzky*.

14ᵉ HULANS (2ᵉ de Hanovre), à Saint-Avold.

Commandant : Oberst-Lieutenant Von *Colmar*.
Majors : *Meiling*.
Meier.
Rittmeisters : Baron von *Esebeck*.
Dommes.
Von *Schultz*.
Bayer von *Ehrenberg*.
Roth.
A la suite :
Oberst : *Bothe*.

15ᵉ HULANS (de Schleswig-Holstein), à Strasbourg.

Commandant : Oberst-Lieutenant Baron von *Neukirchen*, dit von *Nyvenheim*.
Majors : Von *Borcke*.
Von *Richthofen*.
Von *Mitzlaff*.
Rittmeisters : von *Boddien*.
Von *Dassel-Wellersen*.
Comte von *Rohde*.
A la suite :
Oberst : Von *Müller*.

16ᵉ HULANS, dit « *de Hennigs von Treffenfeld* » (de la Vieille-Marche), à Salzwedel et Gardelegen.

Chef : Général-Feldmarschall *Georges*, Prince de Saxe.
Commandant : Oberst Baron Von *Bernewitz*.
Majors : Von *Szymonski*.
Von *Koblinski*.
Rittmeisters : *Junk*.
Von *Bismarck*.
Von *Klatte*.
Schalscha Von *Ehrenfeld*.

INSTITUT MILITAIRE DE CAVALERIE, à Hanovre.

Chef : Oberst Von *Willich* (à la suite du 2ᵉ dragons de la Garde).
Directeur de l'École de Cavalerie des Officiers : Oberst-Lieutenant von *Homeyer* (à la suite du 6ᵉ dragons).
Directeur de l'École de Cavalerie des Sous-Officiers : Major *Brinckmann* (à la suite du 24ᵉ dragons).
Adjudants : Premier Lieutenant Von *Fuchs-Nordhoff* (du 10ᵉ hussards);
Comte von *der Schulenburg-Wolfsburg* (du 13ᵉ hulans).
Maîtres d'Équitation : Majors : von *Rottkirch und Panthen* (à la suite du 5ᵉ hussards);
Wernitz (à la suite du 1ᵉʳ dragons).
Rittmeisters : Von *Winterfeld* (à la suite du 3ᵉ hussards);
Von *Stangen* (à la suite du 2ᵉ hulans);
Von *Seeler* (à la suite du 17ᵉ dragons);
Eben (à la suite du 9ᵉ hulans);
Brecht (à la suite du 8ᵉ hussards);
Baron *Digeon de Monteton* (à la suite du 8ᵉ cuirassiers);
Von *Sydow* (à la suite du rég. des Gardes du corps);
Keibel (à la suite du 1ᵉʳ hulans);
Weidlich (à la suite du 11ᵉ dragons).
Premier Lieutenant : Comte von *Wengersky* (à la suite du 4ᵉ hussards).

ROYAUME DE SAXE.

(XII° CORPS D'ARMÉE DE L'EMPIRE.)

PREMIÈRE DIVISION.

GÉNÉRAL-LIEUTENANT : *Von Reyher.*
CHEF D'ÉTAT-MAJOR : MAJOR Baron *von Friesen-Millitz.*

1re Brigade (n° 23) (Garde-Reiter et 1er Hulans), à DRESDE.

COMMANDEUR : OBERST Baron *von Hammerstein* (à la suite du 2° hussards).
ADJUDANT : RITTMEISTER Baron *von Salza und Lichtenau* (à la suite des Gardes-Reiter).

DEUXIÈME DIVISION.

GÉNÉRAL-LIEUTENANT : *Von Tschirschnitz.*
CHEF D'ÉTAT-MAJOR : MAJOR *Barth.*

2° Brigade (n° 24) (1er et 2° Hussards), à LEIPZIG.

COMMANDEUR : OBERST *Preusser* (à la suite du 2° hussards).
ADJUDANT : RITTMEISTER *Von Schonberg* (à la suite des carabiniers).

TROISIÈME DIVISION.

GÉNÉRAL-LIEUTENANT : *Von Kirchbach.*
CHEF D'ÉTAT-MAJOR : MAJOR Baron *von Wagner.*

3° Brigade (n° 32) (Carabiniers et 2° Hulans), à DRESDE.

COMMANDEUR : OBERST *Schultze* (à la suite du 1er hussards).
ADJUDANT : RITTMEISTER Baron *von Weissdorf* (à la suite du 2° hussards).

RÉGIMENT de « GARDE-REITER », à DRESDE.

CHEF : S. M. le Roi.
COMMANDEUR : OBERST *Edler von der Planitz.*
OBERST-LIEUTENANT : *Bock von Wülfingen.*
MAJOR : *Von Oppen-Huldenberg.*
RITTMEISTERS : *Von Zehmen.*
Von Tschirschky und Bogendorff.
Comte *von Fabrice.*
Von Mangoldt-Reiboldt.
PREMIERS LIEUTENANTS : Comte *Vitzthum von Eckstadt.*
Baron *von Bodenhausen.*
Von Arnim.
Comte *Wilding von Konigsbrück.*
Baron *von Rochow.*
SECONDS LIEUTENANTS : *Von Metzsch-Reichenbach.*
Baron *von Friesen.*
Von Nostitz-Wallwitz.
Comte *von Rex.*
Von Arnim.
Von Heynitz.
Ernest, comte et seigneur de *Lippe-Biesterfeld-Weissenfeld.*
Prince *Ulrich von Schönburg-Waldenburg.*
Baron *von Fritsch.*
Von Oppell.
Von Zeschau.
Von der Decken-Ringelheim.
Von Hake.
PORTE-ÉTENDARDS : *Von Cerrini di Monte Barchi.*
Von Carlowitz.

A la suite :
RITTMEISTERS : Baron *von dem Bussche-Streithorst.*
Baron *von Salza et Lichtenau.*
SECOND LIEUTENANT : Prince *Hermann von Schönburg-Waldenburg.*

CARABINIERS, à BORNA et PEGAU.

COMMANDEUR : OBERST *Kirchner* (OFFICIER DE LA LÉGION D'HONNEUR).
MAJOR : Baron *von Friesen.*
RITTMEISTERS : Baron *von Stein zu Lausnitz.*
Von Anderten.
Von Nostitz-Wallwitz.
Von Carlowitz-Maxen.
Arnold.

A la suite :
RITTMEISTER : *Von Schönberg.*

1er HUSSARDS, DIT « *du Roi* » (N° 18), à GROSZENHAIN.

CHEF : S. M. le Roi.
COMMANDEUR : OBERST Baron *von Hoenning O'Carroll*
OBERST-LIEUTENANT : Baron *von Stralenheim.*
RITTMEISTERS : *Von Carlowitz.*
Von Walter-Jeschki.
Baron *von Campe.*
Baron *von Gayl.*
Baron *von Milkau.*

A la suite :
GÉNÉRAL LIEUTENANT : *Charles-Auguste*, grand-duc héritier de *Saxe-Weimar-Eisenach.*
OBERST : *Schultze.*
OBERST-LIEUTENANT : Prince *Frédéric-Auguste*, duc en *Saxe.*
RITTMEISTER : *Von Laffert.*

2° HUSSARDS, DIT « *de la Reine* » (N° 19), à GRIMMA et LAUSIGK.

CHEF : S. M. la Reine.
COMMANDEUR : OBERST-LIEUTENANT Baron *von Ende.*
OBERST LIEUTENANT : *Von Stieglitz.*

CROQUIS DE CAVALERIE.

Rittmeisters : Baron *von Hagen.*
Baron *Grote.*
Senfft von Pilsach.
Von Kiesenwetter.
Von Carlowitz-Hartitzsch.

A la suite :

Général de cavalerie : *Senfft von Pilsach.*
Oberst : Baron *von Hammerstein.*
Major : *Von Sandersleben.*
Rittmeister : Baron *Leuckart von Weissdorf.*

1er HULANS, dit « *de l'Empereur d'Autriche* » (N° 17), à Oschatz.

Chef : S. M. l'Empereur François-Joseph d'Autriche.
Commandeur : Oberst *von Schimpff.*
Majors : Baron *von Milkau.*
Von Boddien.
Rittmeisters : *Götz von Olenhusen.*
Baron *von Welck.*
Scharnke.
Von Kommerstaedt.

2e HULANS (N° 18), à Rochlitz et Geithain.

Commandeur : Oberst-Lieutenant *Poten.*
Major : *Schmaltz.*
Rittmeisters : *Von Reinhardt.*
Gadegast.
Bader.
Baron *von dem Bussche-Streithorst.*
Von Carlowitz.

A la suite :

Oberst : *Preusser.*
Rittmeister : *Kinder,* aide de camp du prince Georges, duc en Saxe, commandant en chef de l'armée.

ÉCOLE D'ÉQUITATION, à Dresde.

Inspecteur : Oberst Schultze, commandant la 3e brigade de cavalerie.
Directeur : Major *von Sandersleben* (à la suite du 2e hussards).

ROYAUME DE WURTEMBERG.

(XIIe corps d'armée de l'empire.)

1re **Brigade** (n° 26) (1er Dragons, 1er Hulans), à Stuttgart.

Commandeur : Oberst *von Müller* (à la suite du 15e hulans prussien).

2e **Brigade** (n° 27) (2e Dragons, 2e Hulans), à Ulm.

Commandeur : Général-Major *von Krell* (à la suite de l'armée prussienne).
Adjudant : Rittmeister *Ernst* (à la suite du 1er dragons).

1er DRAGONS, dit « *de la reine Olga* » (n° 25), à Ludwigsburg.

Chef : S. M. la Reine douairière.
Commandeur : Major Baron *von Roder.*
Majors : Baron *von Massenbach.*
Fränzinger.
Rittmeisters : *Renner.*
Etzel.
Bieber, aide de camp du roi.
Krausze.
Baron *Thumb von Neuburg.*

A la suite :

Général-Major : *François,* Duc de Teck.
Oberst: *von Sick,* commandant la 14e brigade de cavalerie prussienne.
Major : *Griesinger.*
Rittmeister : *Ernst.*

2e DRAGONS, dit « *du Roi* » (n° 26), à Ulm et Widlingen.

Chef : S. M. le Roi.
Commandeur : Oberst *von Krosigk* (à la suite du 4e dragons prussien).
Major : Baron *von Speth-Schülzburg.*
Rittmeisters : *Lauenstein.*
Spiess.
Wotschke.
Von Poser.
Von der Lühe.

A la suite :

Général de cavalerie : *Bernard,* prince de Saxe-Weimar-Eisenach.

1er HULANS, dit « *du roi Charles* » (n° 19), à Stuttgart.

Chef : S. M. le Roi.
2e Chef : S. A. I. la duchesse *Vera de Wurtemberg,* grande-duchesse de Russie.
Commandeur : Oberst-Lieutenant *Baumann.*
Major : *Benzinger.*
Rittmeisters : Baron *von Hayn.*
Baron *von Gemmingen-Guttenberg.*
Baron *von Roder.*
S. A. R. Albert duc de Wurtemberg.
Duc *Guillaume d'Urach,* comte de Wurtemberg.
Baron *von Ow-Wachendorf.*

A la suite :

Général-Lieutenant : *Philippe,* duc de Wurtemberg.
Oberst *von Bayer-Ehrenberg,* commandant le 5e hulans prussien.

RITTMEISTERS : Baron *von Falkenstein.*
Pohl, chef d'escadrons au 13e dragons prussiens.
Prince *Charles d'Urach,* comte de Wurtemberg.

2º HULANS, DIT « *du roi Guillaume I*er » (nº 20),
à LUDWIGSBURG.

CHEF : S. M. *la Reine.*
COMMANDEUR : OBERST-LIEUTENANT *Sautter.*
MAJOR : *Von Mühlberg* (à la suite du 7º hussards prussien).
RITTMEISTERS : *Frank.*
Kuntzen.
Von Strantz.
Von Pentz.
Baron *von Degenfeld.*

A la suite :

RITTMEISTER : Baron *Seutten von Lötzen,* chef d'escadrons
au 9º hussards prussiens.

ROYAUME DE BAVIERE. (1).

INSPECTEUR DE LA CAVALERIE : GÉNÉRAL-LIEUTENANT Baron *M. von Sazenhofen.*

1re Brigade (1re et 2e Schwere-Reiter), à MUNICH.
COMMANDEUR : GENERAL-MAJOR *H. von Nagel zu Aichberg.*
ADJUDANT : RITTMEISTER *F. Martin* (à la suite du 1er hulans).

2e Brigade (2e et 4e Chevau-légers), à AUGSBOURG.
COMMANDEUR : GÉNÉRAL-MAJOR Baron *G. von Horn.*

3º Brigade (1er et 6e Chevau-légers), à NUREMBERG.
COMMANDEUR : GENERAL-MAJOR Baron *F. von Steiling zu Boden und Staining.*

4º Brigade (1er et 2e Hulans), à BAMBERG.
COMMANDEUR : GENERAL-MAJOR A*. Passavant.*

5º Brigade (3e et 5e Chevau-légers), à DIEUZE.
COMMANDEUR : OBERST *A. Schmidt* (à la suite du 3e chevau-légers).

1er SCHWERE-REITER, à MUNICH.
DU NOM DU *Prince Charles de Bavière.*

COMMANDEUR : OBERST-LIEUTENANT Baron *Schacky auf Schönfeld.*
MAJORS : *F. Hartmann.*
Prince *Alphonse de Bavière.*
RITTMEISTERS : *E. von Le Bret-Nucourt.*
Baron *A. Bonnet de Meantry.*

(1) Le *Militär-Handbuch* (Annuaire militaire) bavarois n'étant établi que tous les deux ans, nous sommes forcés de prendre nos renseignements dans celui de 1891.

Baron *T. von Pfetten-Arnbach.*
L. von Heffels.

A la suite :

GÉNÉRAL DE CAVALERIE : Prince *Léopold de Bavière.*
OBERST : Baron *von Reck.*
MAJOR : *von Le Suire.*

2e SCHWERE-REITER, à LANDSHUT.

EX-RÉGIMENT DE *l'Archiduc Rodolphe d'Autriche.*
COMMANDEUR : OBERST *A. Herman.*
MAJOR : *E. Rosenbusch.*
RITTMEISTERS : *A. Dingler.*
M. Kolb.
K. Thompson.
E. Götzl.
H. Beckh.

A la suite :

GÉNÉRAL-MAJOR : Prince *Louis-Ferdinand de Bavière.*

1er HULANS, à BAMBERG.

CHEF : S. M. *l'Empereur Guillaume II.*
COMMANDEUR : OBERST-LIEUTENANT chevalier *von Poschinger.*
MAJOR : *K. Horadam.*
RITTMEISTERS : *F. Cronnenbold.*
F. Wallner.
L. Seitz.
Baron *von Gebsattel.*
L. Suttner.

A la suite :

GÉNÉRAL-LIEUTENANT : Duc *Maximilien Emmanue. de Bavière.*
MAJOR : *H. Gräff.*
RITTMEISTER : *F. Martin.*

2e HULANS, à ANSPACH.

CHEF : S. M. *le Roi.*
COMMANDEUR : OBERST Baron *A. von Könitz.*
MAJOR : Comte *A. von Seinsheim.*
RITTMEISTERS : *E. von Oelhafen.*
K. Winkler von Mohrenfels.
R. Forster.
F. baron von Falkenhausen.
H. Bouhler.

A la suite :

RITTMEISTER : *A. Koch.*

1er CHEVAU-LÉGERS, à NUREMBERG.

CHEF : S. M. *l'Empereur de Russie.*
COMMANDEUR : MAJOR Baron *A. von Falkenhausen.*
MAJOR : *A. von Muffel.*
RITTMEISTERS : *A. Streittel.*
K. von Spies.
H. Kästner.
K. Hacker.
H. Pracher.

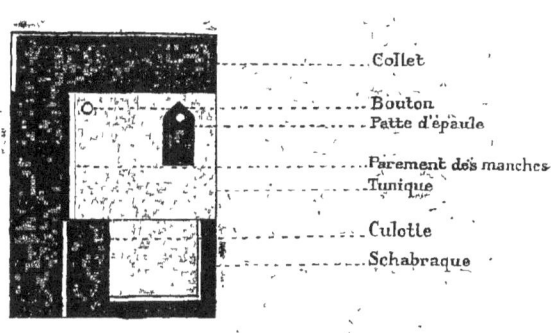

Explicatif

TABLEAU SYNOPTIQUE DES UNIFORMES DE LA CAVALERIE.

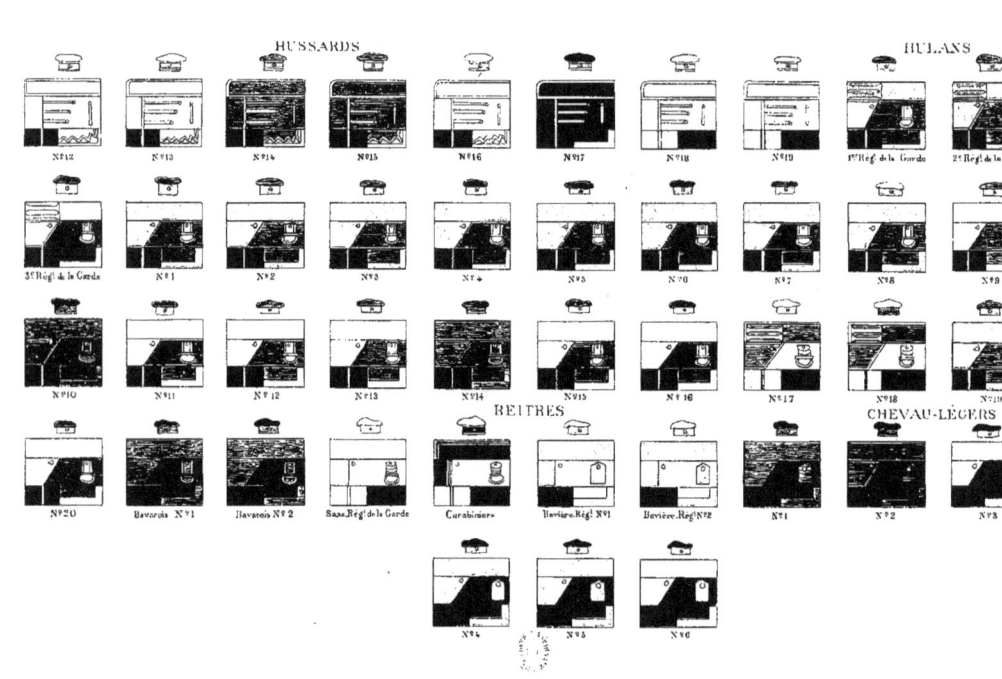

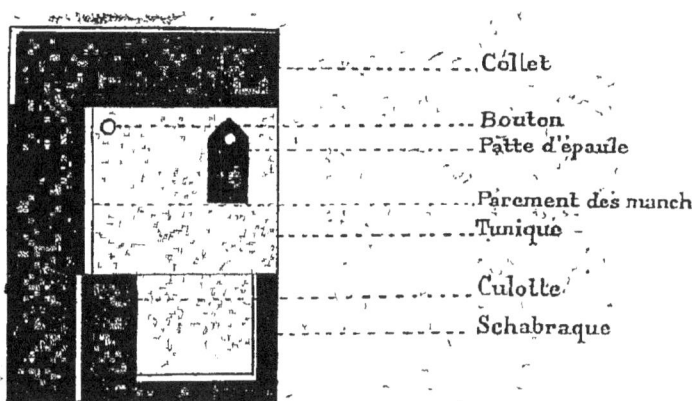

Explicatif

TABLEAU SYNOPTIQUE DES UNIFORMES DE LA CAVALERIE.

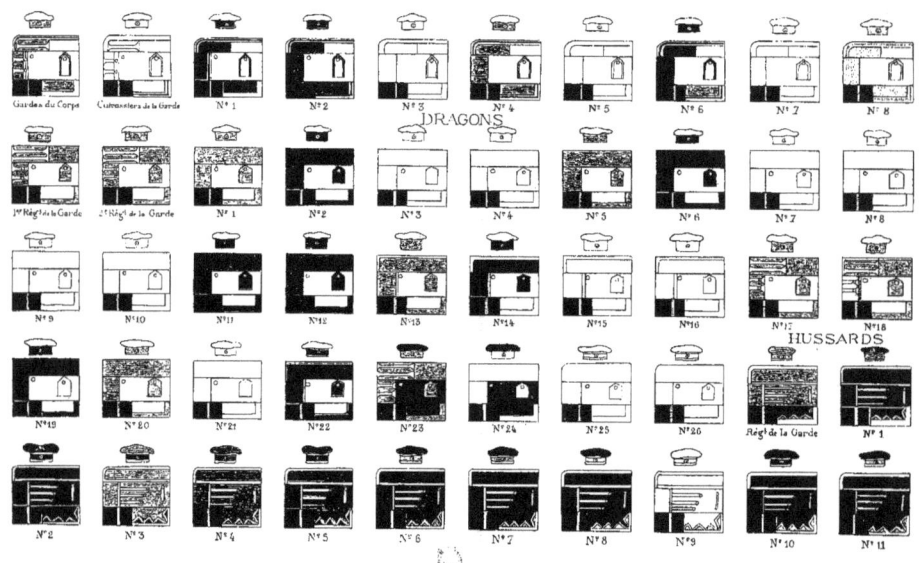

A la suite :
MAJOR : Baron *von Seefried auf Buttenheim.*
RITTMEISTERS : *F. Killinger.*
L. *Backert.*

2º CHEVAU-LÉGERS, à DILLINGEN.

CHEF : Prince *Albert von Thurn und Taxis.*
COMMANDEUR : MAJOR *H. Sandner.*
MAJOR : *A. von Klöber.*
RITTMEISTERS : *K. Klein.*
A. Baron *von Reitzenstein.*
K. *Desch.*
F. *Schweiger.*
Baron L. *du Jarrys de la Roche.*

A la suite :
RITTMEISTER : Baron *J. von Falkenhausen.*

3º CHEVAU-LÉGERS, à DIEUZE.

EX-RÉGIMENT DU *duc Maximilien de Bavière.*

COMMANDEUR : MAJOR *F. Beulwitz.*
MAJOR : Baron *E. von Berchem.*
RITTMEISTERS : Baron *L. von und zu der Tann.*
Baron *M. von Brück.*
F. *von Hartlieb,* dit *Wallsporn.*
E. *Nüszler.*
K. *Arnold.*

A la suite :
OBERST : *A. Schmidt.*
RITTMEISTERS : Baron *H. von Ow auf Wachendorf.*
Baron *E. von Perfall.*

4º CHEVAU-LÉGERS, à AUGSBOURG et NEU-ULM.

CHEF : S. M. le *Roi.*
COMMANDEUR : Baron *K. von Pechmann.*
MAJOR : Comte *E. von Geldern.*
RITTMEISTERS : Baron *K. von Schacky auf Schönfeld.*
Baron *G. von Gienanth.*
M. *Cronnenbold.*
Chevalier *F. von Reichert.*
T. *Kimmerle.*

A la suite :
GÉNÉRAL DE CAVALERIE : *Louis,* duc *en Bavière.*

5º CHEVAU-LÉGERS, à SAARGEMUEND et ZWEIBRUECKEN.

CHEF : Archiduc *Albert d'Autriche.*
COMMANDEUR : OBERST-LIEUTENANT *A. Dotzauer.*
MAJOR : Baron *F. von Geuder.*
RITTMEISTERS : *E. Haufstängl.*
K. *Schreiber.*
Baron *L. von Rotenhan.*
H. *Hutter.*
Baron *R. von Geyso.*

A la suite :
MAJOR : *Gutermann von Bibern.*
RITTMEISTER : *von Baldinger.*

6º CHEVAU-LÉGERS, à BAYREUTH, AMBERG et NEUMARKT.

EX-RÉGIMENT DU *Grand-Duc Constantin de Russie.*

COMMANDEUR : OBERST-LIEUTENANT *G. von Schwarz.*
MAJOR : *C. von Schnaltz.*
RITTMEISTERS : *R. Furtner.*
A*t* *Müller.*
J. *Dichtel.*
E. *Heinze.*
J. *Schneider.*

A la suite :
RITTMEISTER : Baron *F. von Tautphœus.*

ÉCOLE D'ÉQUITATION, CRÉÉE EN 1868, à MUNICH.

COMMANDEUR : *Maximilien-Emmanuel,* duc *en Bavière,* général-lieutenant à la suite du 1er hulans.
ADJUDANT : Baron *M. von Redwitz,* second lieutenant à la suite du 1er hulans.
MAITRES D'ÉQUITATION : *F. Killinger,* rittmeister à la suite du 1er chevau-légers.
Baron *F. von Tautphœus,* rittmeister à la suite du 6e chevau-légers.
Baron *J. von Falkenhausen,* rittmeister à la suite du 2e chevau-légers.
E. *Buxbaum,* premier lieutenant à la suite du 3e chevau-légers.

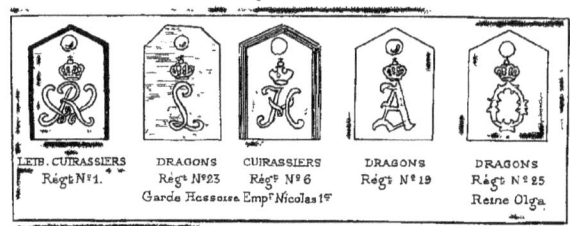

| LEIB. CUIRASSIERS Régt Nº 1. | DRAGONS Régt Nº 23 Garde Hessoise Empr Nicolas 1er | CUIRASSIERS Régt Nº 6 | DRAGONS Nº 19 | DRAGONS Régt Nº 25 Reine Olga |

Pattes d'épaules, marques distinctives.

CHAPITRE II

ANGLETERRE

Lorsqu'on assiste au printemps à la revue d'Aldershot ou à un « *military tournament in the agricultural Hall* », on se trouve reporté à cent ans en arrière : plumets, hauts bonnets de grenadiers, aiguillettes, plastrons blancs ou rouges, tambours galonnés comme des tambours de Gardes-Françaises, petits fifres marchant comme dans les gravures de Moreau, tout cela est déjà d'un autre âge pour les armées de la poudre sans fumée, et l'on croirait assister à la revue de la maison du Roi, au Trou d'Enfer.

Aussi, est-ce un délicieux spectacle, que ces revues, pour ceux qui aiment les beaux uniformes superbement portés. Cela fait penser au temps où la guerre n'étant pas encore tout à fait une question de chiffres, la bravoure individuelle, l'héroïsme d'un régiment comptaient pour quelque chose.

2º *Life-guards, de service à pied.*

Montluc se révoltait de ce qu'un goujat, un poltron armé d'une arquebuse, pût avoir raison à distance et sans danger, de l'homme le plus brave du monde. Que penserait-il des temps qui s'avancent, où un chimiste qui ne serait jamais sorti de son laboratoire et de ses cornues, pourrait, en mettant le doigt sur un bouton, faire sauter toute une armée!

A des temps pareils, il faut des soldats qui se cachent, des troupeaux d'hommes sombres qui tirent et qui meurent au hasard; la prudence du poltron devient une grande vertu militaire, alors que l'héroïsme de l'homme brave n'est plus qu'une folle et embarrassante témérité. Dans « la Débâcle », M. Zola a peint, aussi exactement que peut le faire un homme ignorant des choses militaires (1), l'impuissance du

---

(1) Tout le monde se souvient de la très remarquable lettre qu'écrivit à ce sujet le capitaine Tanera (*Figaro* du 19 sept. 1892).

contrôle et de la discipline sur de pareilles bandes, livrées aux hasards d'une escarmouche.

Et cependant, n'exagérons rien ; peut-être, en somme, est-ce justement le mal d'où naîtra le remède. Il est bien certain que dans la guerre prochaine, ces énormes attroupements seront vite entamés, ébranlés, mis hors d'état d'obéir et de pouvoir même entendre ou comprendre un ordre.

Officier de hussards : Angleterre, 1851.

S'il se trouve alors dans les mains d'un homme énergique et brave quelques régiments, bien encadrés, bien entraînés, surtout fortement disciplinés et composés de gens dans la force de l'âge, comme l'étaient les vieux soldats, comme peuvent l'être encore nos réservistes, la bravoure, la qualité des troupes reprendront leurs droits, et ces soldats auront facilement raison de cette cohue de malheureux, incapables d'obéissance.

C'est à un moment pareil qu'un général paierait cher pour avoir derrière lui quelques vieux soldats comme ceux qui firent la campagne de France en 1814, comme les habits rouges qui montaient à l'assaut de l'Alma, alignés et l'arme au bras ; comme les hussards de lord Cardigan, comme les grenadiers de Magenta.

Personne, même les nationaux, n'a aussi bien rendu le type du militaire anglais que notre grand peintre E. Detaille ; son dessin impeccable, son amour des beaux uniformes, la distinction inimitable qu'il sait donner à tous ses personnages, l'indiquaient avant tout autre pour peindre et dessiner ces magnifiques soldats. *Les Grenadiers à la tour de Londres, le Régiment revenant de l'exercice, le Porte-Étendard des Horse-Guards,* sont de purs chefs-d'œuvre, qui d'un seul coup nous transportent en plein Londres ; et je sais tel hôtel de Ryde Street, quartier de St-James-palace, où se trouve un croquis de Dragon, une simple mine de plomb, petite merveille qui est la synthèse même de la cavalerie anglaise.

Il est assez de mode de répéter que l'armée d'outre-Manche n'est qu'une armée de parade ; elle se moque avec raison de ces critiques superficielles autant que mensongères, ayant prouvé, toutes les fois qu'il l'a fallu, que son héroïsme, son courage, son indomptable ténacité étaient les qualités sœurs de son admirable tenue.

Bugeaud disait de l'infanterie anglaise qu'elle était la première du monde, et qu'il fallait se féliciter de ne l'avoir pas plus souvent à combattre, et le général de Brack, en

Officier du 4e dragons-gardes.

parlant de la cavalerie du même pays, écrit que si elle savait la guerre, elle serait la première de l'Europe.

En aucun pays du monde, en effet, on ne peut voir une cavalerie mieux habillée, mieux nourrie, mieux équipée et mieux montée. Les hommes en sont superbes, soignés, astiqués, superlativement fiers de leur tenue et admirés avec passion par leurs nationaux. Les officiers, gentlemen accomplis, sont d'une distinction irréprochable, d'une correction et d'un luxe de tenue qui défie toute espèce de comparaison. Leurs mess, leurs endroits de réunion sont légendaires pour l'aristocratique et luxueuse façon dont ils sont entendus. Leur club *Army and Navy* est un des plus somptueux et des mieux cotés de Londres ; n'est-ce pas dire du monde entier ?

Par exemple, et à l'encontre des officiers allemands, les officiers anglais ne portent que très rarement, pour ne pas dire jamais, l'uniforme, en dehors des réunions militaires. Jamais, dans le monde, sauf dans les réceptions officielles, on ne voit un officier en tenue, et c'est grand dommage. S'ils chassent, c'est en habit rouge ; s'ils sont au cercle sans être de service, c'est en habit bourgeois. Dans les rues, les quelques uniformes que l'on aperçoit sont portés par les officiers de service.

En revanche, et à la grande joie des yeux, dans ce Londres si souvent et si tristement enveloppé de brouillard, on rencontre presque à chaque pas des soldats en habit rouge. Les sous-officiers ont une fort belle prestance. Tous, officiers, sous-officiers, soldats, se tiennent bien dans la rue, et cette raideur qui paraît un peu exagérée sous le vêtement civil, sied fort bien en tenue militaire. C'est là, du reste, une sorte d'intermédiaire entre la rigidité allemande et le laisser-aller français, qui semble être le juste point aimé des militaires de tous pays.

Tous les hommes de l'armée anglaise portent dans la rue une badine (*stick*) ; souvent, dans la cavalerie, une cravache ; et toute la cavalerie porte en petite tenue le pantalon de drap, d'une coupe absolument correcte, comme en général les vêtements de l'armée anglaise.

S.-officier de dragons ; tenue de ville.

INSIGNES DES DIFFÉRENTS GRADES.

Tous les sous-officiers ont dans le service une écharpe en laine ou en soie cramoisie, suivant le grade, et portée en sautoir sur l'épaule droite. Voici quelle est la hiérarchie des grades et quels en sont les signes distinctifs :

CAPORAL : un chevron en laine ;

CAPORAL LANCE-SERGEANT (caporal de 1re classe) : un chevron en or ;

SERGEANT : 2 chevrons en or ;

COLOUR-SERGEANT : 3 chevrons en or surmontés de 2 petits drapeaux brodés ;

WARRANT-OFFICIER (adjudant) : 4 chevrons en or surmontés des deux petits drapeaux.

Tous ces chevrons se portent sur le bras droit, la pointe en bas.

Les officiers portent comme insigne de service l'écharpe cramoisie en sautoir sur l'épaule gauche.

Les grades sont marqués sur les pattes d'épaule, qui sont en or pour la grande tenue, en soie noire pour la petite. Les manches sont garnies de passementeries d'or en forme de

OFFICIER SUPÉRIEUR DU 15ᵉ HUSSARDS (1832).

nœuds hongrois et variant, ainsi que les broderies du col, selon l'importance du grade. Le motif pour le collet est généralement la rose, dans les corps anglais, le chardon, dans les corps écossais, le trèfle, dans les corps irlandais, et le dragon, dans ceux du pays de Galles.

Marques distinctives des pattes d'épaules.

Les insignes des pattes d'épaules sont les suivants :
LIEUTENANT EN SECOND : aucun signe ;
LIEUTENANT EN PREMIER : une étoile en or ;
CAPITAINE : deux étoiles en or ;
MAJOR : une couronne en or ;
LIEUTENANT-COLONEL : une couronne et une étoile en or ;
COLONEL : une couronne et deux étoiles en or ;
MAJOR-GÉNÉRAL : une épée et un bâton en croix, et une étoile en or ;
LIEUTENANT GÉNÉRAL : une épée et un bâton en croix, et une couronne ;
GÉNÉRAL COMMANDANT DE CORPS D'ARMÉE : une épée et un bâton en croix, avec une couronne et une étoile ;
MARÉCHAL : deux bâtons en croix.

La petite tenue des officiers de cavalerie est des plus variées. Ils portent indifféremment le dolman-spencer, la veste, la pelisse, et une redingote à revers et à brandebourgs ; mais la petite tenue habituelle de service consiste généralement en une grande redingote ornée de tresses larges et plates. Cette redingote fort élégante est en drap noir bleuté ; elle se porte avec la culotte et les bottes chantilly. Comme coiffure, la calotte ou la casquette bleu foncé, avec le bandeau rouge pour les corps royaux, d'or pour les officiers de la Garde, noir pour les autres. La casquette des officiers du 12ᵉ lanciers, 11ᵉ et 15ᵉ hussards, est rouge.

Gardes-du-corps; 1810.

Officier en petite tenue.

Avant d'entrer dans le détail du recrutement et de l'organisation générale, donnons en quelques mots, un rapide aperçu de l'historique des différentes armes de la cavalerie anglaise.

THE HOUSEHOLD CAVALRY. La cavalerie de la maison royale consistait, vers le milieu du dix-huitième siècle, en 4 TROOPS de HORSE GUARDS, tous gentilshommes.

Les « PRIVATE GENTLEMEN » de ce corps d'élite, touchaient chacun 100 livres d'appointement, somme importante pour l'époque. Magnifiquement équipés, habillés d'uniformes couverts de galons d'or, ils étaient montés en chevaux noirs.

En outre, la cavalerie de la maison royale comprenait 2 troops de grenadiers, gardes à cheval (Horse grenadier-guards), montés également en chevaux noirs, et portant l'habit rouge à ornements d'or et à retroussis bleus, ouvrant sur un gilet blanc. Comme coiffure, la mitre de grenadier en drap bleu brodé de

Dragons lourds; 1803.

différents attributs d'or. Plusieurs de ces mitres sont conservées au South Kensington Museum et sont d'une grande richesse.

Toute cette cavalerie portait la grande botte à l'écuyère qu'elle a du reste conservée. Les trompettes et les musiciens ont gardé exactement le costume qu'ils portaient en 1742. La seule modification, pas heureuse du reste, a été la substitution de la casquette de velours noir au chapeau tricorne.

En 1746, le roi Georges II fait de notables économies militaires et réduit la cavalerie de sa maison à 2 troops. Le Parlement lui en adresse ses remerciements.

En 1786, un remaniement complet de l'armée amène la réorganisation de la cavalerie de la maison royale. Le 1er et le 2e régiments de *Life-Guards* (gardes du corps) sont créés, les grenadiers à cheval servent de noyau de formation au 1er de ces régiments. Ceux du *private gentlemen* qui ne font pas partie des nouveaux corps sont pourvus de commissions d'officiers dans l'armée. Jusqu'en 1812 ces beaux régiments gardent le chapeau à cornes; à cette époque ils adoptent le casque, longtemps à chenille, et enfin de la forme actuelle. La cuirasse apparaît pour la première fois au couronnement de Georges IV, en 1821.

DRAGONS-GARDES.

Les régiments de dragons-gardes (*Dragoon guards*) ont pour ancêtres les 7 régiments appelés *Horse* qui se distinguaient des dragons proprement dits formant le reste de la cavalerie. Ces régiments de cavalerie (*Horse*, cheval) étaient brillamment équipés et touchaient une paye supérieure à celle des dragons; mais peu à peu, par mesure d'économie, la paye fut diminuée, et ils furent progressivement mis sur le même pied que les autres régiments de dragons, prenant seulement comme compensation le titre de dragons-gardes.

Les régiments de la maison royale sont aujourd'hui les seuls portant le titre de « Horse » et forment avec le 1er et le 2e dragons, la cavalerie lourde (grosse cavalerie); les dragons-gardes, le 6e dragons et les lanciers forment la *medium cavalry* et les hussards sont dits cavalerie légère.

Dragoon-guard; 1820.

DRAGONS.

L'histoire des dragons anglais se divise en deux catégories : les dragons légers et les dragons lourds.

Au dix-huitième siècle, la cavalerie anglaise était assez lourdement équipée : une énorme giberne, un gigantesque sabre dont la gaine ressemblait fort à celle des claymores écossaises, un fusil à baïonnette comme celui de l'infanterie et une paire de pistolets n'étaient pas pour faire de chaque homme un cavalier léger.

Les guerres du continent, celles d'Amérique, démontrèrent la nécessité d'avoir une cavalerie plus légère, et firent former dans chaque régiment une « troop » légèrement armée et équipée.

Ces nouveaux cavaliers légers, devenant de plus en plus nécessaires, on en forme en 1763 un certain nombre de régiments. Une gravure de 1775 nous montre le 17e dragons employé en Amérique et portant un fort joli costume; casque léger à crinière rouge, habit rouge à col, revers et retroussis blancs, gilet et culotte blanches, bottes à l'écuyère (*jack-boots*), équipage blanc galonné d'argent avec le chiffre et la couronne royale sur le couvre-fonte, et le cartouche du régiment entouré de roses sur la schabraque. Sur le devant du casque une tête de mort destinée à rappeler à chaque soldat que le régiment escortait le général Wolfe, lorsque celui tomba glorieusement frappé à la bataille de Québec, en 1759.

Casque du 6e dragons; 1815.

Officier du 13e dragons (light dragons); 1840.

En 1784, tous les régiments de dragons légers sont habillés de bleu foncé, et portent jusqu'en 1812 un casque à chenille semblable à celui que portèrent en 1789 les chasseurs à cheval français.

12ᵉ dragons légers; 1814.

En 1812 le shako remplace le casque, et le pantalon gris à bandes, la culotte blanche et les bottes.

Peu à peu tous les régiments sont convertis en hussards et en lanciers (1), et en 1861 ce qui en restait devient des hussards.

DRAGONS LOURDS.

Nous avons vu qu'au dix-huitième siècle les dragons composaient la grosse cavalerie anglaise. Ils portent alors l'habit rouge galonné de blanc ou de jaune, et le tricorne avec l'équipement que nous avons décrit plus haut.

Vers 1812 ils adoptent le casque d'abord à crinière, puis à chenille; la culotte et les bottes sont peu à peu remplacées par le pantalon gris ou noir.

Le 2ᵉ régiment, très populaire sous le nom de SCOTS GREYS, les *gallant greys*, a toujours conservé le bonnet de peau d'ours. Il fournit à Waterloo une charge célèbre au cri de : *Scotland for ever*. Cette charge a été le sujet de nombreux tableaux anglais. Celui de miss Elisabeth Thompson est fort connu; on en voit la gravure chez tous les marchands d'estampes de Piccadilly.

En 1854, en Crimée, la grosse cavalerie s'illustre par ses charges brillantes à Balaklava. Les régiments de dragons-gardes et le 6ᵉ dragons étant devenus « medium cavalry » le 1ᵉʳ et le 2ᵉ dragons sont aujourd'hui les seuls représentants de la grosse cavalerie de ligne.

LANCIERS.

On ne voit apparaître les lanciers dans l'armée anglaise que vers 1816.

A cette époque, 6 régiments de dragons légers sont armés et équipés en lanciers.

En 1858, la place de l'ancien 5ᵉ royal dragons irlandais est prise par le 5ᵉ lanciers, après avoir été vacante depuis 1798, époque du licenciement de ce régiment de dragons.

---

(1) 4 régiments deviennent hussards en 1805, et après Waterloo 6 autres sont transformés en lanciers.

TIMBALIER DU 2ⁿᵈ DRAGOONS-GUARDS (BAIS DE LA REINE).

Officier et cavalier du 17ᵉ Lanciers.

HUSSARDS.

Les régiments de hussards n'apparaissent dans l'armée anglaise que vers 1807.

Sous le commandement du brillant et audacieux Paget, ensuite marquis d'Anglesea, les 7ᵉ, 10ᵉ, 15ᵉ et 18ᵉ hussards nouvellement formés prennent une part distinguée à la guerre de la Péninsule. Ils portent à cette époque un costume semblable à celui des hussards des autres nations, la pelisse sur l'épaule et le bonnet de fourrure appelé *busbie*.

En 1820, le busbie est remplacé par le shako très élevé et orné d'un énorme plumet, porté jusqu'en 1850 où le busbie redevient à la mode.

Le 11ᵉ hussards, qui est un des régiments populaires de la Grande-Bretagne, porte le pantalon rouge qui lui a été donné par le prince Consort, dont il portait le nom. Sous le commandement de lord Cardigan dont le nom est légendaire, il participa à la charge héroïque de Balaklava.

En 1885, pendant la campagne d'Égypte, le 19ᵉ hussards se montra fort brillant, notamment dans la marche du « corps des chameaux » à travers le désert de Bayunda.

Nous donnons ici, hors texte, une planche représentant un officier du 15ᵉ hussards vers 1832. Ce costume est certes un des plus beaux et des plus riches qui se puisse voir : pantalon collant en drap noir bleu, à larges bandes d'or; dolman noir à tresses et à galons d'or; pelisse de drap rouge toute galonnée d'or; haut shako rouge et orné d'un plumet en plumes de coq; giberne, ceinturon, sabretache en galons d'or. Il est impossible de rien imaginer de plus brillant ni de plus élégant.

ORGANISATION GÉNÉRALE.

L'effectif de l'armée active et de la milice est fixé chaque année par le vote du budget. De tout temps les Anglais ont eu la plus grande antipathie pour le service obligatoire, quel qu'il soit : ils repoussent avec horreur le système de la conscription, le considèrent comme attentatoire à la liberté individuelle et désastreux pour le commerce et l'industrie.

Camp.

Il existe cependant une vieille loi datant de 1752 par laquelle tout sujet anglais doit le service et la milice de 18 à 45 ans. Mais cette loi reste lettre morte. Chaque année le Parlement en suspend l'application, tout en conservant soigneusement le principe. La seule application de cette loi, dans les temps modernes, eut lieu en 1832, au moment du siège d'Anvers et de l'occupation d'Ancône. Cette loi (Conf. Ballot, *Le tirage au sort*) admet du reste de nombreux cas d'exemption et même l'exonération à prix d'argent.

La loi de recrutement la plus récente date de 1881. Aux termes de cette loi, les engagements sont reçus de dix-neuf ans à trente-cinq ans révolus, pour une durée de douze ans, à savoir : sept ans sous les drapeaux et cinq dans la 1re classe de la réserve.

Dans la cavalerie de la maison de la Reine, tous les engagements sont contractés pour douze ans. Aux Indes et dans les colonies, les engagés doivent avoir au moins vingt ans et restent huit années au lieu de sept sous les drapeaux; le ministre pouvant, du reste, les autoriser à y rester douze ans.

16° lanciers.

L'enrôlement volontaire est donc l'unique forme de recrutement appliquée en Angleterre; le sergent recruteur, type fort curieux, rappelle, lui aussi, les traditions et les temps anciens; et rien n'est plus curieux que de l'entendre débiter ses boniments dans les public-houses : trois repas succulents par jour; vêtements chauds l'hiver, frais l'été, considération, bien-être, il promet tout; et, il faut bien le dire, la vie militaire est autrement confortable et saine que celle que peuvent mener les pauvres diables dans les docks ou dans White-Chapel.

« Comme une des craintes du paysan anglais, s'il s'engage, est d'être envoyé dans les colonies, l'orateur à la langue déliée s'attache surtout à combattre ce préjugé misérable. A l'entendre, le soldat britannique est un touriste qui voyage pour son plaisir, aux frais du gouvernement. Vient alors la description plus ou moins fantastique de ces terres lointaines où coulent le lait et le miel, et peut-être l'ale et le whiskey. Abusant du privilège de mentir qu'ont les hommes qui viennent de loin, il fait, à l'usage de ses auditeurs, une histoire naturelle des contrées qu'il est censé avoir vues : à l'en croire, dans tout pays où stationnent des garnisons anglaises, les plantes et les animaux n'ont qu'un souci, c'est de plaire au soldat, de le nourrir et de l'habiller. Quant aux marches dans les plaines sèches et arides de l'Inde, il n'y a point à s'en préoccuper, puisque le soldat malade est porté dans un palanquin, comme une sultane. »

L'affaire du sergent recruteur est donc de se procurer des hommes propres à être soldats, et non mariés. Dans les vingt-quatre heures, il doit amener ses captifs au magistrat, afin qu'ils prêtent serment; et

Officier de hussards; tenue de field-day; 1891.

si l'engagement n'a pas été loyal, si la recrue juge à propos de le désavouer, elle tient là une occasion de recouvrer sa liberté.

Une fois au quartier, et soumis à la visite médicale, l'engagé devient membre de l'armée anglaise, et dès lors, il ne peut plus vagabonder à son aise. S'il est régulier et soumis, il est fort bien traité; on le dégrossit, on le forme, on en fait un homme propre et bien portant.

Au lieu de la misérable existence qu'il traînait le plus souvent, il est habillé et nourri très confortablement, et sa paye ajoute encore à ce modeste confort. L'ordinaire, quoique sans raffinement, est plus que suffisant pour un homme bien disposé et qui fait son devoir. En outre, à la fin de son temps, *Tommy Atkins* (1), s'il a été bon soldat, s'il a reçu son congé avec un certificat de bon caractère, est apte à plusieurs emplois honorables, et met très souvent la main sur une enviable situation. Il y a sans doute là quelque différence avec le métier de CITOYEN LIBRE qui le laissait coucher à la belle étoile, manger de temps en temps, et le faisait le plus souvent finir au bagne.

Les caporaux et les sous-officiers, leur temps de service terminé, peuvent contracter

(1) Nom populaire du soldat anglais.

des rengagements jusqu'à concurrence de vingt et un ans de service actif, et faire alors valoir leurs droits à une pension de retraite; s'ils désirent augmenter cette pension, ils demandent à passer dans les cadres permanents de la milice.

Deux mots des différentes classes de la réserve.

La 1re classe est formée par les hommes ayant fait six ou huit ans de service actif, et devant encore par conséquent six ou quatre ans de service, d'après les lois de 1870 et de 1880. Destinés à renforcer l'armée active en cas de mobilisation, ils sont tenus de servir aussi bien à l'intérieur qu'à l'extérieur. Ils peuvent être appelés tous les ans soit pendant douze jours consécutifs, soit à vingt séances d'exercices. Dans leurs foyers, ils ont droit à une paye de 60 centimes par jour.

La 2e classe se compose de 10.000 hommes ayant terminé leur temps dans la réserve et rengageant pour quatre ans dans cette 2e classe; ils ne marchent qu'à l'intérieur, peuvent être appelés tous les ans à douze séances d'exercices, et dans leurs pays touchent 40 centimes par jour.

Les retraites forment la 3e classe de la réserve, d'après l'ordonnance du 1er mai 1878, tout militaire pensionné devant, en cas de besoin, être appelé à servir à l'intérieur.

La milice ne doit le service que sur le Royaume-Uni; cependant, avec son consentement, elle peut être employée à l'extérieur. C'est ainsi que pendant la guerre de Crimée 45.000 hommes servirent volontairement.

La loi de 1875 règle le recrutement de la milice. Les engagements y sont reçus de dix-huit à trente-cinq ans, et jusqu'à quarante-cinq ans pour les anciens soldats. Ils s'engagent pour six ans et peuvent rengager pour six nouvelles années.

Les miliciens qui ne sont pas d'anciens soldats doivent servir pendant un certain temps, qui ne peut pas en tout cas dépasser six mois, soit dans un régiment régulier, soit dans un dépôt de la milice. Ils rentrent ensuite dans leurs foyers, d'où ils ne sont appelés que pendant les périodes annuelles d'instruction qui durent généralement trois ou quatre semaines.

En s'engageant, le milicien perçoit une prime de 150 francs payables par fraction au moment de l'engagement et des exercices annuels.

13e dragons légers; 1810.

OFFICIER DU ROYAL SCOT-GREYS; 2ᵈ DRAGOONS.

Dans la *Yeomanry* (milice à cheval) les miliciens sont habillés, équipés et armés par l'État, mais fournissent eux-mêmes leurs chevaux.

Au rengagement, il est perçu une seconde prime de 222 francs.

Remarquons en passant que le corps de la Yeomanry, composé de gentlemen d'une certaine fortune, ayant l'habitude journalière du cheval, est très supérieurement monté et formerait un corps très remarquable et très vigoureux d'éclaireurs et de batteurs d'estrade (1).

Il existe en outre un assez grand nombre de corps volontaires, mais leur composition est essentiellement variable et je ne crois pas que les autorités militaires fassent grand cas de leur fond en cas de guerre, — quoique, dans une certaine mesure, les corps à cheval puissent faire exception à cause de la classe dans laquelle ils se recrutent et des qualités de discipline qu'on trouve plus facilement, de tout temps et dans tout pays, chez les cavaliers que chez les fantassins (2).

Officier du 2ᵉ dragons, Royal scots Greys.

REMONTES.

Avant 1887, les corps de cavalerie se remontaient eux-mêmes, achetant directement leurs chevaux soit aux éleveurs, soit aux marchands de chevaux.

Colback d'officier de hussard; 1801.

(1) Les volontaires fournissent 5 corps de cavalerie et la Yeomanry 39 corps d'effectifs variables. Lorsque le corps est réuni, les chevaux de Yeomanry sont nourris au frais de l'État. Une école d'instruction de cavalerie est établie au camp d'Aldershot et spécialement destinée aux officiers du corps de volontaires et de la Yeomanry.

(2) Création d'escadrons dans l'armée anglaise.

The army order du 11 février 1892 a supprimé les troops et donné à l'escadron une existence administrative.

Dorénavant chaque régiment de cavalerie comprendra 4 escadrons ayant chacun un cadre composé d'un major et d'un capitaine, ou à défaut, de deux capitaines, et de deux officiers subalternes au moins.

L'effectif d'un régiment comprend : 1 lieutenant-colonel, 3 majors, 6 capitaines, 8 lieutenants, 3 seconds lieutenants, 1 adjudant, un écuyer, un quartier-maître, 2 adjudants sous-officiers, 43 sous-officiers, 8 trompettes, 333 cavaliers et ouvriers; au total, 24 officiers, 50 sous-officiers, 34 cavaliers, avec 270 chevaux seulement.

Toutefois, certains corps stationnés en Grande-Bretagne ont un effectif supérieur de 201 cavaliers et de 154 chevaux.

Les régiments détachés dans l'Inde comptent 30 officiers, 726 hommes de troupe et

En 1885, fut créé le service de la remonte, composé d'un certain nombres d'officiers spéciaux. Ces officiers sont sous les ordres du colonel Ravenhill, qui porte le titre d'inspecteur général; ils achètent les chevaux destinés à la troupe et les lui livrent. Les dépôts de remonte qui fonctionnent actuellement sont ceux de Londres, Cork, Dublin et Woolwich.

Tous les officiers, sans exception, se remontent à leurs frais, dans le commerce.

On estime que la durée moyenne d'un cheval est de dix années.

Les juments étant d'un prix moins élevé que les chevaux, 1.000 francs environ, la cavalerie est presque entièrement remontée en juments. On estime que la remonte annuelle est d'environ 2.600 animaux; l'Angleterre et le Canada en fournissent à peu près 1f.600. Les 1f.000 autres, qui sont affectés à la remonte des troupes de l'Inde, viennent presque exclusivement de l'Australie.

L'effectif de la cavalerie anglaise sur le pied de paix est d'environ 13.000 chevaux.

Il n'existe pas en Angleterre de conscription des chevaux, comme en France, par exemple. La seule loi destinée à parer aux éventualités d'un danger national est la loi de 1888, dite de DÉFENSE NATIONALE.

Cette loi assure, en cas de mobilisation, la fourniture d'un certain nombre d'ani-

Officier du 1er life-guards.

maux, au moyen de l'ENREGISTREMENT DES CHEVAUX, dont la principale disposition consiste à s'engager vis-à-vis de certains propriétaires à payer une indemnité annuelle de 12 fr. 50 c.

---

561 chevaux répartis en 9 troops, dont 1 de dépôt. — Dans l'Inde, le 4° régiment de cavalerie légère de Madras (Prince de Galles) est supprimé. Les trois régiments restants sont portés à 4 escadrons.

par animal. Moyennant cette indemnité, les propriétaires seraient tenus, en cas de mobilisation, de mettre leurs chevaux à la disposition de l'État.

Il serait en outre payé à titre d'indemnité et en sus de la valeur estimative du cheval lorsqu'il a été enregistré.

Le chiffre des chevaux ainsi enregistrés est de près de 15.000.

On évalue à 2.500.000 environ le nombre des chevaux de la Grande-Bretagne. Parmi ceux-ci, les *hunters*, chevaux de chasse, sont le type achevé et inimitable du cheval de cavalerie; et, corroborant ce que nous avons dit plus haut de la Yeomanry, presque tous ses chevaux, au nombre de 14.450, sont des hunters. On voit ce que pourrait faire un bon MAITRE DE LA CAVALERIE avec des corps pareillement montés.

Busbies, coiffures de hussards.

Un des grands vices de l'armée anglaise, au point de vue d'une prompte mobilisation générale, c'est le manque d'une loi sur la conscription des chevaux. On estime qu'il faudrait, en cas de prise d'armes générale, environ 100.000 chevaux. Le marché anglais serait sûrement hors d'état de fournir un nombre pareil d'animaux dans un temps restreint.

CADRES.

La hiérarchie des officiers se compose de six grades :
1° LIEUTENANT EN SECOND,
2° LIEUTENANT EN PREMIER,
3° CAPITAINE,
4° MAJOR,
5° LIEUTENANT-COLONEL,
6° COLONEL.

Celle des sous-officiers est la suivante :

1° CAPORAL (ne comptant pas comme sous-officier),

2° CAPORAL-LANCE-SERGEANT (caporal de 1re classe),

3° SERGEANT (maréchal des logis),

4° COLOUR-SERGEANT (maréchal des logis chef),

5° SERGEANT-MAJOR (correspondant à peu près au grade d'adjudant. Il n'y en a qu'un par régiment).

En outre, entre le grade d'officier et celui de sous-officier, est celui de warrant officier.

Sur le chapitre de l'avancement, qu'il me soit permis de

Officier du 2e dragoons-guards.

À Sandhurst ; l'escrime du sabre.

citer une boutade fort spirituelle de M. Lewis Sergeant, écrivain anglais, mais non sans lui en laisser la responsabilité :

« Si votre ambition est d'être officier, ayez une petite intelligence et beaucoup d'argent. Le plus mauvais moyen serait de vous engager et d'attendre l'avancement. La carrière n'est pas ouverte dans l'armée anglaise. De loin en loin, et ces dernières années notamment, on a pu voir tel ou tel individu sortir des rangs, recevoir une commission à titre de récompense et grâce à un mérite exceptionnel. Mais de tels cas sont rares. Les simples soldats favorisés entrent pour ainsi dire en fraude dans l'enceinte privilégiée ; ils n'ont pas pratiqué dans la haie une brèche par où d'autres pourront le suivre. Depuis l'abolition de l'achat des grades en 1871, la différence entre les officiers commissionnés et les officiers non commissionnés n'est pas aussi marquée qu'autrefois. Mais elle est encore suffisamment visible. Bien que le système en question fût condamné par tous les gens raisonnables, il devint impossible à un gouvernement puissant et libéral de décider le Parlement à porter la main dessus. Les classes privilégiées le regardaient comme l'arche même de l'alliance, et les ministres d'alors furent obligés d'user de l'espingole chargée d'un ordre royal pour arriver à leurs fins. Alors, tous les officiers commissionnés, depuis le porte-drapeau qui venait à peine d'entrer dans le régiment jusqu'au feld-maréchal à tête grise, déclarèrent que c'était la fin de l'armée, et, comme Rachel, ne voulurent pas être consolés.

« Le changement, après tout, avait été beaucoup moins important que ne l'espéraient les réformateurs. Quels qu'aient été d'ailleurs ses résultats, il n'a pas démocratisé le service. Les hauts grades restent ce qu'ils étaient il y a vingt ans, et continuent à faire partie de ce qu'on a appelé « le gigantesque système de secours aux indigents de l'aristocratie ». Si le jeune officier n'a plus à acheter son grade, il a toujours à payer bon prix pour l'avoir. D'abord il lui faut préparer son examen préliminaire, et le salaire de ses maîtres est très élevé. Une fois entré au collège royal de Sandhurst ou à l'académie royale militaire à Woolwich,

1ᵉʳ régiment de cavalerie du Bengale.

OFFICIER DU 14e HUSSARDS.

17ᵉ lanciers.

sa dépense annuelle s'accroît dans de larges proportions; et s'il a des amis capables de lui faire une belle pension, il ne faut point qu'il songe à accepter le brevet.

« Sous le nouvel ordre de choses, les examens se suivent avec une régularité pénible, et il n'y a, — du moins en théorie, — pas de place pour les paresseux dans la carrière qui avait été jusque-là le paradis des frelons de la société. L'adolescent qui s'imagine avoir une vocation spéciale pour la guerre, qui est convaincu que sa vie est toute tracée vers celle du mess ou de la caserne, agrémentée de ses compléments nécessaires : mise élégante, joyeux club, chaud accueil dans tous les salons et abondants loisirs en temps de paix, celui-là doit travailler dur avant de s'être assuré la position qu'il désire. C'est un spectacle à fendre le cœur des hommes et des anges que celui de tel ou tel infortuné spécimen de la jeunesse dorée se torturant le cerveau ou se le faisant torturer par ses répétiteurs, dans l'effort désespéré qu'il tente pour compter au nombre des admis à Sandhurst. Après tout, c'est moins la faute du jeune Plantagenet Fitznoodle que sa marque même d'origine, s'il est entièrement dénué d'aptitudes intellectuelles, au point de ne pouvoir jamais se rappeler s'il doit écrire *wagon* ou *waggon*, *agreeable* ou *agreable*, de ne jamais trouver deux fois le même total dans une addition, et de voir les exami-

Sowar (cavalier) du 10ᵉ lanciers.

« Tent pegging ».

Officier des gardes du corps du gouverneur de Bombay.

nateurs toujours moins bien disposés pour lui que pour les autres. Cependant il garde constamment son ambition devant ses yeux, et puisque les politiciens ont eu le mauvais goût de juger que l'instruction qualifie mieux pour le brevet que l'argent et l'éducation, il fait son possible pour fournir l'article demandé. Les efforts sont parfois héroïques. Il passe ses jours et une partie de ses nuits à tourner obstinément et laborieusement sa meule. Est-ce un bien pour lui? S'en battra-t-il mieux? Le but est de faire un soldat, et sur le champ de bataille, on peut gagner la croix de Victoria sans savoir comment épeler *agreeable*. Aussi on entend dire encore aujourd'hui que la vieille organisation était la bonne, que les officiers devraient être avant tout des gentlemen anglais de saine et forte pousse, et qu'au besoin on pourrait fermer les yeux sur leur ignorance. Les arguments de l'autre bord sont ceux qui ont prévalu, et je n'ai pas besoin de les répéter. L'abolition de l'achat des grades est justifiée par ses résultats. Les officiers anglais se recrutent toujours dans la même classe, mais les jeunes gens capables ont un avantage sur ceux qui ne sont que riches. Si Plantagenet est extrêmement ignorant et incurablement paresseux, il ne peut arriver au brevet, et l'armée n'a pas pire allure en des jours où l'on gagne les batailles par l'intelligence autant que par le courage.

« A Sandhurst et à Woolwich, les cadets continuent leurs études en s'attachant désormais davantage aux sujets qui leur seront utiles dans leur carrière professionnelle. Il n'en faudrait pas conclure qu'ils n'aient que du travail et pas de récréations. L'exercice physique est considéré à juste titre comme un élément nécessaire de l'éducation du soldat, et si notre Plantagenet aime à chasser, à tirer, à conduire, ou même à faire courir, s'il a les moyens de s'offrir ces plaisirs dans le style qui convient, il trouvera pour eux toute la camaraderie et tout l'encouragement voulu, avant et après son entrée au régiment.

Casque porté aux colonies par la cavalerie anglaise.

. . . .

« Aussitôt que les cadets sont promus officiers, ils font irruption chez eux, l'allure gaie et vive, et pressés d'étaler aux yeux ravis de leurs sœurs, cousines et fiancées, leur brillant et riche plumage d'oiseaux de paradis. A cette époque de sa vie, quelques mois suffisent à indiquer si un homme fera un soldat sérieux, utile, ou s'il sera gâté et efféminé par la terrible flatterie qui l'accueille partout où il va. C'est ainsi que beaucoup sont perdus pour jamais, et que d'autres, au contraire, sont immédiatement cotés comme des gens sur qui l'on peut compter. Ces derniers, on est certain de les voir se distinguer, atteindre des grades supérieurs, et maintenir le haut idéal de l'officier anglais.

Lancier en tenue de sortie.

« Car c'est un haut idéal; il ne faut pas s'y tromper. Les vertus de l'officier modèle sont : le courage, la loyauté, la franchise et la belle humeur, un fort sentiment du devoir, de la courtoisie envers tous et une conduite absolument honorable. Enfin c'est l'Honneur personnifié, d'après un code qui pourrait presque servir d'appendice à un manuel de civilité. Je n'entends point dire que le sentiment instinctif de l'honneur soit rare ou peu estimé. Sans doute il y a des différences traditionnelles à établir entre les peccadilles d'un « officier et gentleman »; certaines sont plus vénielles que d'autres, et il en est qui seraient tenues pour une tache à l'uniforme qu'il porte, tandis que d'autres peuvent passer pour en être l'ornement et en quelque sorte l'attribut. Faire quelques dettes et avoir des liaisons agréables avec le beaux sexe n'est pas vu d'un œil aussi sévère qu'une infraction à l'étiquette ou à la discipline, ou que telles preuves d'un caractère intraitable.

« Toutefois l'officier modèle est généralement l'homme modèle, par cela seul qu'il porte en lui, jusqu'à l'extrême, le sentiment de la loyauté, de l'honneur. Celui qui est parvenu au brevet peut être religieux, studieux, et même économe, — bien que sur ce dernier point j'aie de la défiance, — sans se faire mal noter ni même remarquer. Le colonel, qui est le père de famille de son régiment, est censé tenir tous ses subordonnés dans la main, et principalement ne pas perdre de vue l'enseigne Fitznoodle, tant que ce subalterne doué d'ambition n'aura pas appris à se diriger d'un pas ferme dans les sentiers glissants où le voilà maintenant. Un bon colonel doit rendre de grands services aux nouveaux venus au mess. Si le régiment a un ton peu distingué, qu'il soit noté comme enclin au jeu ou à l'inaction, ou pour les farces grossières qui donnent lieu

17e lanciers; petite tenue.

Coiffure de trompettes de lifeguards.

Trompette de cavalerie.

à des commentaires bruyants, c'est en grande partie la faute du colonel, et il est probable que celui-ci aura à s'en expliquer devant le commandant en chef.

« Le mess des officiers d'un régiment est un club qui peut être comparé aux mieux compris de Pall Mall. La table est aussi appétissante, le service aussi soigné, le dessert autant de règle, les vins aussi choisis, que dans la maison paternelle. C'est une heure troublante pour le jouvenceau que celle où assis pour la première fois dans la chambre meublée et décorée avec goût, tendue des drapeaux de son pays et de son régiment, habillé qu'il est lui-même de sa courte jaquette rouge, de son gilet blanc et de son pantalon bleu, il élève son verre qu'on vient d'emplir pour un toast à la « Reine ». La musique attaque l'hymne royal, ses compagnons sont (du moins pour la circonstance) droits, dignes, pleins d'enthousiasme, et le nouveau venu sent qu'il est enfin entré dans cette carrière après laquelle il a soupiré si longtemps, pour laquelle il s'est tant préparé; dans cette carrière qui peut le conduire « à la mort ou à Westminster Abbey » et en tous cas une à vie de considération et de renom. »

On sait la place prépondérante que tiennent les clubs dans la vie anglaise, et avec quel luxe ils sont montés; situés pour la plupart dans Pall Mall, ils comptent parmi les plus beaux monuments de Londres. Ceux de l'armée se distinguent entre les plus riches. En première ligne vient l'*Army and Navy*, dont nous avons déjà parlé et vanté la beauté et la richesse; viennent ensuite le *Naval and military, club*, dont tous les membres l'*United service Club*, le *Guard's* sont officiers de la Garde; plusieurs autres sont de moindre importance.

Sous-officier de life-guards; petite tenue de service.

Rien ne saurait donner une idée de l'élégance, de l'intelligent confort et de la richesse du service de ces différents clubs; ils n'ont leur équivalent dans aucun pays du monde. L'ancien mess des guides de la Garde Impériale, si souvent cité sur le continent, n'a été qu'une très pâle imitation des mess d'officiers anglais et n'a vait rien de commun avec les clubs de Londres. Quant à notre Cercle militaire des Armées de terre et de mer qui s'intitulerait beaucoup plus justement Cercle des officiers de réserve et de territoriale, il est de beaucoup distancé par n'importe quel club du Canada ou de la Nouvelle-Zélande.

Dans les réunions à leurs mess de régiments, dont quelques-uns sont fort luxueux, les officiers portent en général un uniforme spécial, qui se compose du pantalon bleu noir à bandes, du

AU ZULULAND; 17ᵉ LANCIERS (DUC DE CAMBRIDGE)

gilet blanc sur lequel ouvre une veste bordée d'une broderie d'or. Ce costume ne se porte absolument qu'au mess ou au club. Les domestiques ont une livrée spéciale aux couleurs du régiment.

Le mess des officiers est installé dans un pavillon spécial attenant à la caserne du régiment; il comprend, au moins, une salle à manger, une bibliothèque, une salle de lecture, un fumoir et une salle de billard. La présidence de la table revient à tour de rôle à tous les officiers, sans distinction d'âge ni de grade.

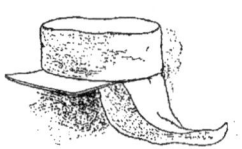

Coiffure portée par le 8ᵉ hussards pendant la révolte des Indes; 1857.

Les sous-officiers vivent confortablement organisés et également en mess très conduits par trois sous-officiers désignés par leurs camarades.

Les sous-officiers non mariés couchent dans une chambre commune, située près de celle des hommes.

En général, le casernes anglaises sont composées de plusieurs pavillons d'un seul étage, reliés entre eux et dans chacun desquels se trouvent deux grandes chambres séparées par une chambre de sous-officier.

Dans chaque chambrée, les lits sont groupés par deux ou par trois, dans l'intervalle des fenêtres. Ces lits en fer, à coulisses, ont un mécanisme fort ingénieux qui permet de les démonter et de les réduire à un petit volume.

Deux étagères, superposées, — celle du haut fermée par un grillage de fer, — servent à ranger les effets des hommes; chaque escouade de six hommes a une table commune.

Séparée des chambrées par un vestibule, une salle de lavabos.

Dans chacune de ces salles une cuvette pour dix hommes et un bassin bain de pieds pour vingt-cinq hommes, chaque bassin et chaque cuvette se remplissant et se vidant à volonté.

Les cuisines sont séparées des pavillons de logement; des marmites servent à faire le thé et le café; elles sont également pourvues de fourneaux pour faire rôtir la viande et cuire les légumes.

Dans chaque caserne ou quartier est installé un casino.

Entretenus au moyen d'une faible rétribution que verse chaque homme et d'une allocation de l'État, ces casinos renferment des salles de jeux d'adresse et de force, une salle de lecture, une bibliothèque, un buffet de

2ᵉ dragoons-guards.

6ᵉ dragoons-guards (carabiniers)

1ᵉʳ rég. de cavalerie du Pendjab.

rafraîchissement où l'on ne peut prendre que du thé, du café, du pain et du beurre; le chef de corps en contrôle la gestion, qui est faite par une commission régimentaire chargée de l'administration, de l'achat des livres, des journaux périodiques et des objets de jeux.

Les sous-officiers et les soldats peuvent être autorisés à se marier dans une proportion de 8 % de l'effectif régimentaire. Ils sont alors logés dans des pavillons séparés, chaque ménage jouissant d'une chambre à coucher, d'une chambre à feu et d'une cuisine.

La cavalerie régulière comprend 31 régiments (sans compter la cavalerie coloniale). Ce sont d'abord les trois magnifiques régiments dits *Household cavalry*, cavalerie de la maison de la Reine :

1ᵉʳ et 2ᵉ LIFE GUARDS,
ROYAL HORSE GUARDS.

L'effectif de ces trois régiments, qui sont peut-être les plus beaux du monde, est de 1.020 hommes et 825 chevaux, 182 sous-officiers et 81 officiers. Le corps d'officiers de la maison de la Reine présente un ensemble de fortune et d'aristocratie qu'on ne rencontre nulle part ailleurs (1).

Après ces régiments qui sont l'orgueil des Anglais viennent 7 régiments de dragons-gardes, numérotés de 1 à 7; le régiment n° 6 est appelé régiment de carabiniers et porte l'uniforme bleu foncé à garnitures blanches; les n°ˢ 4 et 5, montés en chevaux de grande taille, comptent comme grosse cavalerie; les 4 autres ont des chevaux moins grands.

Enfin 21 régiments, numérotés de 1 à 21, se décomposant ainsi :

3 régiments de dragons (n°ˢ 1, 2 et 6), 1 et 2 comptant comme grosse cavalerie; le n° 2 est le fameux SCOTS GREYS;

5 régiments de lanciers (n°ˢ 5, 9, 12, 16, 17) portant la tunique bleu foncé, à plastron rouge; le 17ᵉ régiment (duc de Cambridge) porte le plastron et les bandes blanches, et le 16ᵉ régiment la tunique rouge à plastron noir;

Officier du corps des guides (Bengale).

(1) Ces régiments ont la garde de la personne du Souverain. L'escorte de voyage de la Reine consiste en 1 officier, 2 officiers non commissionnés et 12 cavaliers. En *full state*, cette escorte est de 100 cavaliers avec l'étendard, sous les ordres d'un officier supérieur et d'un nombre proportionné d'officiers commissionnés ou non.

13 régiments de hussards (n°ˢ 3, 4, 7, 8, 10, 11, 13, 14, 15, 18, 19, 20, 21), portant tous l'uniforme noir à tresses et bandes jaunes, le 11ᵉ régiment porte la culotte cramoisie, le 3ᵉ régiment a le collet et les parements rouges, le 13ᵉ les a bruns. Le 14ᵉ hussards (KING'S OWN) porte sur la sabretache et sur la schabraque l'aigle de Prusse en souvenir de l'époque, 1798 à 1830, où il s'appelait DUCHESS OF YORK'S OWN LIGHT DRAGONS, Son Altesse Royale portant la couronne de princesse de Prusse.

De ces 28 régiments, 9 sont en service aux Indes et n'ont en Angleterre que 90 hommes et 10 chevaux formant le dépôt sous les ordres d'un colonel. Ils sont réunis à Canterbury. 1 régiment se trouve détaché à Natal.

Major-général D. C.ᵗ Drury Lowe, commandant de la cavalerie anglaise pendant la campagne d'Égypte en 1882 (1).

Les cadres des régiments détachés aux Indes y restent d'une façon permanente pendant seize ans. Mais aucun officier ni soldat ne doit y rester plus de huit ans.

Les régiments, aux Indes, sont à 3 escadrons; en Angleterre, ils sont à 4 escadrons. Tous les régiments anglais sont à 8 *troops* (compagnie) qui se réunissent 2 à 2 pour former des escadrons, la *troop* étant l'unité administrative et l'escadron l'unité de manœuvre. Sur ces 8 *troops*, 3 sont commandées par des majors, 5 par des capitaines.

Le cadre d'un régiment se compose de :

2 LIEUTENANTS-COLONELS, le plus ancien commandant le régiment, l'autre un escadron ;
3 MAJORS,
5 CAPITAINES,
1 ADJUDANT-MAJOR,
12 LIEUTENANTS,
1 WARRANT-OFFICIER,
1 SERGENT QUARTIER-MAITRE chargé des distributions et des logements,
1 CHEF DE MUSIQUE,
1 TROMPETTE MAJOR,
1 SERGENT MAITRE D'ARMES,
1 SERGENT PAYEUR,
1 SERGENT ARMURIER,

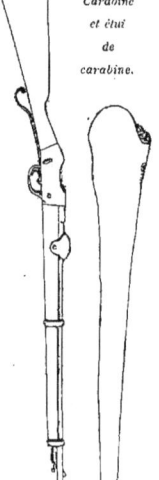

Carabine et étui de carabine.

1ᵉʳ dragons ; tenue de garde à pied.

(1) Voir à l'*Annuaire*, page 75.

5ᵉ rég. de cavalerie de Bombay.

1 Sergent sellier,
1 Maréchal ferrant major,
1 Sergent secrétaire,
1 Sergent de cuisine,
8 Colours sergents,
24 Sergents,
8 Sergents maréchaux,
32 Caporaux,
De 410 a 540 hommes,

Sur le pied de guerre, l'effectif réglementaire est de 600 sabres.

La compagnie ou *troop* se décompose ainsi en temps de paix : 53 hommes dont 2 officiers, avec 40 chevaux dont 5 d'officiers, pour les gardes; — 75 hommes dont 2 officiers avec 55 chevaux dont 5 d'officiers, pour les 6 régiments premiers à marcher; — de 80 hommes dont 2 officiers, avec 77 chevaux dont 5 d'officiers, pour les régiments en service à l'extérieur; — de 61 hommes dont 2 officiers, avec 43 chevaux dont 5 d'officiers, pour les autres régiments.

Sur le pied de guerre, chaque régiment forme un dépôt, soit en créant de nouvelles compagnies, soit en détachant des compagnies de son pied de paix.

Les 31 régiments représenteraient donc sur le pied de guerre un effectif de 19.000 hommes, sans compter les dépôts.

Chaque régiment est suivi de 14 voitures.

Un matériel de 10 outils est porté par 4 cavaliers pionniers de chaque escadron sous le commandement d'un sous-officier. Ces pionniers reçoivent une instruction spéciale pour le maniement de ces outils.

Les armes de la cavalerie sont le sabre, la carabine Martini-Henry et le revolver; les lanciers ont en outre une lance.

Dans chaque régiment, il y a un colonel pourvu du commandement nominal; mais depuis quelque temps, le commandement effectif a été dévolu aux lieutenants-colonels, le grade de colonel devenant purement honorifique et occupé par un officier général.

Le colonel en chef des régiments de cavalerie de la

Cavalier du 3ᵉ régiment du Bengale.

OFFICIER DU 16ᵉ LANCIERS.

maison de la Reine est inscrit en ces termes sur les états de l'armée comme feld-maréchal; c'est : H.R.H. Albert Edward, prince de Galles et duc de Cornouailles K.G., K.T., K.P., G.C.B., G.C.S.I., G.C.M.G., G.C.I.E., A.D.C.

La cavalerie des Indes est répartie dans les trois gouvernements de Bengale, Madras et Bombay qui ont chacun leur armée spéciale, auxquelles il convient d'ajouter

Officier anglais du 10° lanciers; Bengale; tenue de campagne.

les forces de la frontière du Punjab, le Hyderabad contingent et plusieurs troupes indépendantes.

Les indigènes qui forment cette cavalerie doivent avoir, pour s'engager, de seize à vingt-quatre ans, et peuvent servir trente-deux ans par des engagements successifs de trois ans, après quoi ils ont droit à une retraite.

La cavalerie anglaise proprement dite fournit à l'armée des Indes 9 régiments à 6 troops.

Chaque régiment présente un effectif de 22 officiers, 40 sous-officiers, 24 caporaux, 6 trompettes, 384 cavaliers et 396 chevaux. Un très nombreux personnel indigène est attaché à chaque régiment, notamment un coupeur d'herbes avec un poney par cheval.

La cavalerie indienne porte le nom général de NATIVE CAVALRY. Les officiers anglais qui désirent en faire partie doivent avoir accompli au moins une année de service dans un régiment anglais et avoir moins de vingt-cinq ans. Ils sont d'abord ce qu'on appelle « PRO-

BATIONERS » et doivent être en état de subir un examen sur la langue indienne dans les huit mois qui suivent leur entrée au corps.

Après un stage d'une année et l'examen ci-dessus passé, ils sont admis dans les corps ou dans l'état-major « INDIAN STAFF CORPS, » selon leur choix.

Une grande partie des officiers sont indigènes, mais ils ne peuvent monter plus haut que le grade de capitaine; le cadre est donc composé ainsi qu'il suit :

1 LIEUTENANT-COLONEL commandant le régiment,
3 COMMANDANTS D'ESCADRONS,
5 OFFICIERS D'ESCADRONS,
1 MÉDECIN.

Ces dix officiers sont Anglais.

Les indigènes sont :

3 RUSSALDARS (capitaines en premier),
3 RESSAIDARS (capitaines en second),
1 WORDIC-MAJOR (adjudant-major),
6 JAMARDAS (lieutenants),
6 KOT D'AFFADARS (maréchaux des logis),
48 D'AFFADARS (maréchaux des logis),
6 TROMPETTES,
477 SOWARS (cavaliers);

soit : 10 officiers anglais et 625 indigènes.

Chaque cavalier reçoit son armement et une solde variant de 75 francs à 67 fr. 50 par mois, avec laquelle il doit se pourvoir de tout le reste.

Dans chaque gouvernement de présidence, un corps d'élite, composé de 60 à 100 hommes, est entretenu pour servir d'escorte au vice-roi, sous la dénomination de « VICEROY'S BODY GUARD »; l'uniforme, très somptueux, est rouge galonné de jaune.

Pour toute la cavalerie indigène, l'uniforme consiste en une blouse nommée *alkhalak* et variant de couleur et d'ornement suivant les provinces et les régiments. Cette blouse est serrée à la taille par une large ceinture en châle, ou plus exactement *shawl*, ap-

Officier indigène des guides de la Reine; Bengale.

16e lanciers; petite tenue de service à pied.

Casquette d'officier du 13e dragons (light dragoons); 1840.

pelé *kamarband*, sur laquelle se boucle le ceinturon. Comme coiffure, un turban de plusieurs mètres de long, variant de couleur et même de forme, suivant les régiments, les provinces et la religion. Culottes, *pyjamas*, portées en grande tenue avec des hautes bottes à l'écuyère (*Napoléon* ou *Jack boots*). En tenue ordinaire et de campagne, les bottes sont remplacées par des bandes d'étoffes, *puttes*, s'enroulant autour de la jambe, et par des souliers avec éperons à la chevalière.

Dans plusieurs régiments, les officiers anglais ont adopté l'uniforme indigène. Dans d'autres, ils ont conservé un uniforme mi-militaire et mi-touriste qui, il faut l'avouer, est d'un très mauvais goût et fait d'autant plus mauvais effet qu'il tranche sur les pittoresques costumes des indigènes.

Le Bengale fournit 19 régiments de cavalerie.

Garde du corps du vice-roi.

Au Punjab, le célèbre corps des guides, dont la mission spéciale est la garde de la frontière Nord-Ouest, fut créé par sir Harry Lumsden, en 1846. Il consiste en 6 troops de cavalerie (environ 400 Sowars).

Le quartier général en est à Mardan. Constamment en campagne pour maintenir les turbulentes tribus de la frontière, les Guides ont acquis une renommée légendaire, notamment dans la campagne contre les Afghans où on les avait surnommés « les yeux et les oreilles de l'armée ».

Ce sont eux aussi qui escortaient le lieutenant Hamilton et le major Cavagnari envoyés à Kaboul, où ils se firent héroïquement massacrer.

Le Punjab, outre les guides, fournit 4 régiments de cavalerie d'environ chacun 500 hommes. Tous ces régiments ont servi de 1879 à 1880 en Afghanistan, et le 3e *Punjab cavalry*, notamment, prit part à la fameuse marche de Kaboul à Kandahar.

Madras compte 4 régiments, dont les élégants uniformes bleu de ciel galonnés de blanc et d'argent datent de l'ancienne Compagnie des Indes.

Le 1er lanciers de Madras a servi dans la campagne d'Afghanistan.

Bombay fournit 7 régiments, dont les uniformes gris ou verts à pattes d'épaules de métal sont célèbres. Les 2e, 3e, 4e, 5e et 6e régiments ont pris part à la campagne de 1879-80.

Un détachement de 80 sowars stationné à Aden compte parmi la cavalerie de Bombay.

5e Bombay cavalry.

Deux régiments formant ce qu'on appelle Central India Horse contribuent au service général et ont été employés dans la campagne de 1879-80.

Les cavaliers sont armés du sabre et de la carabine. Ceux du premier rang ont en outre la lance.

Le contingent d'Hyderabad consiste en 4 régiments habillés de vert foncé, étant, d'après la convention conclue entre le gouvernement anglais et le Nizam, commandés par des officiers anglais et entretenus par la colonie.

1er lanciers de Madras.

En outre, différents autres petits États sous la protection de l'Angleterre ont organisé leur cavalerie sur le modèle de la cavalerie anglaise.

15e Lanciers de Bengale.

Tout cet équipage indigène forme un ensemble admirable et auquel seuls nos spahis peuvent être comparés. Les officiers indigènes, au dire même des officiers anglais, sont de très remarquables soldats; tous ont du reste montré en Égypte et en Afghanistan des qualités de premier ordre.

Résumons. Il est certain que si d'autres pays que l'Angleterre comptent une cavalerie plus nombreuse, et peut-être, quoiqu'il y ait là matière à discussion, plus entraînée, aucun État du monde n'en possède une mieux montée, plus belle d'aspect, où les officiers aient plus grand air, les soldats plus martiale allure et, en un mot, où chaque homme soit plus fier et plus digne du bel uniforme qu'il porte.

Comme le dit un Anglais, « son armée permanente est peu nombreuse mais étonnamment facile à développer. En un mot, la force de l'Angleterre ne fait peur à personne, sur le papier; mais la force de sa richesse, de ses arsenaux, de sa flotte, de son indomptable résolution est une force que nul de ses amis n'ignore, et qu'un ennemi aurait tort de mépriser. »

OFFICIERS EN PETITE TENUE.

PRINCIPAUX OFFICIERS

DE LA CAVALERIE ANGLAISE

EN 1892

Nous citerons, dans l'armée anglaise, les noms suivants au titre de la cavalerie :

Comme aides de camp de la Reine :

Les feld-maréchaux : H. R. H. *le prince de Galles*, KG. KT. KP. GCB. GCSI. GCMG. GCIE., propriétaire du 10° hussards et colonel en chef du 1ᵉʳ et 2ᵉ Life Guards et du Royal Horse Guards.

H. R. H. *le duc de Cambridge*, KG. KT. KP. GCB. GCSI. GCMG. GCIE., commandant en chef de l'armée anglaise, colonel en chef du 17° lanciers.

Les colonels : Hon. *Reg. A. J. Talbot*, CB., anc. du 1ᵉʳ Life Guards.

John Palmer Brabazon, lieutenant-colonel du 4° hussards.

Dans l'état-major du *duc de Cambridge* :

Colonel : *A. C. F. FitzGeorge*, anc. du 11° hussards, secrétaire particulier.

G. W. A. FitzGeorge, anc. du 20° hussards, aide de camp.

Parmi les officiers généraux :

Lieutenants généraux : Sir *Drury Curzon Drury Lowe*, KCB., colonel du 17° lanciers.

(A servi avec le 17° Lanciers, en Crimée, depuis juin 1855; prend part à la bataille de la Tchernaïa, au siège et à la prise de Sébastopol. A la campagne des Indes (1858-59), prend part à la poursuite des rebelles sous Tantia Topee, à l'action de Zeorapore. Commande le 17° lanciers et la cavalerie de la 2° division dans la guerre du Zoulouland en 1879, prend part à l'action d'Ulundi (blessé). Commande, sous Sir Evelyn Wood, la brigade de cavalerie dans la guerre des Boers (1881). Commande, dans la guerre d'Égypte, la brigade de cavalerie (1882); il assiste aux engagements de El-Magfar, Mahsama, Kassasin, Tel-el-Kebir. Immédiatement après cette dernière bataille, il conduit une marche forcée de la cavalerie qui fait livrer le Caire, détermine la reddition de la citadelle et la capture d'Arabi-Pacha.)

Hon. *Charles Wemyss Thesieger*, colonel du 5° lanciers.

(Assiste à la campagne de Chine, en 1860, comme officier d'ordonnance du brigadier Pattle, commandant de la brigade de cavalerie; est présent aux affaires des 12 août, 18 et 21 septembre et à la prise de Pékin.)

Alexandre George Montgomery Moore, colonel du 18° hussards.

MAJORS-GÉNÉRAUX : *James Keith Fraser*, C. M. G., inspecteur général de cavalerie.

(Sert comme officier d'ordonnance de Sir Edmund Lyons dans l'expédition de Kinbourn, 1855; assiste au bombardement et à la reddition de la place. A REÇU DU PRÉSIDENT DE LA RÉPUBLIQUE FRANÇAISE UNE MÉDAILLE D'OR, EN RECONNAISSANCE DE SES DÉVOUÉS SERVICES ET DE SA BLESSURE SUR LE CHAMP DE BATAILLE PENDANT LA GUERRE FRANCO-ALLEMANDE EN 1870-71.)

Sir *Baker Creed Russell*, KCB. KCMG., commandant la brigade de cavalerie à Aldershot.

(Prend part à la répression de la révolte des Cipayes, avec les carabiniers à Meerut, et à Kurnaul quand le colonel Gerrard est tué; fait partie de la colonne mobile de Seaton et, à la bataille de Gungarie, les trois plus anciens officiers étant tués, prend le commandement de l'escadron de son régiment et d'un détachement du 8° lanciers; le 17 décembre 1857, il commande la cavalerie dans l'action de Putteali, où 700 Cipayes sont tués; il commande encore la cavalerie à Mynpoore, où 250 rebelles sont tués; assiste à la reddition de Bareilly, de Shahjehanpoore, à la prise du fort de Remai, du fort de Mahundee, action de Bunkagaon, etc., etc., etc. Accompagne Sir Garnet Wolseley à la Côte d'Or, en septembre 1873. Organise le corps indigène « Russell's Regiment » et le commande dans la guerre des Achantis, 1873-74. A Abrakrampa il commande les forces qui repoussent les indigènes, etc., etc. Accompagne Sir Garnet Wolseley dans le Sud de l'Afrique en 1879 et commande les forces d'opérations contre Sekukuni, etc., etc. Sert pendant la guerre d'Égypte, en 1882, d'abord comme assistant adjudant général de cavalerie, puis comme commandant d'une brigade de cavalerie; prend part aux engagements de El-Magfar, Tel-el-Mahuta, Kassasin, Tel-el-Kebir et à la prise du Caire. Nombreuses citations à l'ordre du jour.)

Dépôt de cavalerie de Canterbury.

COMMANDANT : Colonel Hon. *W. J. Stewart*, anc. du 12° lanciers.
COMMANDANT ADJOINT ET SUPERINTENDANT DE L'ÉQUITATION : Colonel *G. M. Onslow*, anc. du 20° hussards.
ADJUDANT : Major *H. M. Ridley*, 7° hussards.
OFFICIER PAYEUR : D. *C. O. Spiller*.
MAITRE D'ÉQUITATION : Major *Thomas Henry Jones*.
QUARTIER-MAITRE : Lieutenant *Henry Thomas Naylor*.

Établissement de remonte.

INSPECTEUR GÉNÉRAL (avec rang de major-général) : Colonel *F. G. Ravenhill*.
INSPECTEURS ADJOINTS : Colonel *F. M. Drew*, anc. du 7° hussards, Charleville (comté de Cork).
Colonel *C. F. Morton*, anc. du 14° hussards, Londres.
Lieutenant-colonel *B. L. Tottner*, anc. du R. Art. Woolwich.
DÉLÉGUÉ ASSISTANT ADJUDANT GÉNÉRAL : Capitaine *P. F. Dwyer*, du 3° hussards, État-major général.
CAPITAINES D'ÉTAT-MAJOR : Major *H. J. Blagrove*, du 13° hussards, Dublin.
Capitaine *J. J. Porteous*, du R. Art. Woolwich.

Gentlemen-at-arms.

(Gardes du corps particuliers du souverain, créés en 1509.)

Joh. Walrond Clarke, ancien capitaine au 10° hussards.
Ch. Edwyn Wyatt, ancien major au 8° hussards.

OFFICIER INDIGÈNE; CAVALERIE LÉGÈRE DE MADRAS.

Walter Clopton Wingfield, ancien major au Montgomery Yeomanry Cavalry.
John Grant Malcolmson, ancien lieutenant au Bombay Cavalry.
Lord *Henry Edward Brudenell Somerset*, ancien lieutenant au R. Horse Guards.
Henry Arthur Fletcher, ancien lieutenant-colonel du Bengal Cavalry.
Adjudant : *Aubone George Fife*, ancien colonel du 6º dragons-gardes.
Sous-officier : Lieutenant-colonel *J. G. Sandeman*, ancien capitaine au 1ᵉʳ dragons.

Régiments.

1ᵉʳ LIFE GUARDS, à WINDSOR.
Insignes du régiment : les armes royales.

COLONEL EN CHEF : H. R. H. *le prince de Galles.* 29 mai 1880 (1).
COLONEL : H. S. H. *le prince Guill. Aug. Éd. de Saxe-Weimar* (2). 14 novembre 1888.
LIEUTENANT-COLONEL : *Charles Needham*, commandant le régiment. 18 novembre 1886.
MAJORS : Hon. *Charles Cavendish George Byng* (3). 1ᵉʳ juillet 1881.
Sir *Simon Macdonald Lockhart.* 21 juillet 1886.
Reginald Charles Turnor. 1ᵉʳ juillet 1889.
CAPITAINES : *Algernon Fox Eric Smith.* 2 mars 1880.
Hon. *Arthur William Hill-Trevor.* 7 juillet 1880.
Ch. Napier Miles. 24 novembre 1882.
Th. Ch. Pleydell Calley. 21 juillet 1886.
Gordon Carter. 28 septembre 1887.
G. Lindsay Holford. 1ᵉʳ juillet 1888.
J. Glynne Richards Homfray. 20 octobre 1888.
H. G. Leigh. 23 mai 1890.
Lionel Edward Barry. 23 mai 1890.
R. Hamilton Rawson. 17 septembre 1890.

2ᵉ LIFE GUARDS, QUARTIER DE SAINT JOHN'S WOOD.
Insignes du régiment : les armes royales.

COLONEL EN CHEF : H. R. H. *le prince de Galles.* 29 mai 1880.
COLONEL : *Richard William Penn*, comte *Howe* (4). 5 janvier 1890.
LIEUTENANT-COLONEL : *Edward Hanning Hanning-Lee.* 12 janvier 1891.
MAJORS : *Douglas Mackinnon Baillie Hamilton*, comte de *Dundonald* (5). 12 janvier 1885.
Audley Dallas Neeld. 24 septembre 1887.
John Anstruther Smith-Cuninghame. 12 janvier 1891.
CAPITAINES : *Anthony Charles Sykes Abdy.* 26 novembre 1883.
Charles Fred. St Clair Anstruther-Thomson. 12 janvier 1885.

(1) Dates de la nomination au grade.
(2) Général du 14 novembre 1879.
(3) Colonel du 15 juin 1889.
(4) Général du 16 mars 1880.
(5) Colonel du 15 juin 1889.

Hon. *W. Spencer Bateman-Hanbury.* 21 janvier 1885.
Houston French. 24 septembre 1887.
Mountifort John Courtnay Longfield. 14 mars 1888.
Herbert Scarisbrick Naylor-Leyland. 12 janvier 1891.

ROYAL HORSE GUARDS, à HYDE PARK.
Insignes du régiment : les armes royales.

COLONEL EN CHEF : H. R. H. *le prince de Galles.* 29 mai 1880.
COLONEL : Sir *Patrick Grant* (1).
LIEUTENANT-COLONEL : *Charles Gore*, comte *d'Erroll.* 18 janvier 1891.
MAJORS : *John Fielden Brocklehurst* (2). 24 septembre 1887.
Evelyn George Hammond Atherley. 6 novembre 1889.
Hon. *Lionel Francis George Byng.* 18 janvier 1881.
CAPITAINES : *Charles William Selwyn.* 16 février 1885.
George, lord *Binning.* 14 mai 1887.
Sir *John Christopher Willoughby.* 14 mai 1887.
Christian Combe. 1ᵉʳ juillet 1887.
Victor John Fergus Ferguson. 7 mars 1888.
Julian John Newton Spicer. 30 juin 1881.
James Burns. 1ᵉʳ juin 1889.
Edward George, lord *Skelmersdale.* 21 mai 1890.
Henry Thomas Fenwick. 15 avril 1891.

1ᵉʳ DRAGONS-GARDES (DU ROI), à SHORNCLIFFE ; UN ESCADRON EN ÉGYPTE.
Insignes du régiment : le chiffre royal entouré de la jarretière.

COLONEL : *James Robert Steadman Sayer* (3). 25 juin 1886.
LIEUTENANT-COLONEL : *Henry Percy Douglas Willan.* 14 juin 1890.
MAJORS : *Hamilton Campbell Wetch.* 6 mai 1882.
Richard Ch. Bernard Lawrence. 25 janvier 1888.
Aug. Campbell Spencer. 18 janvier 1888.
CAPITAINES : *W. Richard Goold-Adams.* 11 juin 1884.
George Wentworth Forbes. 4 décembre 1886.
John Saltren Willett. 15 juin 1887.
John Edward Benbow. 25 janvier 1888.

(1) Général du 19 novembre 1870. Feld-maréchal du 24 juin 1883.
(2) Colonel du 18 janvier 1891.
(3) Lieutenant-général du 18 mars 1885.

H. Lee Pennell. 25 octobre 1888.
F. E. Younghusband. 18 février 1889.
A. H. Mackenzie Edwards. 18 février 1889.
W. H. Birbeck. 31 janvier 1890.
Ch. Loftus Bates. 14 juin 1890.
John Flint. 16 octobre 1891.
Stewart Bogle Smith. 17 février 1892.
Arthur Grant Crosse. 8 mars 1892.

2º DRAGONS-GARDES (BAIS DE LA REINE), à
SEALKOTE (BENGALE); DÉPÔT à CANTERBURY.

Insignes du régiment : le chiffre royal entouré de la jarretière.

COLONEL : Sir *Ch. Pyndar Beauchamps Walker* (1). 22 décembre 1881.
LIEUTENANT-COLONEL : *Foster Cunliffe Lister Kay.* 15 août 1888.
MAJORS : *W. Rose Wynter.* 24 juillet 1885.
J. A. Lambert. 21 juillet 1888.
N. Sadlier. 25 juillet 1888.
H. Clerk. 15 août 1888.
CAPITAINES : *C. Pilkington Dawson.* 12 juin 1885.
R. S. Scott. 1ᵉʳ janvier 1885.
G. Berthon Preston. 20 janvier 1886.
G. Prescott Douglas. 20 juillet 1887.
J E. Dewar. 20 juillet 1887.
G. O'Connor. 1ᵉʳ juin 1888.
W. Kirk. 25 juillet 1888.
J. C. Appold Anstice. 8 septembre 1888.

3º DRAGONS-GARDES (DU PRINCE DE GALLES),
à RAWUL PINDEE (BENGALE); DÉPÔT à CANTERBURY.

Insignes du régiment : les trois plumes du cimier des princes de Galles, le soleil levant et le dragon rouge.

COLONEL : *Conyers Tower* (2). 5 janvier 1891.
LIEUTENANT-COLONEL : *Ernle Kerr Amyatt Burney.* 24 novembre 1888.
MAJORS : *W. Utting Cole.* 24 novembre 1886.
R. Kennedy Parke. 21 décembre 1887.
J. E. Fitzmaurice Hughes Roche. 24 nov. 1888.
F. Stevens Dimond. 8 avril 1890.
CAPITAINES : *W. Hutchinson Hillas.* 22 juillet 1885.
Ch. Herbert Farquharson. 12 février 1887.
A. P. Douglas Lushington. 7 mai 1887.
E. Donough John O'Brien. 17 janvier 1887.
Herbert Mercer. 8 avril 1890.
S. Walter. 22 janvier 1890.

4º DRAGONS-GARDES (ROYAL IRLANDAIS),
à ALDERSHOT.

Insignes : la harpe, la couronne et l'étoile de saint Patrick avec cette devise : « Quis separabit? ».

COLONEL : Sir *E. Cooper Hodge* (3). 6 janvier 1874.

(1) Général du 7 octobre 1884.
(2) Lieutenant général du 20 mars 1883.
(3) Général du 1ᵉʳ octobre 1877.

LIEUTENANT-COLONEL : *Ph. Kavanagh Doyne.* 7 mars 1892.
MAJORS : *A. Abney Sandys.* 8 octobre 1890.
J. Algernon Aylmer. 6 mai 1891.
R. Le Mesurier Willoughby. 7 mars 1892.
CAPITAINES : *J. W. Dent.* 18 janvier 1885.
C. M. Edgeworth Brinkley. 7 mars 1888.
F. Blayney Lucas Woodwright. 8 mai 1888.
G. Burrell Geach. 18 juin 1890.
E. Wilson Dawes. 5 mars 1891.
Hon. *W. Wrotesley.* 5 mars 1891.
R. Wilton Morley. 8 avril 1891.
J. Medlicott Vereker. 6 mai 1891.
H. Plumridge Levita. 5 août 1891.
H. Read Darley. 13 avril 1892.
Malcolm M'Neill. 4 mai 1892.

5º DRAGONS-GARDES (DE LA PRINCESSE CHARLOTTE DE GALLES), à ALDERSHOT.

Insignes : la devise : « Vestigia nulla retrorsum ».

COLONEL : Hon. *Sommerset J. Gough Calthorpe* (1). 24 janvier 1892.
LIEUTENANT-COLONEL : *J. Baillie Ballantyne Dickron*, commandant le régiment (2). 25 avril 1885.
MAJORS : *Maunsell Bowers.* 21 avril 1883.
F. W. Hemming. 19 décembre 1883.
E. Hegan. 22 décembre 1887.
CAPITAINES : *W. J. Mackeson.* 2 mai 1883.
St. John Corbet Gore. 25 février 1885.
J. H. Aspinwall. 26 août 1884.
W. Eden Stobart. 24 août 1887.
Llewellin Washington Matthews. 1ᵉʳ octobre 1887.
A. R. Heneage. 23 mai 1888.
Colquhoun Grant Morrison. 27 mars 1889.
H. Bagwell-Purefoy. 27 mars 1889.

6º DRAGONS-GARDES (CARABINIERS),
à ÉDIMBOURG.

COLONEL : *A. J. Hardy Eliott* (3). 3 janvier 1892.
LIEUTENANT-COLONEL : *W. H. MacGeorge.* 1ᵉʳ juillet 1891.
MAJORS : *Th. Cole Porter.* 17 mars 1886.
A. Sprot. 19 juillet 1889.
Th. R. F. Brabazon Hallowes. 1ᵉʳ juillet 1891.
CAPITAINES : *P. H. Hamon Mussy.* 19 juillet 1882.
H. Mostyn Owen. 4 décembre 1886.
E. C. Bethune. 1ᵉʳ février 1884.
F. H. A. Des Vœux. 1ᵉʳ juillet 1887.
F. Sudlow Garratt. 3 octobre 1887.
Montagu Cradock. 20 octobre 1887.
A. Cochrane Hamilton. 13 juin 1888.
J. R. Donne. 11 janvier 1890.

(1) Lieutenant général du 1ᵉʳ juillet 1881.
(2) Colonel du 25 avril 1889.
(3) Major-général du 1ᵉʳ juillet 1881.

CROQUIS DE CAVALERIE.

7ᵉ DRAGONS-GARDES (DE LA PRINCESSE ROYALE),
à Muttra (Bengale); dépôt à Canterbury.

Colonel : *A. Nugent* (1). 30 avril 1892.
Lieutenant-colonel : *W. Creagh.* 31 mars 1891.
Majors : *W. E. Morrison Rough.* 26 août 1884.
U. G. Campbell de Burgh. 31 octobre 1890.
Donald MacDougall. 2 mars 1892.
W. H. Muir Lowe. 2 mars 1892.
Capitaines : *E. Ditmas.* 4 janvier 1887.
Ch. W. Thompson. 9 mars 1887.
Beverly W. R. Ussher. 23 décembre 1885.
W. Edwin Danby. 19 décembre 1887.
W. H. Rycroft. 11 avril 1888.
R. W. Burton-Phillipson. 31 octobre 1890.
J. Weston Parsons Peters. 31 mars 1891.
F. G. Bick Smerdon. 31 mars 1891.
H. Spencer Follett. 2 mars 1892.

1ᵉʳ (ROYAL) DRAGONS, à York.

Insignes de régiment : le crest d'Angleterre entouré de la jarretière. Un aigle. — Devise : « Spectemur agendo ».

Colonel : *F. Marshall* (2). 29 mars 1890.
Lieutenant-colonel : *H. Tomkinson.* 20 mai 1891.
Majors : *G. Vivian Ames.* 3 juin 1885.
W. H. M'Laren. 19 juin 1885.
F. W. Rhodes. 19 septembre 1885.
W. F. O'Shaughnessy. 18 novembre 1886.
Capitaines : *J. F. Burn-Murdoch.* 18 janvier 1885.
F. W. Greatrex. 10 juin 1885.
Ch. Rosdew Burn. 2 février 1885.
E. G. Troyte-Bullock. 21 octobre 1885.
J. A. Murphy. 13 mai 1885.
J. E. Lindley. 18 novembre 1886.
Hon. *G. Limbrey Sclater-Booth.* 1ᵉʳ octobre 1887.
R. H. Carr-Ellison. 25 novembre 1891.
J. Middleton Rogers. 25 novembre 1891.

2ᵉ DRAGONS (ROYAL SCOTS GREYS) (3), à Newbridge.

Insignes du régiment : le chardon entouré du cercle et la devise de saint André. Un aigle. — « Second to none. »

Colonel : *G. Calvert Clarke* (4). 23 septembre 1891.
Lieutenant-colonel : *J. C. Maberly.* 5 juillet 1888.

---

(1) Lieutenant général du 13 novembre 1886.
(2) Lieutenant général du 5 septembre 1884.
(3) Levé en Écosse en 1678 et envoyé en Flandres en 1694. En Écosse, 1698. En Hollande, 1702 (batailles de Blenheim, Ramillies, Oudenarde, Malplaquet). En Angleterre, 1713. Sur le continent, 1743. En Angleterre, 1748. En Allemagne, 1758. En Angleterre, 1766. Quatre « troops » en Hollande de 1793 à 1795. Le régiment s'embarque pour la Belgique, 1815 (Waterloo). En Angleterre, 1816. En Crimée, 1854 (Balaklava et Sébastopol). En Angleterre, 1856. En Irlande, 1856. En Écosse, 1861. En Angleterre, 1868. En Irlande, 1865. En Écosse, 1871. En Angleterre, 1873. En Irlande, 1878. En Écosse, 1883. En Angleterre, 1885. En Irlande, 1888.
(4) Général du 1ᵉʳ juillet 1881.

Majors : *A. Cholmeley Earle Welby.* 21 octobre 1885.
Hon. *W. P. Alexander.* 5 juillet 1886.
Montague George Johnstone. 5 juillet 1888.
Capitaines : *J. A. Wellesley O'Neill Torrens.* 15 août 1883.
W. H. Hippisley. 1ᵉʳ juin 1884.
W. Crawford Middleton. 21 octobre 1885.
H. J. Scobell. 27 janvier 1886.
A. W. Mordaunt Richards. 5 juillet 1886.
F. H. Toovey Hawley. 1ᵉʳ octobre 1887.
R. H. Adams. 9 octobre 1889.
J. Crabbie. 9 octobre 1889.
H. C. Thornton Littledale. 8 mars 1882.
C. W. Montague Feilden. 14 février 1891.
F. Blake Simpson. 19 août 1891.
C. J. Maxwell. 19 août 1891.

3ᵉ HUSSARDS (DU ROI), à Dublin.

Insignes du régiment : le cheval blanc entouré de la jarretière. Devise : « Nec aspera terrent ».

Colonel : *E. Howard-Vyse* (1). 23 septembre 1891.
Lieutenant-colonel : *C. W. Hawker Helyar.* 15 avril 1891.
Majors : *C. E. Beckett.* 4 novembre 1884.
R. Grosso Godson. 5 août 1885.
R. G. Alexander. 9 mars 1886.
Capitaines : *A. J. Ramsay van Cortlandt.* 15 octobre 1881.
J. Selby Robson Scott. 16 juillet 1885.
F. W. N. Wogan-Browne. 15 août 1885.
St. Clair Oswald. 17 octobre 1885.
A. Bingham Crabbe. 9 mars 1886.
H. Bethune Patton-Bethune. 13 avril 1887.
R. G. Walmesley Chaloner. 1ᵉʳ juillet 1887.
D. Vernon Pirie. 16 décembre 1885.
F. Kingscote Fitzhardinge Chapman. 1ᵉʳ octobre 1889.
J. W. Burns. 13 février 1891.
P. Fogarty Dwyer. 25 mars 1891.
W. Goring. 10 avril 1891.
W. R. Jones-Byrom. 3 juin 1891.

4ᵉ HUSSARDS (DE LA REINE), à Colchester.

Colonel : *A. Low* (2). 27 octobre 1881.
Lieutenant-colonel : *J. Palmer Brabazon* (3). 12 février 1891.
Majors : *W. A. Ramsay.* 21 mai 1884.
F. C. Pearson. 13 mai 1891.
C. Wyburn Peters. 4 novembre 1891.
Capitaines : *S. W. Follett.* 24 août 1881.
E. Asheton Critchley. 25 juillet 1885.
R. Kincaid-Smith. 6 février 1887.
G. Robertson Cuninghame. 19 octobre 1887.

---

(1) Lieutenant général du 25 avril 1885.
(2) Général du 24 mai 1890.
(3) Colonel 28 août 1889.

L. E. Starkey. 17 décembre 1887.
F. D. Baillie. 1er juillet 1888.
Hon. F. Rossmore Wauchope Eveleigh de Moleyns. 1er mai 1890.
W. Higson. 4 novembre 1891.

5e LANCIERS (ROYAL IRLANDAIS), à MEERUT (BENGALE); DÉPÔT à CANTERBURY.

Insignes : la harpe et la couronne. — « Quis separabit? »

COLONEL : Hon. Ch. Wemyss Thesiger (1). 24 janv. 1892.
LIEUTENANT-COLONEL : A. Bissel Harvey (2), commandant le régiment. 31 mars 1889.
MAJORS : Th. Fletcher. 14 novembre 1885.
C. F. Johnstone-Douglas. 5 mai 1888.
A. Weston. 13 juin 1888.
J. J. Scott Chisholme. 15 décembre 1884.
CAPITAINES : A. Cosmo Little. 7 mars 1883.
J. Farish Malcolm Fawcett. 9 juin 1884.
H. J. M'Laughlin. 30 mai 1888.
A. Carter King. 21 août 1889.
M. Berners Doyne. 6 novembre 1889.
A. W. Doniel. 4 juin 1890.
P. L. Stevenson. 7 mai 1890.
W. H. Goodair. 9 mars 1892.

6e DRAGONS (INNISKILLING), à BRIGHTON.

Insignes : le château d'Inniskilling.

COLONEL : Sir Ch. Cameron Shute (3). 28 mars 1886.
LIEUTENANT-COLONEL : A. Chalmers M'Kean. 17 septembre 1890.
MAJORS : A. Green Thompson. 29 juillet 1885.
E. Graham Pennefather. 25 juillet 1885.
C. W. Crosse. 17 septembre 1890.
CAPITAINES : H. Cockcroft Page-Henderson. 20 octobre 1883.
Ch. Travers Breton. 5 juin 1885.
R. Grey. 29 juillet 1885.
P. W. Forbes. 26 octobre 1887.
M. F. Rimington. 26 octobre 1887.
E. H. Hynman Allenby. 10 janvier 1888.
John Watkins Yardley. 17 octobre 1888.
G. Lindsey Jennings-Bramly. 16 novembre 1888.
C. Haweis Paynter. 8 mai 1889.
A. R. Mosley. 23 mai 1891.
C. H. Saunders-Knox-Gore. 23 mai 1891.
C. E. Pierce. 8 juin 1891.
A. Brack-Boyd-Wilson. 8 juin 1891.

7e HUSSARDS (DE LA REINE), à MHOW (BOMBAY); DÉPÔT à CANTERBURY.

Insignes : le chiffre royal entouré de la jarretière.

COLONEL : W. F. Dickson (4). 19 juillet 1884.

---

(1) Lieutenant général du 1er avril 1891.
(2) Colonel du 16 juin 1889.
(3) Général du 1er juillet 1881.
(4) Lieutenant général du 1er juillet 1881.

LIEUTENANT-COLONEL : J. Lombard Hunt. 19 décembre 1889.
MAJORS : H. Archbold Reid. 19 décembre 1883.
C. F. Thomson. 5 mai 1886.
H. Paget. 5 mai 1886.
H. M. Ridley. 21 février 1890.
CAPITAINES : Hon. R. T. Lawley. 21 juillet 1885.
G. A. Penrhys Evans. 8 août 1880.
R. L. Walter. 15 décembre 1886.
Hon. E. H. Lascelles. 18 septembre 1889.
G. A. Lade Carew. 19 décembre 1889.
J. Sanctuary Nicholson. 23 janvier 1891.
Douglas Haig. 23 janvier 1891.
G. L. Holdsworth. 6 février 1891.
C. H. Agnew. 28 août 1886.
C. B. FitzHenry. 11 février 1891.

8e HUSSARDS (ROYAL IRLANDAIS DU ROI), à NORWICH.

Insignes : la harpe et la couronne. — « Pristinæ virtutis memores ».

COLONEL : Sir Charles Craufurd Fraser (1). 25 juin 1886.
LIEUTENANT-COLONEL : T. Astell St. Quintin (2), commandant le régiment. 20 juillet 1887.
MAJORS : J. Davidson. 4 novembre 1883.
P. Legh Clowes. 2 octobre 1885.
E. Groves Paley. 28 novembre 1883.
CAPITAINES : D. E. Wood. 3 octobre 1883.
F. J. Carandini. 1er avril 1884.
C. E. Duff. 19 septembre 1885.
C. N. Colthurst Vesey. 9 décembre 1885.
W. J. Bird. 4 décembre 1886.
P. W. J. Le Gallais. 19 mars 1888.
B. T. Mahon. 19 avril 1888.
W. H. E. Lawless. 2 mai 1889.
H. de Teissier. 19 mars 1890.

9e LANCIERS (ROYAL DE LA REINE), à DUNDALK.

Insignes : le chiffre royal entouré de la jarretière.

COLONEL : W. Drysdale (3). 11 juin 1891.
LIEUTENANT-COLONEL : J. A. F. Humberston Stewart Mackenzie. 15 décembre 1890.
MAJORS : Bloomfield Gough. 8 décembre 1886.
H. Courtenay-Morland. 20 novembre 1888.
J. H. Lamont. 15 décembre 1890.
CAPITAINES : F. H. Reynard. 7 août 1886.
M. Orme Little. 20 octobre 1886.
C. Bishop. 8 décembre 1886.
C. St. Clair Cameron. 30 mars 1887.
W. K. W. Jenner. 23 mai 1888.
F. F. Colvin. 10 août 1888.
F. W. Duff. 10 mars 1889.
Hon. C. H. C. Willoughby. 4 décembre 1889.
F. T. Lund. 11 mai 1892.

---

(1) Lieutenant général du 1er octobre 1886.
(2) Colonel du 31 mars 1890.
(3) Lieutenant général du 1er juillet 1881.

10ᵉ HUSSARDS (ROYAL DU PRINCE DE GALLES), à DUBLIN.

Insignes : Les trois plumes du cimier des princes de Galles, le soleil levant et le dragon rouge.

COLONEL : H. R. H. *le prince de Galles.* 16 avril 1863.
LIEUTENANT-COLONEL : *Hugh Richard*, vicomte *Downe* (1), commandant le régiment. 13 septembre 1887.
MAJORS : *M. C. Wood.* 6 avril 1882.
  Hon. *J. P. Napier.* 1ᵉʳ mars 1884.
  R. B. W. Fisher. 12 février 1891.
CAPITAINES : *P. F. Durham.* 18 février 1884.
  D. S. W. comte *d'Airlie.* 18 février 1884.
  R. H. F. Wharton Wilson. 1ᵉʳ mars 1884.
  Hon. *G. L. Bryan.* 13 septembre 1887.
  H. Alexander. 16 mars 1889.
  C. B. Harvey. 21 juillet 1889.
  A. Hughes-Onslow. 4 janvier 1890.
  Hon. *J. H. G. Byng.* 4 janvier 1890.
  C. T. McMurragh Kavanagh. 1ᵉʳ février 1890.
  Hon. *E. Baring.* 1ᵉʳ février 1890.
  C. Barclay. 23 mars 1892.

11ᵉ HUSSARDS (DU PRINCE ALBERT), AFRIQUE MÉRIDIONALE; DÉPÔT à CANTERBURY.

Les armes et la devise de feu le prince consort.

COLONEL : *W. C. Forrest* (2). 8 février 1886.
LIEUTENANT-COLONEL : *C. E. Swaine.* 19 novembre 1891.
MAJORS : *K. Borrowes.* 14 juillet 1886.
  E. R. Courtenay. 10 avril 1889.
  Lord *E. B. Talbot.* 19 novembre 1891.
CAPITAINES : Hon. *H. A. Ormsby Gore.* 25 juillet 1883.
  C. H. E. Coote. 14 octobre 1885.
  T. M. Jones-Tailby. 29 septembre 1886.
  W. W. Waring. 2 mars 1887.
  Hon. *O. V. G. A. Lumley.* 2 mars 1887.
  A. H. Lehmann. 19 novembre 1887.
  A. T. L. Gilroy. 16 décembre 1890.
  J. E. H. Balfour. 31 mars 1891.
  B. Combe. 19 novembre 1891.
  E. S. E. Harrison. 4 janvier 1892.

12ᵉ LANCIERS (ROYAL DU PRINCE DE GALLES), à PRESTON.

Les trois plumes, le soleil levant et le dragon rouge.

COLONEL : *E. Burgoyne-Cureton* (3). 30 avril 1892.
LIEUTENANT-COLONEL : *F. M. Wardrop* (4). 21 déc. 1887.
MAJORS : *G. R. R. Poole.* 1ᵉʳ juillet 1881.
  C. E. Beck. 30 novembre 1885.
  M. H. Archdale. 30 novembre 1885.
CAPITAINES : *T. A. Hill.* 30 novembre 1881.
  A. G. Churchill. 1ᵉʳ mai 1886.
  T. J. Atherton. 2 février 1887.

A. S. Ralli. 1ᵉʳ janvier 1888.
R. G. Broadwood. 15 février 1888.
W. F. H. Hinde. 15 août 1888.
J. H. Ensor. 30 novembre 1888.
J. C. B. Eastwood. 10 juin 1889.
J. M. Gordon. 17 septembre 1890.

13ᵉ HUSSARDS, à BALLINCOLLIG.

« *Viret in œternum.* »

COLONEL : *W. H. Seymour* (1). 5 janvier 1891.
LIEUTENANT-COLONEL : *J. K. Spilling* (2), commandant le régiment. 1ᵉʳ juillet 1887.
MAJORS : *E. R. H. Torin.* 29 septembre 1885.
  H. J. Blagrove. 8 janvier 1890.
  M. A. Close. 25 juillet 1890.
CAPITAINES : *R. S. S. Baden-Powell.* 16 mai 1883.
  W. C. Smithson. 29 septembre 1885.
  A. Leetham. 9 septembre 1885.
  F. J. Murphy. 18 août 1883.
  G. J. W. Noble. 27 octobre 1886.
  C. Williams. 24 novembre 1886.
  K. MacLaren. 3 août 1887.
  A. H. R. Ogilvy. 1ᵉʳ juillet 1888.
  T. B. Phillips. 1ᵉʳ janvier 1890.
  E. W. Jaffray. 1ᵉʳ août 1890.
  E. W. N. Pedder. 8 octobre 1890.
  E. A. Wiggin. 12 novembre 1890.

14ᵉ HUSSARDS (DU ROI), à LEEDS.

Le chiffre royal entouré de la jarretière. L'aigle de Prusse.

COLONEL : *C. W. Thompson* (3). 1ᵉʳ mai 1882.
LIEUTENANT-COLONEL : Hon. *G. H. Gough* (4), 1ᵉʳ juillet 1891.
MAJORS : *A. J. English.* 17 août 1887.
  M. A. Burke. 28 juillet 1886.
  A. C. King. 1ᵉʳ juillet 1891.
CAPITAINES : *G. H. C. Hamilton.* 24 juillet 1885.
  H. W. Mitchell. 26 novembre 1886.
  H. Kirk. 1ᵉʳ juillet 1887.
  A. B. Broadhurst. 31 décembre 1887.
  L. J. Richardson. 24 mars 1888.
  R. M. Richardson. 25 juillet 1888.
  Sir *J. P. Miller.* 8 septembre 1888.
  E. D. Brown. 8 septembre 1888.
  W. Spencer-Stanhope. 11 juin 1890.
  John Murray. 1ᵉʳ juillet 1891.
  E. J. Tickell. 1ᵉʳ juin 1892.

15ᵉ HUSSARDS (DU ROI), à CAHIR.

Le crest d'Angleterre entouré de la jarretière. — « *Merebimur.* »

COLONEL : Sir *F. W. J. FitzWygram* (5). 19 avril 1891.
LIEUTENANT-COLONEL : *F. H. Beck.* 12 juin 1889.

---

(1) Colonel du 7 août 1890.
(2) Général du 1ᵉʳ juillet 1881.
(3) Lieutenant général du 1ᵉʳ juillet 1881.
(4) Colonel du 15 juin 1889.

(1) Lieutenant général du 1ᵉʳ janvier 1885.
(2) Colonel du 29 septembre 1889.
(3) Général du 1ᵉʳ juillet 1881.
(4) Colonel du 16 décembre 1889.
(5) Lieutenant général du 1ᵉʳ avril 1883.

Majors : *J. B. S. Bullen.* 9 avril 1884.
G. D. F. *Sulivan.* 15 août 1888.
A. G. *Holland.* 12 juin 1889.
Capitaines : *P. J. Waldron.* 29 septembre 1881.
Hon. *R. Leigh.* 17 mars 1886.
Ch. E. Browne. 16 mars 1887.
J. R. P. Gordon. 15 août 1888.
H. E. S. Pocklington. 15 août 1888.
T. O. W. Champion de Crespigny. 24 août 1888.
R. Cokayne Cokayne-Frith. 24 août 1888.
B. St. John Mundy. 10 août 1887.
F. C. Meyrick. 2 mars 1891.
H. H. P. Dundas. 25 mai 1892.

16e LANCIERS (DE LA REINE) (1), à LUCKNOW (BENGALE); DÉPÔT à CANTERBURY.
Le chiffre royal entouré de la jarretière.
« *Aut cursu, aut cominus armis.* »

Colonel : *C. J. Forster* (2). 28 mars 1886.
Lieutenant-Colonel : *J. M. Babington.* 27 janvier 1892.
Majors : *H. Graham.* 27 janvier 1886.
H. L. Aylmer. 10 septembre 1890.
W. C. James. 8 octobre 1890.
S. Frewen. 27 janvier 1892.
Capitaines : *W. H. Wyndham-Quin.* 23 juin 1886.
J. Oswald. 8 décembre 1886.
J. A. Orr-Ewing. 21 juillet 1888.
L. Stamer. 25 juillet 1888.
H. C. Dugdale. 9 janvier 1889.
J. D. Calley. 9 janvier 1889.
H. P. Kirkpatrick. 2 septembre 1890.
G. P. Wyndham. 10 septembre 1890.
E. de Grey Beaumont. 27 janvier 1892.
A. G. Dallas. 7 mars 1892.

17e LANCIERS (DU DUC DE CAMBRIDGE) (3), à HOUNSLOW.
Insignes : une tête de mort avec la devise : « *Or glory* ».

Colonel en chef : *H. R. H. le duc de Cambridge.* 21 juin 1876.

(1) Formé en 1759 comme 16e régiment de Dragons légers. Siège de Belle-Isle et en Portugal jusqu'à la fin de la guerre de Sept ans. En Amérique 1776. Quatre « troops » en Flandres 1793. En Angleterre 1796. En Irlande 1802. En Angleterre 1805. En Espagne 1809 (bataille de Talavera, Fuentes d'Onor, Salamanque, Vittoria, Nive). En Angleterre 1814. En Belgique 1815 (Waterloo). En Angleterre 1815. En Irlande 1816. En Angleterre 1819. En Irlande 1821. En Angleterre 1822. Dans l'Inde 1822 (bataille de Bhurtpore, prise de Ghuznee, batailles de Maharajpore, Aliwal et Sobraon). En Angleterre 1846. En Irlande 1852. En Écosse 1857. En Angleterre 1859. Dans l'Inde 1865. En Angleterre 1876. En Irlande 1882. En Angleterre 1888. Dans l'Inde 1890.
(2) Général du 18 mars 1886.
(3) Formé en 1759 comme 18e Dragons légers. Licencié en 1763 et reformé comme 17e Dragons légers. En Irlande 1764. Indes occidentales 1765. Amérique du Nord 1776. En Angleterre 1783. En Angleterre 1797. Amérique du Sud 1806 (prise de Montevideo). Dans l'Inde 1808. En Angleterre et devenu Lanciers

Colonel : *Sir Drury Curzon Drury-Lowe* (1). 24 janvier 1892 (2).
Lieutenant-Colonel : *E. A. Belford.* 15 janvier 1892.
Majors : *F. W. Benson.* 27 avril 1886.
M. G. Neeld. 27 avril 1886.
H. C. Jenkins. 6 novembre 1886.
Capitaines : *C. H. Purvis.* 5 juin 1882.
H. Fortescue. 6 juin 1882.
E. B. Herbert. 27 avril 1886.
Hon. *L. H. Dudley Fortescue.* 6 novembre 1886.
C. J. Anstruther-Thomson. 6 novembre 1886.
W. G. Renton. 15 janvier 1888.
C. Coventry. 15 janvier 1888.
H. W. R. Ricardo. 7 avril 1888.
Hon. *H. L. A. Lawrence.* 25 février 1892.

18e HUSSARDS, à UMBALLA (BENGALE); DÉPÔT à CANTERBURY.
« *Pro rege, pro lege, pro patria conamur.* »

Colonel : *A. G. Montgomery Moore* (3). 4 janv. 1892.
Lieutenant-Colonel : *H. S. Gough* (4), commandant le régiment. 10 août 1889.
Majors : *G. E. B. Browne.* 18 avril 1885.
B. D. Möller. 7 juillet 1886.
R. H. Morrison. 19 novembre 1889.
F. D. Tagart. 1er août 1890.
Capitaines : *F. J. P. Butler.* 13 février 1884.
G. R. B. Patten. 1er avril 1886.
E. C. Knox. 14 avril 1886.
P. S. Marling. 22 décembre 1886.
E. C. P. Curzon. 30 avril 1887.
H. T. Laming. 14 mars 1888.
W. M. Sherston. 8 août 1888.
D. Saint George Daly. 14 août 1889.
H. A. F. C. F. S. Greville. 1er octobre 1891.

19e HUSSARDS (DE LA PRINCESSE DE GALLES), à BANGALORE (MADRAS); DÉPÔT à CANTERBURY.
Insignes : l'éléphant.

Colonel : *C. S. Hutchinson* (5). 24 mars 1889.
Lieutenant-Colonel : *J. D. P. French* (6), commandant le régiment. 27 septembre 1888.

1823. Irlande 1828. Angleterre 1832. Irlande 1838. Écosse 1841. Angleterre 1842. Irlande 1846. Crimée 1854 (Alma, Balaklava, Inkermann, Sébastopol). Irlande 1856. Angleterre 1857. Indes orientales et Indes centrales 1857 (révolte de l'Inde). Angleterre 1865. Écosse 1869. Irlande 1870. Angleterre 1876. Guerre du Zoulouland 1879. Indes 1879. Angleterre 1890 (un escadron reste en Égypte).
(1) Général du 1er avril 1890.
(2) Six fois mentionné à l'ordre du jour. Félicitations des deux Chambres du Parlement pour sa belle conduite en Égypte (voir page 75).
(3) Général du 10 mars 1891.
(4) Colonel du 21 mai 1888.
(5) Lieutenant général du 1er juillet 1881.
(6) Colonel du 7 février 1889.

OFFICIER INDIGÈNE EN TENUE DE CAMPAGNE; 3ᵉ BENGALE.

MAJORS : *J. C. Hanford-Flood.* 20 septembre 1884.
C. B. H. *Jenkins.* 11 novembre 1884.
H. M. A. *Warde.* 7 février 1885.
D. R. *Apthorp.* 2 septembre 1891.
CAPITAINES : *E. K. G. Aylmer.* 7 novembre 1883.
H. D. *Fanshawe.* 2 juillet 1884.
H. G. *Marsh.* 18 avril 1885.
J. C. A. *Walker.* 20 janvier 1886.
A. H. *Brooksbank.* 1er juillet 1887.
H. G. S. *Young.* 6 février 1889.
H. G. *De Pledge.* 11 juin 1890.
P. J. *Zigomala.* 2 septembre 1891.

20e HUSSARDS, à ALDERSHOT.

COLONEL : Sir *R. W. H. Palmer* (1). 11 juin 1891.
LIEUTENANT-COLONEL : *Miles,* lord *Beaumont.* 9 septembre 1891.
MAJORS : *W. J. Irwin.* 9 septembre 1885.
T. B. *Weston.* 1er juillet 1888.
A. W. N. *Thomas.* 9 septembre 1891.
CAPITAINES : *L. E. Gurney.* 1er octobre 1881?
S. H. J. *Stewart.* 20 juin 1883.
H. G. P. *Beauchamp.* 15 octobre 1884.
H. *Graham.* 14 juillet 1886.
W. D. *Whatman.* 16 mars 1887.
N. *Legge.* 23 décembre 1887.
J. R. *Beech.* 11 décembre 1889.
A. M. B. *Jones.* 11 décembre 1889.
W. C. *Vaughan.* 9 septembre 1891?

21e HUSSARDS, à SECUNDERABAD (MADRAS) ; DÉPÔT à CANTERBURY.

COLONEL : *R. White* (2). 28 mars 1886.
LIEUTENANT-COLONEL : *T. E. S. Hickman,* commandant le régiment. 17 août 1887.
MAJORS : *J. Lovell.* 18 mars 1882.
R. H. *Martin.* 2 février 1884.
W. G. C. *Wyndham.* 16 juillet 1884.
P. M. *King.* 1er octobre 1887.
CAPITAINES : *C. B. Pigott.* 31 janvier 1883.
R. *Owen.* 13 juin 1883.
J. *Fowle.* 23 novembre 1887.
H. *Finn.* 23 novembre 1887.
H. C. *Higgs.* 16 juillet 1888.
H. L. *Pilkington.* 16 août 1888.
W. M. *Doyne.* 9 septembre 1888.
F. H. *Eadon.* 6 novembre 1889.

(1) Lieutenant général du 1er juillet 1881.
(2) Général du 11 novembre 1890.

CAVALERIE DES INDES.

GARDES DU CORPS DU GOUVERNEUR GÉNÉRAL (créés en 1762).

COMMANDANT : Capitaine *R. C. Onslow.*

BENGALE.

1er BENGALE CAVALERIE (1803) (1).
COLONEL : *R. Morris.*

2e BENGALE LANCIERS (1809).
COLONEL : *R. M. Clifford.*

3e BENGALE CAVALERIE (1814).
COLONEL : *E. A. Money.*

4e BENGALE CAVALERIE (1840).
COLONEL : *J. D. Macpherson.*

5e BENGALE CAVALERIE (1841).
LIEUTENANT-COLONEL : *J. P. D. Vanrenen.*

6e BENGALE CAVALERIE (DU PRINCE DE GALLES) (1842).
COLONEL HONORAIRE : H. R. H. le prince de Galles.
COLONEL : *R. M. Jennings.*

7e BENGALE CAVALERIE (1846).
COLONEL : *J. C. Stewart.*

8e BENGALE CAVALERIE (1846).
LIEUTENANT-COLONEL : *J. A. M'Neale.*

9e BENGALE LANCIERS (1857).
COLONEL : *D. H. Robertson.*

10e BENGALE LANCIERS (DU DUC DE CAMBRIDGE) (1857).
COLONEL HONORAIRE : H. R. H. le duc de Cambridge.
COLONEL : *D. M. Strong.*

11e BENGALE LANCIERS (DU PRINCE DE GALLES) (1857).
COLONEL HONORAIRE : H. R. H. le prince de Galles.
LIEUTENANT-COLONEL : *W. W. H. Scott.*

12e BENGALE CAVALERIE (1857).
MAJOR : *J. B. Lynch.*

13e BENGALE LANCIERS (DU DUC DE CONNAUGHT) (1858).
COLONEL HONORAIRE : H. R. H. le duc de Connaught.
COLONEL : *F. W. Macmullen.*

14e BENGALE LANCIERS (1857).
COLONEL : *R. Eardley-Wilmot.*

15e BENGALE LANCIERS (1858).
COLONEL : *R. Atkins.*

16e BENGALE CAVALERIE (1857).
COLONEL : *G. T. Halliday.*

(1) La date entre parenthèses est celle de la création du régiment.

17ᵉ BENGALE CAVALERIE (1858).
COLONEL : W. A. Lawrence.

18ᵉ BENGALE LANCIERS (1858).
LIEUTENANT-COLONEL : G. L. R. Richardson.

19ᵉ BENGALE LANCIERS (1860).
COLONEL : W. W. Biscoe.

PUNJAB.

1ᵉʳ PUNJAB CAVALERIE (DU PRINCE ALBERT-VICTOR) (1849).
COLONEL : J. R. B. Atkinson.

2ᵉ PUNJAB CAVALERIE (1849).
COLONEL : R. C. R. Clifford.

3ᵉ PUNJAB CAVALERIE (1849).
COLONEL : T. Shepherd.

5ᵉ PUNJAB CAVALERIE (1849).
LIEUTENANT-COLONEL : W. J. Vousden.

CORPS DES GUIDES (DE LA REINE) (CAVALERIE ET INFANTERIE) (1846).
COLONEL HONORAIRE : H. R. H. le prince de Galles.
COLONEL : A. G. Hammond.

CENTRAL INDIA HORSE (1860).
COLONEL : H. M. Buller.

MADRAS.

GARDES DU CORPS DU GOUVERNEUR.
CAPITAINE : L. W. C. Kerrich.

1ᵉʳ MADRAS LANCIERS (1787).
COLONEL : W. B. Warner.

2ᵉ MADRAS LANCIERS (1784).
MAJOR : A. B. Fenton.

3ᵉ MADRAS LANCIERS (1784).
LIEUTENANT-COLONEL : D. J. S. M'Leod.

BOMBAY.

GARDES DU CORPS DU GOUVERNEUR (1865).
CAPITAINE : G. A. Gott.

1ᵉʳ BOMBAY LANCIERS (DU DUC DE CONNAUGHT) (1817).
COLONEL HONORAIRE : H. R. H. le duc de Connaught.
MAJOR : E. L. Elliot.

2ᵉ BOMBAY LANCIERS (1817).
COLONEL : J. G. Fagan.

3ᵉ BOMBAY CAVALERIE (DE LA REINE) (1820).
COLONEL HONORAIRE : H. R. H. le prince de Galles.
LIEUTENANT-COLONEL : J. F. Willoughby.

4ᵉ BOMBAY CAVALERIE (DU PRINCE ALBERT-VICTOR) (1817).
COLONEL : A. Currie.

5ᵉ BOMBAY CAVALERIE (1839).
MAJOR : M. James.

6ᵉ BOMBAY CAVALERIE (1846).
LIEUTENANT-COLONEL : A. M. Hogg.

7ᵉ BOMBAY LANCIERS (1885).
LIEUTENANT-COLONEL : A. L. M'Nair.

DÉTACHEMENT D'ADEN (1867).
CAPITAINE : J. R. C. Domvile.

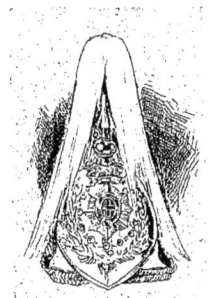

Casque de life guards.

CHAPITRE III

AUTRICHE

Archer de la garde du corps; 1836.

L'ARMÉE autrichienne, jusqu'aux événements de l'an 1866, a été la plus belle et la plus brillante de l'Europe.

Ses beaux uniformes blancs sont restés à ce point légendaires, qu'aujourd'hui encore, c'est habillés de cette couleur qu'on représente les soldats autrichiens dans les peintures symboliques ou synthétiques.

Constamment citée comme un modèle d'organisation et de manœuvre, la cavalerie autrichienne, on peut le dire sans toucher en rien à son honneur, fut rarement heureuse (1).

Cependant elle peut affirmer hautement et sans crainte d'un démenti, que ses cavaliers, hongrois, slaves ou allemands, ont toujours compté parmi les premiers de l'Europe; que bravoure, agilité, esprit de discipline, foi patriotique, ils possèdent toutes les qualités qui font les excellents soldats qu'ils sont en réalité.

C'est la cavalerie autrichienne que le général L'Hotte (2) étudia, lors de la réorganisa-

---

(1) J'allais oublier la bataille de Custozza et le colonel Pultz terrorisant avec ses quelques hommes deux divisions italiennes. Il est vrai que partout où les Italiens et les Autrichiens ont été en présence, ces derniers ont eu la victoire facile.

(2) Le nom du général est resté si sympathique en Autriche, qu'il suffit de l'invoquer pour voir s'ouvrir toutes les portes du monde militaire et officiel.

tion de notre cavalerie, et c'est de cette étude que sont sortis les règlements de manœuvre en vigueur depuis 1876 dans la cavalerie française : règlements d'une simplicité, d'une lucidité remarquables, et dont les résultats semblent avoir tenu tout ce qu'ils promettaient.

Comme dans tous les pays hiérarchiques, l'Empereur est le chef suprême de l'armée; S. M. François-Joseph a une prédilection toute particulière pour elle, et les rudes coups qui ont frappé l'héritier des Habsbourg ont encore augmenté la juste popularité dont le vieil Empereur jouit auprès de ses soldats.

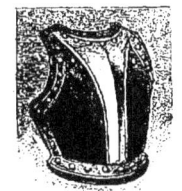
Cuirasse; 1840.

Depuis 1868, époque où elle fut complètement modifiée et réorganisée, l'armée autrichienne a perdu son brillant plumage : les uniformes blancs que, seule entre les armées européennes, elle avait conservés presque sans changements depuis Marie-Thérèse.

Tels le beau tableau de Detaille nous les a montrés assistant en 1815 à la reddition d'Huningue, tels ils étaient encore il y a vingt ans.

Aujourd'hui, ce prestigieux appareil a disparu; et, à l'inverse des autres pays, c'est peut-être la cavalerie autrichienne qui a le moins gardé des traditions anciennes. Les beaux régiments de cuirassiers et de dragons blancs et bleus sont devenus des dragons à la blouse bleu foncé, au large pantalon rouge sale, rentré dans des bottes de forme disgracieuse. Les soldats autrichiens, et particulièrement les cavaliers, sauf pourtant ceux de la Garde, sont les plus mal fagotés de l'Europe; il ne leur manque, pour devenir de parfaits spécimens d'inélégance, que notre pantalon à basane et notre cravate de coton bleu.

Quoi qu'il en soit, les officiers autrichiens ont gardé le grand air et la distinction qui les a toujours caractérisés, et les gardes hongroises et impériales sont fort imposantes.

Hussard; 1770.

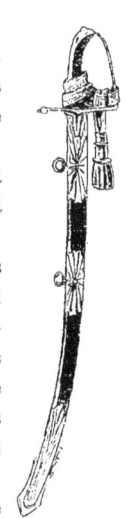
Sabre d'officier de la garde royale de Hongrie.

Le cadre restreint de cette modeste étude ne nous permet pas d'étudier les questions ethnographiques qui passionnent la presse et les étudiants de l'empire austro-hongrois, thèses dont la discussion, chaque fois plus étendue et plus envenimée, est un juste sujet de crainte pour tous ceux qui voient dans un avenir plus ou moins éloigné la dislocation de ce qui fut l'EMPIRE et n'est plus que l'empire d'Autriche-Hongrie.

Disons seulement que ces différences de races et ce particularisme s'affirment davantage encore depuis la retraite du général Bylandt-Rheidt, ministre de la

OFFICIER INDIGÈNE; 2ᵉ LANCIERS DE BOMBAY.

guerre de 1876 à 1888, et qui, pendant les douze années de son administration, fût, en même temps qu'un réformateur distingué, le plus énergique défenseur du principe de la langue allemande obligatoire dans l'armée; car c'est sur ce principe de *l'allemand, unique langue de service dans l'armée impériale*, qu'est basée l'unité de cette armée.

C'est par la tolérance d'une langue autre que l'allemand dans les épreuves du volontariat, que le particularisme, devenant bientôt le séparatisme, fait son dangereux chemin dans la monarchie austro-hongroise, désagrégeant l'armée et l'État.

Général de cavalerie.

En 1859, lors de la guerre d'Italie, l'Autriche comptait 40 régiments de cavalerie, qui se répartissaient ainsi :

8 régiments de cuirassiers,
8 — de dragons,
12 — de hulans,
12 — de hussards ;

auxquels il convient d'ajouter les régiments formés pendant la guerre, avec des volontaires, savoir : 1 régiment de hulans et 2 régiments de hussards.

La campagne de 1859 ne fournit, tant à la cavalerie française qu'à la cavalerie autrichienne, que peu d'occasions de se déployer. Tous ces régiments firent néanmoins honorablement leur devoir, et les officiers français qui prirent part à la guerre ont gardé une très haute estime des troupes qu'ils eurent à combattre.

La campagne terminée, on supprima 2 régiments de dragons et on en transforma 4 autres en cuirassiers; ce qui portait cette arme à 12 régiments. Les cuirassiers se virent, du reste, enlever la cuirasse, qui ne consistait, depuis François-Joseph Ier, qu'en un plastron bronzé à bandes de cuivre, attachées par des lanières croisant dans le dos.

Tous ces régiments, habillés uniformément de blanc,

Tirailleur du Tyrol.

avec les bottes à l'écuyère et le casque à chenille, avaient le collet et les parements des manches de couleurs distinctives; ils présentaient un aspect réellement magnifique.

Dans le tableau cité plus haut, un officier de cuirassiers de la porte, avec une élégance et une admirables, un des plus beaux puissant voir. de M. Édouard Detaille, on voit suite de l'archiduc. Cet officier distinction de race absolument costumes militaires qui se

Après 1859, les régiments pendant la campagne furent guliers et devinrent 13° hulans, volontaires qui avaient servi transformés en régiments ré- 13° et 14° hussards.

Après la guerre de 1866, les ment supprimés et devinrent torze le nombre des régiments cuirassiers furent définitive- dragons, ce qui porta à qua- de cette arme.

Les hulans gardèrent leurs leurs quatorze régiments. treize régiments et les hussards,

Enfin, en 1873, on supprima porta à 16 le nombre des régi- duisit à 11 celui des hulans, les cants. les régiments frontières, on ments de hussards et on ré- numéros 9 et 10 restant va-

Officier du régiment de dragons n° 2; petite tenue.

Actuellement, on compte en 42 régiments de cavalerie Autriche-Hongrie : divisés en 13 brigades.

Ces régiments se répartissent ainsi qu'il suit :
15 régiments de dragons numérotés de 1 à 15 (1) ;
11 régiments de hulans numérotés de 1 à 13, les numéros 9 et 10 manquant;
16 régiments de hussards numérotés de 1 à 16.

Ces régiments se recrutent de la façon suivante :

Les dragons sont fournis par la Bohême et les pays allemands, les hulans sont Ga- liciens ou Polonais, sauf 3 régiments fournis par tous les autres Slaves de l'empire; enfin, les hussards sont exclusivement recrutés en Hongrie et en Transylvanie.

Tous les régiments autrichiens sont comptés comme CAVALERIE LÉGÈRE, armés et équi- pés de la même façon depuis 1884, époque où la lance fut retirée aux hulans.

La monarchie austro-hongroise est donc, en somme, le seul pays possédant une cavalerie absolument uniforme comme équipement et comme armement (2).

Cet armement se compose du sabre et de la carabine Werndl, portant à 1.600 mè- tres; les sous-officiers et les trompettes remplacent la carabine par le revolver.

---

(1) Le régiment n° 15 a été formé à la date du 1ᵉʳ janvier 1891.
(2) Depuis quelque temps seulement l'Allemagne a aussi armé tous ses cavaliers uniformément du sabre, de la carabine et de la lance.

Indépendamment de son numéro, chaque régiment porte le nom de son colonel-propriétaire.

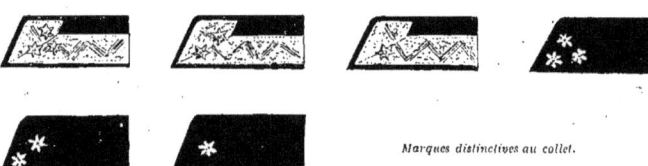

Marques distinctives au collet.

Le 13ᵉ régiment de hussards est en outre appelé d'un nom de pays, « HUSSARDS JAZYGUES ET KUMANS ».

En temps de paix, la cavalerie austro-hongroise compte environ 252 escadrons, soit 1.806 officiers et 43.554 hommes; en temps de guerre, environ 2.600 officiers, 69.200 hommes et 68.600 chevaux.

Sur le pied de paix chaque régiment comprend :

1 état-major de régiment, 2 états-majors de divisions, 6 escadrons formant 2 divisions, 1 cadre de dépôt.

Au moment de la mobilisation chaque régiment forme :

1° : 1 état-major de régiment, comprenant :

1 COLONEL,
1 LIEUTENANT-ADJOINT,
1 OFFICIER D'APPROVISIONNEMENT,
1 MÉDECIN DE RÉGIMENT,
1 CAPITAINE COMPTABLE,
1 VÉTÉRINAIRE,
2 MARÉCHAUX DES LOGIS CHEFS,
1 MARÉCHAL DES LOGIS SECRÉTAIRE,
2 BRIGADIERS SECRÉTAIRES,
1 TROMPETTE DE RÉGIMENT,
1 ARMURIER,
5 SOLDATS ORDONNANCES D'OFFICIERS.

2° : 2 états-majors de divisions, comprenant :

2 MAJORS,
2 MÉDECINS,
2 TROMPETTES,
4 SOLDATS ORDONNANCES D'OFFICIERS ;

6 escadrons de guerre, se composant chacun de :

Archer de la garde en petite tenue.

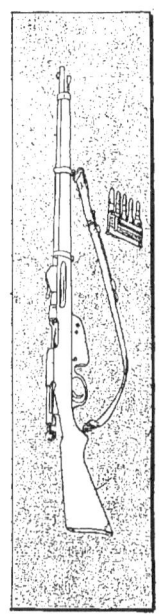

Carabine à répétition.

1 capitaine commandant, 1 capitaine en second, 1 premier lieutenant, 2 lieutenants, 1 cadet suppléant, 1 maréchal des logis chef pour le service, 1 maréchal des logis chef comptable, 4 maréchaux des logis, 4 brigadiers, 6 trompettes, 130 cavaliers montés, 1 maréchal ferrant, 1 sellier, 5 ordonnances d'officiers.

Ce qui fait pour le régiment sur le pied de guerre : 39 officiers, 1.067 cavaliers, 1.074 chevaux de selle, 70 chevaux de trait et 28 voitures.

En outre, chaque régiment fournit :

2 pelotons d'escorte ayant chacun 1 officier, 43 cavaliers et 42 chevaux. Ces pelotons sont affectés au service des quartiers généraux de brigades, de divisions et de corps d'armée ;

1 escadron de réserve composé de : 1 officier, 171 cavaliers et 169 chevaux ;

1 escadron de dépôt composé de 8 officiers, 169 cavaliers et 161 chevaux. Cet escadron a pour mission d'alimenter les escadrons de guerre par l'envoi des réservistes, hommes et chevaux, successivement et au fur et à mesure de leur dressage.

Enfin, un certain nombre de sous-officiers, brigadiers et cavaliers, sont destinés à faire le service de la gendarmerie de campagne.

Dans chaque régiment, le 4ᵉ peloton du 6ᵉ escadron, et cinq cavaliers dans chacun des autres escadrons, reçoivent une instruction spéciale pour servir de pionniers de régiments ; ils sont naturellement munis des outils nécessaires.

Le peloton de pionniers est ainsi composé :

1 Lieutenant,
1 Sous-officier,
3 Brigadiers,
1 Trompette,
5 Porteurs de haches,
5 — de sacoches garnies de divers instruments et outils ; chacun des pionniers portant en outre une cartouche de 1 kilogr. de dynamite placée dans une sacoche en cuir, à la ceinture,
2 Conducteurs de chevaux

5 Hommes pour garder les chevaux,
10 Porteurs de pelles,
5 — de pioches,

Tirailleurs à cheval du Vorarlberg.

de bât.

En outre des 42 régiments de cavalerie, il existe différents corps de la Garde qui sont :

Les archers de la garde du corps, exclusivement composés d'officiers,

La garde du corps royale hongroise, également composée d'officiers,

L'escadron des cavaliers de la garde du corps impériale et royale, comprenant des sous-officiers et de simples gardes.

GÉNÉRAL DE CAVALERIE.

La Garde hongroise est entretenue par le ministre hongrois; les deux autres corps le sont aux frais de la couronne d'Autriche.

Ces corps, de fort belle prestance et de brillante tenue, servent d'escorte au souverain.

Les gardes hongrois sont habillés à la hongroise, entièrement en rouge brodé d'argent avec le colbach de fourrure et une peau de panthère comme pelisse; l'équipage du cheval est vert brodé d'argent.

Les archers portent les hautes bottes molles, vernies, la culotte blanche, la tunique rouge plastronnée d'or et le casque d'acier à panache blanc.

Les gardes du corps autrichiens ont la tunique vert foncé lisérée de rouge, la culotte blanche, les bottes et le casque à panache noir. Les gardes hongrois sont entièrement montés en chevaux gris et les archers en chevaux noirs.

Dragon.

Profitons de ce que nous sommes sur le chapitre des uniformes de la Garde pour noter que les généraux qui ont commandé un régiment de hussards et les généraux de landwehr hongroise portent, en tenue de gala, un uniforme qui dépasse en splendeur tous ceux qui ont jamais été portés. Ce merveilleux uniforme se compose de la culotte hongroise rouge à bandes et à *hongroises* d'or, des bottes hongroises en cuir verni noir, bordées d'or, du dolman rouge à tresses et broderies d'or, ceinture tissée d'or; sur l'épaule pelisse blanche doublée et bordée de fourrure marron, les tresses et les broderies d'or; colbach de fourrure à flamme rouge et aigrette blanche.

Voici comment se compose, en Autriche-Hongrie, la hiérarchie des grades : dans la cavalerie.

OFFICIERS GÉNÉRAUX.

FELD-MARÉCHAL (1),
GÉNÉRAL DE CAVALERIE, commandant de corps d'armée,
FELD-MARÉCHAL LIEUTENANT, ou général de division,
GÉNÉRAL-MAJOR (2); ou général de brigade.

OFFICIERS SUPÉRIEURS.

OBERST, colonel,
OBERSTLIEUTENANT, lieutenant-colonel,
MAJOR.

OFFICIERS INFÉRIEURS.

Officier de cavalerie; petite tenue.

RITTMEISTER, capitaine,
OBERLIEUTENANT, lieutenant en 1er,
LIEUTENANT, lieutenant.

SOUS-OFFICIERS.

CADET-OFFICIER-STELLVERTRETER, cadet suppléant officier,
WACHTMEISTER, maréchal des logis chef,
ZUGSFUEHRER, sergent ou maréchal des logis,
CORPORAL, caporal ou brigadier comptant comme sous-officier.

TROUPE.

GEFREITE, cavalier de 1re classe.

Les insignes distinctifs de ces différents grades sont les suivants :
GÉNÉRAL DE CAVALERIE, 3 étoiles d'or au collet,
FELD-MARÉCHAL LIEUTENANT, 2 étoiles d'or,
GÉNÉRAL-MAJOR, 1 étoile d'or,
OBERST, 3 étoiles du métal du bouton,

---

(1) Il n'y a actuellement en Autriche que l'archiduc Albert qui soit feld-maréchal; il est également inspecteur général de l'armée permanente.

(2) Tous les généraux ont droit au titre d'Excellence. Ceux qui ne sont pas nobles sont presque toujours anoblis par l'Empereur.

DRAGONS.

OBERSTLIEUTENANT, 2 étoiles du métal du bouton,
MAJOR, 1 étoile du métal du bouton,
RITTMEISTER, 3 étoiles du métal du bouton,
OBERLIEUTENANT, 2 étoiles du métal du bouton,
LIEUTENANT, 1 étoile du métal du bouton,
CADET-SUPPLÉANT-OFFICIER, mince galon d'or au collet et 3 étoiles en laine de la couleur du bouton,
WACHTMEISTER, 3 étoiles en laine de la couleur du bouton avec galon en soie jaune au collet;
ZUGSFUEHRER, 3 étoiles en laine,
CORPORAL, 2 étoiles en laine,
GEFREITE, 1 étoile.

En outre, les officiers généraux sont distingués des officiers supérieurs par leur uniforme spécial et par un large galon d'or au shako et au collet.

Les officiers supérieurs se distinguent des officiers inférieurs également par les différences de largeur du galon d'or au shako et au collet. L'insigne du service pour les officiers, est la ceinture de soie jaune et noire, mélangée d'or; cette ceinture se porte en sautoir pour les officiers d'ordonnance.

Officier de hulans; rég. n° 4.

Tous les officiers de quelque grade qu'ils soient se coiffent en petite tenue de la casquette noire ornée d'un simple galon et d'un bouton-cocarde d'or.

Les sous-officiers portent seuls des gants. Les hommes de troupe même en grande tenue n'en mettent pas. L'hiver seulement, les soldats font usage de moufles en drap.

Chaque régiment possède deux drapeaux, dans l'armée active.

Le premier, le drapeau national, est jaune, bordé de triangles alternativement rouges, jaunes et noirs; au centre est brodée l'aigle impériale à deux têtes supportant les écussons de l'Empire austro-hongrois.

Le second drapeau est blanc; il porte sur une face l'aigle impériale et sur l'autre les armes du pays auquel appartient le régiment.

Les régiments de la landwehr *cisleithane* ont le drapeau blanc de l'armée active. Ceux de la landwehr hongroise portent le drapeau blanc avec une bordure aux couleurs nationales, rouge, blanc et vert, disposées en triangles alternatifs, et au centre les armes de la Hongrie ou de la Croatie, suivant le cas.

Hulans de la landwehr.

Colback des gardes de la couronne; Hongrie.

Jetons un rapide coup d'œil sur les décorations fort nombreuses et dont quelques-unes dérivent directement des anciens ordres de chevalerie :

Ordre de Saint-Jean de Jérusalem (ou de Malte), qui remonte à 1048 ;
— Teutonique, qui date de 1191 ;
— (autrichien) de la Toison d'or, qui fut créé en 1429 ;
— militaire de Marie-Thérèse, dont le ruban est noir ;
— de Saint-Étienne, ruban lie de vin bordé de vert ;
— de Léopold, au ruban rouge bordé de blanc ;
— de la Couronne de fer ; le ruban en est jaune bordé de bleu. Cette décoration, d'une très jolie forme, est destinée à récompenser les services de guerre ; elle porte au revers la date de 1815. Le crachat porte cette inscription : *Avita et aucta ;*

Ordre de François-Joseph, ruban rouge ;
Croix de mérite militaire ; créée en 1849 ;
Croix du mérite pieux, or ou argent, destinée aux aumôniers militaires, au ruban rayé rouge et blanc ;
Médaille de bravoure, or ou argent ;
Croix de bon et loyal service pour les officiers ;
—   —   pour la troupe ;
(Les rubans de ces deux dernières croix sont jaune bordé de noir) ;

Médaille commémorative de la campagne de 1864 en Danemark, ruban jaune, noir et blanc ;

Médaille commémorative de la défense du Tyrol en 1848, ruban vert et blanc ;
—   — de la défense du Tyrol en 1866, ruban rouge et blanc ;
— de guerre créée en 1873, à l'occasion du 25ᵉ anniversaire du couronnement de l'Empereur François-Joseph et dont le ruban est à fond jaune bordé de deux larges raies noires réunies par de petites raies noires transversales.

Officier de cavalerie, petite tenue.

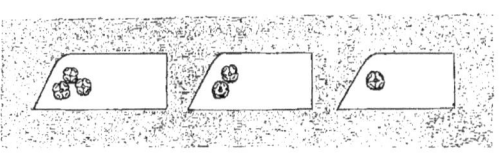

1ʳᵉ et 2ᵉ classe.   3ᵉ classe.   Aide-vétérinaire.
Vétérinaires. Marques distinctives.

Entrons maintenant dans les détails de l'organisation générale.
Nous avons dit que l'Empire austro-hongrois se compose de :
1° L'Autriche proprement dite, ou pays cisleithans, c'est-à-dire à l'ouest de la Leitha,

auxquels on rattache la Dalmatie, la Bukovine et la Galicie. Les pays cisleithans sont régis par le Reichsrath;

2° Les pays transleithans, qui comprennent la Hongrie, la Transylvanie, la Croatie, l'Esclavonie, pays administrés par le Reichstag ;

3° La Bosnie et l'Herzégovine, considérés comme pays occupés et qui sont soumis au régime politique.

Hussard.

Le Reichsrath et le Reichstag votent chacun un budget distinct. Ces budgets sont ensuite soumis au vote des Délégations, qui opèrent pour la totalité de l'Empire.

Cette division politique s'applique également à l'armée, qui, outre l'armée commune, se décompose en :

Landwehr cisleithane,
Landwehr honved,
Landesschützen du Tyrol et du Vorarlberg,
Troupes spéciales de la Bosnie et de l'Herzégovine.

Toutes ces troupes sont sous l'autorité de trois ministères :

1° Le ministère de la guerre, commun centralisateur et responsable vis-à-vis des délégations (général d'infanterie baron V. Bauer) ;

2° Le ministère de la défense nationale cisleithane ;

3° Le ministère de la défense nationale transleithane ou honved.

L'Empereur et Roi, généralissime de toutes les forces de la monarchie, exerce son autorité par le moyen de la CHANCELLERIE MILITAIRE, organe particulier qui lui sert d'intermédiaire entre les trois ministères.

Le feld-maréchal archiduc Albert exerce les fonctions d'INSPECTEUR GÉNÉRAL D'ARMÉE. Il ne relève que de l'Empereur et ses attributions sont principalement la surveillance générale du KRIEGSBEREITSCHAFT (état de préparation à la guerre). L'inspecteur général d'armée a de droit la direction de toutes les manœuvres auxquelles il assiste.

L'archiduc Regnier en Cisleithanie et l'archiduc Joseph en Transleithanie, ont pour la landwehr des attributions correspondantes à celles de l'archiduc Albert pour l'armée permanente.

Il existe en outre 5 INSPECTEURS GÉNÉRAUX PERMANENTS dont pour la cavalerie.

La loi de recrutement de la monarchie austro-hongroise date du 5 décembre 1868, elle a été remaniée et modifiée en 1882 (1) et depuis 1873 s'applique à toute la monarchie.

Officier de hussards honved.

Avant cette dernière époque, les pays appelés CONFINS MILITAIRES étaient encore régis par des institutions qui remontaient au règne de Marie-Thérèse.

« Aux termes de cette loi, le service est obligatoire pour tous les individus capables de porter les armes, depuis dix-neuf jusqu'à quarante-deux ans révolus, et même jusqu'à soixante ans pour les anciens officiers ou employés militaires, assimilés en non-activité ou en retraite. Il n'est admis aucune espèce d'exemption complète du service, pas même en faveur du clergé. » (Colonel S. Rau, *État militaire des principales puissances étrangères*.)

Chaque année a lieu le classement pour les différentes armes.

Les 12 années de service se décomposent, en 3 années dans l'armée active, 7 dans la réserve et 2 dans la landwehr.

Tous les individus n'atteignant pas la taille réglementaire de 1^{m}55 sont déclarés impropres pour le service.

---

(1) Cette loi a été complétée en 1886 pour la landsturm et remaniée de nouveau en 1889.

Un certain nombre de jeunes gens sont chaque année ajournés à un ou deux ans, si leur constitution n'est pas jugée comme suffisamment développée.

Les contingents annuels sont divisés ensuite ainsi qu'il suit :

La première portion, qui bas désignés par le tirage au sort, est immédiatement incorporée dans l'armée active.

Cette incorporation a ordinairement lieu le 1ᵉʳ octobre de l'année même de l'appel. C'est de cette date que compte l'incorporation.

Les jeunes gens compris dans cette portion et qui se trouvent dans certaines conditions d'étude, notamment les instituteurs, les professeurs, etc., sont versés dans la réserve ; ils reçoivent une instruction militaire de huit semaines et sont jusqu'à nouvel ordre dispensés de tout service. Ceux de ces jeunes gens qui se destinent à l'état ecclésiastique sont mis en congé immédiatement après leur tirage au sort, et, dès qu'ils ont été ordonnés, ils sont classés comme aumôniers militaires pour y rester inscrits pendant les 12 années qu'ils doivent à l'État.

Officier de chasseurs à cheval du Tyrol.

La deuxième portion du contingent est formée par les numéros de tirage au sort qui suivent immédiatement ceux de la première portion. Cette deuxième portion est habituellement fixée au 1/10 du contingent de l'armée active. Elle constitue ce qu'on nomme l'Ersatz-Reserve (réserve de recrutement).

Les hommes versés dans l'Ersatz-Reserve peuvent être appelés à compléter le nombre des hommes bons pour le service, dans l'armée active, au cas où ce nombre ne serait pas suffisant pour parfaire le contingent.

Au bout de la quatrième année, ils passent définitivement dans la réserve et y accomplissent les douze années de services exigées par la loi. Les hommes de l'Ersatz-Reserve reçoivent, avec les autres dispensés dont nous avons parlé plus haut, une instruction militaire d'une durée de huit semaines.

Le restant des hommes bons pour le service qui ne sont classés ni dans la première portion, armée active, ni dans la seconde, Ersatz-Reserve, sont versés directement dans la landwehr pour y accomplir leurs douze années de service légal. Dans les pays hongrois, chaque escadron de landwehr entretient un peloton en activité de service. Ce peloton est composé, soit de volontaires s'il s'en présente en nombre

Officier de la garde hongroise.

Chasseur à cheval du Tyrol.

suffisant, soit d'hommes désignés à tour de rôle pour entretenir cette force permanente au moyen d'un roulement organisé de façon à faire passer à chaque militaire quelques mois au service.

De même que dans les pays allemands, les hommes qui sont versés directement dans la landwehr commencent par recevoir tous une instruction préparatoire de huit semaines. Après cette instruction, ils sont renvoyés dans leurs foyers, d'où ils peuvent être rappelés pour des exercices d'une durée de cinq semaines au plus, et cela, cinq fois en tout pendant leurs cinq années de service.

Enfin à l'armée active, à la réserve et à la landwehr viendraient s'ajouter, en cas de guerre, les corps de la LANDSTURM.

Cette landsturm devrait être exclusivement formée avec des volontaires.

En Autriche-Hongrie, le volontariat d'un an existe, comme en Allemagne.

La classe des engagés volontaires est formée par les jeunes gens ayant dix-sept ans, qui ont obtenu un certificat de fin d'études ou passé l'examen indiqué.

Ces jeunes gens peuvent dans certains cas être autorisés à retarder leur incorporation jusqu'à leur vingt-cinquième année.

Les engagés volontaires doivent s'habiller et se nourrir à leurs frais, ils choisissent le corps dans lequel ils veulent servir.

Leur année de service terminée, les volontaires sont classés dans la réserve pendant neuf ans, puis dans la landwehr pendant deux ans.

Enfin, comme dernière disposition de la loi de recrutement, les hommes de dix-sept à trente-six ans, libres de toute obligation dans l'armée active ou la réserve, peuvent contracter un engagement volontaire de trois ans.

Dragon en blouse

Dans l'armée active, les soldats et les sous-officiers qui ont terminé leurs trois ans de service effectif peuvent être admis à contracter des rengagements successifs d'un an jusqu'à l'âge de trente-six ans.

Le recrutement des officiers est fourni par le corps des Cadets, qui proviennent en général des nombreuses écoles de cadets (1) instituées en Autriche-Hongrie. Mais on peut se présenter simplement aux examens de sortie de ces écoles, et si l'on satisfait à ces examens, on acquiert par cela même les droits des élèves des écoles.

La durée des cours des écoles est de quatre ans; mais suivant les facultés et l'instruction de l'élève, ces quatre années peuvent être réduites à trois et même à deux ans.

Des examens d'entrée fixent la classe où doit être admis le candidat.

(1) L'école des cadets pour la cavalerie est à Weisskirchen.

ARCHER DE LA GARDE DU CORPS.

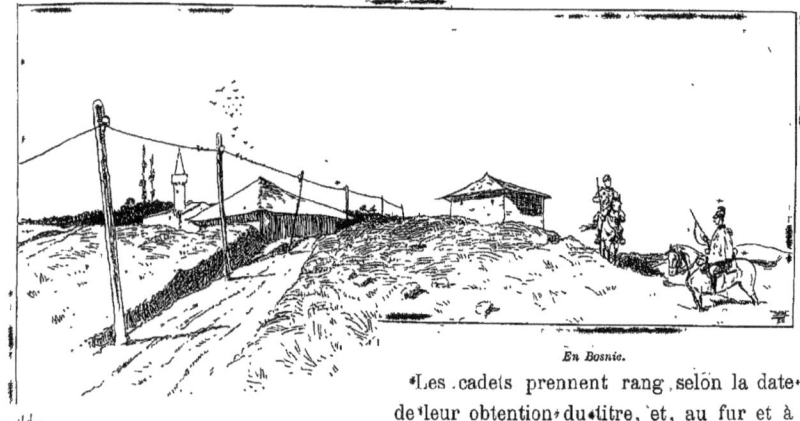

En Bosnie.

Les cadets prennent rang, selon la date de leur obtention du titre, et, au fur et à mesure des vacances qui se produisent, ils sont nommés suppléants-officiers; les autres reçoivent, en attendant, des grades honoraires et même des grades effectifs de sous-officiers.

Mais les grades honoraires ne comportent que les insignes et le rang, sans les fonctions ni la solde.

Les cadets suppléants-officiers sont promus sous-lieutenants à l'ancienneté et au choix, après avoir été au préalable acceptés par le corps d'officiers de leur futur régiment.

Le corps des cadets fournit environ les 5/6 des officiers, le dernier sixième étant donné par les ÉCOLES SPÉCIALES, de Wiener-Neustadt pour l'infanterie, la cavalerie et les pionniers, et de Vienne pour l'artillerie et le génie.

La durée des cours de ces écoles est de trois ans, au bout desquels on est promu officier, après avoir toutefois satisfait aux examens réglementaires.

L'avancement a lieu ensuite partie au choix et partie à l'ancienneté, la proportion étant de 5 sur 6 à l'ancienneté pour les grades inférieurs, et de 3 sur 4 pour les grades supérieurs.

L'avancement au choix n'est donné qu'aux lieutenants et capitaines ayant passé par l'école de guerre et y ayant suivi des cours de deux ans, cours qui se terminent par des examens. L'avancement à l'ancienneté n'a lieu que d'après les notes des commissions annuelles.

En outre, les capitaines ne peuvent passer majors, à l'ancienneté, qu'après avoir passé avec succès un examen réglementaire.

Les officiers supérieurs : majors, lieutenants-colonels et colonels ne peuvent être proposés au choix que s'ils réunissent l'unanimité des voix des officiers composant les commissions annuelles.

Ces commissions sont, pour chaque grade, composées d'officiers du grade immédiatement supérieur à celui de l'officier qu'ils ont à noter.

La solde, la fameuse solde du soldat « dans le service de l'Autriche... » ne comprend que les centimes de poche; elle est de 0, 25 pour toutes les armes et tous les services, sauf pour les troupes techniques dont nous n'avons pas à nous occuper ici.

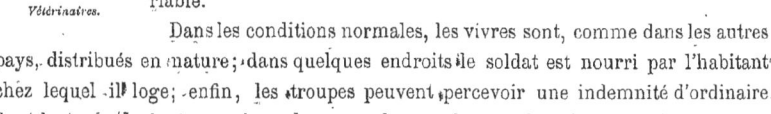

Vétérinaires.

Comme il y existe peu de casernes (1) et de quartiers, les troupes sont généralement logées soit dans des bâtiments prêtés par l'autorité civile, soit même chez l'habitant.

Le système d'alimentation du soldat autrichien est donc assez variable.

Dans les conditions normales, les vivres sont, comme dans les autres pays, distribués en nature; dans quelques endroits le soldat est nourri par l'habitant chez lequel il loge; enfin, les troupes peuvent percevoir une indemnité d'ordinaire dont le taux, variant en raison du cours du marché, est fixé chaque mois.

Lorsque les vivres sont touchés en nature, voici quelles en sont les quantités journalières :

1 ration de viande : 187 grammes de viande fraîche;

1 ration de légumes : 500 grammes de pommes de terre, où 120 grammes de lentilles, haricots ou pois secs, mélangés de 104 grammes de gruau de sarrasin et de 120 grammes de gruau d'orge;

4/7 de centilitre de vinaigre;
17 grammes de sel;
9 grammes de saindoux;
7 grammes d'oignons, d'ail, ou 5 décigrammes de poivre.

La ration de pain est de 875 grammes, celle de biscuit est de 500 grammes.

« Les troupes en marche, en nature, sont nourries chez l'habitant; le soldat a droit à 280 grammes de viande et à un plat de légumes variant suivant les usages locaux. Cette nourriture est remboursée à l'habitant, ainsi que le logement, le chauffage et l'éclairage, d'après un tarif publié tous les ans.

« La ration d'étape varie en hiver et en été; le soldat reçoit :

Dragon; régiment n° 8.

(1) Les sous-officiers, au-dessous du grade de sergent-major couchent dans la même chambre que la troupe; leur lit est séparé de celui des hommes, et ils peuvent s'isoler au moyen de rideaux. Les sous-officiers mariés, à partir du grade de sergent-major ont droit à un logement de sous-officier, composé de : une grande chambre, une cuisine, un bûcher et un grenier.

« Ration d'hiver. Pour le déjeuner :

« 6 centilitres de rhum ou 9 centilitres d'eau-de-vie, ou 35 centilitres de vin, ou 18 centilitres de café noir, ou bien une soupe de farine grillée faite avec 20 grammes de farine de froment, 8 grammes de saindoux et 2 grammes de cumin.

« Pour le dîner : 280 grammes de viande fraîche avec un tiers de litre de bouillon et une ration de légumes. La viande fraîche peut être remplacée par de la semoule de viande ou par des conserves.

« Pour le souper : 140 grammes de viande fraîche et des légumes.

Hussards.

« La ration d'été ne diffère de la précédente que pour le souper, qui se compose de 6 centilitres de rhum, 9 centilitres d'eau-de-vie, 35 centilitres de vin ou 71 centilitres de bière.

« Cette ration d'étape est allouée aux troupes pendant les manœuvres. En campagne, on y ajoute une ration de tabac de 36 grammes.

« La soupe de farine est donnée sous forme de tablettes qui n'exigent que quelques minutes pour la préparation.

« Comme vivres de sac, on délivre à chaque homme une boîte de viande de conserve qui n'est consommée que le dernier jour des manœuvres, comme vivres de gratification.

« Pour que chaque homme, en arrivant au cantonnement ou au bivouac, puisse prendre aussitôt un léger repas chaud, sans être astreint à attendre la distribution du pain et la préparation du dîner, il est alloué journellement une tablette de conserve de purée de pois, qui n'exige pour sa cuisson, que quelques morceaux de bois secs (1). »

REMONTE ET CONSCRIPTION DES CHEVAUX.

Les premiers *dépôts de remonte* proprement dits n'ont été créés en Autriche qu'en 1879, à Piber, en Styrie, et en 1881, à Billak, en Transylvanie, à titre d'essai.

Les chevaux sont achetés dans les pays de la monarchie à l'âge de quatre ou cinq

Marques distinctives; collets.

ans, soit par des commissions permanentes d'achats qui les livrent directement aux corps de troupe, soit par les corps de troupe eux-mêmes.

(1) Lieutenant colonel Dailly, *Uniformes de l'armée autrichienne.*

L'effectif de paix est d'environ 40.000 chevaux pour la cavalerie, sur lesquels 1.500 environ sont comptés comme appartenant aux fractions actives de la cavalerie honved.

Jusqu'au grade de capitaine exclusivement, les officiers sont remontés à leurs frais. A partir du grade de capitaine, les officiers se remontent à leurs frais en ayant le droit de choisir leurs montures parmi les chevaux des corps de troupe.

La durée moyenne d'un cheval est fixée à neuf ans, la remonte annuelle est donc du 1/9° de l'effectif.

La population chevaline de la monarchie est estimée à environ 3.500.000 chevaux.

Les pays les plus riches en ressources chevalines sont la Hongrie proprement dite et la Galicie. Ces pays fournissent la race très estimée des chevaux hongrois, dérivant des races orientales. En 1877, un assez grand nombre de chevaux hongrois furent achetés pour être mis en service, à titre d'essai, dans la cavalerie française. Ceux qu'il m'a été donné de voir, au 18° régiment de dragons, dont je faisais partie à cette époque, n'eurent pas, si mes souvenirs sont exacts, un très grand succès, et soit que l'on n'eût acheté que des sujets inférieurs, soit pour d'autres motifs, les achats ne furent pas renouvelés. Vers cette même époque, en 1878, eut lieu l'exposition universelle; celle des chevaux se tint dans des baraquements construits sur l'esplanade des Invalides, et un assez fort détachement de chevaux hongrois, conduits et soignés par des hommes du pays portant le costume national, y figurèrent. Sauf un peu plus de distinction chez les sujets, ces chevaux étaient bien en tout point semblables à ceux que nous avions en essai; même finesse du poil, même degré très appréciable de sang et de race, très bel œil, doux et limpide. Mais, en général, tête busquée, croupe en pupitre et faiblesse relative des membres inférieurs. En somme, si l'essai demeura sans résultat, il faut dire qu'il fut fort incomplet, au moins pour notre régiment.

En Hongrie et dans toute la monarchie autrichienne, l'élevage est l'objet des plus grands soins. Ces croisements faits avec un soin fort judicieux sont admirablement réglés, et dans ce but on achète constamment des étalons anglais, arabes, normands, etc. Les haras sont du reste une institution absolument militaire, dirigée par un corps d'officiers appartenant à l'armée et portant ainsi que les soldats sous leurs ordres l'uniforme de hussards avec la pelisse marron. La BRANCHE MILITAIRE DES HARAS, c'est le nom que porte ce service, compte environ 150 officiers et 5.000 hommes de troupe.

Volontaires d'un an.

Le haras le plus important, celui de Mezohegyes, en Hongrie, compte jusqu'à 8.000 chevaux. C'est dans le haras de Mezohegyes qu'est élevée la fameuse race de chevaux dont l'origine remonte, prétend-on, aux Romains. Cette race célèbre se divise en deux branches, l'une dérivant de l'étalon arabe Gidras, l'autre d'un étalon anglo-normand appelé Nonius. Les produits du haras de Mezohegyes portent le

« LEIB-GARDE-REITER ».

nom de l'un de ces glorieux ancêtres suivant qu'ils descendent de l'un ou de l'autre.

Une autre réunion de chevaux fort intéressante est le célèbre manège de la Cour, à Vienne. L'Empereur y entretient une fort brillante écurie dans laquelle sont un certain nombre de purs sangs espagnols, dont les croisements donnent lieu à des produits très recherchés. Ces chevaux descendent de trois fameux étalons : Conversano, Majestoso et Pluto.

Ces 3 chevaux espagnols ont également produit des races renommées élevées dans les haras de Kladrubb et de Lipizza.

Pour la mobilisation, le complet nécessaire, évalué à environ 150.000 animaux (115.000 pour l'armée permanente, 15.000 pour la landwehr et 20.000 pour l'armée honved), doit être fourni par la réquisition.

La loi de conscription des chevaux date de 1873. En voici, d'après M. Rau, officier d'état-major, les principales dispositions :

Invalide.

« Tous les ans, un recensement général des ressources doit être fait par les soins de l'autorité civile. Ce recensement est suivi d'une inspection et d'un classement des animaux auxquels doivent procéder des commissions civiles; des officiers peuvent d'ailleurs être adjoints à ces commissions, ou même être seuls chargés des opérations, dans le cas où l'autorité politique administrative le demande. D'après les résultats du classement, le ministre de la guerre et les deux ministres de la défense du pays, chacun en ce qui les concerne, procèdent à la répartition des ressources disponibles entre les divers corps au service tant de l'armée que de la landwehr, et leur attribuent, en conséquence, des portions du territoire pour assurer leur remonte en cas de mobilisation.

« Pour l'exécution des réquisitions, le territoire est divisé en circonscriptions de remonte dans lesquelles on organise des commissions mixtes de réception.

« Celles-ci se composent d'un officier, ayant seul qualité pour décider si les animaux présents peuvent convenir au service de l'armée, et de membres civils, chargés de prononcer la réquisition des chevaux déclarés bons pour le nombre militaire, jusqu'à concurrence du chiffre des besoins.

« Ces membres civils fixent en même temps, sur place, le montant de l'indemnité à allouer aux propriétaires dépossédés.

« En principe, il ne doit y avoir qu'une seule commission par circonscription de remonte ; ce n'est qu'exceptionnellement, lorsque les circonstances l'exigent, qu'on peut faire fonctionner simultanément plusieurs commissions dans une même circonscription, ou n'instituer qu'une seule commission pour plusieurs circonscriptions à la fois.

« Le rassemblement des chevaux se fait, au moment du besoin, par les soins de l'autorité civile, conformément aux indications données à cet égard par l'autorité militaire.

« Les propriétaires d'animaux sont tenus de les faire conduire au siège de la commission qui opère dans la circonscription.

« Au fur et à mesure que les animaux sont réquisitionnés, la commission les livre immédiatement aux détachements que les corps destinataires ont dû envoyer sur les différents points d'où leurs chevaux doivent leur parvenir. »

Gardes de la couronne de Hongrie.

OFFICIER DE HUSSARDS; PETITE TENUE.

PRINCIPAUX OFFICIERS
DE LA CAVALERIE AUSTRO-HONGROISE
EN 1892

Inspecteur général des armées impériales et royales :
S. A. I. et R. Archiduc *Albert d'Autriche.*
Aides de camp : Comte *Breda*, chef d'escadrons au 12e hussards.
  Comte *Chotek*, chef d'escadrons au 1er dragons.
Colonel des gardes du corps impériales et royales :
  Prince *Constantin de Hohenlohe-Schillingsfürst.*
Inspecteur général de la cavalerie : Baron *Otto von Gagern*, feldmaréchal-lieutenant. Adjoint : *E. von Böhm-Ermolli*, chef d'escadrons d'État-major.

PREMIERS ARCHERS DE LA GARDE DU CORPS IMPÉRIALE ET ROYALE.
Créé en 1763.

Garde-Capitaine : Prince *Joseph de Windisch-Graetz*, général de cavalerie, chef du régiment de hussards n° 11.
Garde-Oberst Lieutenant : Baron *Charles von Lederer*, feldmaréchal-lieutenant.
Gardes-Lieutenants : P. *Edl. von Ther*, feldmaréchal-lieutenant. Baron *von Mensshengen*, colonel.
Garde-Wachtmeister : *Joseph Tesach*, chef d'escadrons.
Gardes-Vice-Wachtmeisters : *Zuber Edl. von Sommacampagna*, chefs d'escadrons.
  Froschauer von Moosburg und Mühlrain, capitaine.
  Antoine de Majneri, capitaine.
  Comte *Joseph Auersperg*, capitaine.
Gardes avec le rang de capitaine : *H. E. von Schmidt.*
  G. E. von Suess.
  V. Matzner.
  J. von Frankl.
  A. Emmel.
  C. Geiger von Klingenberg.

P. Spilvogl.
A. von Adam.
A. Kopietz.
J. Zohrer.
C. Nawratil E. von Kronenschild.
Otto E. von Lesonitzky.
J. von Glass.
M. Scharoch.
Chev. G. de Bellmond.
Chev. M. von Arenstorff.
Chev. J. von Heiss.
A. Grimm von Hohenringen.
F. Schmid.
Baron C. von Villani.
G. Buml von Schreckenegg.
F. Heyda.
H. Grau.
Baron H. Daublebsky von Sterneck zu Ehrenstein.
C. Holasek.
L. Benesch.
A. Skrem.
Chev. H. von Bockmann.
Baron B. von Ditfurth.
C. Paulovits.
L. Nechwalsky.
Baron F. von Liechtenstern.
B. von Lackenbacher.
J. Soukup.
Comte E. Wurmbrand-Stuppach.
Comte J. von Melchiori.
J. Kranzl.
Garde-Adjudant : Comte *J. Auersperg.*
Garde-Médecin : Chev. *R. von Töply.*
Garde-Comptable : *J. Borde.*

GARDE DU CORPS DU ROYAUME DE HONGRIE.

*Créée en 1760 par l'Impératrice Marie-Thérèse. Réorganisée en 1810. Licenciée en 1850, rétablie en 1867.

*Garde-Capitaine : Comte *Andréas Pálffy ab Erdod*, membre de la chambre des Magnats, feldmaréchal-lieutenant, chef du 8e régiment de hussards.

Garde-Oberstlieutenant : Chev. *A. von Baccarcich*, général-major.

Garde-Lieutenant : Baron *S. Foldvary de Foldvar*, général-major.

Gardes-Wachtmeisters : Baron *L. Ambrus de Velencze*, lieutenant-colonel.

A. Stoffer de Vecseglö, chef d'escadrons.

Gardes-Vice-Wachtmeisters : *J. Eotvos de Szeged*, chef d'escadrons.

J. Korbuss von Sashalom et Baranyalak, capitaine.

A. Koreska von Szakolcza, capitaine.

J. Neszter de Mindszent, capitaine.

Gardes avec le rang de capitaine : *J. Balint de Nemes-Csó.*

J. von Zsarnay.
C. Scherz de Cseklesz.
C. Harmos de Hihalom.
J. Szerdahelyi de Ag-Csernyö et Szerdahely.
J. Barcsay de Nagy-Barcsa (membre de la chambre des Magnats).
Baron *J. von Pàszthory.*
A. Farkas von Obánfalva.
A. Keraus.
E. E. von Korbuss.
Baron *H. Günther von Sternegg.*
Comte *E. Pálffy ab Erdöd.*
Baron *L. von Gussich.*
A. Fellermayer.
A. Igallfy von Igaly.
J. Soja von Solyomkö.
M. Novakovic' von Gjuraboj.
A. Jagodics de Kernyécsa.
T. Bunyodi-Arpashalom.
A. Prennschitz von Schützenau.
Comte *A. Csaky von Keresztszeg und Adorjan.*
F. Borsiczky.
D. Sajatovic'.
E. Szimic' Edl. von Majdangrad.
A. Zgorski.
J. von Koszeghy.
S. Manojlovic'.
Chev. *A. von Denkstein.*
C. Puntigam.
L. Kiss de Szent-Gyorgy-Volgye.
Geza von Toth.
A. Torok de Erdöd.
A. Kiraly de Szathmar.
Comte *L. Bethlen.*
Comte *O. Wass de Czege.*

A. Jaksic'.

Garde avec le rang de Oberlieutenant : Comte *A. Szapary.*

Garde-Adjudant : Baron *J. von Paszthory.*
Garde-Médecin : *J. Habart.*
Garde-Comptable : *A. Sievert.*

ESCADRON DE LA GARDE DU CORPS IMPÉRIALE ET ROYALE.

*Créé en 1849.

*Garde-Capitaine : Prince *Emerich de Thurn et Taxis* (membre de la Chambre des seigneurs), chef du 3e régiment de hussards.

Garde-Escadrons-Commandant : *J. Gorgey' de Gorgö et Topporcz*, lieutenant-colonel.

Garde-Rittmeister : *Prince *E. de Schonburg-Hartenstein.*

Gardes-Oberstlieutenants : Prince *A. de Lobkowitz*, Comte *F. Kinsky.*
Baron *C. de Vaux.*

Garde-Lieutenant : *N.*
Garde-Hof-Stabs-Adjudant : *A. Troszt.*
*Garde-Comptable : *H. Kiener.*

1er CORPS D'ARMÉE.

Division des troupes de cavalerie, à Cracovie.

Commandant : Baron *G. von Wersebe*, feldmaréchal-lieutenant.

11e Brigade (2e et 11e Hulans), à Tarnow.
Commandant : Comte *E. de Lippe-Weissenfeld*, général-major.

20e Brigade (12e Dragons et 1er Hulans), à Cracovie.
Commandant : Baron *C. von Mertens*, général-major.

2e CORPS D'ARMÉE.

Division des troupes de cavalerie, à Vienne.

Commandant : *W. Gradl*, feldmaréchal-lieutenant.

10e Brigade (3e, 6e et 13e Dragons), à Vienne.
Commandant : Chev. *J. Bordolo von Boreo*, général-major.

17e Brigade (2e Dragons et 5e Hussards), à Vienne.
Commandant : Baron *W. von Bothmer*, général-major.

3e CORPS D'ARMÉE.

3e Brigade (5e Dragons et 8e Hussards), à Marbourg.
Commandant : Chev. *R. von Eisenstein*, général-major.

4e CORPS D'ARMÉE.

4e Brigade (4e et 7e Hussards), à Budapest.
Commandant : *G. von Roboncsy*, général-major.

18° **Brigade (10° et 13° Hussards), à** BUDAPEST.
COMMANDANT : Baron *A. von Norman*, colonel du 5° dragons.

5° CORPS D'ARMÉE.

16° **Brigade (6°, 9° et 11° Hussards), à** PRESSBURG.
COMMANDANT : *G. Georgevits de Apadia*, général-major.

6° CORPS D'ARMÉE.

6° **Brigade (12° et 14° Hussards), à** KASCHAU.
COMMANDANT : *H. E. von Pokorny*, général-major.

7° CORPS D'ARMÉE.

7° **Brigade (3°. et 15° Hussards), à** TEMESVAR.
COMMANDANT : *C. Zaitsek von Egbell*, général-major.

8° CORPS D'ARMÉE.

8° **Brigade (7° et 14° Dragons), à** PRAGUE.
COMMANDANT : Comte *H. Wurmbrand-Stuppach*, colonel du 1er dragons.

9° CORPS D'ARMÉE.

9° **Brigade (1er et 8° Dragons), à** PARDUBITZ.
COMMANDANT : Comte *A. Paar*, général-major.

10° CORPS D'ARMÉE.

DIVISION DES TROUPES DE CAVALERIE, à JAROSLAU.
COMMANDANT : *L. Hegedüs de Tiszavölgy*, général-major.

5° **Brigade (11° Dragons, 4° et 6° Hulans), à** JAROSLAU.
COMMANDANT : Comte *A. Hübner*, général-major.

14° **Brigade (16° Hussards et 3° Hulans), à** RZESZOW.
COMMANDANT : *N*.

11° CORPS D'ARMÉE.

DIVISION DES TROUPES DE CAVALERIE, à LÉOPOL.
COMMANDANT : Baron *H. von Lohneysen*, feldmaréchal-lieutenant.

15° **Brigade (9° et 10° Dragons), à** TARNOPOL.
COMMANDANT : Baron *J. von Ripp*, général-major.

21° **Brigade (7°, 8° et 13° Hulans), à** LÉOPOL.
COMMANDANT : Chev. *O. Gorger von St.-Jörgen*, général-major.

12° CORPS D'ARMÉE.

12° **Brigade (1er et 2° Hussards),** à HERMANNSTADT.
COMMANDANT : Chev. *E. von Engel*, colonel du 7° dragons.

13° CORPS D'ARMÉE.

13° **Brigade (5° et 12° Hulans), à** AGRAM.
COMMANDANT : Comte *H. Lamberg*, général-major.

14° CORPS D'ARMÉE.

4° et 15° Dragons.

RÉGIMENTS DE CAVALERIE DE LIGNE.

1er DRAGONS, DE LA BOHÊME,
à THERESIENSTADT et POSTELBERG.

Créé en 1768 comme 2° régiment de carabiniers. — 1798, 1er cuirassiers. — 1867, 1er dragons.

CHEF NOMINAL : *François Ier*, Empereur d'Autriche (mort en 1835).
CHEF : S. M. *L'Empereur François-Joseph*.
OBERST : Comte *H. Wurmbrand Stuppach*, commandant la 8° brigade de cavalerie.
OBERSTLIEUTENANTS : *C. Weiss*, commandant le régiment.
R. E. von Pflügl.
MAJORS : *F. Herb Edl. von Houblon*.
Comte *E. Chotek*.
RITTMEISTERS : Baron *R. von Audritzky*.
A. Fritsch.
E. Weinmann.
A. Dietl.
Chev. *S. von Wiszniowski*.
Baron *W. Giesl von Gieslingen*.
H. von Risch.
J. Koneczny.
E. Wenke.
Prince *Zdenko de Lobkowitz*.
C. von Risch.
R. von Froreich.
Comte *O. Huyn*.

2° DRAGONS, DE LA BOHÊME,
à WR.-NEUSTADT.

Créé en 1672 comme régiment de cuirassiers. — 1798, 2° cuirassiers. — 1867, 2° dragons.

CHEF : Comte *E. Paar*, général de cavalerie.
OBERSTS : *L. Powa*, président de la commission de remonte, n° 4.
Comte *H. Kalnoky de Korospatak*, commandant le régiment.
OBERSTLIEUTENANTS : *M. E. von Remis*.
E. Poten.
MAJOR : Baron *E. von Magdeburg*.
RITTMEISTERS : *H. Janoch*.
R. Clausnitz.
Baron *E. Unterrichter von Rechtenthal*.
S. Danék.

P. Arnold.
F. Haas.
J. Jelinek.
A. Schranzhofer.
A. Tränkel.
Chev. S. von Ursyn-Pruszynski.
S. Driancourt.
H. Schaffgotsch von Kynast, baron de Trachenberg.

3º DRAGONS, DE LA BASSE-AUTRICHE,
à STOCKERAU.

✠Créé en 1768 comme 1er rég. de carabiniers. — 1798, 3º cuirassiers. — 1867, 3º dragons.

CHEF : S. M. Albert, Roi de Saxe.
OBERST : J. Freund, commandant le régiment.
OBERSTLIEUTENANTS : S. A. R. Prince Frédéric-Auguste, ✠duc en Saxe.
J. Schlogl E. von Ehrenkreuz.
MAJOR : Chev. W. von Jaworski.
RITTMEISTERS : J. Grossmann.
S. Davidov.
C. Herrmann.
C. Heiss.
L. Metzler.
Comte F. Alberti de Poja.
Chev. E. von Herbert.
Chev. E. Taulow von Rosenthal.
A. Henke.
Baron M. von Lilien.
W. E. von Swogetinsky.
J. Teufel.
R. Smutny.
Baron T. von Leonhardi.
Comte A. Bylandt-Rheidt.
Baron A. von Graff.
Baron F. von Cnobloch.
A. von Euen.
Chev. L. von Friedel.

4º DRAGONS, DE LA HAUTE-AUTRICHE,
à ENNS.

Créé en 1672 comme régiment de cuirassiers. — 1798, 12º cuirassiers. — 1802, 4º cuirassiers. — 1867, 4º dragons.

CHEF NOMINAL : Ferdinand Ier, Empereur d'Autriche.
CHEF : Archiduc Albert.
OBERST : Baron F. von Weigelsperg, commandant le régiment.
OBERSTLIEUTENANT : N.
MAJOR : Chev. F. Zwackh von Holzhausen.
RITTMEISTERS : E. Ritter.
N. Adzia.
A. Oxenbauer.
Chev. A. Pechmann von Massen.
Comte F. Folliot de Crenneville-Poutet.
✠Baron H. von Gemmingen.

A. Groterjahn.
A. Dischendorfer.
V. Loimann.
E. Korber.
Chev. M. von Stenitzer.
H. E. von Istler.
O. Mold E. von Molheim.

5º DRAGONS, DE LA STYRIE-CARINTHIE-CARNIOLE,
à MARBURG.

Créé en 1791 comme régiment de cuirassiers. — 1798-1802, 9º puis 5º cuirassiers. — 1867, 5º dragons.

CHEF NOMINAL : Nicolas Ier, Empereur de Russie.
OBERSTS : Baron A. von Norman, commandant la 18º ✠brigade de cavalerie.
H. E. von Schulheim, commandant le régiment.
OBERSTLIEUTENANTS : C. Renner.
A. Ströhr.
MAJOR : A. Kaiser.
RITTMEISTERS : J. Krenn.
W. von Sagburg.
A. Werner.
O. Wittmann.
E. Berghofer.
Chev. F. von Nalepa.
C. Fuchs.
Comte H. Hohenwart su Gerlachstein.
Baron J. von Hohenbühel, dit Heufler zu Rasen.
A. Hausner.
Baron R. Fellner von Feldegg.
G. Welschan.
G. Loserth.
Baron A. Abele von und zu Lilienberg.
Chev. P. von Springensfeld.

6º DRAGONS, DE LA MORAVIE, à BRUNN et GOEDING.

Créé en 1701 comme régiment de cuirassiers. — De 1798 à 1802. 10º puis 6º cuirassiers. — 1867, 6º dragons.

CHEF : Prince Albert de Prusse, régent du duché de Brunswick.
OBERST : J. Siebert, commandant le régiment.
✠OBERSTLIEUTENANT : E. Rieger.
MAJOR : Baron E. Forstner von Dambenois.
RITTMEISTERS : F. von Thielau.
G. E. von Anthoine.
F. Kundmann.
F. Schmid von Schmidsfelden.
C. Clausnitz.
C. Büchler.
A. Wagner.
Baron M. von Weber.
G. E. von Lehmann.
A. Petschig.
Chev. R. Maurig von Sarnfeld.
E. Wojtechowsky.

OFFICIER DE DRAGONS; 1838.

CROQUIS DE CAVALERIE.

7e DRAGONS, DE LA BOHÊME, à Brandeis-sur-l'Elbe, Prague, Altbunzlau.

Créé en 1663 comme régiment de cuirassiers. — 1798, 7e cuirassiers. — 1867, 7e dragons.

Chef nominal : *Charles V, duc de Lorraine et de Bar* (mort en 1690).
Obersts : Chev. *E. von Engel*, commandant la 12e brigade de cavalerie.
Comte *M. Attems*, commandant le régiment.
Oberstlieutenants : Comte *M. Orsini et Rosenberg*.
A. E. von Remiz.
Major : *J. Lusar*.
Rittmeisters : *C. Hanusz*.
J. Fleischmann von Theissruck.
O. Pizzighelli.
F. Barth E. von Wehrenalp.
Chev. *J. Bubatius von Kottnov*.
M. Hirsch.
Baron *At von Schuster*.
Baron *E. Schröckinger von Neudenberg*.
Baron *At von Abele*.
G. Przyborski.
Chev. *M. von Flick*.
A. Riegler.

8e DRAGONS, DE LA BOHÊME, à Pardubitz et Königgrætz.

Recruté en 1618 pour du grand-duc Cosme II de Médicis. — Pris au service de l'Empire en 1619 et complété avec 200 cuirassiers et 300 arquebusiers. — Devenu, en 1620, le régiment d'arquebusiers, et réformé en 1623, — 1696, cuirassiers. — 1798, 8e cuirassiers. — 1867, 8e dragons.

Chef nominal : Comte *Raymond de Montecuccoli, duc de Melfi*, feldmaréchal (mort en 1681).
Chef : Comte *Leopold Sternberg*, général de cavalerie.
Oberst : *J. Bayer von Bayersburg*, commandant le régiment.
Oberstlieutenant : *T. Schwarz E. von Sawall*.
Major : *C. Moschitz*.
Rittmeisters : Comte *F. Alberti de Poja*.
Baron *E. von Tomaschek*.
F. Prziza.
Baron *M. von Falkenstein*.
Peter Baic.
Baron *F. Burkhardt von der Klee*.
C. Kozurik.
Comte *F. Nostitz-Rieneck*.
C. von Roth.
A. Kühne.
H. Landsteiner.
H. Korber.
Comte *L. von Hoditz und Wolframitz*.
C. Smutny.
Baron *A. von Dachenhausen*.
Chev. *C. von Pollini*.
A. Friesz.

9e DRAGONS, DE LA GALICIE ET BUKOVINE, à Czernowitz et Neu-Zuczka.

Créé en 1682 comme régiment de cuirassiers. — 1798-1802, dragons légers puis 1er dragons. — 1860, 9e cuirassiers. — 1867, 9e dragons.

Chef : Baron *E. Piret de Bihaïn*, général de cavalerie.
Oberst : *F. Weiss*, commandant le régiment.
Oberstlieutenant : Baron *E. von Thüngen*.
Major : *D. Perpic'*.
Rittmeisters : *J. Wolff*.
Baron *H. von Gehring*.
J. Hrehorowicz.
P. Opaczic'.
J. Iskierski.
A. Rotter.
R. Morgenstern.
Baron *C. von Kirchbach*.
T. Szaszkiewicz.
J. Frey.
Chev. *B. von Arenstorff*.
E. Hanikirz.
Comte *F. Thun-Hohenstein*.

10e DRAGONS, DE LA GALICIE, à Tarnopol, Trembowla et Stanislau.

Créé en 1640 comme régiment de dragons. — 1773, chevau-légers. — 1798, 12e dragons légers. — 1802, 5e chevau-légers. — 1851, 8e hulans. — 1873, 10e dragons.

Chef nominal : Prince *Jean-Joseph de Liechtenstein*, feldmaréchal (mort en 1836).
Chef : Prince *de Montenuovo*, général de cavalerie.
Oberst : Chev. *J. von Zaleski*, commandant le régiment.
Oberstlieutenant : *A. Seyd*.
Major : *A. Weiss von Weissenfeld*.
Rittmeisters : *R. Delena*.
A. Hoppe.
J. Pollo.
J. Moser.
Æ. Kleeberg.
D. Tarangul.
Baron *J. von Bamberg*.
At E. von Goebel.
L. E. von Žalenski.
Chev. *C. Ofenheim von Ponteuxin*.
A. Baumann.
L. Longardt.
L. Srnka.

11e DRAGONS, DE LA MORAVIE, à Grodek, Hruszow et Léopol.

Créé en 1688 comme régiment de dragons. — 1798, 8e dragons légers. — 1802, 3e dragons. — 1860, 11e cuirassiers. — 1860, 11e dragons.

Chef : *S. M. l'Empereur François-Joseph*.
Obersts : *J. Huber von Penig*.
H. Pauer, commandant le régiment.

OBERSTLIEUTENANTS : *J. Edenberger.*
F. Bayer von Bayersburg.
F. von Liel.
MAJOR : *N.*
RITTMEISTERS : *C. Schramek.*
B. Pollo.
Z. Pokorny.
J. Mikulaszek.
A. Fuchs.
F. von Gortz.
Baron *C. von Wallisch.*
F. E. von Korda.
A. Kuczera.
C. Dydynski E. von Martynowicz.
Chev. *C. von Kleyle.*
F. Eichinger.

12º DRAGONS, DE LA MORAVIE ET SILÉSIE,
à OLMUTZ et BISENZ.

Créé en 1798 comme 12ᵉ cuirassiers, puis dénommé 6ᵉ cuirassiers. — 1801, 6ᵉ dragons. — 1860, de nouveau 12ᵉ cuirassiers. — 1867, 12ᵉ dragons.

CHEF : Comte *Erwin von Neipperg*, général de cavalerie.
OBERST : *Adolf von Hagen*, commandant le régiment.
OBERSTLIEUTENANT : *N.*
MAJOR : *F. Erbes.*
RITTMEISTERS : *C. Blasius.*
R. Mertelmeyer.
E. Albrecht.
M. von Gortz.
Baron *L. Unterrichter von Rechtenthal.*
E. Swoboda.
Comte *L. Cauriani.*
L. E. von Prager.
W. Anisch.
A. von Belnay.
J. Barisch.
F. Innerhofer von Innhof.
A. Hilvety.
F. Strobl E. von Ravelsberg.
Baron *H. von Palm.*

13º DRAGONS, DE LA BOHÉME, à VIENNE et GROSS-ENZERSDORF.

Créé en 1684. — De 1798 à 1802, 13ᵉ dragons légers. — De 1802 à 1860, 5ᵉ dragons. — De 1860 à 1867, 1ᵉʳ dragons. — 1867, 13ᵉ dragons.

CHEF NOMINAL : Prince *Eugène de Savoie*, comte de Soissons, lieutenant général (mort en 1736).
OBERST : Baron *V. von Kraus*, commandant le régiment.
OBERSTLIEUTENANT : Baron *E. von Hagen.*
MAJOR : *A. Schwartz.*
RITTMEISTERS : *A. Riedel.*
Comte *A. Bigot de Saint-Quentin.*
V. Edelmann.

Chev. *E. von Czerny.*
A. Hubrich.
E. Fischer.
A. Spallek.
W. Mendelein.
Baron *F. Dahlen von Orlaburg.*
Chev. *J. Regner von Bleyleben.*
Baron *E. Fleissner von Wostrowitz.*
Comte *M. Thun-Hohenstein.*

14º DRAGONS, DE LA BOHÉME,
à KLATTAU et DOBRZAN.

Créé en 1725 comme dragons. — 1760, chevau-légers. — 1765, dragons. — 1791, chevau-légers. — 1798, 11ᵉ dragons légers. — 1802, 4ᵉ chevau-légers. — 1831, 7ᵉ dragons. — 1854, 8ᵉ dragons. — 1860, 2ᵉ dragons. — 1867, 14ᵉ dragons.

CHEF NOMINAL : Prince *Albert de Windisch-Graetz*, feldmaréchal (mort en 1862).
OBERST : Chev. *R. von Brudermann*, commandant le régiment.
OBERSTLIEUTENANT : Chev. *O. Kiwisch von Rotterau.*
MAJOR : *W. Gauff.*
RITTMEISTERS : Comte *C. de Solms-Wildenfels.*
Baron *E. von Hartelmüller.*
F. Sachse von Rothenberg.
F. Botschan.
Chev. *F. von Urban.*
Comte *P. Wurmbrand-Stuppach.*
S. von Ettingshausen.
C. Schwars.
Baron *A. von Koller.*
J. Hruby.

15º DRAGONS, DE LA BASSE-AUTRICHE ET DE LA MORAVIE, à WELS.

Créé en 1891.

CHEF : Baron *A. von Bechtolsheim*, feldmaréchal-lieutenant.
OBERST : Comte *Carl Auersperg*, commandant le régiment.
OBERSTLIEUTENANT : Baron *M. von Boineburg-Lengsfeld.*
MAJOR : *H. von Mandelsloh.*
RITTMEISTERS : *S. A. I. et R. l'archiduc François-Salvator.*
W. Schokiza.
A. Gayer von Gayersfeld.
Chev. *W. von Wilczynski.*
A. Ambros Edl. von Rechtenberg.
Chev. *G. von Urban.*
C. Skala.
Comte *M. Marschall auf Burgholzhausen.*
Baron *M. von Skrbensky von Hrzischye.*
J. Osternuth.
Comte *H. Heussenstamm.*
Z. Grocholski.

HUSSARDS DE HONGRIE.

1er HUSSARDS, à KRONSTADT.
Créé en 1756.

CHEF : S. M. L'Empereur François-Joseph.
OBERST : A. Farkas de Felsö-Eör, commandant le régiment.
OBERSTLIEUTENANT : E. Turkovits.
MAJOR : A. Sényi de Nagy-Unyom.
RITTMEISTERS : A. von Bohoczky.
Baron C. von Leonhardi.
C. Sretkow.
A. Rauscher.
Chev. J. Rainer von Lindenbüchl.
A. Mariassy de Markus et Batizfalva.
A. Dadanyi de Gyulvész.
A. Kendefi.
Comte F. von Bissingen und Nippenburg.
E. Röszner.

2º HUSSARDS, à HERMANNSTADT.
Créé en 1743.

CHEF : N.
OBERST : T. Zalay de Hagyaros, commandant le régiment.
OBERSTLIEUTENANTS : Baron C. Fliesser von Thierstenberg.
H. Fontaine von Felsenbrunn.
MAJOR : M. Novaczek E. von Rahor.
RITTMEISTERS : J. Kaunz.
F. Jungnikl.
A. Thomae.
A. Hroch.
E. Jäger.
O. Szilassy de Szilas et Pilis.
W. von Kopal.
F. Kornitz.
C. Römer von Ravenstein.
E. Merhal.
F. Tschurl.
Comte Marenzi de Tagliuno et Talgate, marquis de Val Oliola, baron de Marenzfeldt et Scheneck.

3º HUSSARDS, à WEISSKIRCHEN et GROSS-KIKINDA.
Créé en 1702.

CHEF NOMINAL : Comte A. Hadik von Futak, feldmaréchal (mort en 1790).
CHEF : Prince Emerich de Thurn et Taxis.
OBERST : J. Gaudernak, commandant le régiment.
L. Maron de Rovid.
OBERSTLIEUTENANT : N.
MAJORS : J. Tatartzy.
H. von Thien.
RITTMEISTERS : C. Jamborffy.
Baron P. von Wernhardt.
F. Swaty.

H. Körner.
Chev. C. von Henriquez.
W. Gutt.
M. Fleischmann von Theissruck.
J. Dengler.
Chev. H. von Henriquez.
Comte E. Toldalagi.
M. Bachzelt.

4º HUSSARDS, à MARIA-THERESIOPOL.
Créé en 1734.

CHEF : Baron L. von Edelsheim-Gyulai, général de cavalerie.
OBERST : Baron A. von Lederer, commandant le régiment.
OBERSTLIEUTENANT : N.
MAJORS : A. Sturz.
G. Jovanovic'.
RITTMEISTERS : A. Decleva.
G. Bach von Klarenbach.
J. Ogris.
A. Szontagh.
Baron A. Vécsey von Vécse und Hajnacskö.
W. Niebauer.
G. Hegeler.
A. Baumayer.
F. Békefly von Sallovölgy.
Baron F. von Lepel.

5º HUSSARDS, à VIENNE.
Créé en 1798.

CHEF NOMINAL : Comte Joseph Radetzky von Radetz, feldmaréchal (mort en 1858).
OBERSTS : Prince A. Esterhazy von Galantha, attaché militaire à l'ambassade de Londres.
L. Krauchenberg, commandant le régiment.
OBERSTLIEUTENANT : N.
MAJORS : A. Alexander.
J. Schmidt.
RITTMEISTERS : E. Feigl.
J. Jovanovic'.
J. Hauschka von Treuenfels.
L. Mieting.
T. Wukellic' Edl. von Wukovgrad.
O. Redlich.
Marquis A. Pallavicini.
R. Beyer.
Baron W. von Schnehen.
C. Schlauch.
S. Pronay von Tot-Prona und Blatnicza.
N. Kapy von Kapivar.
Chev. P. von Goldegg und Lindenburg.
Chev. F. Gerstenberger von Reichsegg.
Chev. C. von Hoffinger.
E. Horvath de Szt.-György.

6ᵉ HUSSARDS, à Pressburg.
Créé en 1734.

Chef : S. M. *Guillaume II*, Roi de Wurtemberg.
Oberst : *J. Nechwalsky*, commandant le régiment.
Oberstlieutenant : *J. Dvoraczek.*
Majors : *F. Tschurl.*
   Baron *E. von Schrenk auf Notzing.*
Rittmeisters : *F. Rumpf.*
   O. Eschwig.
   J. von Belnay.
   J. Welkow.
   J. Leitgeb.
   L. Koch.
   J. von Boroviczenyi.
   Z. Szabadhegyi de Csallokoz-Megyerts.
   Prince *A. Sulkowski.*
   A. Hatz.
   J. von Illés.
   J. Balogh de Galantha.
   Baron *A. von Hammerstein Gesmold.*
   C. Lersch.

7ᵉ HUSSARDS, à Kecskemet et Czegled.
Créé en 1708.

Chef : S. M. *Guillaume II*, Empereur d'Allemagne.
Obersts : *J. Benkeő de Kezdi-Sarfalva*, commandant le régiment.
   S. A. R. Don *Miguel, prince de Bragance.*
Oberstlieutenant : *J. Ruttkay von Felso und Alsó-Ruttka.*
Majors : *I. Kaffka.*
   A. Littke.
   A. Lonyay de Nagy-Lonya et Vasaros-Namény.
Rittmeisters : *F. Stadler von Gestirner.*
   B. von Forster.
   E. von Kecskéssy.
   A. Mariantsik.
   A. Vogler.
   F. Seyff.
   D. Gantzstuckh von Hammersberg.
   Comte *V. Breda.*
   A. Ebersberg.
   G. Gibara.
   A. Müller.
   Baron *F. von Ulm.*

8ᵉ HUSSARDS, à Klagenfurt et Seebach.
Créé en 1696.

Chef : Comte *Andreas Palffy ab Erdod.*
Oberst : *G. von Szakonyi*, commandant le régiment.
Oberstlieutenant : *N.*
Majors : *R. Wirth von der Westburg.*
   A. Brandl Edl. von Traubenbach.
Rittmeisters : *A. Weeber.*
   W. Karger.
   F. Manger von Kirchsberg.

   C. Miticzky de Nemes-Miticz et Csötörtok.
   C. Scheff.
   Baron *S. Apor de Al-Torja.*
   A. Vajda de Ruba-Bogyoszlo et Zala-Koppany.
   F. Ziegler.
   C. von Jékey.
   O. Schwer.
   O. Sedlak.
   J. Kluge.

9ᵉ HUSSARDS, à Oedenburg et Raab.
Créé en 1688.

Chef nominal : Comte *F.-L. Nadasdy auf Fogaras*, feldmaréchal (mort en 1783).
Chef : Prince *Lamoral de Thurn et Taxis*, feldmaréchal.
Obersts : S. A. I. et R. *l'archiduc François-Ferdinand*, commandant le régiment.
   J. von Keonczeoll.
Oberstlieutenants : *S. Szmrecsanyi de Szmrecsany.*
   Baron *P. von Baumgartner von Baumgarten.*
Major : *F. Krainz.*
Rittmeisters : *S. Uzelac.*
   J. Nagy de Radnotfay.
   E. Somogyi von Gyöngyös.
   F. Lessmann.
   Chev. *Th. von Worafka.*
   E. Zuna.
   I. Dolnay.
   W. Bardach Edl. von Chlumberg.
   L. von Elek.
   Baron *A. Schell von Bauschlott.*
   V. Pulz.
   C. Olschinek von Karlsheim.
   R. Maldaner.

10ᵉ HUSSARDS, à Fuenfkirchen et Tolna.
Créé en 1741.

Chef nominal : *Frédéric-Guillaume III*, Roi de Prusse (mort en 1840).
Obersts : *V. Edl. von Teinzmann*, commandant le régiment.
   J. Karoly.
Oberstlieutenant : *E. Bohus.*
Major : *S. Dienesch.*
Rittmeisters : *W. Braun Edl. von Braunwehr.*
   J. Wandrusch.
   A. Felzmann.
   S. von Bacsak.
   Chev. *G. von Henriquez.*
   E. Radnitzki.
   C. Tschida.
   A. Scheuer.
   A. von Brezovay.
   Baron *H. von Waldegg.*
   F. Szluka.
   N. Baar.
   Comte *M. Strachwitz.*

OFFICIER DE HULANS.

11° HUSSARDS, à STEINAMANGER.

Créé en 1762.

CHEF : Prince *Joseph de Windisch-Graetz*, général de cavalerie.
OBERST : Baron *W. Kotz von Dobrz*, commandant le régiment.
OBERSTLIEUTENANT : *A. Zieutkiewicz*.
RITTMEISTERS : *L. Tschebulz Edl. von Tsebuly*.
A. von Jékey.
J. Luksandor.
C. Bercsenyi.
F. Prévost.
F. Krill.
Baron *L. von Hauer.*
Baron *W. von Hauer.*
Comte *G. Wallis*, baron de *Carighmain*.
J. Marklowsky von Pernstein.
Baron *H. von Gablenz-Eskeles.*
W. Rieger.
L. Krautil.
E. Radl.
F. Kriszt.

12° HUSSARDS, à GYÖNGYÖS et MISKOLCZ.

Créé en 1800.

CHEF NOMINAL : *Albert-Édouard, prince de Galles*.
OBERST : *R. Anderle von Sylor*, commandant le régiment.
MAJORS : *J. Hrabovszky von Hrabova.*
Comte *L. Breda.*
C. Bartl.
RITTMEISTERS : *S. Hager.*
H. Schuster.
Baron *H. von Mylius.*
T. Kubinyi von Felsö-Kubin.
A. Pokorny Edl. von Fürstenschild.
E. Weber.
J. von Riegler.
Baron *A. von Szegedy-Ensch.*
Chev. *C. von Czaderski.*
A. von Sponer.

13° HUSSARDS, à BUDAPEST.

Créé en 1859.

CHEF : *N*.
OBERSTS : *S. A. I. et R. l'archiduc Eugène*, commandant le régiment.
S. von Kovach.
F. Bessenyey de Galantha.
OBERSTLIEUTENANT : *N*.
MAJORS : *J. Herczegh.*
A. von Quirini.
RITTMEISTERS : *E. Weiss.*
Baron *F. Fekete von Galantha.*

M. Dembicki.
E. Walther.
F. Bene von Röjtök.
Comte *A. Bombelles.*
Comte *A. Cappy.*
E. von Suhay.
N. von Hodaszy.
G. Gaisin.
V. Baumann.
W. Blaskovits.

14° HUSSARDS, à NYIREGYHAZA.

Créé en 1859.

CHEF : *Grand-duc Wladimir de Russie*.
OBERSTS : *A. Lenk von Treuenfeld*, commandant le régiment.
A. Agoston de Kis-Joka.
OBERSTLIEUTENANT : *N. Dolleschall.*
MAJORS : *R. Erben.*
T. Stupka von Gyorvar.
V. von Nagy.
W. Reimer.
F. Lazar.
B. Soltesz.
O. Heilingötter.
J. von Horvath.
J. Delinowski.
J. Kolouch.
J. Adler.
P. Nagy de Kislegh.
Baron *B. von Schönberger.*

15° HUSSARDS, à DEBRECZIN.

Cré en 1701 comme régiment de dragons. — 1790, chevau-legers. — 1793, dragons. — 1798, dragons légers n° 7. — 1802, 2° dragons. — 1860, 10° cuirassiers. — 1867, 10° dragons. — 1873, 13° hussards.

CHEF : Comte *M. Palffy ab Erdöd*, feldmaréchal-lieutenant.
OBERST : *V. Ballacs*, commandant le régiment.
OBERSTLIEUTENANTS : *E. Meyer von Mada.*
V. Mouillard.
MAJOR : *N*.
RITTMEISTERS : *R. Kranzbauer.*
L. Kunzl.
L. Mariassy de Markus et Batizfalva.
O. Puchner.
A. Udvarnoky de Kis-Joka.
R. Bassler.
R. Sebetic'.
M. Hoyer.
S. von Remenyik.
Baron *A. Baselli von Süssenberg.*
P. von Scarpa.
E. Schwarz.

16° HUSSARDS, à RZESZOW et GROSSWARDEIN.

Créé en 1798 comme 13° dragons. — 1802, 6° chevau-légers. — 1851, 16° hulans. — 1873, 16° hussards.

CHEF : Comte A. *Uxküll-Gyllenband*, feldmaréchal-lieutenant.
OBERST : T. *Pitroff*, commandant le régiment.
OBERSTLIEUTENANT : *N.*
MAJORS : Comte R. *von Arz und zu Vasegy.*
E. *Antosch.*
R. *Nechansky.*
RITTMEISTERS : C. *Japp.*
C. *von Hanke.*
J. *von Tilemann*, dit *Schenk.*
E. *Kando de Egerfarmos.*
Comte W. *Eckbrecht von Dürckheim-Montmartin.*
S. *von Tajthy.*
J. *Kahler.*
L. *Dadanyi de Gyülvesz.*
Chev. L. *von Allram.*
L. *Horwath.*
Chev. A. *Petcani von Steinberg.*
A. *Tokarski.*
T. *Ilosvay von Nagy-Ilosva.*
F. *Matskasi von Tinkova.*

1er HULANS, DE LA GALICIE,
à CRACOVIE et KOBIERZYN.

Créé en 1791 à l'aide des divisions de hulans des régiments de chevau-légers.

CHEF : *N.*
OBERSTS : A. *Berzeviczy de Berzevicze et Kakas-Lomnitz.*
Comte A. *Nostitz-Rieneck*, commandant le régiment.
C. *Mayhirt.*
OBERSTLIEUTENANTS : E. *Schediwy.*
J. *Kutschka.*
MAJOR : F. *Flanderka.*
RITTMEISTERS : A. *Holmes.*
G. *Igalffy von Igaly.*
Baron A. *Gayer von Ehrenberg.*
Baron H. *von Kulmer.*
V. *Mayr.*
Chev. A. *von Brudermann.*
F. *Merz.*
Chev. J. *Jordan-Stojowski von Zakliczyn.*
Comte F. *Coudenhove.*
A. *Eybner.*
F. *Schönett.*
J. *Schilling.*
E. *von Hubicki.*
F. *Englicht.*

2° HULANS, DE LA GALICIE, à TARNOW.
Créé en 1790.

CHEF NOMINAL : Prince *Charles-Philippe de Schwarzenberg*, feldmaréchal (mort en 1820).

OBERSTS : Comte L. *Wurmbrand-Stuppach.*
Baron A. *Malowetz von Malowitz und Kosorz*, commandant le régiment.
OBERSTLIEUTENANTS : F. *Neuhaus.*
F. *Schneider.*
MAJOR : *N.*
RITTMEISTERS : J. *Billig.*
Baron A. *von Gelan.*
Chev. H. *von Brzozowski.*
O. *Eberle.*
O. *Völckers.*
A. *Halbaerth.*
J. *Pisulinski.*
R. *Krauszler.*
J. *Steciuk.*

3° HULANS, DE LA GALICIE, à LANÇUT.
Créé en 1801.

CHEF NOMINAL : *Archiduc Charles*, feldmaréchal (mort en 1847).
OBERST : C. *Morawetz von Moranow*, commandant le régiment.
OBERSTLIEUTENANT : J. *Longard.*
MAJOR : J. *Creutzer.*
RITTMEISTERS : J. *Turkovic'.*
J. *Gryziecki.*
G. *Fischer.*
J. *Kunkel.*
C. *Hanl Edl. von Kirchtreu.*
R. *Henike.*
H. *Smolik.*
E. *Luy.*
Chev. E. *von Zaremba.*
A. *Heidmann.*
Comte M. *Ledochowski.*
E. *Mayer.*

4° HULANS, DE LA GALICIE, à JAROSLAU et LÉOPOL.
Créé en 1813.

CHEF : S. M. *l'Empereur François-Joseph.*
OBERST : Comte A. *Christalnigg von und zu Gillitzstein*, commandant le régiment.
OBERSTLIEUTENANT : Comte J. *Nostitz-Rieneck.*
MAJORS : E. *Löffler.*
Comte O. *Ludolf.*
RITTMEISTERS : V. *Lenk.*
R. *Gotz.*
Baron E. *von Pillerstorff.*
C. *Nahlik.*
Chev. A. *von Koscicki.*
L. *Miaczynski.*
C. *Häller.*
J. *Lebert.*
Chevalier E. *Ruiz de Roxas.*
J. *von Thierry.*
Chev. J. *von Zubrzycki.*
Chev. J. *von Sobolewski.*

5º HULANS, DE LA CROATIE, à WARASDIN.

Créé en 1848 comme banderial-hussards. — 1851, devenu régiment de hulans.

CHEF : *S. A. I. Nicolas Alexandrowitch*, grand-duc héritier de Russie.
OBERST : Baron *H. Komers von Lindenbach*, commandant le régiment.
OBERSTLIEUTENANTS : *A. Helff.*
  A. Winzor.
MAJOR : *N.*
RITTMEISTERS : *W. Dorsner von Dornimthal.*
  D. Gerba.
  A. Dujmovic'.
  A. Labasz von Blaszkovec.
  V. Longchamps de Berier.
  A. Jovicsic'.
  A. Fleischer von Kämpfimfeld.
  Comte *G. Jellaczic' de Buzim.*
  F. Seewaldt.
  F. Chomicki.
  V. Gross.
  A. Le Gay Edl. von Lierfels.

6º HULANS, DE LA GALICIE, à PRZEMYSL et RADYMNO.

Créé en 1688 comme régiment de dragons. — 1753, chevau-légers. — 1790, 1ᵉʳ chevau-légers. — 1851, 6º hulans.

CHEF NOMINAL : *Empereur Joseph II* (mort en 1790).
CHEF : *S. M. l'Empereur François-Joseph.*
OBERST : Comte *H. Salm-Hoogstraeten*, commandant le régiment.
OBERSTLIEUTENANT : *N.*
MAJOR : *R. Klammerth.*
RITTMEISTERS : *J. Resniczek.*
  S. Constantinovic'.
  G. Welzl von Wellenheim.
  N. Krahl.
  Chev. *L. Pollack von Klumberg.*
  A. Czerny.
  Baron *J. von Boulles-Russig.*
  S. Düll.
  Comte *C. Huyn.*
  G. Sclezy-Berski.
  Baron *A. Odkolek von Augezd.*
  R. Maschke.
  Baron *H. von Oberländer.*
  W. Pivnitzka.
  C. Maczak von Ottenburg.
  G. von Rodt.

7º HULANS, DE LA GALICIE, à LÉOPOL et BRZEZAN.

Créé en 1758, dragons. — 1790, chevau-légers. — 1798, 4º dragons légers. — 1802, 2º chevau-légers. — 1851, 7º hulans.

CHEF : *Archiduc Charles-Louis*, général de cavalerie.
OBERST : *F. Czeyda*, commandant le régiment.
OBERSTLIEUTENANTS : Baron *C. Preuschen von Liebenstein.*
  Chev. *S. Nachodsky von Neudorf.*
MAJOR : *N.*
RITTMEISTERS : *A. von Stankiewicz.*
  F. Janowski.
  A. Breisky.
  F. Kohsz.
  Chev. *F. von Dondorf.*
  E. Parizek.
  F. Wiesauer.
  E. Acht.
  C. Gärtler von Blumenfeld.
  Baron *W. Baselli von Süssenberg.*
  J. Schlögel.
  J. Roller.
  Chev. *S. von Micewski.*
  G. Kuhn.

8º HULANS, DE LA GALICIE, à STANISLAU, TLUMACZ, MONASTERZYSKA et KOLOMEA.

Créé en 1718, dragons. — 1779, chevau-légers. — 1798, 10º dragons-légers. — 1802, 3º chevau-légers. — 1851, 8º hulans.

CHEF : Baron *V. von Ramberg*, feldmaréchal.
OBERST : *A. Redlich*, commandant le régiment.
OBERSTLIEUTENANT : *A. von Brezanij.*
MAJOR : *N.*
RITTMEISTERS : *G. Ehrler von Erlenburg.*
  J. Stankovic'.
  A. Slögl.
  A. Stöckner Edl. von Sturmau.
  C. Pokorny.
  L. Voitl.
  A. Foser.
  Baron *F. Enis von Atter und Iveaghe.*
  A. von Carina.
  Baron *W. von Welden-Grosslaupheim.*
  B. Komarnicki.
  E. Fleischmann von Theissruck.
  C. Füger von Rechtborn.

9º HULANS (devenu, en 1873, 10º dragons).

10º HULANS (devenu, en 1873, 16º hussards).

11º HULANS, DE LA BÔHEME, à CRACOVIE, BOCHNIA et STRYJ.

Créé en 1814, 7º chevau-légers. — 1851, 11º hulans.

CHEF NOMINAL : *Alexandre II*, Empereur de Russie.
CHEF : *S. M. Alexandre III*, Empereur de Russie.
OBERST : *H. Polko*, commandant le régiment.
OBERSTLIEUTENANT : Comte *M. von Hoditz und Wolframitz.*
MAJOR : *E. Edl. von Lehmann.*
RITTMEISTERS : *B. Zagajewski.*
  R. von Scheidlin.
  Baron *O. Obenaus de Felsöhaz.*
  O. Poten.

Chev. A. *Mayer de Monte-Arabico*.
Chev. A. *von Manasterski*.
L. *Vetter*.
Chev. S. *von Zagorski*.
Chev. A. *von Ziemblice-Bogusz*.
Chev. C. *von Laczynski*.
J. *Fischer*.
Chev. A. *von Ujeyski*.
H. *Lang*.

12ᵉ HULANS, DE LA CROATIE ET SLAVONIE,
à Ruma, Vukovar et Esseg.
Créé en 1834.

CHEF : *François II*, ex-Roi des Deux Siciles.
OBERSTS : Baron C. *Dlauhowesky von Langendorf*.
Baron G. *von Goumoëns*, commandant le régiment.
OBERSTLIEUTENANT : *N*.
MAJORS : Comte V. *Schaffgotsch*.
Comte Aᵉ. *Montecuccoli-Polinago*.
E. *Lyro*.
RITTMEISTERS : J. *Matic' von Dravodol*.
M. *Zivkovic'*.
H. *Matic' von Dravodol*.
Chev. C. *Froschmair von Scheibenhof*.
V. *von Koller*.
Baron V. *von Abele*.
A. *Quirini*.
J. *Thomann*.
V. *Fritsche*.
Baron H. *Frölich von Salionze*.
E. *Konig*.
Baron E. *von Appel*.

13ᵉ HULANS, DE LA GALICIE, à Zloczow.
Créé en 1800.

CHEF : Comte H. *Nostitz-Rieneck*, feldmaréchal-lieutenant.
OBERSTS : F. *Oehl*, commandant le régiment.
M. *Scherenberg*.
OBERSTLIEUTENANT : Chev. V. *Mathes von Bilabruck*.
MAJORS : Baron J. *von Türkheim-Geisslern*.
E. *von Böhm-Ermolli*.
L. *von Pütz*.
RITTMEISTERS : Baron H. *von Prochazka*.
H. *Sieber*.
G. *von Suchan*.
E. *Redlich*.
F. *Nowak*.

A. *Graff*.
C. *Edl. von Swogetinsky*.
G. *Thymann*.
C. *Lofler*.
R. *Lesonitzky*.

INSTITUT MILITAIRE DE CAVALERIE, à Vienne.
Créé en 1875.

COMMANDANT : Baron C. *Dlauhowesky von Langendorf*, Oberst au 12ᵉ hulans.
ADJUDANT : W. *Bardach Edl. von Chlumberg*, Rittmeister au 9ᵉ hussards.
MAÎTRES D'ÉQUITATION : Baron P. *Baumgartner von Baumgarten*, Oberstlieutenant au 9ᵉ hussards.
G. *Edl. von Petzer*, Oberstlieutenant d'état-major d'artillerie.
F. *Sachse von Rothenberg*, Rittmeister au 14ᵉ dragons.
Chev. A. *von Brudermann*, Rittmeister au 1ᵉʳ hulans.
A. *Edl. von Goebel*, Rittmeister au 10ᵉ dragons.

DÉPOTS DE REMONTE.

1ᵒ à Bilak (Transylvanie).

COMMANDANT : Comte R. *Arz von und zu Vasegg*, Major au 16ᵉ hussards.

2ᵒ à Nagy-Daad-Sari (Hongrie).

COMMANDANT : J. *von Keónczeoll*, Oberst. au 9ᵉ hussards.

COMMISSIONS DE REMONTE.

Nᵒ 1, à Budapest.

PRÉSIDENT : J. *Karoly*, Oberst au 10ᵉ hussards.
MEMBRES : S. *von Kovach*, Oberst au 13ᵉ hussards.
A. *Agoston de Kis-Joka*, Oberst au 14ᵉ hussards.

Nᵒ 2, à Szegedin.

PRÉSIDENT : J. *Ruttkay von Felsö-und Also-Ruttka*, Oberst lieutenant au 7ᵉ hussards.
MEMBRE : Comte R. *Arz von und zu Vasegg*, Major au 16ᵉ hussards.

Nᵒ 3, à Léopol.

PRÉSIDENT : E. *Schediwy*, Oberstlieutenant au 1ᵉʳ hulans.

Nᵒ 4, à Rzeszow.

PRÉSIDENT : L. *Powa*, Oberst au 2ᵉ dragons.

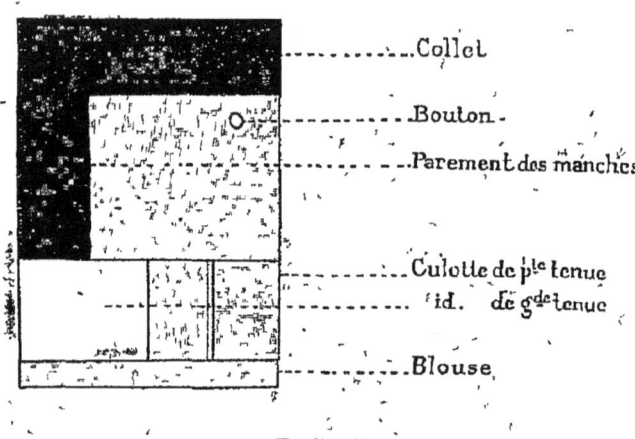

Explicatif.

TABLEAU SYNOPTIQUE DES UNIFORMES DE LA CAVALERIE.

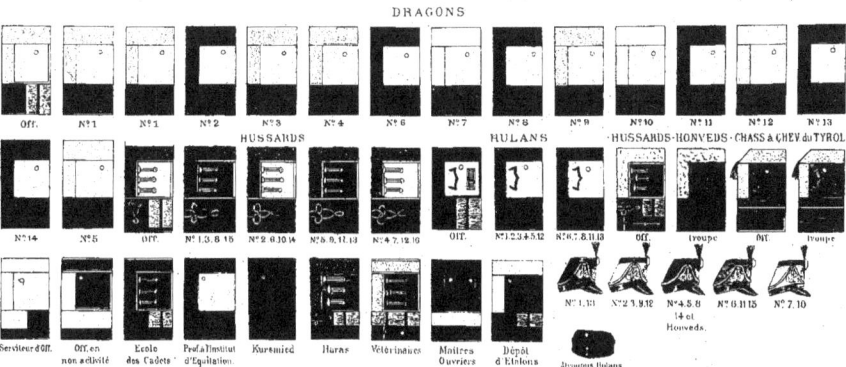

CHAPITRE IV

BELGIQUE

'ALMANACH royal officiel publié depuis 1840, en exécution d'un arrêté du Roi, nous donne pour l'année 1892 les renseignements suivants sur la législation et l'organisation de la force publique en Belgique.

Cette force armée se compose :
1° De la garde civique,
2° De l'armée.

La garde civique, institution constitutionnelle, est active dans les communes d'une population agglomérée de plus de 10.000 âmes et non active dans les autres communes, à moins d'une disposition contraire du Gouvernement; elle est chargée de veiller au maintien de l'ordre et des lois, à la conservation de l'indépendance et de l'intégrité du territoire.

La mobilisation de la garde civique ne peut avoir lieu qu'en vertu d'une loi.

Sont appelés au service, dans le lieu de leur résidence réelle, tous les Belges et les étrangers admis à établir leur domicile en Belgique, âgés de vingt et un à cinquante ans.

Les titulaires des grades dans chaque escadron ou compagnie sont nommés par les gardes; les chefs d'escadrons, médecins et médecins adjoints sont élus par les officiers de l'escadron; les autres officiers sont nommés par le Roi.

La cavalerie de la garde civique se compose de 1er escadron, celui de Bruxelles, commandé par le comte d'Oultremont, de 5 1/2 escadrons et de 2 pelotons.

Officier de Guides

Le recrutement de l'armée proprement dite s'effectue au moyen d'engagements volontaires et d'appels annuels.

La durée du service est fixée à huit années, qui prennent cours à dater du 1er octobre de l'année de l'incorporation. En cas de guerre et lorsque le territoire est menacé, le Roi peut rappeler à l'activité la quantité de classes congédiées qu'il juge utile, en commençant par la dernière.

Le contingent de chaque levée, fixé annuellement par une loi, est réparti par le Roi entre les provinces et par le gouverneur de la province entre les cantons de milice. La répartition est faite proportionnellement au nombre des inscrits de la levée.

Tout Belge est tenu de se faire inscrire dans le mois de décembre de l'année où il a dix-neuf ans accomplis, à l'effet de concourir au tirage au sort pour la levée du contingent de l'année suivante.

L'ordre dans lequel les inscrits pour la levée sont appelés à faire partie du contingent annuel est réglé par un tirage au sort.

Le tirage a lieu au commencement de l'année qui suit l'inscription. Le gouverneur en fixe le lieu et le jour pour chaque canton de milice.

Tout individu désigné pour la milice peut se faire remplacer.

Le département de la guerre pourvoit au remplacement des miliciens au moyen de volontaires avec prime. Le prix du remplacement est fixé, chaque année, par arrêté royal, trois mois avant le tirage.

Il ne peut dépasser 1.800 francs.

Le remplacement a lieu dans l'ordre de priorité établi par le tirage au sort. Les miliciens que le département de la guerre ne pourra pas faire remplacer avant le 1er octobre, sont admis à chercher directement et à présenter avant le 1er janvier suivant, des hommes qui consentent à marcher à leur place.

Les miliciens et remplaçants ont droit chacun à six semaines de congé en moyenne par année de service actif. Ils sont envoyés en congé illimité lorsqu'ils ont passé au service actif, à partir du jour de l'appel sous les armes de leur contingent, le temps ci-après déterminé :

Vingt-huit mois dans le cours des trois premières années, s'ils appartiennent à l'infanterie de ligne, aux chasseurs à pied ou au train ;

Trente-six mois pendant les quatre premières années, s'ils appartiennent au régiment des grenadiers ou au régiment des carabiniers ;

Trois ans, s'ils appartiennent à l'artillerie de siège, au régiment du génie, à la compagnie des pontonniers, à celles des artificiers ou au bataillon d'administration ;

Quatre ans, s'ils appartiennent aux batteries à cheval, aux batteries montées ou aux escadrons de cavalerie.

Les congés temporaires et les congés illimités sont refusés à ceux que leur conduite n'en a pas rendus dignes.

Dans les circonstances spéciales, le Gouvernement est autorisé à suspendre ou à modifier la durée du service.

Les miliciens ou remplaçants en *congé illimité*, c'est-à-dire ceux qui n'ont pas accompli un terme de huit années, sont passés en revue, une fois par an, par les commandants du district.

Le Roi confère les grades dans l'armée.

En temps de paix, nul ne peut être nommé sous-lieutenant : 1° s'il n'est âgé de dix-neuf

Lancier.

ans accomplis; 2° s'il n'a servi activement au moins deux ans comme sous-officier ou s'il n'a passé deux ans à l'école militaire, et s'il n'a satisfait aux conditions de sortie de cette école pour être promu au grade de sous-lieutenant; nul ne peut être lieutenant s'il n'a servi au moins deux ans dans le grade de sous-lieutenant; nul ne peut être capitaine s'il n'a servi au moins deux ans dans le grade de lieutenant; nul ne peut être major s'il n'a servi au moins quatre ans dans le grade de capitaine; nul ne peut être lieutenant-colonel s'il n'a servi au moins trois ans dans le grade de major; nul ne peut être colonel s'il n'a servi au moins deux ans dans le grade de lieutenant-colonel; nul ne peut être nommé à un grade supérieur à celui de colonel s'il n'a servi au moins trois ans dans le grade immédiatement inférieur.

Dans les corps de cavalerie, le tiers de tous les emplois de sous-lieutenants vacants est dévolu aux sous-officiers du corps où les emplois sont vacants; les deux autres tiers, au choix du Roi, parmi les élèves de l'école militaire et parmi les sous-officiers.

Le cadre spécial du corps d'état-major se recrute parmi les officiers de toutes armes qui ont suivi avec fruit les cours de l'école de guerre.

La moitié des emplois vacants de lieutenant et de capitaine est accordée à l'ancienneté; l'autre moitié est au choix du Roi.

La pension de retraite est due aux militaires de tout grade et de toutes armes qui comptent quarante années de service et cinquante-cinq ans d'âge.

Képi de capitaine des guides.

Les officiers ne peuvent se marier sans l'autorisation du Roi; aucun officier subalterne ne peut obtenir l'autorisation de se marier, s'il ne fournit la preuve que lui ou sa future ou les deux conjointement jouissent d'un revenu annuel de 1.600 francs.

Telles sont, succinctement résumées, les principales dispositions de la loi du recrutement belge.

La cavalerie belge est remontée soit par voie d'adjudication publique, soit par les soins d'officiers désignés par les corps et qui achètent directement aux propriétaires. Beaucoup des chevaux de cette dernière catégorie étant achetés en Irlande, on comprend sans peine que la moyenne des chevaux de la cavalerie belge est très supérieure.

L'effectif de paix est d'environ 5.500 chevaux pour la cavalerie. Les officiers se remontent à leurs frais, mais sont autorisés à choisir leur monture parmi les chevaux de troupe contre remboursement d'un prix fixé par les règlements.

On évalue la durée d'un cheval à 8½ ans, et le prix en est en moyenne de 900 francs.

On estime généralement les ressources chevalines de la Belgique à environ 300.500 animaux. Mais ce sont principalement des sujets de la race flamande, qui fournit des animaux renommés pour le gros trait et des chevaux de race ordinaire, qui sont plus spécialement aptes au service de l'artillerie.

Il convient d'ajouter que le cheval et l'équitation sont en grand honneur en Belgique; les officiers de cavalerie dans certains régiments, mais surtout aux guides, sont très *horsemen* et *sportmen*.

On calcule que, pour toute l'armée, le complément nécessaire à la mobilisation pour passer du pied de paix au pied de guerre serait d'environ 15.000. Ces chevaux, d'après la loi de 1887, seraient fournis par voie de réquisition.

Cadres. — La hiérarchie est exactement la même qu'en France :

Brigadier,
Maréchal des logis,
Maréchal des logis chef,
Adjudant,
Sous-lieutenant,

OFFICIER DE GUIDES.

Lieutenant,
Capitaine,
Major ou chef d'escadrons,
Lieutenant-colonel,
Colonel.

Le corps des sous-officiers est recruté parmi les volontaires (les remplaçants ne doivent pas être nommés sous-officiers). Ils sont formés dans des ÉCOLES dites RÉGIMENTAIRES,

— Ronde d'officier.

qui souvent sont établies dans une garnison différente du corps auquel elles appartiennent. Les officiers proviennent pour un tiers de sous-officiers qui ont été formés dans les corps après un minimum de deux ans de grade au moyen de cours POUR LES SOUS-OFFICIERS; faits par les officiers même du corps, et après avoir subi l'examen réglementaire des candidats à l'épaulette.

Les deux autres tiers viennent de l'école militaire d'Ixelles.

L'admission à l'école a lieu après concours, pour les jeunes gens âgés de 17 à 21 ans. La durée des cours est de deux ans pour la cavalerie, l'école étant partagée en deux sections, l'une pour l'infanterie et la cavalerie, l'autre pour l'artillerie et le génie.

Au bout des deux années d'école et après avoir satisfait à l'examen de sortie, les élèves sont nommés sous-lieutenants et dirigés sur leur corps.

L'avancement a lieu moitié au choix et moitié à l'ancienneté jusqu'au grade de capitaine en second. A partir de ce grade il n'est plus donné qu'au choix.

La démission des officiers n'est acceptée que s'ils s'engagent à reprendre du service, en cas de guerre, dans les cinq années qui suivent celle de leur démission.

En outre, et pour former des cadres, en cas de mobilisation, les chefs de corps sont autorisés à recevoir l'engagement de jeunes gens qui prennent le nom de VOLONTAIRES AGRÉÉS et qui sont destinés à former des officiers de réserve.

Ces jeunes gens doivent subir un examen prouvant qu'ils ont l'instruction nécessaire pour prétendre à l'épaulette. Ils s'équipent et se nourrissent à leurs frais et font leur service d'abord comme brigadiers, puis comme sous-officiers.

Après deux ans de grade de sous-officier ils passent un examen destiné à prouver leur aptitude au grade de sous-lieutenant, et s'ils satisfont à cet examen ils sont nommés et renvoyés en congé illimité.

La cavalerie compte 2 divisions :

Ces deux divisions comprennent chacune 4 régiments et se subdivisent en 4 brigades de 2 régiments.

Les 2 régiments de guides forment la 1re brigade,
Les 2 régiments de chasseurs — la 2e
Les 4 régiments de lanciers — la 3e et la 4e brigade.

Cette cavalerie est commandée par 8 colonels, 8 lieutenants-colonels, 16 majors, 56 capitaines commandants, 40 capitaines en second, 176 lieutenants et sous-lieutenants.

Tous les régiments comptent 5 escadrons actifs et 1 escadron de dépôt.

Chaque escadron comprend : 1 capitaine-commandant, 1 capitaine en second, 2 lieutenants, 2 sous-lieutenants, 1 maréchal des logis chef, 1 premier maréchal des logis, 1 maréchal des logis fourrier, 7 maréchaux des logis, 13 brigadiers, 3 trompettes, 2 maréchaux ferrants, 24 cavaliers de 1re classe, 69 cavaliers de 2e classe, 20 cavaliers de 2e classe non montés.

Mais les régiments ne partiraient en campagne qu'avec quatre escadrons, les 5es escadrons des guides et des chasseurs seraient détachés et ceux des quatre régiments de lanciers devraient former un nouveau régiment.

L'effectif d'un escadron sur le pied de paix est de 5 officiers, 140 hommes, 130 chevaux; celui de l'escadron de dépôt n'est que de 4 officiers, 13 gradés, 16 chevaux.

En cas de mobilisation il serait complété par les réserves et deviendrait escadron de renfort.

On compte que sur le pied de guerre la cavalerie belge donnerait :

40 escadrons actifs, soit   6.000 chevaux,
8   —   de renfort —   1.000   —
Total : 7.000 chevaux.

Les chasseurs et les guides sont armés du mousqueton Cornblain (modèle 1871). Les lanciers n'ont plus, depuis 1885, que 3 pelotons armés de la lance; le 4ᵉ a le mousqueton.

Les couleurs distinctives sont : pour les guides : amarante et jaune; pour les chasseurs, jaune et écarlate; pour les lanciers, amarante, jaune, blanc, bleu.

Les établissements d'instruction comprennent : l'École de guerre et l'École militaire, toutes deux à Ixelles-lez-Bruxelles; l'École des volontaires à Louvain; l'École des enfants de troupe à Host; l'école d'équitation à Ypres.

Nous ne saurions terminer cette courte étude sans un éloge pour le corps d'officiers de la cavalerie belge dont la composition est fort remarquable.

D'ailleurs il n'est pas surprenant que dans un pays où chacun semble averti de tout ce qui touche aux questions de goût et d'élégance, la cavalerie y soit montée avec soin et que l'équitation s'y trouve en grand honneur.

Les deux régiments des guides, notamment, sont de premier ordre, et leurs cadres, même inférieurs, sont remplis par les plus beaux noms de la Belgique; quant à la remonte de ces deux superbes régiments, elle est absolument hors de pair. Le nom de « guide » est en Belgique, comme jadis chez nous, synonyme d'élégance et de belle tenue.

Et puis, n'oublions pas qu'aux temps de l'Épopée, l'armée belge a combattu avec nous et moissonné des lauriers sur tous les champs de bataille de l'Europe; certes, si Waterloo attriste ces souvenirs, l'accueil hospitalier et sympathique que le peuple belge fit à nos malheureux soldats après Sedan, nous permet d'espérer que ce brave petit pays aurait à l'occasion le cœur aussi français que le langage.

Schapskas de lanciers.

PRINCIPAUX OFFICIERS
DE LA CAVALERIE BELGE
EN 1892

COMMANDANT SUPÉRIEUR DE LA CAVALERIE.

Le lieutenant général S. A. R. Philippe comte de Flandre. Le comte de Flandre est en même temps commandant honoraire du 1er régiment des guides.

COMMANDANTS DES DEUX DIVISIONS DE LA CAVALERIE.

Le lieutenant général *Fischer*, commandeur de la Légion d'honneur (1), commande la 1re division.

Le lieutenant général *Olivier della Trebia*, officier de la Légion d'honneur, commande la 2e division.

COMMANDANTS DES QUATRE BRIGADES.

1re BRIGADE : Général-major *O'Sullivan de Terdeck*.
2e BRIGADE : Général-major *de Faudeur*, officier de la Légion d'honneur.
3e BRIGADE : Général-major *Baron Lunden*, chevalier de la Légion d'honneur.
4e BRIGADE : Général-major de la section de réserve *Van Eechout*.

COLONELS.

MM. baron *de Wykerslooth de Rooyestein*, chevalier de la Légion d'honneur, officier d'ordonnance du Roi, commandant le 1er régiment de guides.
Boël, adjoint d'état-major, commandant le 2e guides.
Avanzo, commandant le 1er chasseurs.
Lutens, commandant le 2e chasseurs.
Baron *Greindl*, commandant le 1er lanciers.

(1) Il est bien entendu que, dans cette énumération des officiers de la cavalerie belge, nous ne mentionnons comme décorations, que celle de la Légion d'honneur.

Henot, commandant le 2e lanciers.
Montégnie, commandant le 3e lanciers.
Bricoux, attaché à la maison militaire du Roi, comptant au 3e régiment de lanciers.

LIEUTENANTS COLONELS.

MM. *de Coune*, chevalier de la Légion d'honneur, adjoint d'état-major à l'état-major du commandant supérieur de la cavalerie, 1er guides.
Van Iseghem, commandant l'école d'équitation, 2e guides.
Servaes, 1er chasseurs.
Delfosse, 2e chasseurs.
Huyghé, 1er lanciers.
N... 2e lanciers.
Vanvinkeroy, adjoint d'état-major, 3e lanciers.
Van Bomberghen, 4e lanciers.

MAJORS.

MM. *Delacenserie*, 1er guides.
Gillain, 1er guides.
Baron *de Menten de Horne*, 2e guides.
Pinte, 2e guides.
Bayet, 1er chasseurs.
Graff, 1er chasseurs.
Comte *d'Oultremont*, chevalier de la Légion d'honneur, officier d'ordonnance de S. A. R. le comte de Flandre, 2e chasseurs.
Mersch, adjoint d'état-major, 2e chasseurs.
Baron *Van den Straten de Waillet*, 1er lanciers.
Cholet, 1er lanciers.
Coucke, 2e lanciers.
Poskin, 2e lanciers.
Stevens, 3e lanciers.
Van Malcote, 3e lanciers.

De Boniver, 4e lanciers.
Magis, 4e lanciers.

CAPITAINES COMMANDANTS PAR RANG D'ANCIENNETÉ.

MM. Comte *G. M. J. Van der Stegen de Putte*, 2e chasseurs.
Lamury, 1er chasseurs.
Dethy, 1er chasseurs.
Courtin, 2e chasseurs.
Burnell, chevalier de la Légion d'honneur, officier d'ordonnance de S. A. R. le comte de Flandre, 1er lanciers.
Pitsaer, adjoint d'état-major, 2e guides.
Boutelier, 1er guides.
Dehase, adj. d'état-major, 2e guides.
Comte *Van der Burch*, 1er guides.
Linard, 2e lanciers.
Comte *F. M. A. Van der Stegen de Putte*, 1er chasseurs.
Depiere, 2e lanciers.
Lambert, 2e guides.
Frantzen, 2e chasseurs.
Bricoux, 3e lanciers.
Coucke, 4e lanciers.
Bolle, 1er guides.
Dupont, 1er lanciers.
Sixaire, 2e chasseurs.
Van Damme, 1er lanciers.
Settegast, adjoint d'état-major, 1er guides.
Fivé (D. G. E.), 2e lanciers.
Braconnier, adj. d'état-major, 4e lanciers.
Bernaert, commandant l'escadron d'instruction à l'école d'équitation, 3e lanciers.
Ablay, 1er guides.
Lengrand, 2e chasseurs.
Fivé (G. G. E.), prov. à l'Institut cartographique militaire, 2e guides.
Goffinet, 1er guides.

Letellier, Maitre d'équitation à l'École militaire, 2e lanciers.
Ysebequé, 2e chasseurs.
De Mazière, 4e lanciers.
Galère, 4e lanciers.
Baron *d'Oldenneel*, attaché prov. à la maison militaire du Roi, 1er chasseurs.
Rommel, 1er lanciers.
Baron *Comhaire de Sprimont*, 1er guides.
Clooten, adjoint d'état-major, aide de camp du lieutenant général Fischer.
Baron *Snoy*, officier d'ordonnance du Roi, 1re classe.
Struuck, 2e lanciers.
Baron *de Combrugghe*, 2e guides.
Comte *du Chastel Andelot de la Howarderie*, officier d'ordonnance du Roi, 4e lanciers.
Degeneffe, 4e lanciers.
Saillez, 1er lanciers.
Delvaux, 1er lanciers.
Art, 1er chasseurs.
Wilmet, 2e chasseurs.
Preud'homme, 3e lanciers.
Mathot, 1er chasseurs.
Hollanders, 2e guides.
Aranzo (E. H. P.), prov. à l'état-major du commandant supérieur de la cavalerie, 1er guides.
Jacquet, 1er lanciers.
Tillier, 3e lanciers.
Poinsot, 1er lanciers.
Haan, 4e lanciers.
Cockelbergh, 3e lanciers.
Kenens, 2e lanciers.
De Ridder, 3e lanciers.

SERVICE VÉTÉRINAIRE.

MM. *Hardy*, vétérinaire en chef.
Dubois } vétérinaires principaux.
Brennet }

CHAPITRE V

DANEMARK

P EU de nations comptent dans leurs annales militaires une page aussi belle, aussi profondément émouvante pour toute âme chevaleresque, que celle qui fut écrite par le Danemark, avec le sang de ses héroïques soldats, en l'année 1864.

Il faut presque remonter aux luttes épiques des Grecs, défendant leur indépendance contre les Mèdes et les Perses, pour trouver un peuple si petit

Dragon.

par le nombre, si grand par le courage, acceptant et soutenant la lutte avec une telle disproportion de forces.

L'armée danoise, accablée, a montré ce que peuvent pour l'honneur de leur drapeau, des soldats disciplinés et animés au plus haut point du respect de leurs chefs et de l'amour de leur patrie.

Cédant à la supériorité numérique, les Danois ont conservé dans l'insuccès les belles qualités qui sont la gloire de leur valeureuse nation. Combien de victoires sont moins illustres qu'une semblable défaite!

Salut à ce peuple de héros, qui mutilé, terrassé, n'a pas désespéré du salut de la patrie!

Après 1864, le Danemark dut songer à reconstituer sa vaillante armée et lui donner une organisation capable d'assurer son indépendance.

Tout Danois, à moins qu'il ne soit reconnu impropre à toute espèce de service, est soldat, et les cas de dispenses sont excessivement rares.

La durée du service est de seize années, à savoir: quatre ans dans l'armée active, quatre ans dans la réserve, et huit ans dans le Renfort.

Les jeunes gens font partie de l'armée dès qu'ils entrent dans leur vingt-deuxième année, mais ils peuvent devancer cette époque en s'engageant comme volontaires.

Le Danemark est divisé en 5 cercles de recrutement qui correspondent aux 5 brigades d'infanterie et fournissent chacun un régiment de cavalerie.

L'affectation des hommes du contingent à un des corps composant l'armée: la garde, la cavalerie, l'infanterie, l'artillerie et le génie, est déterminée par le tirage au sort dans chaque circonscription.

Les hommes dont la constitution paraît faible sont affectés aux services administratifs, au train, au service de santé, ou aux ouvrages militaires.

Chaque contingent annuel est divisé en deux portions; l'une reste au service pendant onze mois; incorporée en novembre et composée des hommes qui ont tiré les numéros les plus élevés, cette portion sert à assurer le service pendant l'hiver.

La seconde portion, qui est la plus nombreuse, est incorporée au mois d'avril et ne fait que six mois de service actif.

Pour compenser cette inégalité de durée de service, la loi stipule que les hommes de la première portion du contingent ne pourront, sous aucun prétexte, être retenus au corps, après leurs onze mois de service terminés. En revanche, dans la deuxième portion, qui est, nous l'avons dit, la plus nombreuse, si le service est plus court, les hommes peuvent en certain nombre être retenus jusqu'au mois de décembre, c'est-à-dire jusqu'au moment où les conscrits appelés en novembre ont acquis les premiers rudiments de l'instruction militaire. En outre, ainsi que nous le verrons plus loin, on garde dans chaque régiment 50 hommes pris dans la deuxième portion et destinés à former des caporaux et des sous-caporaux.

'Renvoyés dans leurs foyers, les hommes, qu'ils appartiennent à la première ou à la seconde portion, ne sont plus astreints, tous les deux ans, en temps de paix, qu'à des périodes de manœuvres dont la durée est de quarante-cinq jours.

Ces manœuvres ont lieu soit au camp de Hald, situé dans le Jutland, à 7 kilomètres de Viborg, soit au camp établi dans le parc de Jaégersborg, à 2 kilomètres de Lingby, dans le voisinage de Copenhague.

Les troupes sont campées sous la tente, à raison d'une tente pour 14 hommes formant une escouade commandée par un caporal. Ces tentes sont du reste aménagées fort confortablement, le sol en est recouvert de planches, et chaque homme y est pourvu de matelas, draps et couvertures. Trois tentes par escadron sont affectées aux sous-offi-

Dragons au combat à pied.

ciers. Le capitaine et le lieutenant en premier ont chacun une tente; les autres officiers de l'escadron logent ensemble dans la même.

Au camp, le tableau de travail est ainsi composé :

Réveil à 4 heures, soins de propreté, pansage à 6 heures; réunion en armes, manœuvres jusqu'à midi et même jusqu'à 2 heures, puis nettoyage des armes et dîner; de 5 à 7 heures, exercices par escadron; à 10 heures, retraite.

L'ordinaire du camp est bon et varié : un jour de la viande de bœuf et du riz, le lendemain du lard et des pois; une fois par semaine, du poisson avec des pommes de terre et du riz. Tous les deux jours, les hommes touchent 3 livres de pain et de l'eau-de-vie.

La solde est de 44 centimes par jour pour l'argent de poche, de façon à ce que les hommes puissent se procurer du café ou du thé.

Pendant les derniers jours que l'on passe au camp a lieu une grande manœuvre, puis les troupes se séparent et les hommes retournent dans leurs foyers.

Outre les quelques mois de service actif et le séjour dans les camps, l'éducation militaire est développée et entretenue par le moyen des nombreuses sociétés de tir et de gymnastique dont le but n'est pas de jouer au soldat en arborant les costumes les plus bariolés et les plus contraires au bon goût, mais bien de compenser le peu de durée du service militaire et de maintenir soigneusement en haleine les jeunes gens qui peuvent être appelés à concourir à la défense du pays.

Aussi ces sociétés jouissent-elles de la plus grande considération; très intelligemment organisées, elles reçoivent une impulsion unique et marchent vers un but nettement déterminé. Il est inutile d'ajouter qu'on retrouve dans ces sociétés les qualités qui sont inhérentes à la nation : une instruction et une éducation dont la moyenne dépasse celle de presque toutes les autres nations, une politesse légendaire et une propreté poussée jusqu'au dernier raffinement.

Le gouvernement, qui protège et encourage très judicieusement ces sociétés de tir et de gymnastique, leur accorde une subvention d'environ 60.000 francs par an, et leur délivre gratuitement 8 à 900 cartouches chaque année.

Bien que ce qui va suivre ne rentre pas dans le domaine de cette étude, qu'il me soit permis de citer ce fait qui prouve à quel point la vaillante petite nation danoise pousse le souci et la compréhension de sa défense nationale.

En 1885, plus de 20.000 femmes appartenant à toutes les classes de la société se sont unies et cotisées pour offrir au Roi une batterie de 8 pièces d'artillerie, destinées à la défense des forts de Copenhague, suivies de tout leur matériel et approvisionnées de leurs munitions. Un pays où les sentiments patriotiques se manifestent par de pareils faits n'est-il pas digne de tous les respects et de toutes les admirations?

La très courte durée du service militaire ne permettant pas d'assurer le recrutement des cadres inférieurs, il a fallu y pourvoir au moyen de dispositions spéciales.

Nous avons vu plus haut que, chaque année, 50 hommes de la 2° portion sont gardés dans chaque régiment, à l'expiration de leur cinq mois de service. Ces 50 hommes sont destinés à former des caporaux et des sous-caporaux.

Outre les éléments fournis par le service obligatoire, et appartenant aux classes en activité de service ou de la réserve, des cadres permanents sont constitués au moyen des volontaires engagés et des rengagés. Mais il convient d'ajouter que la répartition de ces grades est exécutée de telle façon que si les cadres permanents formés par des engagés et des rengagés venaient à être incomplets, la mobilisation n'en souffrirait nullement et les unités pourraient entrer en campagne avec des escadrons suffisamment encadrés.

Ainsi, un escadron composé dans les conditions normales, c'est-à-dire avec son cadre complet de volontaires ou de rengagés, se mettra en marche avec ses pelotons ayant le nombre de sergents, de caporaux et de sous-caporaux réglementaire.

Mais si, par suite de circonstances inattendues, le régiment n'a ni engagés, ni rengagés, les sergents seront remplacés par des caporaux, et les caporaux par des sous-caporaux; les fonctions de sergent-major, celles même d'adjudant pourront au besoin être remplies par les caporaux offrant le plus de capacité et auxquels on permettra de porter les insignes du grade. Dans ces conditions la hiérarchie ne sera donc nullement détruite et le service restera assuré.

Nous avons vu que 50 hommes sont gardés, chaque année, dans les régiments.

Ces jeunes gens sont destinés à faire partie de ce qu'on appelle L'ÉCOLE D'ÉLÈVES GRADÉS. Cette école, organisée dans chaque régiment, est divisée en 3 catégories qui sont :

L'école des sous-caporaux; l'école des caporaux; l'école des seconds lieutenants.

Pour être admis à l'école des sous-caporaux, il faut, d'abord et avant tout, posséder l'aptitude nécessaire au commandement, et, ensuite, subir un examen dont l'épreuve orale consiste en une lecture à haute voix, et l'épreuve écrite, en une composition dont le sujet est toujours très simple, une page d'écriture, l'histoire sommaire du Danemark et un peu de géographie.

L'école des élèves caporaux compte un certain nombre de caporaux, anciens soldats qui reprennent du service dans le but de devenir sergents et nommés caporaux au moment même où ils se présentent devant le chef de leur escadron, ou de jeunes gens demandant à rester au service comme caporaux et s'engageant pour une année.

Les conditions nécessaires pour faire partie de l'école des seconds lieutenants sont :

Avoir suivi le cours de la 4ᵉ classe d'un collège ou d'une REAL-SKOLE (école des arts et métiers) et passé un PRELIMINŒR-EXAMEN qui confère une certificat d'études.

Hussards de la garde; officier en petite tenue.

Lorsqu'on ne remplit pas les conditions ci-dessus, il faut subir un examen qui a lieu à la fin du mois d'août de chaque année, et qui se compose d'une lecture et d'une analyse à haute voix d'un auteur danois; et comme épreuve écrite, de compositions portant sur des connaissances approfondies de l'histoire générale et de l'histoire danoise; sur la géographie générale; sur la lecture et la traduction du français, de l'allemand ou de l'anglais; sur des éléments de physique et d'histoire naturelle. A ces connaissances est jointe une épreuve écrite et orale de mathématiques, d'algèbre et de géométrie plane.

Les cours de ces écoles commencent au mois d'octobre pour se terminer au mois d'avril.

Le cadre chargé de la direction des écoles se compose de : 1 capitaine, 3 ou 4 premiers lieutenants et 10 sous-officiers.

Il est désigné dans chaque régiment par le colonel.

L'école des seconds lieutenants forme une escouade; les autres en forment deux.

A partir de novembre, chaque élève exerce à son tour et pendant cinq jours les fonctions de caporal d'escouade, et est responsable de l'ordre et de la conservation du matériel dans les salles de cours.

Les exercices pratiques sont communs aux trois subdivisions de l'école, mais l'enseignement théorique est spécial à chacune d'elles.

La matinée est consacrée aux exercices pratiques, l'après-midi aux exercices théoriques. Sept heures par jour sont employées au travail. Pour les élèves sous-caporaux, on se contente de leur apprendre, avec les règlements militaires, l'écriture, l'orthographe, le calcul et la tenue d'un livret d'escouade.

Les élèves caporaux font, sur le terrain, de petits croquis, des dictées où se trouvent des abréviations réglementaires, de la fortification passagère et de petites opérations de la guerre. Les élèves seconds lieutenants apprennent la comptabilité des corps de troupe, le dessin linéaire, la fortification; ils ont de plus à résoudre des problèmes sur le service en campagne. A l'arrivée du contingent d'avril, tous les élèves gradés qui ont acquis une instruction suffisante sont nommés sous-caporaux et attribués au bataillon qui reçoit le contingent de l'année pour être employés comme instructeurs des recrues. Au mois d'octobre, lors du renvoi de la classe, les sous-caporaux qui consentent à rester au service pendant une année sont nommés, selon leur origine, caporaux ou seconds lieutenants. Les autres restent sous-caporaux et ne deviennent caporaux ou seconds lieutenants que lors du rappel de leur classe pour une période d'exercices. (Lieutenant-colonel Dailly, *L'Armée danoise*.)

Après un an de grade comme caporal, les jeunes gens qui en font la demande sont admis à l'école des sergents.

Cette école, destinée à former les sous-officiers du cadre permanent, FASTE UNDER OFFICIËRE, est sous la direction d'un capitaine, secondé par deux premiers lieutenants et cinq sous-officiers.

Les cours commencent au mois d'octobre pour finir au mois d'avril.

Les caporaux nommés sergents doivent servir quatre ans dans ce dernier grade. Très peu quittent l'armée après ces quatre années, généralement ils se marient et peuvent devenir sergents majors ou adjudants; ils ont alors droit à la croix de cuivre, jouissent d'une haute paye, et peuvent aspirer au *Danebrogsmœnd* qui est une sorte de médaille militaire.

Ils ont droit à une pension de retraite après seize ans de service, et sont généralement nommés officiers dans le FORSTŒRKNING (troupes de renfort).

Les qualités nationales aidant, ce mode de recrutement des sous-officiers donne des résultats tels, qu'on peut dire que l'armée danoise, dont en somme les sergents ont trois ans de service à leur nomination (1), possède un des meilleurs cadres de sous-officiers de l'Europe.

La cavalerie danoise compte 5 régiments, dont 4 de dragons et 1 de hussards.

Ces régiments sont à 3 escadrons, l'école régimentaire se transformant au moment de la mobilisation en escadron de dépôt.

En outre, un escadron d'ordonnances affecté au service des états-majors, compte comme appartenant au régiment de hussards.

L'effectif de la cavalerie sur le pied de guerre est de 139 officiers, 2.400 hommes et 3.110 chevaux. Sur le pied de paix, les 3/5 des chevaux sont entre les mains des cultivateurs qui les rendent au régiment pour les manœuvres annuelles.

Les cadres sont ainsi composés dans chaque régiment : 1 colonel, 1 adjudant premier lieutenant, 1 sergent-major secrétaire, 1 trompette-major, 1 armurier, 1 sous-officier de dépôt, 4 capitaines, 5 premiers lieutenants, 6 seconds lieutenants, 2 sergents d'état-major, 4 sergents-majors, 11 sergents, 18 caporaux, 7 trompettes, 2 maîtres selliers, 2 maréchaux-ferrants. Chaque escadron compte 140 chevaux.

Le cadre de l'escadron d'ordonnances (hussards) est de 1 capitaine, 2 premiers lieutenants, 2 seconds lieutenants, 1 sergent-major, 1 sergent, 6 caporaux.

En temps ordinaire, et en dehors de l'époque des manœuvres annuelles, une partie des hommes dont l'instruction est terminée, ainsi que des caporaux, sous-officiers et officiers, est renvoyée dans ses foyers. On ne garde au corps que le nombre d'hommes nécessaire pour assurer le service et soigner les chevaux.

Le 1er juin de chaque année, les militaires de la dernière classe renvoyée sont convoqués pour un service d'une durée de cinq mois.

Les grandes manœuvres ont lieu après le 15 juin. A cette époque, les hommes renvoyés de la troisième année sont rappelés pour participer à ces manœuvres. La durée de cette période d'instruction est de quarante-cinq jours.

La cavalerie danoise est commandée par un général inspecteur; mise sur le pied de guerre, avec toutes ses réserves, elle peut donner environ 4.000 cavaliers. Il existe une école d'équitation destinée à compléter l'instruction des officiers et des sous-officiers de cavalerie et d'artillerie. Les élèves se renouvellent par moitié tous les ans, les cours durant un an. L'effectif de l'école est de 12 élèves, 3 officiers et 9 sous-officiers âgés de moins de trente ans.

L'école est commandée par un capitaine ayant sous ses ordres : 1 lieutenant, 1 sergent d'état-major, 3 sergents et 1 vétérinaire.

Une école de maréchalerie comprenant 9 élèves est adjointe à l'école d'équitation.

---

(1) Six mois comme recrue, six mois à l'école des caporaux, six mois comme sous-caporal au bataillon ou escadron, un an comme caporal et six mois à l'école des sergents.

Le recrutement des officiers qui font partie de l'armée active et qui ont droit à l'avancement et à la pension de retraite est assuré par l'Académie militaire de Frederiksberg. La durée des cours y est de deux ans.

Mentionnons encore l'escadron de cavalerie formé à l'île de Bornholm, sous le titre de milices spéciales.

En résumé, l'armée danoise, malgré son service au temps très court, forme un ensemble doué d'une grande cohésion et animé par le plus pur souffle patriotique, celui qui ne comporte ni chants bruyants, ni démonstrations emphatiques. Les recrues arrivent au corps bien pénétrés de leurs devoirs, concentrent, pendant leur séjour sous les drapeaux, toutes leurs facultés sur l'exécution précise de ce qu'on leur enseigne, et pleins de respect et d'estime pour leurs chefs, ils rejoignent leurs foyers affermis dans ce respect et cette estime mérités.

On a dit des Danois que leur sentiment dominant étaient l'amour-propre, si on y joint la ferme volonté de bien faire, on a le secret de la solidité et de la vaillance de cette brave et sympathique petite armée.

Hussards de la garde; bonnet de police.

CHAPITRE VI

ESPAGNE

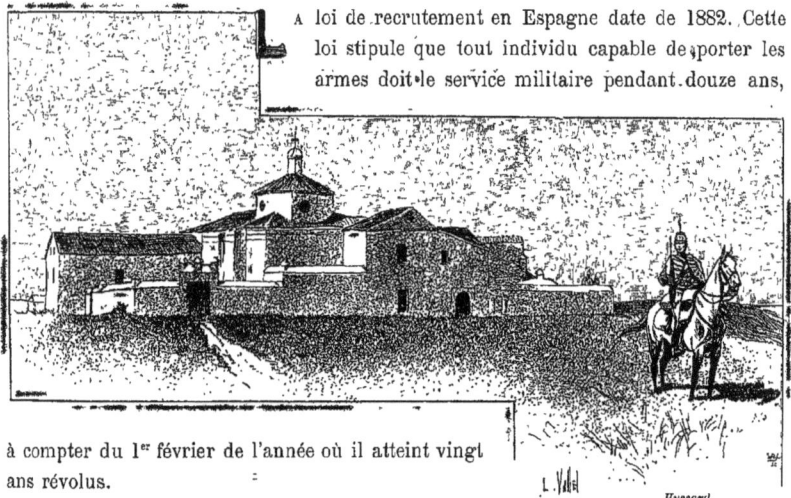
Hussard.

A loi de recrutement en Espagne date de 1882. Cette loi stipule que tout individu capable de porter les armes doit le service militaire pendant douze ans, à compter du 1er février de l'année où il atteint vingt ans révolus.

Il faut se hâter d'ajouter que, moyennant une somme de 1,500 francs, l'exonération est admise; quant aux substitutions, elles ne peuvent avoir lieu qu'entre frères seulement.

En outre, il y a d'assez nombreux cas d'exemption, — fils unique de veuve, frère aîné d'orphelins, membres des congrégations; — mais parmi ces dernières, celles seulement qui sont vouées à l'enseignement, les autres ecclésiastiques ne peuvent recevoir les ordres qu'après avoir satisfait à la loi ou s'être fait exonérer.

Les hommes de la classe appelée sont partagés en deux portions, fixées par le tirage au sort.

La première portion com-
ACTIVE. Le chiffre de ce con-
riable, est fixé par le ministre
l'effectif du pied de paix fixé

L'incorporation a lieu ha-
de février même de l'appel,
comptée à partir du 1er mars.
des recrues n'ont pas encore

La deuxième portion du
pendant six ans comme RE-
six autres années dans ce
PLÉMENTAIRE.

Tout homme de la pre-
quent compris dans le con-
passer trois ans sous les dra-
pendant trois autres années et
appelle la 1re réserve ou ré-
six premières années, il passe
mine ses douze années de

Les hommes des différen-
pelés sous les drapeaux tous

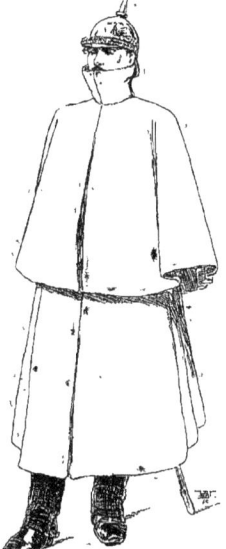

Escorte royale.

pose le CONTINGENT DE L'ARMÉE
tingent, essentiellement, va-
de manière à concorder avec
par le budget.

bituellement pendant le mois
et la durée des services est
Il s'ensuit que la plupart
vingt ans.

contingent annuel est inscrite
CRUES DISPONIBLES et pendant
qu'on appelle la RÉSERVE SUP-

mière portion, et par consé-
tingent de l'armée active, doit
peaux; il est ensuite en congé
contribue à former, ce qu'on
serve active. Au bout de ces
dans la 2e réserve où il ter-
service.

tes réserves peuvent être ap-
les deux ans, mais la période
d'exercice ne doit pas dépasser six semaines.

Ordonnance.

Dans les pays d'outre-mer, Cuba, Porto-Rico, les Philippines, les troupes se recrutent, en principe, par voie d'engagements volontaires. Lorsque le nombre des engagements n'est pas suffisant, il est complété au moyen d'un nouveau tirage au sort entre les jeunes gens de la 1re portion du contingent de chaque circonscription de recrutement. Ceux que le sort a désignés servent aux colonies pendant quatre ans, comptant du jour de leur embarquement; ils passent ensuite dans la réserve et ils y comptent pendant quatre ans, pouvant indifféremment, en cas de guerre, être appelés au titre colonial ou au titre continental.

Le territoire est divisé, pour la cavalerie, en 24 circonscriptions de recrutement.

Au chef-lieu de chacune de ces circonscriptions existe le cadre d'un escadron de dépôt. En cas de guerre, cet escadron est chargé de réunir les réservistes et de les diriger sur les

OFFICIER DE CHASSEURS; PETITE TENUE.

escadrons actifs. En temps de paix, c'est lui qui réunit les recrues de la circonscription.

Les engagements volontaires et les rengagements ont une durée de 1 à 4 ans (1).

Une prime variant de 125 à 600 francs est payée de la façon suivante : moitié au rengagé dès son rengagement et moitié à l'expiration du temps de rengagement. Les engagés touchent d'abord un premier quart au moment de leur engagement, un second quart six mois après et enfin le reste de la somme à la fin de leur service. Cependant les militaires engagés ou rengagés pour quatre ans ont droit à la deuxième portion de la prime au bout de deux années de service.

Chasseur; tenue d'hiver.

Le montant de ces primes est formé par le versement de sommes payées par les exonérés; nous avons dit que cette somme était de 1.500 francs pour le service continental, ajoutons qu'elle est de 2.000 francs pour le service aux colonies.

Un lieutenant général et neuf membres tant civils que militaires composent ce qu'on appelle le conseil des EXONÉRATIONS ET ENGAGEMENTS MILITAIRES. Ce conseil, chargé de l'administration des fonds, doit pourvoir aux vacances existantes dans les contingents; cela, soit par l'engagement volontaire sans prime, soit par l'engagement ou rengagement avec prime.

Les rengagés avec prime forment deux classes :

La première comprend les militaires qui demandent à demeurer sous les drapeaux après l'expiration de leur temps de service.

La seconde, les hommes qui demandent à rentrer dans l'armée après être sortis depuis moins d'un an.

Les engagés volontaires sont aussi de deux catégories :

1° Les jeunes gens de la réserve, ou ceux renvoyés en congé illimité à condition qu'ils aient quitté le régiment depuis plus d'une année.

2° Les jeunes gens ayant seize ans accomplis et qui désirent entrer volontairement dans l'armée avant l'époque que leur assigne la loi de recrutement.

Les engagés et les rengagés ont droit à un supplément journalier de solde de 25 centimes, et après dix-sept ans de service à un supplément de 50 centimes.

Le service militaire volontaire peut être prolongé jusqu'à quarante-cinq ans, après quoi les anciens militaires ont droit à une retraite allant de 22 à 65 francs!

---

(1) Dans l'armée coloniale, la prime va de 250 à 1.200 francs.

Les sous-officiers ayant au moins douze ans de service dans l'armée ont droit à des emplois civils dont quelques-uns atteignent jusqu'à 1,250 francs.

Remonte et Conscription des chevaux. — Le siège du service de la remonte et des haras est à Cordoue, les autres établissements principaux sont aussi en Andalousie.

Organisés militairement, ces établissements se divisent en :
1° Dépôts d'étalons,
2° Dépôts d'élevage,
3° Dépôts de dressage.

Au nombre de quatre, les dépôts d'élevage sont situés : 1 en Estramadure, 1 dans la province de Grenade, 1 dans celle de Cordoue et 1 dans celle de Séville. Achetant des chevaux de trois ans, ces établissements les gardent jusqu'à l'âge de quatre ans et les livrent alors soit aux deux dépôts d'étalons, soit aux dépôts de dressage.

Lanciers.

Ces derniers, au nombre de deux, l'un à Cordoue, l'autre à Grenade, conservent pendant un an les chevaux de selle de quatre ans et les dirigent ensuite sur les corps de troupe.

Citons, pour mémoire seulement le dépôt de remonte de Catalogne dont les produits sont spécialement destinés au trait d'artillerie. Aucun officier espagnol n'est remonté par l'État, mais moyennant une somme fort minime proportionnée à leur grade, dont ils font le versement au Trésor, les officiers de cavalerie peuvent acquérir des chevaux appartenant à l'État.

En Espagne la durée moyenne d'un cheval est évaluée à huit ans.

Les chevaux espagnols sont bien dégénérés, et le temps n'est plus où le genet d'Espagne était le cheval de parade par excellence.

Cependant l'Andalousie est encore la province qui fournit les chevaux les plus renommés, surtout ceux qui naissent dans la province de Séville.

On fait de nombreux croisements avec le pur sang arabe dans le but d'améliorer la race. Il est à présumer, malgré cela, que les races espagnoles ne retrouveront jamais leur ancienne notoriété. A quelques exceptions près, les officiers de cavalerie sont du reste fort peu sportsmen, et pour beaucoup d'entre eux le cheval qui s'agenouille au commandement semble résumer le type du dressage!

Recrutement des officiers. — Il y a quelques années encore, les écoles militaires étaient au nombre de quatre, une par arme, Tolède pour l'infanterie, Valladolid pour la

Hussard de la princesse ; 1804.

cavalerie, Ségovie pour l'artillerie et Guadalajara pour le génie.

Actuellement les officiers se recrutent dans une seule école qui porte le titre d'ACADÉMIE GÉNÉRALE MILITAIRE de Tolède.

« Ros » des carabiniers à cheval.

Cette académie, placée sous l'inspection du *Directeur général de l'instruction militaire*, est commandée par un officier général secondé par un assez nombreux personnel.

Bonnet d'écurie des lanciers (Espagne).

Des sous-officiers, caporaux, ordonnances, musiciens, y sont attachés. En outre, une section de cavalerie est détachée pour le service de l'école.

Voici en quelques mots quelles sont les conditions à remplir pour l'admission à l'Académie militaire de Tolède :

Être Espagnol; être âgé de quinze ans au moins (quatorze ans pour les fils de militaires) et dix-huit ans au plus; être bachelier ès arts (avant 1890 ce diplôme n'était pas exigé); remplir les conditions physiques nécessaires; avoir une bonne conduite et enfin subir l'examen d'admission.

Les fils d'officiers tués ou morts des suites de blessures reçues en combattant sont admissibles de droit; on leur compte le nombre minimum des points exigibles pour l'admission.

Officier de chasseurs.

Avant de concourir, les candidats versent une somme de 25 francs, comme DROITS D'EXAMENS. Le prix de la pension pour les élèves-officiers est de 3 francs par jour pour les élèves ordinaires, de 50 centimes pour les fils d'officiers dont le père est en retraite, de 1 franc pour ceux dont le père est en activité de service; de 1 franc pour les fils d'officiers généraux en retraite et de 1 fr. 50 pour les fils d'officiers généraux en activité.

Tous les mois, tous les élèves, sauf les fils des retraités, versent la somme de 5 francs comme FRAIS D'IMMATRICULATION.

Les fils d'officiers tués à l'ennemi ou morts des suites de leurs blessures sont dispensés de toute espèce de rétribution.

L'année scolaire commence le 1er septembre et finit le 30 juin de l'année suivante.

Pendant cette année les élèves peuvent loger en ville, chez leurs parents.

Après deux années de séjour à l'Académie, les élèves sont classés, suivant leurs notes et le besoin des différentes armes, en trois catégories. La 1re suit le cours spécial d'infanterie; la

2° celui de cavalerie; la 3° catégorie est réservée aux officiers qui se préparent aux armes spéciales, génie, artillerie, état-major.

Les élèves de la 2° catégorie (cavalerie) sortent de l'Académie de Tolède à la fin de leur deuxième année d'études et sont envoyés pour terminer leur instruction à l'*Académie d'application* de Valladolid où ils suivent un nouveau cours de deux ans.

Nommés alferez à la fin de leur première année de Valladolid, ils passent dans les régiments à la fin de la deuxième année, leur grade ne devenant effectif qu'à cette époque. Le premier et le second de chaque promotion reçoivent à leur sortie de l'académie une épée d'honneur sur laquelle est inscrit le nom de l'officier et le motif pour lequel ce don lui a été fait.

Pendant leur séjour à l'école, les élèves portent le ROS, la GUERRERA (dolman) bleu foncé et le pantalon rouge à double bande bleue.

HIÉRARCHIE. Tous les officiers espagnols ont droit au titre de Don placé devant leur nom de baptême.

Il y a en Espagne deux sortes de grades : les grades effectifs, EMPLEOS, et les grades honoraires qui se subdivisent en GRADOS, grade honoraire immédiatement supérieur, et SOBREGADOS ou supérieurs de deux degrés aux grades effectifs.

Officier de hussards de la princesse : petite tenue.

Le GRADO ne confère aucun avantage immédiat; l'officier qui en est revêtu conserve les fonctions, les prérogatives et la solde de son grade effectif. Mais, au moment de sa promotion au grade supérieur, sa nomination lui fait prendre rang dans son EMPLEO du jour où date son GRADO et par ce fait il acquiert de suite une ancienneté supérieure à celui qui ne jouit d'aucun GRADO. Il en est de même pour le SOBREGADO, qui se trans-

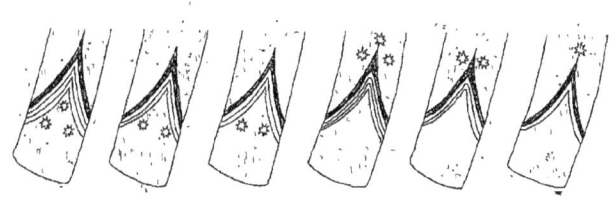
Officiers; marques distinctives.

forme en GRADO le jour où l'officier est promu dans l'EMPLEO et assure, par conséquent, une certaine ancienneté dans le cas d'une promotion à un nouvel EMPLEO.

Cette particularité de la hiérarchie militaire est appelée le DUALISME. Par exemple : un commandant peut être lieutenant-colonel ou colonel honoraire.

L'EMPLEO, ou grade effectif, est indiqué sur la manche de la tunique par des étoiles, et le grade honoraire, par des galons.

Les marques distinctives des différents grades sont les suivantes :

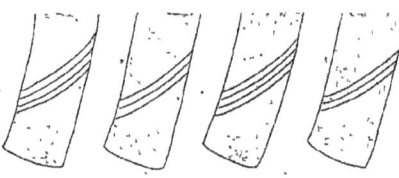

Soldats; marques distinctives.

CAPITAINE-GÉNÉRAL (maréchal) : 3 torsades d'or plates autour du parement, surmontées d'une baguette d'encadrement dentelée. FAJA (ceinture de commandement) ornée de 3 broderies.

LIEUTENANTS GÉNÉRAUX (commandants de corps d'armée) : 2 torsades d'or aux parements et à la FAJA.

MARÉCHAUX DE CAMP (généraux de division) : 1 seule torsade aux parements et à la FAJA.

BRIGADIERS (généraux de brigade) : même torsade que les maréchaux de camp, mais en argent.

COLONELS : 3 galons plats en or ou en argent suivant le métal du bouton et 3 étoiles à 8 pointes en or ou en argent.

LIEUTENANTS-COLONELS : 2 étoiles et 2 galons en or ou en argent suivant le métal du bouton.

COMMANDANTS : 2 étoiles et 2 galons, une des étoiles et un des galons en or, l'autre galon et l'autre étoile en argent.

Pour les officiers supérieurs, les étoiles sont placées au-dessous des galons.

CAPITAINES : 3 galons d'or ou d'argent et 3 étoiles à 6 pointes.

LIEUTENANTS : 2 galons et 2 étoiles.

ALFEREZ : 1 galon et 1 étoile.

Les étoiles des officiers subalternes se portent au-dessus des galons.

Les officiers qui jouissent d'un grade honoraire portent les étoiles du grade effectif et les galons du grade honoraire.

LES SERGENTS-MAJORS GRADUÉS ALFEREZ portent 1 galon sur le parement.

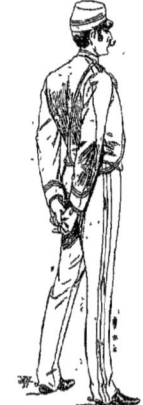

Hussard de la princesse; petite tenue.

Les sergents-majors : 3 galons de sous-officiers dits galons-ganse, en or ou en argent.

Les sergents : 2 galons-ganse.

Les caporaux en 1ᵉʳ : 3 galons de laine rouge.

Les caporaux en 2ᵉ : 2 galons en laine rouge.

Lorsque les sous-officiers quittent le service, ils passent dans la réserve avec leur grade.

Organisation générale. La cavalerie est sous les ordres d'un officier général qui porte le nom de directeur de la cavalerie. Cette cavalerie se décompose ainsi :

1 escadron d'Escorte royale. — 28 régiments dont : 8 régiments de lanciers; — 4 régiments de dragons; — 14 régiments de chasseurs; — 2 régiments de hussards.

En outre de leur numéro, ces régiments sont désignés par des noms particuliers.

Chaque régiment est à 4 escadrons actifs et comprend un état-major ainsi composé :

1 colonel; — 1 lieutenant-colonel; — 3 commandants; — 4 capitaines; — 3 lieutenants; — 2 alferez; — 1 aumônier; — 1 médecin-major; — 2 professeurs-vétérinaires; — 1 professeur d'équitation; — 1 armurier; — 1 sellier; — 1 trompette-major; — 1 caporal-trompette; — 2 sergents; — 1 premier caporal; — 30 chevaux.

Chaque escadron comprend :

1 capitaine; — 4 lieutenants; — 1 alferez; — 1 sergent-major; — 4 seconds sergents; — 8 premiers caporaux; — 8 seconds caporaux; — 4 trompettes; — 3 maréchaux ferrants; — 1 forgeron; — 4 cavaliers de 1ʳᵉ classe; — 139 cavaliers de 2ᵉ classe.

Ce qui fait pour le régiment sur le pied de guerre :

43 officiers; — 700 hommes de troupe; — 649 chevaux.

En outre de ces 28 régiments actifs, il existe 28 régiments de réserve entretenant sur le pied de paix :

1 colonel; — 1 lieutenant-colonel; — 2 commandants; — 5 capitaines; — 6 lieutenants; — 4 alferez; — 4 sergents-majors; — 2 seconds caporaux; — 2 trompettes; — 8 cavaliers de 2ᵉ classe.

Ces 56 régiments mobilisés doivent présenter un effectif d'environ 39 ou 40,000 hommes.

L'escadron d'Escorte royale se compose de :

1 colonel; — 1 lieutenant-colonel; — 1 commandant; — 3 capitaines; — 2 lieutenants adjudants-majors; — 1 lieutenant trésorier; — 5 lieutenants; — 1 professeur-vétérinaire; — 1 sergent-major; — 4 sergents; — 4 premiers caporaux; — 4 seconds caporaux; — 1 caporal trompette; — 3 maréchaux ferrants; — 1 forgeron; — 4 trompettes; — 120 cavaliers de 1ʳᵉ classe; — 122 chevaux.

La cavalerie coloniale se compose de :

3 régiments de cavalerie de l'île de Cuba; — 1 escadron de lanciers des îles Philippines.

PRINCIPAUX OFFICIERS
DE LA CAVALERIE ESPAGNOLE
EN 1892

CAPITAINES GÉNÉRAUX : *Juan de la Pezuela y Ceballos*, comte *de Cheste*.
José Gutiérrez de la Concha é Irigoyen, marquis *de la Havane*.

LIEUTENANTS GÉNÉRAUX : *J. Colomo y Puche*, membre de la « Junta superior consultiva de guerra ».
A. Moreno y Villar, capitaine général d'Aragon.

GÉNÉRAUX DE DIVISION : *J. Pasqual de Bonanza y Soler de Cornellá*.
J. Contreras y Martinez, membre de la « Junta superior ».
M. Sanchez y Mira, gouverneur militaire de Cordoue.
J. Pacheco y Gutiérrez, 2ᵉ chef militaire d'Aragon.
G. Chacon y Romero, 2° chef militaire de Valence.
M. Loresecha y Rodriguez de Alburquerque, marquis *de Hijosa de Alava*, membre de la « Junta superior ».

GÉNÉRAUX DE BRIGADE : *E. Franch y Trasserra*, chef de brigade d'Aragon (1ᵒʳ et 18ᵉ régiments).
P. Girón y Aragón, duc *de Ahumada*, chef de la 2ᵉ brigade de la Nouvelle-Castille.
F. Mendicuti y Suárez, gouverneur militaire d'Albacete.
E. Sánchez Seijas, quartier général à Madrid.
J. Léon y Barreda, gouverneur général de Pontevedra.
L. Salbado y Santos, secrétaire de l'inspection de cavalerie.
L. Lopez Cordón y Chacón, aide de camp du roi.
J. de Zavala y Guzmán, marquis *de Sierra Bullones*, comte *de Paredes de Nava y de Santa Marca*, quartier général à Madrid.

M. González de la Rosa, chef de la 1ʳᵉ brigade de Catalogne (3ᵉ et 4ᵒ rég.).
C. Melguizo y González, quartier général à Madrid.
H. Barbáchano y Aguirre, gouverneur militaire de Santander.
M. Gutiérrez Herrán, chef de brigade de la Vieille-Castille.
J. Bosch y Mayoni, chef de la 1ʳᵉ brigade de la Nouvelle-Castille (10ᵒ et 12ᵒ rég.).
J. Huguet y Ayuso, gouverneur militaire de Zamora.
C. Coig y O'Donnell, chef de la 3ᵒ brigade de la Nouvelle-Castille (19ᵒ et 20ᵒ rég.).
R. Balboa y Gibert, gouverneur militaire de Soria.
L. de la Portilla y Cobián, gouverneur militaire de Lérida.
E. Torreblanca y Diaz, chef de la 1ʳᵉ brigade d'artillerie de la Nouvelle-Castille.
E. Gutiérrez Cámara, quartier général à Cuba.
A. Sánchez Campomanes, quartier général à Madrid.
J. Ortiz y Borrás, chef d'une brigade d'infanterie à Valence.
P. González y Montero, chef de brigade de l'Andalousie.
R. Rubalcava y Negrón, gouverneur militaire de Teruel.

INSPECTEUR GÉNÉRAL DE LA CAVALERIE : LIEUTENANT GÉNÉRAL : *Luis Prendergast y Gordon*, marquis *de Victoria de las Tunas*.

ESCADRON DE L'ESCORTE ROYALE.

COLONEL : *Eduardo Manzano Garcia*.
LIEUTENANT-COLONEL : *Federico González Montero*.
COMMANDANTS : *J. Nieulant y Villanueva*, marquis *de Sotomayor*.

A. *Carvajal y Fernández de Córdova*, comte de
  Aguilar de Inestrillas y de Villalba.
CAPITAINES : *Manuel Cortés y Garcia.*
  Carlos Senespleda y Tapia.
PREMIERS LIEUTENANTS : *Francisco Tuero Cifuentes.*
  Gerardo Alvear de la Pedraja.
  Antonio Laso y Zayas.
  Agustin Aguilera Gamboa, comte de Alba de Yeltes.
  Enrique Chacón Sánchez.
  Victoriano Chaves Cistué.
  Victoriano Dulce Antón.
PROFESSEUR D'ÉQUITATION : *Gerardo Oliveros Caballero.*

RÉGIMENTS DE LANCIERS.

DU ROI, N° 1, à SARAGOSSE.

COLONEL : *Pedro Sarrais y Taillaud.*
LIEUTENANT-COLONEL : *José Beltrán y Mateos.*
COMMANDANTS : *Manuel Plana Bretón.*
  Guillebaldo Valderrabano Ceballos.
  Francisco Pra Duarte.
CAPITAINES : *Arturo Serrano Urgueta.*
  Juan Guerra Abellano.
  Federico Rodriguez Fito y Montero.
  Antonio Román Orejón.
  Cecilio Lafuente Deza.
  Eladio Pascual Govantes.
  Andrés Royo Domeco.
  Ubaldo Leal Saleta.
  Juan Palau Boix.
  Antonio Ferrer Mur.
  Francisco Bonel Sánchez.
  Ignacio Segura Serrate.
  Andrés Lopez Velilla.
  Ramón Bañuelos Pérez.
  Mariano Sierra Alonso.

DE LA REINE, N° 2, à ALCALA DE HENARES.

COLONEL : *Leopoldo Garcia Peña.*
LIEUTENANT-COLONEL : *G. Sierra y Vázquez Novoa.*
COMMANDANTS : *Francisco Ampudia López.*
  José de la Prada y Estrada.
  Luis Marchesi Bütler.
CAPITAINES : *Antonio de la Lastra Rojas.*
  Antonio Garcia Ortiz.
  José Sandoval Medel.
  Tomás González Ros.
  Luis Diaz Figueroa.
  Pedro Carballo Cosada.
  Francisco Burillo Vitaller.
  Manuel Sánchez Sánchez.

DU PRINCE, N° 3, à VILLAFRANCA DEL PANADÈS.

COLONEL : *Vicente Cortijo Navarro.*
LIEUTENANT-COLONEL : *Mariano Gómez de la Torre y Abréu.*
COMMANDANTS : *Manuel Alonso Maestro.*

  Pelegrin Olmos González.
  Emilio Vázquez Prada y Pruneda.
CAPITAINES : *Jenaro Turrión Andrés.*
  Maximino Torresano Collado.
  Lucio Jiménez Campillo.
  Valentin Martinez Malagón.
  José Sáez Medina.
  Juan Sorli Ten.
  Félix Fernández Bermúdez.
  Fermin Bernal Lasmarias.

BOURBON, N° 4, à REUS.

COLONEL : *Maximino Creagch Treviño.*
LIEUTENANT-COLONEL : *Juan Barrera Escurra.*
COMMANDANTS : *Pedro Buch Mateos.*
  Hipólito Garcia Alonso.
  Vicente Pons Alcober.
CAPITAINES : *Ramon Pagola Andueza.*
  Severo Rodriguez Migueles.
  Félix Carrasco Pérez.
  José Aparicio Hernández.
  Restituto González Soto.
  Rigoberto Ubach Lleó.
  Sebastian Velasco Ramos.
  Alonso Diego Moraleja.
  José Gregorisch Piña.

FARNÈSE, N° 5, à PALENCIA.

COLONEL : *Diego Buil y Martin de Velasco.*
LIEUTENANT-COLONEL : *José Vázquez Gómez y Miguel.*
COMMANDANTS : *Venancio Centeno Tapioles.*
  Gregorio Prieto Villarreal.
  Simón Santos Montero.
CAPITAINES : *Fernando Sanz Trigueros.*
  Juan Bravo Migueles.
  Leandro Peñas Azañedo.
  Antonio Cumbres Caballero.
  Cándido Polo González.
  Enrique Jurado Giró.
  Juan Morales Veneroso.
  Diego Doblado Badillo.

VILLAVICIOSA, N° 6, à BADAJOZ.

COLONEL : *Tulio Agudo y Velasco.*
LIEUTENANT-COLONEL : *José Fernández de la Puente y Patrón.*
COMMANDANTS : *Pedro Ezquerro Hernández.*
  Ricardo Segurado Alberca.
  José Ruiz Lara y Poveda.
CAPITAINES : *Arturo Fernández Assas.*
  Manuel Alba Fernández.
  Joaquin Piquer Alonso.
  Juan Alba Fernández.
  Ignacio Murillo Reyes.
  Francisco Lezcano Comendador.
  Antonio Rubio Pérez.
  Ruperto Agudo González.

ESPAGNE, N° 7, à Burgos.

Colonel : *Braulio Campos é Hidalgo.*
Lieutenant-colonel : *Eladio de Vinuesa y Martinez de Velasco.*
Commandants : *José Trabadelo Fernández.*
Dionisio Ibarreta Ayala.
Manuel Rodriguez Losada.
Capitaines : *Dámaso Sanz Urrutia.*
Crescencio Jiménez Lázaro.
Clemente Verges Campos.
Pedro Garcia Bona.
Raimundo López Santiago.
Ricardo González Salazar.
Daniel Morcillo Zarzola.
Antonio Martinez Rituerto.

SAGONTE, N° 8, à Valence.

Colonel : *Clemente Mathé Cagigal.*
Lieutenant-colonel : *Miguel Cañellas Barceló.*
Commandants : *Mariano Martinez López.*
Julián Durán Clart.
José Pérez Fernández.
Capitaines : *Pedro Font de Mora Jáuregui.*
Antonio Gómez Cano.
Félix Gaztambide Delgado.
Pedro Mayoral Martinez.
Antonio Escribano Carrasco.
José Rojas Belda.
Inocencio López Tamayo.
Daniel Ruiz López.

RÉGIMENTS DE DRAGONS.

SANTIAGO, N° 9, à Grenade.

Colonel : *Juan Ampudia López.*
Lieutenant-colonel : *Emilio López de Vinuesa y Diaz.*
Commandants : *Fernando Jáudenes Gómez.*
Cayetano Ibarra Sánchez.
Pablo Sánchez Machado.
Capitaines : *Pedro Brean Abellan.*
Santiago González Blázquez.
Pedro Alonso Sánchez.
Juan Martinez Sánchez.
Eduardo Sierra López.
Manuel Cantero Piñar.
Gregorio Porras Ayala.
Ramón Alonso Ocón.

MONTESA, N° 10, à Madrid.

Colonel : *Rafael López Cervera.*
Lieutenant-colonel : *Fernando de Losada y Sada.*
Commandants : *José Bérriz Armero.*
Ignacio Canas Farreng.
Francisco Asensio Herrero.
Capitaines : *Juan Alvarez Masó.*
Ulpiano López Paramio.

Domingo González Martin.
José Buerba Antonio.
Julio Lostaló Ribot.
Manuel Ojeda Bestué.
Gumersindo Pérez Ramos.
Isidoro de la Fuente y Vázquez.

NUMANCE, N° 11, à Pampelune.

Colonel : *José D'Harcourt y Moriones.*
Lieutenant-colonel : *José Ferrando Casanova.*
Commandants : *Cesáreo Caravaca Urtiaga.*
Bernardo Fernández Suárez.
Domingo Rivero Castro.
Capitaines : *Quintin Garcia Tarancón.*
Andrés Huerta Urrutia.
Tomás Felipe Gil.
José Sánchez Nieto.
Ciriaco Pozas é Izquierdo.
Celestino Muga Gómez.
Anatolio Cuadrado Romero.
Lino López del Amo.

LUSITANIE, N° 12, à Alcala de Henares.

Colonel : *Julián Ruiz y Ortega.*
Lieutenant-colonel : *Ramon Jurado y Egido.*
Commandants : *Siro Atienza Garcia de la Huerta.*
Ricardo Ramos Caspe.
José Fernández Laredo.
Capitaines : *Victoriano Altemir Labad.*
Francisco Manchón Martin.
Carlos Vázquez Fernández.
Claudio Fernández Rodriguez.
Jorge Heredia Sainz.
Blas Tofé Ledesma.
Guillermo Rodriguez Roldán.
Emilio López de Letona y Lomelino.

RÉGIMENTS DE CHASSEURS.

ALMANSA, N° 13, à Valladolid.

Colonel : *Luis Pascual del Povil y Martos.*
Lieutenant-colonel : *José Castaño y Guzmán.*
Commandants : *Enrique Queypo del Llano y Sánchez.*
Ildefonso Gómez Nieto.
Ambrosio Martin Garcia.
Capitaines : *Luis Chapado Cobos.*
Crisanto Peña Ayala.
Gaspar Pérez Barón.
Fulgencio Garcia Gómez.
Maximino González Suárez.
Antonio Amat y Micó.
Julián Herranz Gordo.
Manuel López González.

ALCANTARA, N° 14, à Barcelone.

Colonel : *Carlos Andrade y de las Fuentes.*
Lieutenant-colonel : *Eduardo Jalón Larragoiti.*

COMMANDANTS : *Domingo Ruiz Rivero.*
Tomás Cólogan Cólogan.
Ernesto Gómez Suárez.
CAPITAINES : *Rufino Montaño Subirá.*
Mariano Usúa Díaz.
Angel Dulce y Antón.
Luis Trujillo del Olmo.
Francisco Ortega González.
Rafael Santapau Segura.
Domingo Ramos Centeno.
Felipe Moreno Huertas.

TALAVERA, N° 15, à SALAMANQUE.

COLONEL : *Bernardo González del Rubín.*
LIEUTENANT-COLONEL : *Hipólito Fernández Balbuena.*
COMMANDANTS : *Pedro Rodrigues Yuste.*
Pedro Lodos Seijo.
Juan Camargo Rodríguez.
CAPITAINES : *Saturnino Salvador Hernández.*
Francisco Hortigüela Tamayo.
Andrés Ferreras Pequeño.
Tomas Valverde Tambolea.
Florentino Alonso Salgado.
José Arias López.
Felipe González García.
Ricardo Parrilla Regalo.

ALBUERA, N° 16, à LOGRONO.

COLONEL : *Ricardo Ojeda Perpiñán.*
LIEUTENANT-COLONEL : *Luis Béjar Mendoza.*
COMMANDANTS : *Luis Andriani Rosique.*
Nicanor Ruiz Delgado.
Florentino Alonso Ruiz.
CAPITAINES : *Eduardo Soto y Malagelada.*
Manuel Pinto Benítez.
Tomás Costillas Velasco.
Aquilino López Sáez.
Federico García Ibáñez.
Pedro Benítez Marín.
Santiago Fernández Santos.

TETUAN, N° 17, à BARCELONE.

COLONEL : *Luis Mackenna Benavides.*
LIEUTENANT-COLONEL : *Cipriano Jiménez Frontín y Rabadán.*
COMMANDANTS : *Antonio Rueda González.*
Ricardo Benedicto Gálvez.
Galo Colilla Espinosa.
CAPITAINES : *Cándido Urdiain Ros.*
Antonio Cortés Pérez.
Diego Martín Canal.
Mariano Felipe Naya.
Maximiliano Soler Losada.
Hilario Lasheras Léon.
Juan Romá Sala.
Atanasio Serrano Bartolomé.

CASTILLEJOS, N° 18, à SARAGOSSE.

COLONEL : *Rafael Clavijo Mendoza.*
LIEUTENANT-COLONEL : *Nicolás Azara y López de Heredia.*
COMMANDANTS : *Eduardo Repiso Iribarren.*
Federico Gerona Enseñat.
Facundo Belío Alonso.
CAPITAINES : *Antonio Heredia Carbonell.*
José Manzano Cuesta.
Cipriano Blásquez Muñoz.
Ildefonso Calatrava Marín.
Agustín de Quinto Fernández.
Tomás Lamarca Campais.
Tomás Carnero Murillo.
Antonio Calvo Antoni.

RÉGIMENTS DE HUSSARDS.

DE LA PRINCESSE, N° 19, à MADRID.

COLONEL : *Rafael Ibáñez de Aldecoa y Lara.*
LIEUTENANT-COLONEL : *Manuel Aztor de Aragón y San Juan.*
COMMANDANTS : *Agustín de la Serna Entrecanales.*
Juan Prim y Agüero.
Francisco Beltido Labandero.
CAPITAINES : *Ricardo Molló Izquierdo.*
Fernando García Lastra.
José Montojo Castañeda.
José Olona Santos.
José Zabalza é Iturriria.
José Rico Megina.
Nicanor Poderoso Egurvide.
Enrique de la O y López.

PAVIA, N° 20, à MADRID.

COLONEL : *Calixto Ruiz Ortega.*
LIEUTENANT-COLONEL : *Angel Bielsa Martínez.*
COMMANDANTS : *Federico Reinoso y Muñoz de Velasco.*
Joaquín Milans del Bosch.
Germán Brandeis Gleicheauf.
CAPITAINES : *Manuel Diez de Mogrovejo.*
Balbino Ibáñez Conde.
Fernando Pastor Sanz.
Rafael Esteban Torres.
Andrés Aguirre Pacheco.
Juan Planas Bretón.
Gerardo Miguel Dehesa.

RÉGIMENTS DE CHASSEURS.

ALPHONSE XII, N° 21, à SÉVILLE.

COLONEL : *Enrique Trechuelo y Osmant.*
LIEUTENANT-COLONEL : *Francisco Campuzano de la Torre.*
COMMANDANTS : *Manuel Ojeda y Perpiñán.*
Rafael Ruiz Porras.

Ramón Ugarte y Verda.
Antonio Acebedo Sierra.
Segundo Villalba Alonso.
Juan Lozano Diaz.
Juan Requena Bañón.
Félix Blanco Montes.
Antonio Ramos Calderón.
José Valenzuela Cervera.

SESMA, N° 22, à VALENCE.

COLONEL : *Nicanor Picó y Garcia Pego*.
LIEUTENANT-COLONEL : *Augusto Gracián Reboul.*
COMMANDANTS : *Evaristo Cuena Cuena.*
 Marcos Marqués Palafox.
CAPITAINES : *Luis Márquez Peris.*
 Francisco Redondo López.
 Juan Guzmán Cobreros.
 Lorenzo Palau Boix.
 Pedro Parra Vizcaino.
 Océano Altolaguirre Labasta.
 Manuel Serrano Puig.
 Estanislas Andrés de Pablo.

VILLARROBLEDO, N° 23, à CORDOUE.

COLONEL : *José Serrano Atzpurua.*
LIEUTENANT-COLONEL : *Rafael P. Laso de la Vega y Argüelles.*
COMMANDANTS : *Joaquin Berniola Gascón.*
 Miguel Núñez de Prado.
 José Buzón Pérez.
CAPITAINES : *Juan Ponce Barbosa.*
 Eladio Monedero Gallo.
 Rafael Velasco Vergel.
 Isaac Galán Rico.
 Mariano López Tuero.
 Alejandro Peñalver Gutiérrez
 Francisco Solano de la Cruz.
 Miguel Rodriguez Montes.

ARLABAN, N° 24, à VITORIA.

COLONEL : *Arturo Ruiz Sanz.*
LIEUTENANT-COLONEL : *Manuel Asas Cea.*
COMMANDANTS : *Serapio Riaño Castro.*
 Domingo Borri y Sáenz de Tejada.
 Segundo Pablo Barbero.
CAPITAINES : *Enrique Albero Calvo.*
 Abdón Bercero Fernández.
 Adolfo Pascual Ortega.
 Enrique Bautista Riverón.
 José Garcia Siñeriz.
 Florentino Flores Jiménez.
 Felipe Ramos Arcos.
 Manuel Gabin Fernández.

GALICE, N° 25, à SANTIAGO.

COLONEL : *Emilio Puig Decrusaz.*
LIEUTENANT-COLONEL : *José Pérez de Guzmán y Güell.*

COMMANDANTS : *Braulio Verde Robles.*
 Guillermo Vázquez Rodriguez.
 Timoteo Garcia Casarrubios Mingues.
CAPITAINES : *Jacinto Pérez Amor.*
 Alonso Núñez Núñez.
 Eugenio Gutiérrez Gutiérrez.
 Luis Cid Conde.
 Jerónimo Alonso Riesco.
 Joaquin López Matias.
 José Ronda Rebollo.
 Teodomiro Cordejuela Prieto.

MAJORQUE, N° 26, à BARCELONE.

COLONEL : *Miguel Manglano y Guajardo.*
LIEUTENANT-COLONEL : *Nicasio Gerona Vera.*
COMMANDANTS : *Eusebio Cabañas Pérez.*
 José Carrasco Pérez.
 Agustin Bandres Fernández.
CAPITAINES : *Roberto Taltabull Rosclló.*
 Amador de la Rosa Diaz.
 Rafael Rueda Muñoz.
 Francisco Ortega Ramos.
 Pedro Palau Boch.
 Julián Valladolid Jiménez.
 Constantino Villares de la Gala.
 Francisco Zapota Marin.

MARIE-CHRISTINE, N° 27, à ARANJUEZ.

COLONEL : *Federico Monleón Garcia.*
LIEUTENANT-COLONEL : *Victor Sánchez Mesa.*
COMMANDANTS : *Antonio Carlos Alix.*
 Manuel de Alarcón y Caspe.
 Antonio Guerra Martinez.
CAPITAINES : *Leopoldo Sandoval Prieto.*
 Balbino Garcia López.
 Antonio Navarro Escalera.
 José Misericordia Armellones.
 Antonio de la Fuente y Castrillo.
 José Pastor Sanz.
 Estanislao Tauste Goizueta.
 Manuel Jiménez y Morales de Setién.

VITORIA, N° 28, à JEREZ DE LA FRONTERA.

COLONEL : *José Guzmán Rodriguez.*
LIEUTENANT-COLONEL : *Emilio Herrero Cortés.*
COMMANDANTS : *Joaquin de Souza Preciados.*
 Aniceto Rebollo Pavón.
 Tomás Martin González.
CAPITAINES : *José Domenech Ginovés.*
 Ramon Villuendas Arjona.
 Vicente Hinojosa Luque.
 Antonio Pancorbo Ortega.
 Angel Salvatierra Grañón.
 Martin Vicioso Hidalgo.
 Antolin Agar Cincúnegui.
 Francisco Lucero Hernández.

FERNAND CORTÈS, N° 29, à Cuba.
COLONEL : *Joaquin Giroud Zaparit.*
LIEUTENANT-COLONEL : *Francisco Melgar Diaz.*
COMMANDANTS : *Ramon Leal González de Riva.*
Salvador Arizón Sánchez Fano.
Prudencio Serrano Izquierdo.
CAPITAINES : *Pedro Ulecia Cardona.*
Juan Costo Pache.
Pascual Herrera Orzáes.
Antonio Jiménez Albacete.
Ramón Brandaris Rato.
Ricardo Callol Jover.
José Sanz Maza.
Manuel Mariño Diozal.

PIZARZE, N° 30, à Cuba.
COLONEL : *Pablo Landa Arrieta.*
LIEUTENANT COLONEL : *Julio de la Jara Atienza.*
COMMANDANTS : *Julián Lillo é Izquierdo.*
José Roméu Crespo.
Manuel Canga Argüelles.
CAPITAINES : *Felipe Junciel Canellas*
Augusto Villares de la Gala.
Felipe Páramo Constantini.
José Serrano Puig.
Juan Arnaldo Visa.
Juan Agulló Ruiz.
Enrique Hernández Ferrer.
Luis Sartorius Chacón.

TACON, N° 31, à Cuba.
COLONEL : *Emiliano de Loño y Pérez.*
LIEUTENANT-COLONEL : *Clemente Obregón de los Rios.*
COMMANDANTS : *Carlos Palancas Cañas.*
Eduardo Brusola Perea.
Angel Valimaña Arnay.
CAPITAINES : *Rafael Castellón Ruiz.*
Francisco del Campo Garcia.
Miguel Rodriguez Lucas.
Enrique Ubjeta Mauri.
Juan Diaz Fernández.
Miguel Socasar Navarro.
Enrique Diaz Tejero.
Babil López Ansó.

ESCADRON DE VOLONTAIRES DE CAMAJUANI (Cuba).
CAPITAINES : *Basilio Rubio Chaves.*
Juan González Lendinez.

ESCADRON DES PHILIPPINES.
LIEUTENANT-COLONEL : *Juan Garcia Celada y Madrigal.*
CAPITAINES : *Leopoldo Martinez del Rincón y Lires.*
Roberto White y Gómez.

MILICE VOLONTAIRE DE CEUTA.
COMMANDANT : *Antonio Sousa Regoyos.*
CAPITAINE : *Manuel Saavedra y Benito.*

ACADÉMIE D'APPLICATION DE CAVALERIE, à Valladolid.
DIRECTEUR : COLONEL *B. Garcia Veas.*
ADJOINT : LIEUTENANT-COLONEL *R. López Navarro.*

ÉCOLE D'ÉQUITATION.
DIRECTEUR : COMMANDANT *E. Andino del Solar.*

DÉPOTS DE REMONTE.

PREMIER, GRENADE, à Ubeda.
COLONEL : *Alfredo Pessino Screess.*
LIEUTENANT-COLONEL : *Pedro Rubalcava Muñoz.*
COMMANDANT : *Francisco Garcia Villar.*
CAPITAINES : *Pedro Moreno Fernández.*
Pedro López Llana.

SECOND, CORDOUE à Cordoue.
COLONEL : *Eduardo Gongora é Igea.*
LIEUTENANT-COLONEL : *Federico Menduiña Ruffi.*
COMMANDANT : *José de Cárdenas y Diaz.*
CAPITAINES : *Felipe Acedo Velado.*
Ciriaco Cascajo Ortiz.

TROISIÈME, ESTRÉMADURE, à Moron.
COLONEL : *Antonio Lozano Gámiz.*
LIEUTENANT-COLONEL : *Francisco Jaquetot Garcia.*
COMMANDANT : *Antonio Contreras Montes.*
CAPITAINES : *Angel Alarcón Verdú.*
Sebastián Ariza Bermúdez.

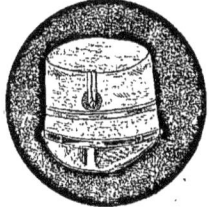

Képi d'*Aferez* de chasseurs.

CHAPITRE VII

FRANCE

Spahis.

Dire quelque chose de nouveau, ou même d'intéressant sur la cavalerie française, après la publication du remarquable ouvrage de MM. Detaille et Jules Richard nous semble une tâche malaisée pour ne pas dire impossible. Aussi bien, est-ce à titre de simples renseignements, et pour toucher aux limites du cadre que nous avons voulu donner à ce modeste ouvrage que nous parlerons ici de notre cavalerie.

On sait quels immenses progrès elle a faits depuis les tristes jours de 1871. Ces progrès, dus à l'impulsion énergique et intelligente de chefs comme MM. les généraux de Gallifet, L'Hotte, Thornton, Cornat, de Kerhué, Lardeur, Bonie, d'Espeuilles, etc., etc., qui ont rendu à

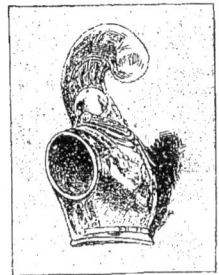
Carabiniers; 1833.

notre cavalerie, au moins comme corps d'officiers et de sous-officiers, la place qu'elle doit occuper au premier rang dans les armées européennes.

Ce qu'on peut avancer en toute confiance, c'est qu'en dépit des efforts de quelques esprits rétrogrades ou jaloux pour lesquels le passé fut une insuffisante leçon, nos officiers de cavalerie sont ceux qui montent le mieux à cheval de toute l'Europe. N'est-ce pas dire qu'ils sont les premiers cavaliers du monde? D'une remonte souvent inférieure à celle d'autres cavaleries, ils savent, à leur plus grande gloire, tirer de leurs montures les résultats les plus brillants et à la fois les plus solides. Aucune école ne saurait être comparée, même de loin, à l'école de Saumur.

Comptant dans ses cadres les noms les plus illustres de l'aristocratie et de la haute bourgeoisie de France, notre cavalerie maintient haut et ferme l'honneur de ses brillants étendards.

Si aux mauvais jours, surprise par le nombre, endormie dans une trop grande confiance que justifiaient ses succès passés, elle a donné lieu à quelques critiques, l'héroïsme admirable qui se manifesta à Reischoffen, à Gravelotte et à Sedan, montre suffisamment que le sang des Murat, des Lassalle, des Hautpoul, des de Bracke, bouillait toujours dans les veines de leurs petits-fils.

Viennent de nouveaux combats, et les « braves gens » qui faisaient l'admiration du Prince d'Orange et du roi Guillaume, n'auront pas certes à rougir de leurs successeurs.

Modeste et ignoré membre de cette grande famille à laquelle j'ai appartenu pendant dix années, je suis heureux que cette humble étude me permette de dire toute l'estime que je professe pour les loyaux officiers sous lesquels j'ai eu l'honneur de servir.

Quelques types de cavaliers.

La loi de recrutement, en France, date de 1889.
Voici en quelques lignes quelles sont ses dispositions les plus importantes :
Tout Français doit le service militaire personnel. L'obligation du service militaire est égale pour tous. Elle a une durée de vingt-cinq années.

Chaque année, pour la formation de la classe, les tableaux de recensement des jeunes gens ayant atteint l'âge de vingt ans révolus dans l'année précédente et domiciliés dans l'une des communes du canton sont dressés par les maires.

Le conseil de revision est composé :

1° Du préfet, président; à son défaut, du secrétaire général, et exceptionnellement du vice-président du conseil de préfecture et d'un conseiller de préfecture désigné par le préfet;

2° D'un conseiller de préfecture désigné par le préfet;

A l'essai aux hussards en 1881.

3° D'un membre du conseil d'arrondissement, autre que le représentant élu dans le canton où la revision a lieu, désigné par le préfet;

4° D'un officier général ou supérieur désigné par l'autorité militaire.

(Remarquons, sans insister, qu'il peut se produire qu'un général ayant soixante ans d'âge, vingt ou trente campagnes, plusieurs blessures et vingt-cinq ou trente ans de service, se trouve ainsi le simple membre, l'assesseur, d'un conseil présidé par un jeune secrétaire de vingt à vingt-cinq ans, et d'un mérite très relatif.)

5° Un sous-intendant militaire, le commandant de recrutement, un médecin militaire ou à défaut un médecin civil désigné par l'autorité militaire, assistent aux opérations du conseil de revision. Le conseil ne peut statuer qu'après avoir entendu l'avis du médecin.

Tout Français reconnu propre au service militaire fait partie successivement :

De l'armée active pendant trois ans;

De la réserve de l'armée active pendant sept ans;

De l'armée territoriale pendant six ans;

De la réserve de l'armée territoriale pendant neuf ans.

Le service mili-

De semaine!

taire est réglé par classe. L'armée active comprend, indépendamment des hommes qui ne proviennent pas des appels, tous les jeunes gens déclarés propres au service militaire et faisant partie des trois dernières classes appelées.

La réserve de l'armée active comprend tous les hommes qui ont accompli le temps de service prescrit pour l'armée active.

L'armée territoriale comprend tous les hommes qui ont accompli depuis moins de six ans le temps de service prescrit pour l'armée active et sa réserve. La réserve de l'armée territoriale comprend tous les hommes qui ont accompli le temps de service prescrit pour cette dernière année.

Chaque année, après l'achèvement des opérations du recrutement, le ministre de la guerre fixe sur la liste du tirage au sort de chaque canton et proportionnellement, en commençant par les numéros les plus élevés, le nombre d'hommes qui seront envoyés dans leurs foyers en disponibilité après leur première année de service. (Infant.) Ces jeunes soldats resteront néanmoins à la disposition du ministre, qui pourra les conserver sous les drapeaux ou les rappeler, si leur conduite et leur instruction laissent à désirer ou si l'effectif budgétaire le permet. La durée du service compte du 1er novembre de l'année de l'inscription sur les tableaux de recensement, et l'incorporation du contingent doit avoir lieu, au plus tard le 16 novembre de la même année.

En temps de paix, chaque année, au 31 octobre, les militaires qui ont accompli le temps de service prescrit, dans l'armée active, dans la réserve de l'armée active,

OFFICIER DE CUIRASSIERS.

dans l'armée territoriale, dans la réserve de l'armée territoriale, sont envoyés respectivement : dans la réserve de l'armée active, dans l'armée territoriale, dans la réserve de l'armée territoriale, dans leurs foyers, comme libérés à titre définitif.

De 1765 a 1802.

Après les grandes manœuvres, la totalité de la classe dont le service actif expire le 31 octobre suivant, peut être renvoyée dans ses foyers en attendant son passage dans la réserve.

Dans le cas où les circonstances paraîtraient l'exiger, le ministre de la guerre est autorisé à conserver provisoirement sous les drapeaux la classe qui a terminé sa troisième année de service. Notification de cette décision sera faite aux Chambres dans le plus bref délai possible.

En temps de guerre, les passages et la libération n'ont lieu qu'après l'arrivée de la classe destinée à remplacer celle à laquelle les militaires appartiennent. Cette disposition est exceptionnellement applicable, dès le temps de paix, aux hommes servant dans les colonies.

Les hommes faisant partie des corps mobilisés peuvent y être maintenus jusqu'à la cessation des hostilités, quelle que soit la classe à laquelle ils appartiennent.

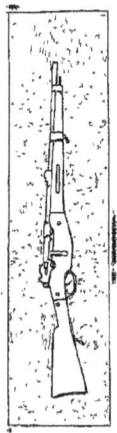

La nouvelle carabine de cavalerie.

En temps de guerre, le ministre peut appeler par anticipation la classe qui ne serait convoquée que le 1er novembre suivant.

Le contingent à incorporer, dans l'armée active, est formé par les jeunes gens inscrits dans la première partie des listes de recrutement cantonal. Ce contingent est mis, à dater du 1er novembre, à la disposition du ministre qui en arrête la répartition.

Le rappel de la réserve de l'armée active peut être fait d'une façon distincte et indépendante pour l'armée de terre, ou pour les troupes coloniales; il peut être fait pour un, plusieurs ou tous les corps d'armée, et s'il y a lieu, distinctement par arme. Dans tous les cas, il a lieu par classe, en commençant par la moins ancienne.

Les hommes de la réserve de l'armée active sont assujettis, pendant leur temps de service dans ladite réserve, à prendre part à deux manœuvres, chacune d'une durée de quatre semaines.

Les hommes de l'armée territoriale sont assujettis à une période d'exercices dont la durée sera de deux semaines.

Les jeunes gens qui doivent être inscrits sur les tableaux de recensement ou qui sont autorisés par les lois à servir dans l'armée française peuvent être admis à contracter un engagement volontaire.

Les hommes exemptés ou classés dans les services auxiliaires peuvent, jusqu'à l'âge de trente-deux ans accomplis, être admis à contracter des engagements volontaires, s'ils réunissent les conditions d'aptitudes physiques exigées.

Bonnet de police d'officier de dragons; modèle 1891.

La durée de l'engagement est de trois, quatre ou cinq ans. Les jeunes gens remplissant les conditions stipulées peuvent être admis à contracter, dans les troupes coloniales, des engagements volontaires d'une durée de cinq ans, donnant droit, pendant les deux dernières années, à une prime.

En cas de guerre, tout Français ayant accompli le temps de service prescrit pour l'armée active, la réserve de ladite armée et l'armée territoriale, est admis à contracter dans un corps de son choix, un engagement pour la durée de la guerre.

Cette faculté cesse pour les hommes de la réserve de l'armée territoriale, lorsque leur classe est rappelée à l'activité.

Les soldats décorés ou médaillés ou inscrits sur les listes d'aptitudes pour le grade de brigadier, ainsi que les brigadiers, pourront être admis à contracter des rengagements pour deux, trois ou cinq ans pendant le cours de leur dernière année de service sous les drapeaux.

Tout homme faisant partie des troupes coloniales peut être admis à contracter des rengagements pour deux, trois ou cinq ans après six mois de service.

Les rengagements datent du jour de l'expiration légale du service dans l'armée active. Ils sont renouvelables jusqu'à une durée totale de quinze années de service effectif.

Les brigadiers et les soldats qui contractent un premier rengagement de deux, trois ou cinq ans ont droit à une prime payable immédiatement après la signature de l'acte; cette prime varie suivant la durée de rengagement.

En outre, des hautes payes journalières sont allouées aux rengagés à partir du jour où leur rengagement commence à courir.

Grades; marques distinctives.

Après cinq années de rengagement, ces hautes payes seront augmentées de moitié pour les brigadiers et de 1/3 pour les soldats.

Après quinze ans de service effectif, les rengagés auront droit à une pension proportionnelle égale aux 15/25 du minimum de la pension de retraite du grade dont ils seront titulaires depuis deux ans au moins, augmentés de 1/25 pour chaque année de campagne.

Tout homme appartenant à la cavalerie peut contracter un rengagement d'un an dans le cours de sa troisième année de service. Il aura droit, pendant la quatrième à une haute-paye. En outre, il ne restera que trois ans dans la ré-

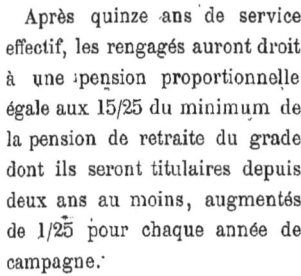

serve de l'armée active; il passera dans l'armée territoriale, et par suite dans la réserve de cette armée, trois ans avant la classe à laquelle il appartient.

Dans les troupes coloniales, les premiers rengagements donnent droit à une prime, payée au moment de la signature de l'acte et à des gratifications annuelles. Les rengagements ultérieurs ne donnent droit qu'aux gratifications annuelles. Les hautes payes journalières pour les brigadiers et soldats sont augmentées de trois ans en trois ans.

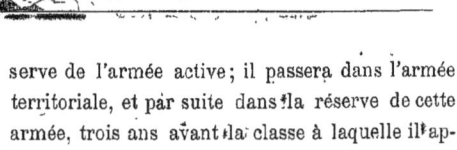

Dragons.

Les militaires de toutes armes, les hommes de la réserve de l'armée active âgés de moins de vingt-huit ans, les hommes des régiments étrangers autorisés par les ministres peuvent également contracter des rengagements dans l'armée coloniale.

Officier de cuirassiers; tenue du jour.

Dans une très intéressante étude sur le recrutement de la cavalerie, parue en 1887 (*Journal des Sciences militaires*), M. H. Martin, ancien officier de cavalerie, se plaignait fort justement de ce que l'ancienne loi ne s'occupait en rien de la cavalerie, au point de vue de son recrutement spécial; ses critiques, fort justes, sont également applicables à la loi de 1889: En effet, sauf l'article qui autorise les cavaliers à contracter un rengagement de un an, et dont les résultats sont nuls ou à peu près, les législateurs ne se sont que fort peu souciés des besoins spéciaux de l'armée.

Parlant du recrutement, M. H. Martin écrit :

« Il y a là besogne de législateur tout autant que d'officier. L'avenir d'une cavalerie dépend de la valeur bonne ou médiocre des éléments, — hommes et chevaux, — versés dans les corps de troupe conformément à la loi. Si un pays n'a que de mauvaises lois en ce qui concerne le recrutement et la remonte de sa cavalerie, il aura beau posséder des généraux capables de l'entraîner, de la manier, d'en user sans la ruiner, ces hommes n'auront jamais, sous leurs yeux attristés, qu'une cavalerie inconsistante, dont ils tireront parti, sans doute, mais non tout le parti qu'on est en droit d'attendre d'une ARME NE SUPPORTANT GUÈRE LA MÉDIOCRITÉ. Bien constituée, la cavalerie rendra d'immenses services. Composée d'éléments insuffisants, ce ne sera plus qu'un amas de bouches inutiles et d'impedimenta.

« Son recrutement est donc de la plus haute importance, mais il est malaisé. Les cavaliers sont tenus de savoir beaucoup, les officiers beaucoup plus encore. LES UNS ET LES AUTRES DOIVENT ÊTRE SPÉCIAUX. Ils doivent être triés sur le volet. C'est d'autant plus nécessaire qu'ils sont plus en évidence, qu'ils ENTRENT LES PREMIERS EN SCÈNE SUR LE THÉÂTRE DES HOSTILITÉS. QU'UNE CAVALERIE LANCÉE EN AVANT DES ARMÉES, JOUE ALLÈGREMENT LE PROLOGUE DE LA GUERRE, AUSSITÔT LA CONFIANCE S'ACCROÎTRA PARTOUT DANS LES TROUPES ET CHEZ LES NATIONAUX. QUE CETTE CAVALERIE, AU CONTRAIRE, AUTANT PAR SA COMPOSITION QUE PAR SON ÉDUCATION, NE SOIT PAS A LA HAUTEUR DE SON RÔLE DE BOUTE-EN-TRAIN, IMMÉDIATEMENT LES RESSORTS MORAUX SE DÉTENDRONT PARTOUT. »

Il faut bien avouer, du reste, que cette indifférence vis-à-vis du recrutement spécial que comporte la cavalerie se montre également dans toutes les lois précédentes. Ni la loi du 19 fructidor an VI, ni la loi du 28 germinal an VII, ni le règlement du 17 ventôse an VIII, ni l'arrêté du 18 thermidor an X, non plus que la loi du 18 fructidor an XIII, que le décret de 6 janvier 1807, que l'ordonnance du 30 août 1815, que les lois de 1818, du 5 juin 1824, du 11 décembre 1830, du 21 mars 1832, de 1868, 1872, 1875, ne s'occupent d'un recrutement spécial pour assurer au pays une bonne cavalerie.

Avec raison M. H. Martin voit une partie du remède dans une plus logique et plus équitable composition du conseil de revision et des officiers de recrutement. Poursuivant, avec une dialectique très serrée, son étude sur les errements en usage, il dit :

« Dans les bureaux de recrutement, à la répartition de la première portion de chaque contingent annuel, on choisit bien, pour les verser dans les corps de troupe à cheval, les hommes ayant quelques habitudes des animaux, quelques notions des soins à leur donner, c'est-à-dire les jeunes soldats originaires des régions agricoles ou des pays d'élevage ; on fait bien en sorte de n'affecter à la cavalerie que des hommes suffisamment conformés pour enfourcher un cheval ; mais, dans ce mode de faire, on se base seulement sur des principes dictés par le bon sens, formulés par l'usage, résultant en somme d'opinions personnelles, par conséquent variables. Les officiers recruteurs ont parfois, pour se guider, des instructions ministérielles élaborées au comité de cavalerie. Or, il est arrivé que, dans ces dernières années, l'impulsion donnée a été aussi nuisible que les fantaisies du recrutement impérial. Sous le vain prétexte d'augmenter la vitesse de la cavalerie, d'élever le facteur v^2 dans la formule mv^2, qui donne la force de choc d'une cavalerie, on a voulu, à l'instar de ce qui se fait en sport hippique, monter de petits hommes sur de grands chevaux.

« On a donc abaissé la taille de la cavalerie. On ne s'est pas souvenu que le cavalier doit pouvoir charger la selle paquetée sur le dos de son cheval, élever son pied gauche jusqu'à l'étrier et passer lestement sa jambe droite par-dessus la croupe du cheval et le troussequin de la selle, sans caresser sa monture de l'éperon, maladroitement. On a oublié que le cavalier ne jouit pas du privilège qu'a le jockey, d'être hissé sur son cheval par un aide.

Étendard de cavalerie.

« Des instructions ministérielles s'entassant chaque année dans les cartons des bureaux de recrutement, il faut retenir certaines dispositions qui témoignent du souci des ministres de la guerre à combler les lacunes d'une législation imparfaite. Entre autres, citons celle qui consiste à faire tenir note, par les officiers recruteurs, des demandes formulées par les jeunes gens en vue d'être versés dans l'arme de leur choix au jour de l'appel. . . . .

. . . .
. « Ce sont là d'excellentes mesures. Il est de principe qu'on ne fait bien que ce que l'on fait volontiers. L'idéal serait de concilier l'intérêt général et les besoins des divers services avec les aptitudes et les goûts de chacun. Mais il est impossible d'y atteindre au moyen du tirage au sort, tel qu'il se pratique actuellement. Avec lui s'imposent, pour chaque arme, des nécessités d'effectifs qui priment toutes autres considérations. Avec lui, on ne saurait faire l'essai loyal de la conciliation des différents intérêts en présence dans la question du recrutement. Sans lui, on pourrait certainement tenir compte des goûts individuels, qui, la plupart du temps, en vertu de l'action réciproque du physique sur le moral et du moral sur le physique, concordent avec les aptitudes de chacun.

« Une ou deux remarques en passant. Dans les instructions signées du général Farre, on trouve la préoccupation du recrutement des compagnies de chemin de fer rattachées à l'arme dont sortait l'ancien ministre. On n'y voit point le souci du recrutement de la cavalerie, pas même de ses pionniers, dont il avait été question cinq années auparavant, ni des télégraphistes qu'il faudra tôt ou tard incorporer dans des compagnies spéciales de cavaliers d'état-major.

« Dans les conseils de revision, le médecin militaire, quelle que soit son habitude personnelle de l'équitation, à moins qu'il n'ait servi longtemps dans la cavalerie, n'a pas une compétence suffisante pour apprécier le degré d'aptitude au cheval des hommes soumis à son examen. D'ailleurs, il doit se borner à donner un simple avis : il n'a point voix délibérative. Ainsi l'a voulu la loi. Elle ne s'en rapporte pas à la double honnêteté professionnelle, militaire et médicale; à tort ou à raison elle entend mettre l'homme de l'art à l'abri des tentatives de corruption. Le général commandant la subdivision ne sort pas toujours des troupes à cheval. D'ailleurs, sa situation est fausse au Conseil. Il semble n'être là, à côté du préfet, président et, en l'absence du préfet, à celui du secrétaire général ou du conseiller de préfecture, délégué, que pour attester CORAM POPULO la subordination du pouvoir militaire au pouvoir civil; l'exécution rigou-

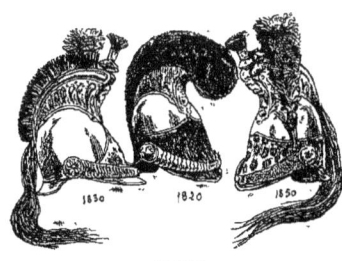

Dragons.

reuse du fameux principe : « Cedant arma togæ. » L'administrateur départemental, pourtant, n'a point de toge, mais bel et bien un uniforme brodé, et une épée au côté, tout comme un général. Aux séances, la plupart du temps le général opine purement et simplement du képi. . . . .

Cuirassier.

« Il y a un sous-intendant militaire. Ce fonctionnaire ne sort pas toujours des troupes à cheval. Naguère c'était l'infanterie, le génie et le corps d'état-major qui plus particulièrement recrutaient l'intendance. Remarquons en outre que l'intendant n'a que voix consultative, au Conseil. . .

« Comme le général, mais avec moins de poids, il est le représentant des intérêts généraux de l'armée; il ne personnifie ni les intérêts distincts des troupes à pied, ni ceux des troupes à cheval. Le commandant de recrutement, voilà la cheville ouvrière du Conseil. Très rarement aussi, il sort des troupes à cheval. Les officiers de cavalerie dégoûtés, ou devenus incapables d'un service actif, entrent de préférence dans le service des remontes. Ceux de l'artillerie éprouvant le besoin du repos et de la vie sédentaire, ont de nombreux débouchés dans les établissements de l'arme qui leur offre des résidences à peu près fixes. Les officiers recruteurs sortent en général de l'infanterie. C'est donc, dans la plupart des départements, un officier

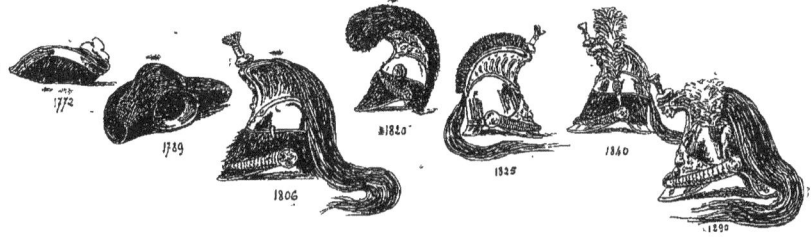

Cuirassiers.

d'infanterie, qui, lorsque le Conseil, dans ses séances cantonales, a statué sur chaque examiné au point de vue du classement dans le service auxiliaire, reste seul maître, au sein de ses bureaux, de l'envoi dans telle ou telle arme des jeunes gens de la classe.

. . . .

« Les diverses armes ont souvent récriminé. On a voulu remédier au mal par force règlements à l'usage des médecins et des officiers recruteurs. On n'a pas encore trouvé la prophylaxie de ce mal qui gangrène les armées les plus robustes, les plus désireuses de vie et de durée : un recrutement au hasard dans le tas des hommes abandonnés par le tirage au sort, à cette armée réputée, — EN DÉPIT DE TOUTES LES DÉCLARATIONS SO-NORES SUR LE SERVICE PERSONNEL, OBLIGATOIRE, ÉGAL POUR TOUS, SUR LA NATION ARMÉE, LA GLOIRE DES ARMES, L'HONNEUR DU DRAPEAU, — un minotaure, puisque les mauvais numéros seuls ont la malechance d'être appelés à constituer son noyau principal, l'armée active, ses cadres de sous-officiers, ses soldats d'élite, le dessus du panier militaire. »

Comme dans cette très vigoureuse et très habile critique on sent bien que l'auteur est officier de cavalerie! Il n'y va pas de main morte et ne songe à ménager ni la chèvre bureaucratique ni le chou civil. Quant au remède, M. Martin nous le donne avec beaucoup de sens; le voici :

« Les conseils de revision, voilà l'origine du mal! Les dispositions de la loi sont mauvaises. Qu'on transforme les conseils de revision en commissions de recrutement, qu'on y fasse entrer des officiers des diverses armes, chacun défendant les droits de la sienne à une répartition équitable des hommes bien constitués de la classe; qu'on remplace le recrutement départemental par un recrutement régional, — une commission par région de corps d'armée; — qu'on réduise les officiers dits actuellement de recrutement à ce qu'ils peuvent être seulement, des confectionneurs de contrôle, non des estima-teurs des aptitudes physiques des appelés; que le tirage au sort, si l'on ne peut faire autrement que de le maintenir, suive au lieu de précéder ce qu'on appelle actuellement

AU CONCOURS HIPPIQUE;
OFFICIERS DE CHASSEURS ET DE HUSSARDS.

la revision, c'est-à-dire la visite médicale, le classement dans le service armé ou auxiliaire, l'examen, la solution des demandes de sursis d'appel et de dispenses du service actif en temps de paix; que, défalcation faite des invalides réformés, des exemptés provisoirement ou définitivement suivant les cas prévus par la loi, ce tirage distribue des faveurs aveugles seulement dans le tas des hommes bien conformés, déclarés bons pour le service, bientôt tout changera comme par enchantement. Les diverses armes se recruteront bien. Et après l'incorporation de la classe, nulle ne pourra se plaindre. Chacune n'aura-t-elle point pris part à la formation du contingent à elle spécialement destiné? »

Et, poursuivant ses déductions avec une logique irréfutable, M. Martin demande pourquoi des opérations EXCLUSIVEMENT MILITAIRES comme le recrutement et la revision, etc., sont contrôlées, dirigées, présidées par l'administration civile. En effet, dans ce cas, l'élément militaire représente l'intérêt général, celui de la patrie; l'élément civil n'est ou plutôt ne devrait être que secondaire, il ne représente que les intérêts particuliers : ceux des familles et surtout des individus.

Et avant tout, par-dessus tout, qu'on nous débarrasse de la tyrannie et de la stupide routine des bureaux et des bureaucrates! Qu'on les relègue au vingt-cinquième plan! Qu'on leur ôte l'uniforme! Les troupes combattantes devraient seules porter le sabre au côté. *Quels magnifiques régiments on équiperait avec l'argent inutilement dépensé en paperasses!*

C'est encore à M. Martin que j'emprunterai le mot de la fin de cette question :

« Il importe, en effet, que dans un bureau de recrutement, on ne puisse plus dire, comme on l'a fait un jour à un MAITRE D'ÉQUITATION, DIRECTEUR D'UN MANÈGE CIVIL, demandant à être versé dans la cavalerie de l'armée territoriale : « VOUS ÉTIEZ MOBILE PENDANT LA GUERRE. VOUS N'AVEZ JAMAIS SERVI DANS LA CAVALERIE. VOUS NE POUVEZ PAS ÊTRE CAVALIER. LES RÈGLEMENTS S'Y OPPOSENT. »

N'est-ce pas tout simplement exquis! . . . . .
. . . .

Disons maintenant, pour résumer cette question du recrutement, que la France est divisée en 145 subdivisions de régions. Il y a en outre 8 autres bureaux de recrutement : ceux de Lyon, Versailles, les 6 bureaux de la Seine, ce qui, ajouté aux 3 bureaux d'Algérie, fait en tout 156.

Corvée de fourrage.

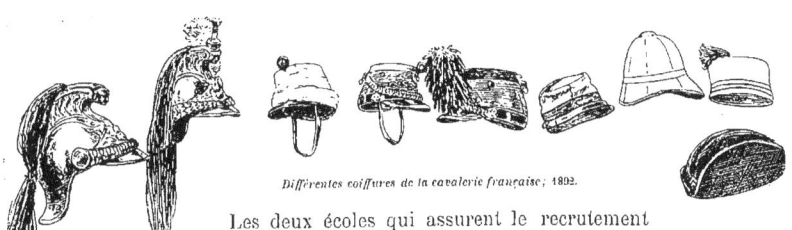

Différentes coiffures de la cavalerie française; 1892.

Les deux écoles qui assurent le recrutement des officiers de cavalerie sont :

L'École spéciale militaire de Saint-Cyr,
L'École d'application de cavalerie de Saumur.

L'admission à l'École de Saint-Cyr n'a lieu que par voie de concours. Nul ne peut se présenter s'il n'a dix-sept ans au moins et vingt et un ans au plus.

L'examen d'admission subi, tout candidat admis comme élève doit avoir contracté un engagement de trois ans avant d'entrer à l'École, ou justifié qu'il est inscrit sur la liste du contingent à laquelle il appartient par son âge. Les sous-officiers, brigadiers et soldats qui auront accompli le 1er juillet de l'année du concours, six mois de service réel et effectif, sont admis à concourir, pourvu qu'ils n'aient pas accompli leur vingt-cinquième année et qu'ils soient encore sous les drapeaux au moment des compositions. Il est publié chaque année un programme des matières sur lesquelles les candidats doivent être examinés.

L'École spéciale militaire est commandée par M. le général de brigade Motas d'Hestreux; le directeur des exercices de la cavalerie est M. le chef d'escadron Daustel.

Le prix de la pension est de 1.500 francs par an, celui du trousseau de 500 à 600 francs. La durée des cours est de deux années, au bout desquelles les élèves subissent l'examen de sortie et sont nommés sous-lieutenants dans un régiment. A leur arrivée, les élèves sont tous classés dans l'infanterie. Ceux qui désirent servir dans la cavalerie sont désignés, après six mois, selon la liste de classement de Pâques, en commençant par les premiers numéros.

L'École d'application de cavalerie est constituée en vue : 1° de compléter et de perfectionner l'instruction des lieutenants de cavalerie désignés pour en suivre les cours; 2° de compléter l'instruction des élèves de la section de cavalerie de Saint-Cyr (depuis

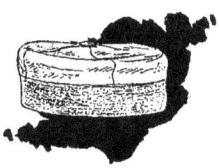

Bonnet d'écurie.

1891 ceux-ci ne sont envoyés à Saumur qu'après avoir servi un an dans la cavalerie, après leur sortie de l'École spéciale militaire); 3° de donner aux sous-officiers proposés pour l'épaulette les connaissances que tout officier doit posséder; 4° d'initier au service régimentaire les aides-vétérinaires stagiaires. La durée des cours est de onze mois. Ces cours sont gratuits.

Les sous-officiers élèves-officiers sont classés à la fin du cours suivant leurs notes générales et celles de l'examen de sortie. Les premiers numéros sont immédiatement nommés sous-lieutenants en nombre variable suivant les besoins de l'arme ; les autres retournent à leur ancien régimination ment pour y attendre leur nomination.

L'École est commandée par M. le général de brigade Jacquemin. Le cadre en est ainsi composé :

Lieutenant-colonel commandant en 2e : Trémeau (C. L.)

Cuirassiers.

ÉQUITATION.

Chef d'escadrons : Carbonnel de Canisy.
Capitaines instructeurs : Mahot, Voisin, Domenech de Cellès, Durand de Mareuil, de Contades-Gizeux.
Sous-instructeurs : Doynel de Quincey, L'Hotte, Gaborit de Monjou, Champion.

EXERCICES MILITAIRES.

Chef d'escadrons, instructeur en chef : Odent.
Capitaines instructeurs : Moret, Louvat, Le Bon de la Pointe, Caruel, Gouzil, Ternier, Richard, Bréart de Boisanger.

Chefs d'escadrons : Paret, directeur des études et professeur d'art militaire; Gillet, sous-directeur des études et professeur-adjoint d'art militaire et de topographie.

Les prévôts à Saumur.

Capitaines de cavalerie : Gouzil, professeur de fortification et de sciences appliquées à l'art militaire; Picard (1) professeur d'histoire et géographie militaires; Purtscher, professeur d'allemand; Bourier, professeur de télégraphie militaire.

ÉCOLE DE MARÉCHALERIE.

Vétérinaire en 1er : Dangel, commandant.

ATELIER D'ARÇONNERIE.

Capitaine en 1er d'artillerie : Durel.

SERVICE DE SANTÉ.

Médecin-major de 1re classe : Yvert.
Médecin-major de 2e classe : Géraud.
Médecin aide-major de 1re classe : Jannot.

SERVICE VÉTÉRINAIRE.

Vétérinaire principal de 1re classe : Logeay.

Sapeur de cavalerie.   (1) Auteur des *Origines de l'École de cavalerie* et d'autres ouvrages militaires.

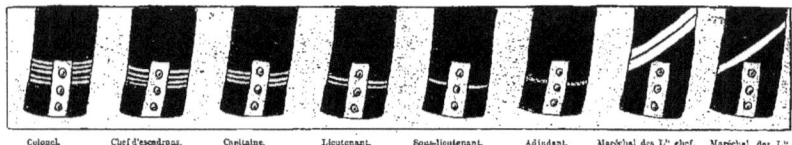

Grades; marques distinctives.

Vétérinaire en 1ᵉʳ : Jacoulet.
Vétérinaire en 2ᵉ : Joyeux.

ADMINISTRATION ET COMPTABILITÉ.

Major de cavalerie : Ginet.
Capitaine trésorier : Bréchoux.
Officier d'habillement : Légier.
Lieutenant adjudant au trésorier : Collignon.
Lieutenant porte-étendard adjudant à l'habillement : Gibard.
Capitaines adjudants-majors : Cornélis, Buhecker.

REMONTES.

La France, au point de vue des remontes, est divisée ainsi qu'il suit :
1° Circonscription de Caen commandée par le colonel Bonn, comprenant les dépôts :
Dépôt de Caen, départements explorés : Calvados.
Dépôt de Saint-Lô,   —   Manche.
Dépôt d'Alençon,   —   Orne, Eure-et-Loir, Mayenne, Sarthe.
Dépôt du Bec-Hellouin (1), —   Eure, Oise (moins l'arrondissement de Senlis), Seine-Inférieure, Somme.

Dépôt de Paris (2), départements explorés : Seine, Loiret, Oise (arrondissement de Senlis), Seine-et-Marne, Seine-et-Oise, Yonne.

Dépôt d'Angers (3), départements explorés : Loire-Inférieure, Maine-et-Loire, Indre-et-Loir, Loir-et-Cher.

Dépôt de Guingamp (4), départements explorés : Côtes-du-Nord, Finistère, Ille-et-Vilaine, Morbihan.

2° Circonscription de Tarbes commandée par le lieutenant-colonel de Pointe de Gévigny, comprenant les dépôts :

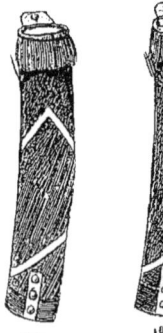

1880   1890
Les rengagés.

(1) Annexe d'Orgeville (Eure).
(2) Annexe de Saint-Cyr (Oise).
(3) Annexes de Beauval (Loir-et-Cher) et de Montoire (Loir-et-Cher).
(4) Annexe de Lesnevar (Finistère).

Dépôt de Tarbes (1) explorant les départements des Hautes-Pyrénées, Ariège, Haute-Garonne (arrondissement de Saint-Gaudens), Gers, Basses-Pyrénées.

Chasseurs à cheval ; 1870.

Dépôt d'Agen (2), explorant les départements de Lot-et-Garonne, Aude, Haute-Garonne (moins Saint-Gaudens), Pyrénées-Orientales, Tarn, Tarn-et-Garonne.

Dépôt de Mérignac (3), explorant les départements de Gironde, Dordogne, Landes.

Dépôt de Guéret (4) explorant les départements de Creuse, Cher, Indre et Haute-Vienne.

Dépôt d'Aurillac, explorant les départements : Cantal, Aveyron, Corrèze, Loire, Haute-Loire, Lot, Lozère, Puy-de-Dôme.

Guides ; 3° Empire.

3° Les établissements en dehors des circonscriptions comprenant :

Dépôt de Fontenay-le-Comte (5) explorant les départ. de Vienne, Vendée, Deux-Sèvres.

Dépôt de Saint-Jean-d'Angely, — Charente-Inférieure, Charente.

Dépôt de Mâcon (6), — Ain, Allier, Côte-d'Or, Doubs, Jura, Nièvre, Rhône, Saône-et-Loire, Savoie, Haute-Savoie.

Dépôt d'Arles, explorant les départements : Ardèche, Basses-Alpes, Hautes-Alpes, Alpes-Maritimes, Bouches-du-Rhône, Drôme, Gard, Hérault, Isère, Var et Vaucluse.

Dépôt de la Capelle (7), explorant les départements d'Aisne, Nord, Pas-de-Calais, Ardennes, Aube, Belfort, Marne, Haute-Marne, Meuse, Meurthe-et-Moselle, Haute-Saône, Vosges.

Chacun de ces dépôts est commandé par un chef d'escadrons ou un capitaine. Il comprend en outre un officier acheteur à titre permanent, un officier comptable et un vétérinaire. Les établissements annexes sont en général dirigés par un vétérinaire ; cependant, ceux de : Gibaud, Bellac, du Lys, de la Brosse sont commandés par un capitaine auquel est adjoint un vétérinaire. Tous ces établissements sont soumis à l'inspection du général Baillod, inspecteur général permanent des remontes, auquel est adjoint le général Faverot de Kerbrech.

« Il n'y a guère d'armée en Europe où les services accessoires

Sabre de cavalerie légère ; 1er Empire.

(1) Annexes de Bazet (Hautes-Pyrénées) et du Garros (Gers).
(2) Annexes de Eymet (Dordogne), de Lastours (Tarn-et-Garonne), de Lavergne (Tarn-et-Garonne).
(3) Annexe du Gibaud (Charente-Inférieure).
(4) Annexes de Bonnavois (Indre), de Bellac (Haute-Vienne), du Busson (Indre), de Saint-Jurrien (Haute-Vienne).
(5) Annexes du Lys (Vendée), de la Brosse (Deux-Sèvres), Saint-Ouenne (Deux-Sèvres), de la Pissepole (Deux-Sèvres).
(6) Annexe de Romanèche (Ain).
(7) Annexe de Favernay (Haute-Saône).

« prélèvent plus que dans la nôtre au détriment des instruments actifs et essentiels
« du combat; et parmi tous les services accessoires de l'armée française, il n'y en a
« peut-être pas qui se soient fait une place aussi
« large que la remonte.
« C'est, dit-on, la Prus- se qu'on a imitée en adop-
« tant le système des dé- pôts de transition. Il est
« regrettable qu'on ne veuille pas s'inspirer du
« même exemple quand il s'agit des cadres du
« personnel; au lieu de 175 officiers employés à
« titre permanent dans le service de la remonte,
« nous n'en n'aurions que 6, et nous n'aurions
« pas un corps spécial de 2.500 cavaliers de remonte entretenus toute l'année dans les
« dépôts pour accompagner pendant huit mois les commissions d'achats; car il y a
« quatre mois pendant lesquels, dans les dépôts, les achats sont nuls.

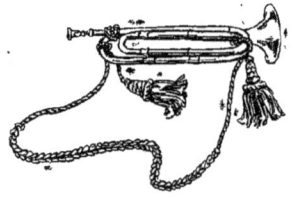
Trompette de cavalerie; 1892.

« Par contre, la plupart de ces dépôts achètent du 1er au 31 octobre plus de 70 che-
« vaux et quelques-uns en achètent plus de 120. On voit où conduit le maintien
« dans chaque dépôt d'un personnel fixe et permanent; la quotité de ce personnel est
« déterminée d'après le chiffre maximum de chevaux entrant pendant un mois sur
« douze et, durant les quatre mois de morte saison, c'est-à-dire durant un tiers de
« l'année, il y a dans la moitié des établissements 8 ou 10 chevaux et de 60 à
« 100 hommes sans compter 4 ou 5 officiers.

« Entre la direction des remontes et le dépôt, on a introduit un rouage inutile, la
« circonscription de remonte; dans chaque dépôt, on maintient en permanence un
« nombre exagéré d'officiers; on prétend que c'est grâce à leurs recherches et à leur
« connaissance du pays que la remonte est toujours exactement renseignée sur les
« ressources dont la région dispose. Ce n'est pas pour fortifier cet argument que des
« comités d'achat, — j'ai constaté le fait en 1885 et il s'est reproduit depuis, — partent
« avec 25 cavaliers, voyagent pendant plusieurs jours et ramènent cinq chevaux. »

Ces lignes sont extraites du discours de M. Casimir Périer sur « les effectifs de la cavalerie et l'administration de la remonte ».

Ce discours ou plutôt cette très remarquable étude du président
de la commission mixte des remontes, basée sur des documents
et des faits rigoureusement exacts, est certes
la plus redoutable critique qui ait jamais
été faite du dispendieux système de remonte, système dans lequel « les faux frais
dépassent le prix d'achat », affirme un officier général.

Chasseurs; 1873.

Chasseurs; 1812.

Voici du reste les préliminaires et la

conclusion de ce très remarquable discours qu'il faudrait pouvoir citer en entier.

« Entretenir le cavalier sur le pied de guerre en temps de paix et d'une manière per-
« manente; maintenir constamment les effectifs mobilisables de nos escadrons aux
« chiffres fixés par la loi des cadres : telle a été la volonté du législateur de 1875.

. . . .

« Tous les ans, depuis 1876, les Chambres votent les sommes nécessaires pour que le
« jour de la déclaration de guerre, chaque régiment se mette en route avec 677 che-
« vaux dans le rang.

« Or, 8.000 chevaux environ qui comptent dans l'effectif fixé par la loi, ne sont pas
« dans les escadrons; et, si on les y versait, ils seraient hors d'état de faire campagne.

« D'où vient cet état de choses?

« Pendant longtemps le service de la remonte n'a guère acheté que des chevaux qui,
« dirigés sur le corps, entraient immédiatement en dressage. Depuis quelques années,
« les achats de jeunes chevaux (trois ans et demi et quatre ans) se multiplient.

« Avant de les livrer aux corps, on les retient un an ou dix-huit mois, soit dans les dé-
« pôts de remonte, soit dans des établissements créés *ad hoc*. Ces chevaux inutilisables
« n'en comptent pas moins dans l'effectif des escadrons, si bien que chaque régiment
« qui doit monter 677 cavaliers (troupe) n'en peut monter que 580. »

Et la conclusion :

« Mais tous ces petits incidents, toutes les critiques de détail qui ne révèlent que
« trop la persévérance dans la routine, ne doivent pas faire perdre de vue la réforme
« essentielle : reconstituer en chevaux prêts à faire campagne les effectifs de la cavalerie
« et de l'artillerie, et pour y réussir, sacrifier les intérêts particuliers de la remonte aux
« intérêts de la cavalerie et de l'artillerie.

. . . .

« Il faut que l'administration de la guerre, répondant à des vœux qui honorent l'ar-
« mée, place, en regard des sacrifices immenses réclamés par la défense nationale, les
« économies qui doivent résulter, non seulement de la suppression des abus, mais de
« l'application de ce principe : LES SERVICES ACCESSOIRES N'ONT DE
« RAISON D'ÊTRE QUE DANS LA SATISFACTION DES INTÉRÊTS ET DES BE-
« SOINS DES COMBATTANTS. . . . .

« Il faut que le ministre de la guerre triomphe de cet esprit
« de coterie qui gaspille des forces physiques et morales pour
« satisfaire des amours-propres et maintenir des emplois inu-
« tiles; il faut enfin qu'une volonté forte et rayonnant de haut,
« fasse un faisceau de tous les efforts et de toutes les énergies,
« pour les mettre au service de cette grande unité qui s'appelle
« l'Armée. »

*Colbach de hussard;
Compagnie d'élite; 1er Empire.*

Je ne me permettrai d'ajouter aucun commentaire à ces

SERVICE EN CAMPAGNE; DRAGONS.

paroles. Je crois qu'il est difficile de mieux dire et de frapper plus juste. Cela ne fait pas l'affaire des marchands de chevaux ; tant pis !

Voyons maintenant comment se décompose la cavalerie proprement dite, celle qui mettra le sabre au clair, et pour employer des termes chers aux bureaucrates, FERA LE NÉCESSAIRE, EN TEMPS UTILE.

La cavalerie se subdivise en : cuirassiers, dragons, chasseurs, hussards et spahis.

CUIRASSIERS.

Les cuirassiers descendent des chevau-légers Dauphin créés par Louis XIV et des régiments appelés régiments de cavalerie de bataille au commencement de la Révolution. Le plus ancien régiment cuirassé est le 7° de cavalerie, régiment du Roi, qui devint le 8° de cavalerie. Les 5°, 6° et 7° de cavalerie furent ensuite cuirassés.

Enfin le décret du 1ᵉʳ vendémiaire an XII fixe à peu près définitivement les uniformes de la cavalerie, 12 régiments prirent le nom et l'uniforme de cuirassiers. Successivement augmentés et réduits par les différents gouvernements qui se sont succédé de cette époque (1803) à nos jours, ils comptent pour le moment 13 régiments armés du sabre et d'une carabine d'un modèle spécial qui pèse au plus 3 kilos ; ils ont en outre le casque à crinière qui pèse 1 kil. 250, et la cuirasse, 6 kil. 90.

Il suffit de rappeler Friedland, Eylau, Wagram, Waterloo, Reischoffen, pour se souvenir des titres de gloire des cuirassiers.

Les 13 régiments actuels de cuirassiers sont répartis dans les divisions de cavalerie indépendantes. Comme dans tous les pays, ils comptent comme officiers les noms les plus aristocratiques du pays. La tenue des officiers de cuirassiers est du reste fort belle. Le casque à crinière est sans contredit celui de toutes les armées dont l'effet est le plus imposant. Un des plus beaux uniformes qu'il m'ait été donné d'admirer, est celui que portent nos officiers de cuirassiers lors de la répétition qui précède le grand carrousel de Saumur : casque et cuirasse, épaulettes à franges d'argent, tunique noire, bottes à l'écuyère et CULOTTE NOIRE ; la sévère élégance de cette tenue laisse bien loin la somptuosité de celle de toutes les gardes impériales et royales.

Fanion.

Malheureusement, pour la troupe, l'odieux pantalon à basane vient tout gâter. Et ceux qui l'ont porté pendant de longues routes, sous la pluie, savent combien il est peu pratique. La botte jaune et la culotte demi-collante sont réclamées par *tous* depuis vingt ans. L'État y trouverait une économie et l'aspect général en même temps que le confortable y gagneraient cent pour cent. Mais les fournisseurs millionnaires ont un stock à écouler, et ils ont bien soin d'alimenter sans cesse ce stock. Aussi ne sommes-nous pas près de voir disparaître l'horrible et incommode pantalon dont aucune grande nation n'a voulu.

DRAGONS.

Il est convenu que les dragons sont l'arme modèle par excellence. D'aucuns même en voudraient faire des fantassins à cheval!

Mais quoi qu'on en dise, les dragons sont des cavaliers et bien des cavaliers. On avait réussi à les rendre aussi lourds et disgracieux que possible en leur imposant le dolman. On leur a rendu la tunique et les épaulettes; on leur a donné la lance, et les voilà de nouveau bien cavaliers. Ceux qui ont pu voir, il y a deux ou trois ans, les dragons du colonel Treymüller avec la culotte et les bottes jaunes, diront avec moi qu'il ne faut qu'un peu de bonne volonté pour rendre à nos pauvres troupiers la belle allure de leurs ancêtres. Certes, on veut bien se faire trouer la peau, mais au moins que ce soit dans un uniforme et non dans une combinaison de sacs, ce que M. Jules Richard appelle avec sa spirituelle verve, « l'armée française en costume de malade ».

Les cavaliers du nommé *Murat* avaient-ils besoin d'être si à leur aise dans leurs dolmans et dans leurs culottes pour traverser toute l'Europe, et l'escadron de hussards qui prit certaine ville forte d'Allemagne après Iéna était-il en vareuse?

Sabre de l'époque du Consulat.

L'arrêté du 1er vendémiaire an XII fixe à 30 le nombre des régiments de dragons.

En 1805, Napoléon organise des corps de dragons à pied; ils eurent peu de succès; et pour corroborer ce que nous disions plus haut, sur leur refus d'être fantassins, nous voyons que le grand Empereur fut obligé de leur redonner des chevaux.

Après Austerlitz, les colonels de dragons (des 1er, 2e, 3e, 5e, 9e, 10e, 13e, 14e, 16e, 18e, 19e, 20e, 22e, 26e, 27e) sont proposés pour des récompenses. Aboukir, Marengo, Austerlitz, Iéna, Eylau, Wagram, Friedland, la Moskowa, tels sont les noms qu'on trouve en feuilletant l'histoire de ces cavaliers.

L'arme compte actuellement 31 régiments; les uns font partie de la cavalerie divisionnaire, les autres des divisions de cavalerie indépendante.

Les hommes du premier rang ont la lance, le sabre et le revolver. Ceux du second rang, la carabine et le sabre.

CHASSEURS.

Hussards; 1810.

Créés en 1779 avec le coquet uniforme que Detaille nous montre dans « l'Armée Française », le nombre des régiments de chasseurs a souvent varié; en 1788 il est de 12 régiments, de 21, en 1791, de 31, en 1811, de 24 régiments, en 1815. Ils comptent actuellement 21 régiments armés du sabre et de la carabine. L'uniforme est bien loin comme élégance, de celui de la création, et la couleur bleu de ciel est la seule chose qui en relève un peu la triste coupe; 1796 est devenu l'incom-

Comme les dragons, les moins en temps de paix, en en cavalerie endivision-

le joli casque à chenille de mode shako que l'on sait. chasseurs sont répartis, au cavalerie divisionnaire et née.

HUSSARDS.

L'origine des hussards 1789 il y en a 6 régiments, vers la fin de l'Empire. La 6. Sous Louis-Philippe on y en a actuellement 13.

Longtemps ces beaux rétait un nom illustre, Berblesse oblige, *Chamborand* eurent leur couleur distinccers marron soutachés de taché de jaune d'or du 8°, compagnies d'élite des dipire, coiffés du haut col-

HUSSARDS.

remonte à Louis XIV. En 10 régiments en 1803, 14 Restauration les ramène à en compte 9 régiments; il

giments, dont chacun porcheny, Chamborand (*no-autant*), Saxe, Lauzun, etc., tive par régiment. Les spenblanc du 2°, et blanc sousont restés légendaires. Les vers régiments du 1er Emback de fourrure, étaient

Spahis.

les plus belles troupes qu'on puisse voir, et sûrement l'uniforme du plus brillant colonel moderne paraîtrait bien terne à côté de celui du moindre sous-lieutenant d'une compagnie d'élite du 6° hussards. Je ne puis résister au désir de décrire ces beaux uniformes que nous ne reverrons, hélas! sans doute jamais. En voici le tableau synoptique :

N°s	DOLMANS.	PELISSE.	TRESSES.	CULOTTES.
1	Bleu de ciel.	Bleu de ciel.	Blanches.	Bleu de ciel.
2	Brun marron.	Brun marron.	Blanches.	Bleu de ciel.
3	Gris argentin.	Gris argentin.	Blanches.	Gris argentin.
4	Bleu de roi.	Écarlate.	Jaunes.	Bleu de roi.
5	Écarlate.	Blanche.	Citron.	Bleu de ciel.
6	Écarlate.	Bleue.	Jaunes.	Écarlate.
7	Vert foncé.	Vert foncé.	Jonquille.	Écarlate.
8	Vert foncé.	Vert foncé.	Blanches.	Écarlate.
9	Écarlate.	Bleu de ciel.	Jaunes.	Bleu de ciel.
10	Bleu de ciel.	Bleu de ciel.	Blanches.	Bleu de ciel.

Et ce ne sont pas là des uniformes pour des régiments de parades. En revoyant ces hautes coiffures, aux couleurs rongées par le soleil et la pluie, aux ors éteints, ne se sent-on pas frissonner au souffle du vent de victoire qui a si glorieusement agité les hauts plumets et les panaches jadis flamboyants! Hélas, comme tout cela est loin! Et cependant c'était hier; des hommes vivent encore qui ont vu cela, qui ont promené ces glorieux uniformes dans toutes les capitales de l'Europe. Lorsque Bismarck a dit que nous étions « un peuple guerrier, mais non un peuple militaire », je pense qu'il ne songeait pas aux VIEUX, à ceux d'Iéna, d'Auerstædt et de Saalfeld!

C'est à ceux de demain qu'il appartient de prouver que l'ex-grand chancelier, pour être de fer, n'en est pas moins susceptible de faillibilité, tout comme les autres mortels.

CHASSEURS D'AFRIQUE.

Trois Escadrons du 12ᵉ et 17ᵉ chasseurs à cheval furent le noyau de formation des chasseurs d'Afrique. Ces 3 escadrons, commandés par le colonel Bontemps-Dubarry, faisaient partie des troupes de débarquement de l'expédition d'Alger. Ils portent successivement les noms de *Chasseurs Algériens, Chasseurs Carabiniers, Chasseurs Lanciers d'Afrique,* et ont les uniformes les plus extraordinaires.

La première organisation régulière est celle du 17 novembre 1831. 2 régiments, le 1ᵉʳ et le 2ᵉ *Chasseurs d'Afrique* sont créés à Alger et à Oran. Deux autres régiments furent successivement formés. Aujourd'hui, le nombre en est de 6 régiments.

Il suffira de citer les noms inscrits sur les étendards des 4 premiers pour raconter toute leur histoire :

1ᵉʳ régiment, ISLY, BALAKLAVA, SOLFÉRINO, SAN PABLO DEL MONTE.

2ᵉ régiment, ISLY, SÉBASTOPOL, SOLFÉRINO, PUEBLA.

3ᵉ régiment, CONSTANTINE, SÉBASTOPOL, SOLFÉRINO, PUEBLA.

4ᵉ régiment, MILIANAH. TAGUIN, ISLY, BALAKLAVA.

On a pu dire de ces quatre magnifiques régiments, en 1854, « qu'ils représentaient le MAXIMUM de perfection qu'ait atteint notre cavalerie. Tout y était accompli : général, commandant, état-major, régiment, cadres et cavaliers. »

On sait quel héroïsme la division Margueritte a déployé au calvaire d'Illy, en 1870, et avec quelle admirable bravoure le général de Galliffet la conduisit à la mort et à la gloire. Aujourd'hui que le mot d'ordre est de niveler tout ce qui s'élevait, ces régiments n'ont ni plus ni moins de qualités que ceux de la cavalerie de France. Pour eux, comme pour tous, l'avenir prouvera qui vaut le mieux, du nombre ou de la qualité.

SPAHIS.

Le nom de SPAHIS, en tant que troupe de cavalerie régulière, apparaît pour la première fois dans une ordonnance du général Clauzel datée de 1834, mais leur réelle organisation ne compte que du 7 décembre 1841. En 1845, ils sont définitivement régularisés et comptent 3 régiments.

Aujourd'hui nous possédons 4 régiments de Spahis. Tous ceux qui ont été en Afrique savent en quelle estime les officiers y tiennent les *Margouillas!* Ce sont de merveilleux soldats, soumis, sobres, infatigables et dévoués.

Aussi, qu'un officier parte en mission, en reconnaissance, en colonne, que demande-t-il toujours comme escorte : des spahis, et toujours des spahis.

Le goût exquis qui préside depuis quelques années à toutes les transformations d'uniformes, a fait donner aux officiers la même tenue qu'aux officiers de chasseurs de France, sauf quelques différences inappréciables, en remplacement de l'élégant spencer rouge que les officiers de spahis avaient promené glorieusement dans l'Afrique depuis 1841, et on a ainsi ce non-sens que l'armée Française est seule à connaître : des officiers ne portant pas l'uniforme de la troupe qu'ils commandent.

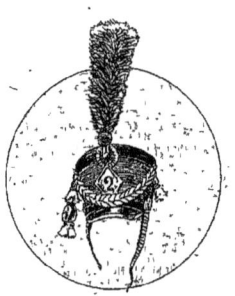

Hussards; 1ᵉʳ Empire.

NOMS DES OFFICIERS
DE LA CAVALERIE FRANÇAISE
AU 1ᵉʳ JANVIER 1892

CUIRASSIERS.

1ᵉʳ RÉGIMENT.

6ᵉ brigade de cuirassiers, 3ᵉ division de cavalerie; stationné dans la 9ᵉ région; — à Angers.

COLONEL : *Belbezé* (M. C. E.).
LIEUTENANT-COLONEL : *De Cléric* (T. A. M.).
CHEFS D'ESCADRONS : *Elias* (L.).
  De Biré (P. M. J.).
MAJOR : *Allais* (J. B. A.).
LIEUTENANT FAISANT FONCTIONS D'INSTRUCTEUR : *Ferté* (C. H.).
CAPITAINE TRÉSORIER : *Lallemant* (F. L. J.).
LIEUTENANT ADJOINT AU TRÉSORIER : *Maillot* (G. L. A.).
CAPITAINE D'HABILLEMENT : *Calba* (J. N. A.).
PORTE-ÉTENDARD : *Armilhon* (L. S. A.), lieutenant.
MÉDECIN-MAJOR 2ᵉ CLASSE : *Barois* (L. A. A.).
MÉDECIN AIDE-MAJOR 1ʳᵉ CLASSE : *Lansac* (B.).
VÉTÉRINAIRE EN 1ᵉʳ : *Ollier* (J. C.).
  — EN 2ᵉ : *Thary* (C. E. A.).
AIDE-VÉTÉRINAIRE : *Drappier* (E.).
CAPITAINES COMMANDANTS : *De Place* (L. P. H.).
  Lens (C. C.).
  Dezaunay (F. L. M.).
  Gérard (A. C.).
  Macé de Gastines (L. M.).
CAPITAINES EN SECOND : *De Bouillé du Chariol* (C. A. H. L. R.).
  Huyn de Verneville (P. F.).
  Tampé (G. M. A.).
  N.
  N.
LIEUTENANTS EN PREMIER : *Dürr* (J. B.).
  Millereau (G. A. C. J.).
  De Metz (J. F. M.).
  Besnard (C. P. G.).
  De Latouche (A. M. R.).
LIEUTENANTS EN SECOND : *De Malet* (M. J. R.).
  De Castillon de Saint-Victor (P. J. J.).
  De Chappedelaine (M. O.).
  Conigliano (H.).
  Bizard (P. L.).
  Bouuevialle (M. G. A. E.).
  Grénouilloux (J. A J.).
  De Villoutreys de Brignac (J. F.).
  Richard (N. A.).
  Doublat (C. L. L.).
  Delorière (F. P.).
  Bailloud de Masclary (J. M. P.).
SOUS-LIEUTENANTS : *Chabert* (L. A. M.).
  Parmentier (L. A.).
  Diot (A. A.).

Officiers de réserve.

CAPITAINE : N.
LIEUTENANT : *Boëssé* (A. H. L. M.).
SOUS-LIEUTENANT : *Eluère* (L. P. M.).
  Louet (O. J. H.).
  Bordier (L. M. E.).
  De Couasnon (A. A. M. J.).

2ᵉ RÉGIMENT.

6ᵉ brigade de cuirassiers, 3ᵉ division de cavalerie; stationné dans la 9ᵉ région; — à Niort.

COLONEL : *Verdun* (A. A. L.).
LIEUTENANT-COLONEL : *Delannoy* (F.).
CHEFS D'ESCADRONS : *De Sartre* (M. J. H.).
  Philipon de la Madelaine (V. E. R. O.).
MAJOR : *Finck* (C. P. M.).
CAPITAINE INSTRUCTEUR : *Pressoir* (C. F.).

CAPITAINE TRÉSORIER : *Bourelle* (H. A.).
LIEUTENANT ADJOINT AU TRÉSORIER : *De Negroni* (H. P. R.).
CAPITAINE D'HABILLEMENT : *Moreau* (F. A.).
PORTE-ÉTENDARD : *Courtade* (J. S. P.).
MÉDECIN-MAJOR 2ᵉ CLASSE : *N*.
MÉDECIN AIDE-MAJOR 1ʳᵉ CLASSE : *Destres* (H. A.).
VÉTÉRINAIRE EN 1ʳᵉ : *Ferris* (V. F.).
— EN 2ᵉ : *Boulland* (E. L.).
AIDE-VÉTÉRINAIRE : *Carré* (A. E. C.).
CAPITAINES COMMANDANTS : *De la Celle* (J. F.).
   Soulas (J. J. E.).
   Déan de Luigné (A. R. G.).
   Bourdériat (F. E.).
   Billaud (C. C.).
CAPITAINES EN SECOND : *Mathieu* (C. M. A.).
   Varin (J. M. M.).
   Gerbaud (P. M. P.).
   Bonnéry (G. M.).
   De Renusson d'Hauteville (G. G. E.).
LIEUTENANTS EN PREMIER : *De Metz* (E. L. M.).
   Champeaux (P. M. A.).
   Bazin de Jessey (J. M. C.).
   Virgile (A.).
   De Gralet du Bouchage (J. F.).
LIEUTENANTS EN SECOND : *De Tappie* (J. M. G. R.).
   Michaud (A. M. V.).
   Rambaud (L. J. A. L.).
   Devismes (M. L. V. A.).
   De Parseval (J. M. H.).
   Huc (A. L. S.).
   Chevallier-Rufigny (J. A. P.).
   Garnier de la Roche (C. F.).
   Legouz de Saint-Seine (S. E. M.).
   De Talode du Grail (M. J. E.).
   Macé de Gastines (C. A. M. G.).
SOUS-LIEUTENANTS : *De Lobit de Monval* (P. M. C. V. J. H.).
   Lefeuvre (P. M. N.).
   Garnot (E. A.).
   Collet (A. H.).
   Humbert (H. J. V.).

Officiers de réserve.

CAPITAINE : *N*.
LIEUTENANT : *Brousseaud* (J. B. M. F. A. R.).
SOUS-LIEUTENANTS : *Létissier* (J. B. V.).
   Florimond (P. P. A.).
   De Combarieu du Grès (P. L. J. R.).
   Libault de la Chevasnerie (C. C. M. P.).
   Le Roux (M. E.).

3ᵉ RÉGIMENT.

3ᵉ brigade de cuirassiers, 1ʳᵉ division de cavalerie ; gouvernement militaire de Paris ; — à Versailles.

COLONEL : *Poulot* (J. T. E.).
LIEUTENANT-COLONEL : *Cersoy* (J. M. A.).

CHEFS D'ESCADRONS : *Ferré* (T. A.).
   Gentil Saint-Alphonse (A. A. X.).
MAJOR : *Lechevallier Lejumel de Barneville* (P. H. J.).
CAPITAINE INSTRUCTEUR : *D'Hautpoul* (J. L. T. G.).
LIEUTENANT FAISANT FONCTIONS DE TRÉSORIER : *Lepage* (J. M. G.).
LIEUTENANT ADJOINT AU TRÉSORIER : *Castex* (B. B. T.).
CAPITAINE D'HABILLEMENT : *Grebel* (E. J. H.).
PORTE-ÉTENDARD : *Lorenzini* (J. M.).
MÉDECIN-MAJOR 2ᵉ CLASSE : *Baur* (J. B. F. A.).
MÉDECIN AIDE-MAJOR 1ʳᵉ CLASSE : *Jouet* (J. G. N.).
VÉTÉRINAIRE EN 1ᵉʳ : *Chardin* (J. V.).
— EN 2ᵉ : *Didion* (C.).
AIDE-VÉTÉRINAIRE : *Pécus* (E. V.).
CAPITAINES COMMANDANTS : *Farcis* (M. V. H.).
   Perrin (J. E.).
   Terreyre (J. B.).
   Mure de Pelanne (P. C. N.).
   Du Garreau de la Méchenie (M. C. A.).
CAPITAINES EN SECOND : *De Cornulier Lucinière* (G. J. M. A.).
   Maumené (C. G. V.).
   Robert de Beauchamp (M. L. M. M.).
   De la Motte Ango de Flers (A. M.).
   N.
LIEUTENANTS EN PREMIER : *Auriac* (L. D. C. M.).
   De Renusson d'Hauteville (R. A. G.).
   De Frévol d'Aubignac de Ribains (J. G. A.).
   Mertian (P.).
   De Chasteigner (F. X. L. M.).
LIEUTENANTS EN SECOND : *Lacombe-Cazal* (J. P. G.).
   De Boisgelin (L. H.).
   Sautereau (P. P. L.).
   Rougevin (H. A.).
   Laclef (J. V. A.).
   Degand (J. L.).
   Duval (M. L. A.).
   De Villeneuve Bargemont (M. X. J.).
   Bussière de Nercy de Vestu (C. M. O. G.).
   Bandy de Nalèche (F. L. G.).
   De la Berrurière de Saint-Laon (R. L. F. M. J.).
SOUS-LIEUTENANTS : *Aymonin* (M. L. E.).
   Bernard Chambinière (E.).
   De Mollerat du Jeu (J. M. F.).
   De Ranst de Berchem de Saint-Brisson (A. P. H. J.).
   Durrieux (M. J. B. P.).
   Poinsot (E. A. E.).

Officiers de réserve.

CAPITAINE : *N*.
LIEUTENANT : *Soulange Bodin* (T. E.).
SOUS-LIEUTENANTS : *Carron* (P. A. M.)
   Cassou (A. L. A.).
   Meynis de Paulin (H. V. M.).
   Foa (A. F. E. E. G.).
   De Monteynard (M. R. L.).

SOUS-OFFICIER DE HUSSARDS, ÉLÈVE-OFFICIER A SAUMUR.

4ᵉ RÉGIMENT.

4ᵉ brigade de cuirassiers, 5ᵉ division de cavalerie; stationné dans la 1ʳᵉ région; — à Cambrai.

COLONEL : *Rozat de Mandres* (A. J. O.).
LIEUTENANT-COLONEL : *N*.
CHEFS D'ESCADRONS : *Dor de Lastours* (A. M. J.).
    De Braüer (M. J. R.).
MAJOR : *D'Aux* (F.).
LIEUTENANT FAISANT FONCTIONS D'INSTRUCTEUR : *Limbourg* (A. C. R.).
CAPITAINE TRÉSORIER : *Fumeau* (O. A.).
LIEUTENANT ADJOINT AU TRÉSORIER : *Dillon* (A. L.).
CAPITAINE D'HABILLEMENT : *Noble* (J. M.).
PORTE-ÉTENDARD : *Batail* (A. A.).
MÉDECIN-MAJOR 2ᵉ CLASSE : *Blanchetière* (V. A.).
MÉDECIN AIDE-MAJOR 1ʳᵉ CLASSE : *Dubar* (A. G.).
VÉTÉRINAIRE EN 1ᵉʳ : *Augier* (B. L.).
    — EN 2ᵉ : *Brunat* (E. M. P.).
AIDE-VÉTÉRINAIRE : *Hardou* (L. A.).
CAPITAINES COMMANDANTS : *Mourier* (P. A. F.).
    Clairin (A. E.).
    De Boissieu (C. M. A.).
    Souchon (M. C. G. R.).
    Sanglé-Ferrière (L.).
CAPITAINES EN SECOND : *N*.
    N.
    N.
    N.
    N.
LIEUTENANTS EN PREMIER : *Ferrier* (J. F. H. L.).
    Le Prévost d'Iray (M. J. H. R.).
    Quéromesse (E. A. F.).
    Jallibert (E. A. H.).
    D'Aurelle de Paladines (P. A.).
LIEUTENANTS EN SECOND : *Andrieu* (F. J. P. E.).
    Bapst (L. A. J.).
    De France (A. M. E.).
    Marchal (M. J. D.).
    Roset (J. B. M. A.).
    Lefebvre (L. A.).
    Watier (G. M. J.).
    Huguet (C. N. E.).
    Ramolino de Coll'Alto (F. A. P. N.).
SOUS-LIEUTENANTS : *De Ganay* (E. G.).
    Demonchy (G. P. F.).
    Bullot (M. H.).
    Salins (G. R.).
    Quénardel (R. P. G.).
    De Lestrange (M. J.).

Officiers de réserve.

CAPITAINE : *N*.
SOUS-LIEUTENANTS : *De Beaussier* (V. H. J.).
    Maubert (J.).
    Taffin de Givenchy (X. M. C.).
    De Saint-Pol (A.).

5ᵉ RÉGIMENT.

1ʳᵉ brigade de cuirassiers, 6ᵉ division de cavalerie; stationné dans la 14ᵉ région; — à Lyon.

COLONEL : *Crotel* (C. G.).
CHEF D'ESCADRONS : *Gautrot* (L. V. A.).
MAJOR : *Jaquemin* (J. F.).
LIEUTENANT FAISANT FONCTIONS DE TRÉSORIER : *Cornereau* (P. R.).
LIEUTENANT ADJOINT AU TRÉSORIER : *De Branges de Bourcia* (P. M. J. V.).
CAPITAINE D'HABILLEMENT : *Corvisier* (L. A.).
PORTE-ÉTENDARD : *Guilbert* (A. E. D. R.).
MÉDECIN-MAJOR 2ᵉ CLASSE : *Bordes-Pagès* (M. A. A.).
MÉDECIN AIDE-MAJOR 1ʳᵉ CLASSE : *Courtois* (M. Z. A. F.).
VÉTÉRINAIRE EN 1ᵉʳ : *Gallice* (E. G. G. R.).
    — EN 2ᵉ : *Vagney* (J. L. I.).
AIDE-VÉTÉRINAIRE : *Julian* (M. A.).
CAPITAINES COMMANDANTS : *Touleau* (E. A.).
    Giquet de Pressac (J. B. H.).
    De Font-Réaulx (L. M. J. J.).
    Michaux (E. H. J.).
    Monsenergue (A. P.).
LIEUTENANTS EN PREMIER : *Le Forestier* (G. M. A.).
    Clément de Givry (A. H.).
    Maubourguet (F.).
    Buttavand (P. E.).
    De Cougny Préfeln (H. E. P.).
LIEUTENANTS EN SECOND : *Colin* (R. A. H.)
    Lasson (H. A.).
    De Chabaud-Latour (G. A. C. J.)
    Percheron de Monchy (C. A.).
    Guerrin (M. E. A.).
    Seingeot (C. E.).
    Cuignet (A. L. D.).
    Joannard (L. A. A.).
    Vial (F. A. F. V.).
    Dupasquier (E. M. R.).
    Franc (J. V.).
    Christmann (T. H. A.).
    Boutaud de Lavilléon (J. L.).
    Worms (M. V. A.).
    Martin (G. C. J.).
SOUS-LIEUTENANTS : *D'Huart* (M. G. E. C.)
    De la Taille (G. I. M. E.).

Officiers de réserve.

CAPITAINE : *N*.
LIEUTENANT : *De Missolz* (L. J. E. G.).
SOUS-LIEUTENANTS : *Dehaynin* (A. E. G.).
    Chappet de Vangel (V. M. H.).
    Garnier (F.).
    De Riollet de Morteuil (M. F. A.).
    Verronet (M. B.).
    Le Bœuf de Valdahon (A. L. J.).

6ᵉ RÉGIMENT.

3ᵉ brigade de cuirassiers, 1ʳᵉ division de cavalerie; gouvernement militaire de Paris; — à Paris.

LIEUTENANT-COLONEL : *Rouvray* (G. C. A.).
CHEF D'ESCADRONS : *De Quinemont* (A. C. M. T.).
MAJOR : *Villiers* (M. A.).
CAPITAINE TRÉSORIER : *Blache* (C.).
LIEUTENANT ADJOINT AU TRÉSORIER : *Bronne* (A. J.).
LIEUTENANT FAISANT FONCTIONS D'OFFICIER D'HABILLEMENT : *Baumgartner* (J.).
PORTE-ÉTENDARD : *Jubié* (J. J. C.).
MÉDECIN-MAJOR 2ᵉ CLASSE : *Durget* (E. T.).
MÉDECIN AIDE-MAJOR 1ʳᵉ CLASSE : *Estor* (M. E. L.).
VÉTÉRINAIRE EN 1ᵉʳ : *Chenier* (G. D.).
— EN 2ᵉ : *Ciattoni* (E. T.).
AIDE-VÉTÉRINAIRE : *Huber* (A. L.).
CAPITAINES COMMANDANTS : *Coffinières de Nordeck* (F. F. J. G.).
  D'Anglejan (L. M. R.).
  Breyh (J.).
  De Brauër (L. R.).
  Devanlay (L.).
LIEUTENANTS EN PREMIER : *Terré* (L. P. E. M.).
  Burnez (L. A.).
  De Galliffet (C. A. G.).
  Mallet (G. A.).
  Tardif de Moidrey (E. M. J.).
LIEUTENANTS EN SECOND : *Menu du Ménil* (G. A. E.).
  Armand (A. H. G.).
  De Brye (P. M. A. C.).
  De Viricu (M. J. H. G.).
  Parison (C. M. M.).
  D'Aiguesvives de Malaret (G. H. J. A.).
  Dugué de la Fauconnerie (C. J. J. N.).
  Gréau (H. H.).
  De Guilhemanson (G. F. H.).
  Boucher de la Rupelle (P. M. A. J.).
  Bachelier (V. L. E. M.).
  Gallois (G. R.).
SOUS-LIEUTENANTS : *Legendre* (J. J. O.).
  Baudesson (M. J. A. H.).
  Guiffrey (J. J. J.).

Officiers de réserve.

CAPITAINE : *De Peyronnet* (H. J. R.).
LIEUTENANT : *De Galard de Brassac de Béarn* (R. M. H.).
SOUS-LIEUTENANTS : *Bellenger* (H. J. E.).
  Juillard (A. F.).
  Pellier (L. J.).
  De Bertier (M. J. L.).
  Delphieux (J. B. A. N.).

7ᵉ RÉGIMENT.

3ᵉ brigade de cuirassiers; 4ᵉ division de cavalerie; stationné dans la 6ᵉ région; — P. C. au camp de Châlons; P. P. à Sainte-Menehould.

COLONEL : *De la Noüe* (A. M.).
CHEF D'ESCADRONS : *Davy de Chavigné* (P.).
MAJOR : *N*.
CAPITAINE TRÉSORIER : *Masse* (C. M.).
LIEUTENANT ADJOINT AU TRÉSORIER : *Robert* (A. J. P.).
LIEUTENANT FAISANT FONCTIONS D'OFFICIER D'HABILLEMENT : *Lecerf* (S. G.).
PORTE-ÉTENDARD : *Kiffer* (R. G.).
MÉDECIN-MAJOR 2ᵉ CLASSE : *Schmitt* (E.).
MÉDECIN AIDE-MAJOR 2ᵉ CLASSE : *Spillman* (J. A. R.).
VÉTÉRINAIRE EN 1ᵉʳ : *Audais* (E. L. J.).
— EN 2ᵉ : *Gaillot* (M. L.).
AIDE-VÉTÉRINAIRE : *Brigault* (C. A. H.).
CAPITAINES COMMANDANTS : *Cornu* (P. P. L.).
  Charneau (G. L.).
  De Bastide (C. F.).
  Saint-Poulof (B. M.).
  Nœtinger (M. J. C.).
LIEUTENANTS EN PREMIER : *Loret* (L.).
  De Roussy de Sales (J. F. G.).
  Lesieurre-Desbrière (L. T. E.).
  Grasset (L.).
  Froidure (P. L. G.).
LIEUTENANTS EN SECOND : *Rousseaux* (J. P.).
  Ledoux (A. L. M. J.).
  Delaya de Lostanges-Beduer (M. M. G. R. A. L.).
  Bolcher (A. G.).
  Poussineau (R.).
  Delpech (A. E. L. M. P.).
  De Saint-Vincent (E. M. J.).
  Chevillot (I.).
  Soudant (L.).
SOUS-LIEUTENANTS : *Grasset* (P.).
  Feugère des Forts (E. M. J.).
  Le Gouest (T. L. F. E.).
  De Joussineau de Tourdonnet (H. M. L.).
  De Cassagne de Beaufort de Miramon (L. J. M. J.).
  Leloup (M. J. M. J.).
  Moog (E. P.).
  Hubert (H. O.).

Officiers de réserve.

CAPITAINE : *N*.
LIEUTENANT : *Loth* (J. B.).
SOUS-LIEUTENANTS : *D'Alsace d'Hénin* (C. M.).
  De Durfort-Civrac de Lorge (M. G. L. B.).
  Lesaulnier (E. M.).
  Delaine (R. C. J.).

8ᵉ RÉGIMENT.

1ʳᵉ brigade de cuirassiers, 6ᵉ division de cavalerie; stationné dans la 11ᵉ région; — à Lyon.

COLONEL : *Torel* (E.).
CHEF D'ESCADRONS : *Rivoire* (E. J.).

CROQUIS DE CAVALERIE.   179

MAJOR : *Du Pré de Saint-Maur* (P. L. M.).
CAPITAINE TRÉSORIER : *Klein* (F. M.).
LIEUTENANT ADJOINT AU TRÉSORIER : *Vallette* (A. X.).
CAPITAINE D'HABILLEMENT : *Fauchon* (J. M. P.).
PORTE-ÉTENDARD : *Vioujard* (T. F. E.).
MÉDECIN-MAJOR 2ᵉ CLASSE : *Lamps* (G. P. J.).
MÉDECIN AIDE-MAJOR 1ʳᵉ CLASSE : *Benoit dit Becker* (F. L. G.).
VÉTÉRINAIRE EN 1ᵉʳ : *Prieur* (G. L.).
    EN 2ᵉ : *Périé* (L. M. A.).
AIDE-VÉTÉRINAIRE : *Drouet* (J. G. A. T.).
CAPITAINES COMMANDANTS : *Jouan* (F. B.).
  Béret (P. L.).
  D'Amonville (M. F. J. R.).
  Manset (L. P. F.).
  Compère-Desfontaines (G. T. M.).
LIEUTENANTS EN PREMIER : *Verrollot* (A.).
  Geoffroy (H. P. L.).
  Cottu (J. M. A.).
  Doncieux (J. A. S. R.).
  Lemonnier (R. L. E.).
LIEUTENANTS EN SECOND : *Terme* (C. J. F.).
  Brisson (H. L. J.).
  De Bonnnefoy (G. H.).
  De Corn (A.).
  Bouchacourt (L. A. H.).
  Despréaux (L. F.).
  Patissier (G.).
  Hinkelbein (C).
  Gorichon (J. P.).
  De Bertier (A. M. J. J.).
  Élie de Beaumont (M. E. A. G.).
  De Foras (H. A.).
SOUS-LIEUTENANTS : *Faure-Biguet* (C. G.).
  Ranon de la Vergne (P. M. A.).
  Bidault (E. G. J. M.).
  Boscals de Réals (C. M. F.).

Officiers de réserve.

CAPITAINE : *N*.
SOUS-LIEUTENANTS : *De Chargère* (J. G.).
  Tollin (E. H.).
  Pradat (F. G. J. B. A.).
  De Bovis (E. L. A.).
  Duchamps (J. F. A.).
  Leboucq (E.).
  André (J. J. P.).

9ᵉ RÉGIMENT.

1ʳᵉ brigade de cuirassiers, 5ᵉ division de cavalerie; 2ᵉ corps d'armée; — à Senlis.

COLONEL : *De Guizelin* (O. L. M.).
CHEF D'ESCADRONS : *Durand de Villers* (P. F. E.).
MAJOR : *Du Bois de Meyrignac* (J. S. H. H. C.).
CAPITAINE TRÉSORIER : *Brousse* (J.).
LIEUTENANT ADJOINT AU TRÉSORIER : *Juillet* (T. F.).

CAPITAINE D'HABILLEMENT : *Bachard* (A.).
PORTE-ÉTENDARD : *Toussaint* (M. E. G.), lieutenant.
MÉDECIN-MAJOR 2ᵉ classe : *Goumy* (A. L.).
MÉDECIN AIDE-MAJOR, 2ᵉ classe : *Patris de Broë* (P.).
VÉTÉRINAIRE EN 1ᵉʳ : *Debrade* (F.).
    — EN 2ᵉ : *Roy* (A.).
AIDE-VÉTÉRINAIRE : *Watremez* (G. F.).
CAPITAINES COMMANDANTS : *Courtois* (P. A.).
  Touzet du Vigier (P. A.).
  De la Vaulx (L. M. R.).
  Deslandes (P. G.).
  De Martimprey (A. D. M.).
LIEUTENANTS EN PREMIER : *Choulet* (J. E. J.).
  Brochand d'Auferville (E. R.).
  Chenon (E. P. J. B. A.).
  Cabaud (J. P. P.), stag. d'état-major.
  Teillard Rancilhac de Chazelles (M. J. R.).
LIEUTENANTS EN SECOND : *De Leusse* (G. F.).
  Barthelemy de Saizieu (A. L. H.).
  De Vaulx (J. L. M.).
  De Froissard Broissia (S. G. J.).
  Trutat (C. G. R.).
  De Boigne (E. G. M. J.).
  Duchesne de Lamotte (J. P. E.).
  Vignes (L.).
  Desmonts (M. E. M.).
  Nivière (C.).
  De Bremoy (A. H. M.).
  Cadet de Chambine (M.).
  D'Esclaibes d'Hust (R. G. E.).
SOUS-LIEUTENANTS : *Levesque de Blives* (M. P. A.).
  Calmettes (C. J. F.).
  Devanlay (C. A.).
  De Boyveau (J. E. M.).

Officiers de réserve.

CAPITAINE : *N*.
SOUS-LIEUTENANTS : *Majonenc* (M. R.).
  De Noailles de Mouchy de Poix (N. E. E. J. M. F.).
  De Beaurepaire de Louvagny (M. J. U.).
  Frœlicher (L. M. A.).
  Mariani (A. M. A. E. J.).
  Cauvet (G. E. L.).
  Bohère (E. C.).

10ᵉ RÉGIMENT.

5ᵉ brigade de cuirassiers, 4ᵉ division de cavalerie; stationné dans la 6ᵉ région; — P. C. au camp de Châlons; P. P. à Vouziers.

COLONEL : *Chauveau de Bourdon* (J. E.).
CHEF D'ESCADRONS : *De Carné Trécesson* (A. M. V.).
MAJOR : *Laroque* (L.).
CAPITAINE TRÉSORIER : *Grosjean* (C. F. A.).
LIEUTENANT ADJOINT AU TRÉSORIER : *Ardoin* (G. A.).
CAPITAINE D'HABILLEMENT : *Costolier* (P. E. J.).
PORTE-ÉTENDARD : *Le Bon Desmottes* (L. N. E.).
MÉDECIN MAJOR 2ᵉ CLASSE : *Audiguier* (J. G. P. A.).
MÉDECIN AIDE-MAJOR 2ᵉ CLASSE : *Thiébault* (H. P. J. A.).

VÉTÉRINAIRE EN 1er : *Crevelle* (E. L.).
— EN 2e : *Pascaud* (L. P.).
AIDE-VÉTÉRINAIRE : *Raynal* (J. F. D.)
CAPITAINES COMMANDANTS : *Cournet* (P. A. G.).
  Bunel (I. E.).
  Dumont (G. J.).
  Matuszinski (J. L.).
  Vigogne (G. M. A.).
LIEUTENANTS EN PREMIER : *Gueneau de Montbeillard* (G. R. R.).
  Galand (P. C. H.).
  De Menou (H. M.).
  Féraud (E. J. B.);
  Finot-Prévost (L. C.), détaché École de cavalerie.
LIEUTENANTS EN SECOND : *Ducel* (P. L.).
  De Rodellec du Porzic (A. P. A. M.).
  Raulx (J. L.).
  Lauras (D. L. X. M. J.).
  De Bucy (J. M. A.).
  Devedeix (E.).
  Bouchacourt (L. J.).
  Pénaud (M. L.).
  Pathiot (P. L.).
  D'Achon (R. M. J.).
  Bocher (H. M. M. L.).
  De Bodin de Galembert (L. M. E.).
SOUS-LIEUTENANTS : *Margaine* (F. L.).
  Le François des Courtis de la Groye (C.).
  Vuillermet (F. M. P.).
  Godard (L.).

Officiers de réserve.

CAPITAINE : *Gaillard* (P. L. F.)
SOUS-LIEUTENANTS : *Raguin* (J. L.).
  André (H. L. N.).
  Arnaud (G. J.).
  Mouillot (A. M.).
  Allard (P. J. L.).
  Pelletier (M. P.).

11e RÉGIMENT.

6e brigade de cuirassiers, 2e div. de cavalerie; stationné dans la 6e région; — P. C. à Troyes, P. P. à Lunéville.

COLONEL : *Delafont* (P. E.).
CHEF D'ESCADRONS : *De Bar* (E. G.).
MAJOR : *Charlery de la Massetière* (J. E. G.).
CAPITAINE TRÉSORIER : *Tiennebrune* (J. F.).
LIEUTENANT ADJOINT AU TRÉSORIER : *Albertus* (M. A.).
CAPITAINE D'HABILLEMENT : *Leclerc* (E. D.).
PORTE ÉTENDARD : *Giannettini* (L. S.), lieutenant.
MÉDECIN-MAJOR 2e CLASSE : *Achintre* (A. C.).
MÉDECIN AIDE-MAJOR 2e CLASSE : *Braün* (A. D.).
VÉTÉRINAIRE EN 1er : *Krait* (C. A.).
— EN 2e : *Magnin* (L. H. F.).
AIDE-VÉTÉRINAIRE : *Alem* (J. L. F. V.).
CAPITAINES COMMANDANTS : *Chavane* (M. J.).

  Beauchamps (A. S.).
  Col (J. B. E.).
  De Nourquer du Camper (P. M. A.).
  Poirot (L. C. H. J.).
LIEUTENANTS EN PREMIER : *Juin* (L. M.).
  Rolland (M. P. J. E.).
  Chapellier (J. B. F.), détaché à l'École militaire d'infanterie comme instructeur d'équitation.
  De Sainte-Marie d'Agneaux (H. G. P.).
  Chevalier (A. M. F.).
LIEUTENANTS EN SECOND : *Geng* (M. P.).
  Des Courtils (M. R. C. J.).
  De Vergès (M. H.).
  Moranges (J. G. P.).
  Lefébure (E. A.).
  Beudant (E. P. F. A. M.).
  Jourdan du Mazot (E. E.).
  Robert (P. M.).
  Reynaud de Lajourdonnie (F. A.).
SOUS-LIEUTENANTS : *De Brémond d'Ars* (F. M. L. T.).
  Thomas (A. L. J.).
  Forel (P. G. A.).
  Ruellan (J. G.).
  Durant de Saint-André (A. A. M.).
  De Bonnechose (G. L. C. A.).

Officiers de réserve.

CAPITAINE : *N*.
SOUS-LIEUTENANTS : *Limousin* (M. M. R.).
  Wurth (E. C.).
  Delafournière (M. C. A.).

12e RÉGIMENT.

6e brigade de cuirassiers, 2e div. de cavalerie; stationné dans la 6e région; — P. C. à Troyes, P. P. à Lunéville.

COLONEL : *De Chabot* (J. M.).
CHEF D'ESCADRONS : *De la Boulinière* (A. E. M.).
MAJOR : *Rivet de Chaussepierre* (A. H.).
LIEUTENANT FAISANT FONCTIONS DE TRÉSORIER : *Lechevallier* (J. V. G.).
ADJOINT AU TRÉSORIER : *N*.
CAPITAINE D'HABILLEMENT : *Moitrier* (A. M.).
PORTE-ÉTENDARD : *Beurné* (L. N. I.), lieutenant.
MÉDECIN-MAJOR 2e CLASSE : *Namin* (J. L.).
MÉDECIN AIDE-MAJOR 2e CLASSE : *Vigneron* (L. P.).
VÉTÉRINAIRE EN 1er : *Sandrin* (L.).
— EN 2e : *Nallet* (J. J.).
AIDE-VÉTÉRINAIRE : *Poinsignon* (F. E.).
CAPITAINES COMMANDANTS : *Diémert* (J. J. A.).
  Tillette de Clermont-Tonnerre (R.).
  André-Joubert (L. M. G.).
  Lacroix de Laval (F. A.).
  Cochin (P. D. M. J.).
LIEUTENANTS EN PREMIER : *Prieur du Perray* (G. L. J.).
  De Tanouarn (L. M. J.),
  Mercier (P. T. M. A.).

CROQUIS DE CAVALERIE.

De Place (R. L. G.), détaché à Saint-Cyr.
Reynart (E. T.).
Lieutenants en second : *Doullé* (D. A. P.).
  Letourneur (G. F.).
  De Vaugiraud (R. C. M.), détaché École cavalerie.
  Maire (E.).
  Muaux (F. E. P. L.).
  De Viry (J. E. M.).
  Muller (L. G. P.).
  Goranflaux de la Giraudière (C. E. G.).
  De Vaulchier (M. P. R.).
  De Planterose (L. P.).
Sous-lieutenants : *De Rozières* (P.).
  De Bonnay de Breuille (H. C. P.).
  Constantin (N. A.).
  De Bourdage (F. T.).
  Florentin (P. L.).
  Dubessey de Contenson (C. A. M.).

Officiers de réserve.

Capitaine : *N.*
Sous-lieutenants : *Gérard* (E. J. B.)
  Roux (P. V.).
  Duclos (T. V.).
  Jolly (L. A.).
  Millot (P. O.).

13ᵉ RÉGIMENT.
3ᵉ brigade de cuirassiers, 1ʳᵉ division de cavalerie, 4ᵉ corps d'armée ; — à Chartres.

Colonel : *Servat de Laisle* (M. C. R.).
Chef d'escadrons : *Duparge* (P. L.).
Major : *De Marin de Montmarin* (M. P. G.).
Capitaine trésorier : *Boudeville* (F. E.).
Lieutenant adjoint au trésorier : *Thraen* (H. O.).
Lieutenant faisant fonctions d'officier d'habillement : *Aguttes* (G.).
Porte-étendard : *Burluraux* (A.), lieutenant.
Médecin-major de 2ᵉ classe : *Godart* (C. A.).
Médecin aide-major de 1ʳᵒ classe : *Benoit* (A. J. L. F.).
Vétérinaire en 1ᵉʳ : *Delcambre* (E. G. D.).
  — en 2ᵉ : *Lesbre* (C.).
Aide-vétérinaire : *Létard* (M. A. F.).
Capitaines commandants : *Dupin-Desvastines* (D. M. A.).
  De Vanssay (F. M.).
  D'Assier (C.).
  Prévost (L.).
  Lefort (A.).
Lieutenants en premier : *De Minette de Beaujeu* (P. F. M.).
  De Baudus (M. V. M.).
  Baudin (A. L.).
  Espivent de Villesboisnet (R.).
  De Moracin de Ramouzens (E. E. A.).
Lieutenants en second : *Rolloy* (G. M. L.).
  Guillier de Souancé (J. H. H. J.).

Rambourg (M. P.).
Meunier (M. E.).
De Messey (J. F. M.).
Charles (A. E. L.).
Hermelin (C. T.).
De la Forest d'Armaillé (H. C. R.).
Delmas (A. J. J.).
De Bremond (P. E. H.).
Eudel du Gord (P. C. L.).
Martin de la Bastide (P. L. G.).
Cesbron-Lavau (J. H. R.).
Schneider (F. A.).
De Bouillé du Chariol (A. A. L.).
Sous-lieutenants : *De Francqueville* (M. A. E. G.).

Officiers de réserve.

Capitaine : *N.*
Lieutenant : *Millin de Grandmaison* (G. C. A. M.).
Sous-lieutenants : *De Vanssay* (C. P. J. C. M.).
  De Villiers de l'Isle-Adam (A. F.).
  Henrys d'Aubigny D'Esmyards (P. R.).

DRAGONS

1ᵉʳ RÉGIMENT.
7ᵉ brigade de cavalerie, 7ᵉ corps ; — à Lure.

Colonel : *Teillard* (E.).
Lieutenant-colonel : *Nadaud* (P. F. E.).
Chefs d'escadrons : *Geay de Montenon* (M. J. E. H.).
  N.
Major : *D'Haudicourt de Tartigny* (C. E.).
Capitaine instructeur : *Larreguy de Civrieux* (L. M. S. P.).
Capitaine trésorier : *Moreau* (P.).
Sous-lieutenant adjoint au trésorier : *Sensamat* (J. J.).
Capitaine d'habillement : *Rémiot* (V.).
Porte-étendard : *Protêt* (C. M. A. J.), lieutenant.
Médecin-major 2ᵉ classe : *Lepagnes* (L. A.).
Médecin aide-major 1ʳᵒ classe : *Tournier* (A. J. C.).
Vétérinaire en 1ᵉʳ : *Debeuf* (M.).
  — en 2ᵉ : *Brunet* (G. A. J.), détaché en Tunisie.
Aide-vétérinaire : *Vidron* (J. F. G.).
Capitaines commandants : *Leddet* (R. M.).
  Lauth (J. M.).
  Cottin de Melville (L. L.).
  Labouré (P. L. C. J.).
  Gaillet (J. R.).
Capitaines en second : *Kessler* (P. X.), détaché à la remonte.
  Petot (M. C. A.).
  Le Harivel de Gonneville (C. G. M. A.).
  N.
  N.
Lieutenants en premier : *De Salignac-Fénelon* (H. J. G.).
  Badel (H. J.).

Blondel (L., C. A.).
Secretland (J. A. E.).
Ruffier d'Epenoux (J. B. G. C. M.).
LIEUTENANTS EN SECOND : *Noseran* (E. P. V. J.), détaché à la remonte.
Audéoud (M. C. H. A.).
Sarton du Jonchay (S. J. C.), détaché affaires indigènes.
Ruffier d'Epenoux (M. F. O.).
Roze (P. F. X. A.).
Lacour (J. P. H. M. R.).
De Vitry d'Avaucourt (M. H. H. F.).
Dutertre (G. O. J.).
Bellevue (M. H. F.).
Marcq de Saint-Hilaire (H. L. A.).
Parisot (L. J. A.).
Guise (H. A. D.).
Domet de Vorges (M. P. F.).
SOUS-LIEUTENANTS : *Blachère* (J. G. M. A.).
Blondel (H. M. A.).

Officiers de réserve.

CAPITAINE : *N.*
SOUS-LIEUTENANTS : *Ploncard* (A. G.).
De Perpigna (G. A.).
De Jouffroy (M. C. L. R.).
Le Grand de Mercey (R. C. A. H.).
Lavenarde (C. M. J.).
Parant (A. H. A.).
Guichard (M. X. H.).
Martin (J. M. M.).
Minot (J. P.).
Poncin (B. J.).
Raminger (G.).
Biset (J. J. M.).
Raoul-Duval (M. A.).

2ᵉ RÉGIMENT.

6ᵉ brigade de dragons, 6ᵉ division de cavalerie, 8ᵉ corps; — à Auxonne.

COLONEL : *Cuny* (L.).
LIEUTENANT-COLONEL : *Caussade* (J. P. M. M. L.).
CHEFS D'ESCADRONS : *Lardier* (P. H. M.).
N.
MAJOR : *Isle de Beauchaine* (M. C. A.).
CAPITAINE INSTRUCTEUR : *Laperrine* (M. J. F. H.).
LIEUTENANT FAISANT FONCTIONS DE TRÉSORIER : *Bourlot* (C.).
SOUS-LIEUTENANT ADJOINT AU TRÉSORIER : *Marillet* (L.).
LIEUTENANT FAISANT FONCTIONS D'OFFICIER D'HABILLEMENT : *De Gauléjac* (J. J.).
PORTE-ÉTENDARD : *Bernard* (C. J. L. M. P.), sous-lieutenant.
MÉDECIN-MAJOR 2ᵉ CLASSE : *Godet* (A.).
MÉDECIN AIDE-MAJOR 2ᵉ CLASSE : *Giraud* (L. L.).
VÉTÉRINAIRE EN 1ᵉʳ : *Pader* (J. M.).
— EN 2ᵉ : *Clerc* (J.).
AIDE-VÉTÉRINAIRE : *Lasserre* (J. F.).

CAPITAINES COMMANDANTS : *Marchal* (M. E. A. A.).
Silvestre (P. J.).
Duperray (J. A.).
Olleris (J.).
Demaret (P.).
CAPITAINES EN SECOND : *Mendigal* (L.), détaché à la remonte.
Courier (J. F.), détaché à la remonte.
Destigny (S. C.), détaché à la remonte.
Des Rieux de la Villoubert (P. M. S.).
N.
LIEUTENANTS EN PREMIER : *D'Albignac* (M. M.).
Hulot (A. H. J. P.), détaché officier d'ordonnance.
De Cosnac (E. E.).
Pichaud (N. P. E.).
Durand (L.), détaché de l'École d'Autun.
LIEUTENANTS EN SECOND : *Brun* (J. M. J. E.).
Pougin de la Maisonneuve (A. C. M. R.).
Rehm (A. G. A.).
De la Moussaye (G. G. M. G. J.).
Metzger (J. B. D. M. L.).
Greiner (C. A.).
SOUS-LIEUTENANTS : *Perret* (P. A. A.).
Guyon de Montlivault (M. E.).
Leschevin de Prévoisin (E. J. M.).
Baret (L. C. A.).
Lemaire (F. A. J.).
Brac de la Perrière (A. M.).
Boulenger (L.).
Müller (A. M. E.)
Pertusier (F. F.).

Officiers de réserve.

CAPITAINE : *N.*
LIEUTENANT : *Le Chanoine du Manoir de Juaye* (C. P.).
SOUS-LIEUTENANTS : *Royer* (C. E. G.).
Charbonné (J. G. A.).
Charpentier (L. A.).
Yvelin de Béville (A. A. P. C.).
Champion (A. M. F.).
De Faucigny Lucinge et Coligny (A. J. B. M.).

3ᵉ RÉGIMENT.

11ᵉ brigade de cavalerie, 11ᵉ corps; — à Nantes.

COLONEL : *Delarue-Beaumarchais* (R. A. E.).
LIEUTENANT-COLONEL : *Papillon* (L. B. A.).
CHEFS D'ESCADRONS : *Ameil* (M. A. E. R.).
Pellé de Quéral (P. M. A.).
MAJOR : *Le Brun* (E. C. G.).
CAPITAINE INSTRUCTEUR : *De Tarragon* (L. J. E.).
LIEUTENANT FAISANT FONCTIONS DE TRÉSORIER : *Maitre* (L. G.).
ADJOINT AU TRÉSORIER : *N.*
CAPITAINE D'HABILLEMENT : *Beaubras* (L. P.).
PORTE-ÉTENDARD : *Vuibert* (V. G.), lieutenant.
MÉDECIN-MAJOR 2ᵉ CLASSE : *Guégan* J. F.).
MÉDECIN AIDE-MAJOR 1ʳᵉ CLASSE : *Thérault* (L. A. S. J.).

VÉTÉRINAIRE EN 1ᵉʳ : *Poitevin* (L. E.).
    EN 2ᵒ : *Rousselot* (F. J.).
AIDE-VÉTÉRINAIRE : *Laney* (E.).
CAPITAINES COMMANDANTS : *De Bonnières de Wierre* (A. M. Y.).
  Ricard (J. M. S. P.).
  Bridoux (M. J. E.).
  Savoye de Puineuf (L. M. A.).
  Jacquinet (A. C. J.).
CAPITAINES EN SECOND : *Bénet* (H. C.).
  Prévost (G. H.).
  De Tournebu : (R. M. A.).
  Jochaud du Plessix (J. C. M.).
  Yvelin de Béville (F. A. C. A.).
LIEUTENANTS EN PREMIER : *De la Barre de Carroy* (M. P. X.).
  Fleuriot de Langle (J. C. R.).
  De Verchère (E. M. A. G.).
  Jullian (D. R. M.).
  Hervouet de la Robrie (P. H. M.).
LIEUTENANTS EN SECOND : *Dufilhol* (A. M. E.).
  De Lataulade (M. F. L. J. R.).
  Chapelle de Jumilhac (A. M. O.).
  De Sesmaisons (D. L. M.).
  Aubert de Vincelles (A. M. C.).
  Gayard (C. G.).
  Faure (H. F. A.).
  Desassis (E. P. A.).
  Brach (C. J.).
  Poinçon de la Blanchardière, Jan de la Hamelinaye (A. M. L.).
  Levesque (P. M. R. A.).
  Chevallier-Chantepie (R. M. J.).
SOUS-LIEUTENANTS : *Poulet* (R.).
  D'Alexandry d'Orengiani (M.).
  Silvestre de Ferron (E. E.).
  Bénier (A. L. J.).

Officiers de réserve.
CAPITAINE : *N*.
SOUS-LIEUTENANTS : *Beauté* (P. A.).
  Piednoir (E. L. F.).
  Rocheraux (L. A.).
  De Chevigné (A. A. M.).
  De la Broïse (H. M. J. B.).
  Bouetté (J. M.).
  Déan de Saint-Martin (E. J. E. M.).
  Trougnou (E. S. J. L.).
  De Béjarry (A. J. B. G.).
  De Fériet (E. L.).
  De Lambilly (C. R.).
  De Lorgeril (A. P. M.).
  Rousse (L. A. M. V.).

4ᵒ RÉGIMENT.
11ᵉ brigade de cavalerie, 14ᵉ corps; — Chambéry.

COLONEL : *Bouchy* (N. S.).
LIEUTENANT-COLONEL : *Niel* (L. G.).
CHEFS D'ESCADRONS : *De Lavaur de Laboisse* (L. F. L.).
  Lenormand (H. G.).
MAJOR : *Ogier d'Ivry* (H. P. G. M.).
LIEUTENANT FAISANT FONCTIONS D'INSTRUCTEUR : *De Kesling* (A. M. L. A.).
CAPITAINE TRÉSORIER : *Louviot* (F. J.).
SOUS-LIEUTENANT ADJOINT AU TRÉSORIER : *Beaudevin* (P. L.).
CAPITAINE D'HABILLEMENT : *Fantozier* (E. F.).
PORTE-ÉTENDARD : *Savoyen* (G. E.), sous-lieutenant.
MÉDECIN-MAJOR 2ᵒ CLASSE : *Loup* (J. C.).
MÉDECIN AIDE-MAJOR 1ʳᵉ CLASSE : *Michaud* (G. H. N.).
VÉTÉRINAIRE EN 1ᵉʳ : *Burck* (A.).
    — EN 2ᵒ : *Nain* (C.).
AIDE-VÉTÉRINAIRE : *Galland* (N. A.).
CAPITAINES COMMANDANTS : *Claret* (E. F.).
  Mugney (J. C.).
  Bastien (J. A.).
  Dufour (I. G.).
  Prieur de la Comble (E. F. R. H.).
CAPITAINES EN SECOND : *Colas des Francs* (C. M. L.).
  Haillot (W. C. T. A.).
  N.
  N.
  N.
LIEUTENANTS EN PREMIER : *De Waubert de Genlis* (L. P. M. P.).
  Hanonnet de la Grange (L. D. A.).
  Alexandre (L. A. N.).
  De Pardieu (E. M. P. E.).
  Gounin (J. L.).
LIEUTENANTS EN SECOND : *Sauzey* (J. C. A. F.).
  Poulet (J.).
  Laperche (M. J. A. L.).
  De Lafont (L. M.).
  Perlat (L. A. G.).
  Lemaitre (C. E. L.).
  De Guinebauld (M. J. Y.).
  Lehr (P. E. A.).
  Pute Cotte de Renéville (L. A. E.).
  Bodelot (A.).
  Berthollet (J.).
  Dimoux-Dime (P. J. M.).
  De Chabannes (B. M. E.).
SOUS-LIEUTENANTS : *Aubert* (J. F.).
  Des Isnards (H. L. M.).
  Constans (J. A. R.).
  D'Hennezel (H. A. G.).

Officiers de réserve.
CAPITAINE : *De Blonay* (S. J. D. M. A. R. H.).
SOUS-LIEUTENANTS : *Guichard* (M. F. E. E.).
  Meilheurat des Prureaux (P.).
  Séguin (P. J.).
  Paquier (J. B. J.).
  Genin (J. J. C.).
  Boucher (R. S. Y. V C.).

Pattus (P. H. H. F.).
Pothin (J. F. A. P.).
Costa De Beauregard (F. F. M. P. V.).
Perrier (H.).
Dubost (F. M. J.).
Vibert (L. M.).
De Gironde (P. Y A. J. P.).

5° RÉGIMENT.
2e brigade de cavalerie, 2e corps; — à Compiègne.

COLONEL : *Laurens de Waru* (P.).
LIEUTENANT-COLONEL : *D'Aviau de Piolant* (A. C. F.).
CHEFS D'ESCADRONS : *De Fry* (O. A. H.).
  Caillou (S. A.).
MAJOR : *Brochet* (H. V.).
CAPITAINE INSTRUCTEUR : *Perrot* (A. A.).
CAPITAINE TRÉSORIER : *Bardou* (A. J. A.).
LIEUTENANT ADJOINT AU TRÉSORIER : *Brunet* (C. E.).
CAPITAINE D'HABILLEMENT : *Monnier* (F. F.).
PORTE-ÉTENDARD : *Fournié* (A.), lieutenant.
MÉDECIN-MAJOR, 2e CLASSE : *Boucher* (H. M.).
MÉDECIN AIDE-MAJOR 1re CLASSE : *Spillmann* (M. G. J.).
VÉTÉRINAIRE EN 1er : *Lefebvre* (N. E.).
  — EN 2° : *Chomel* (C.).
AIDE-VÉTÉRINAIRE : *Jacquin* (A. J.).
CAPITAINES COMMANDANTS : *De Terves* (P. M. E.).
  Charlot (A. L. U. F.).
  Carré (J.).
  Rigaux (H. L. S. A. M.).
  Gerbenne (P.).
CAPITAINES EN SECOND : *Despetit de La Salle* (J. A. H.)
  De Lizaranzu (J. V.).
  Chabaud (V. L. E.).
  Barbier (M. L. H.).
  Henniaux (A. E.).
LIEUTENANTS EN PREMIER : *Du Cauzé de Nazelle* (E. H.).
  Dombey (E. H. L.).
  Kemlin (H.).
  Barbier Saint-Hilaire (L. P. M.).
  Letonnelier de Breteuil (C. M. J.).
LIEUTENANTS EN SECOND : *Jourdain de Thicutloy* (M. J. B. C. R.).
  De la Panouse (A. H. L.).
  Lesellier de Chézelles (E. F. L.).
  Parent du Chatelet (M. J. P. L.).
  Van Shalkwyck de Boisaubin (F. E. H.).
  Chauchard (L. A.).
  Parmentier (J. E.).
  De Champeaux (D. A. M.).
  Vanier (G. L. L. M. J.).
  Roland-Gosselin (H.).
  De Courson de la Villeneuve (G. F. M. R.).
  Jaubert (P. H. J.).
  Costa de Beauregard (B. M. C.).
SOUS-LIEUTENANTS : *Hadot* (J. A.).
  Berthelin (J. R. M. L.).
  Hoskier (H. C. F.).

Officiers de réserve.

CAPITAINE : *De Girod de Resnes* (C. E.).
SOUS-LIEUTENANTS : *Flandrin* (M. E. E.).
  Le Mesre de Pas (J. J. J.).
  De Mornay-Montchevreuil (C. J. A. P.).
  De Villeneuve-Bargemont (A. G. G. H.).
  Joubert (V. A. J.).
  Le Clerc de Bussy (H. M. F. J.).
  Balézeaux (L. H.).
  Baille (G. C.).
  Boullenger (F. T.).
  Gallé (A. E. L.).
  Maheux (G. R.).
  Baignol (M. F. A.).
  Duriez (F. P. M. J.).
  Le Marois (J. H. L.).

6° RÉGIMENT.
3e brigade de cavalerie, 3e corps; — à Évreux.

COLONEL : *Brossier de Buros* (A. J.).
LIEUTENANT-COLONEL : *Morel* (J. F. L.).
CHEFS D'ESCADRONS : *De Villars* (P. L. M. C.).
  Petit (P. M. E.).
MAJOR : *Nitot* (E. F. J.).
CAPITAINE INSTRUCTEUR : *Maquaire* (L. J.).
CAPITAINE TRÉSORIER : *Vienney* (L.).
LIEUTENANT ADJOINT AU TRÉSORIER : *Guy* (A. F. A.).
CAPITAINE D'HABILLEMENT : *Lherminier* (J. P. A.).
PORTE-ÉTENDARD : *Picandet* (F. H.), lieutenant.
MÉDECIN-MAJOR 2e CLASSE : *Martin* (S.).
MÉDECIN AIDE-MAJOR 1re CLASSE : *Donnadieu* (J. A. T.).
VÉTÉRINAIRE EN 1er : *Ribaud* (L. C.).
  — EN 2° : *Lemesle* (E. C.).
AIDE-VÉTÉRINAIRE : *Gabeau* (J. A. L.).
CAPITAINES COMMANDANTS : *Roederer* (P. L. A. M.).
  Charlery de la Masselière (M. R.).
  Dussardier (H. A.).
  Alberge-Sermet (G. S. M.).
  De Broglie-Revel (A. E. M. G.).
CAPITAINES EN SECOND : *De Patouillet de Déservillers* (M. C. A.).
  De Pelleport-Burête (P. E.).
  Baron de Montbel (P. J. H.).
  Bayvel (S. G.).
  De la Bourdonnaye (H. C. E. M.).
LIEUTENANTS EN PREMIER : *Singer* (G. M. E.).
  Dodun de Kéroman (W. M. H.).
  Perret (H. G. J. M.).
  Morgon (M. E. M.).
  De Colbert Turgis (A. C. M.).
LIEUTENANTS EN SECOND : *Debains* (F. H.).
  Le Cler (P. M. P. P.).
  Cretin (L. J. A.).
  De Ségur-d'Aguesseau (E. M. J. C. A.).
  De Chastenet Puységur (F. J. M. A.).
  De Prémonville de Maisonthou (J. R. M. V.).

Pougnet (M.).
Tourot (E. L.).
Minangoy-Pérignon (E. A.).
De Beuverand de La Loyère (A. J. M.).
Chevallier de la Teillais (C. E. F.).
Sous-Lieutenants : *Dreys* (G. C. J. P. A.).
Buissot (L.).
De Girard de la Chaise (M. J. A. J.).
De Montesquiou-Fezensac (L. L. M. A.).
Le Myre de Vilers (M. J.).

Officiers de réserve.
Capitaine : *N.*
Lieutenants : *Jouen* (P. V. L.).
De Portes (R. A. F.).
De Broglie (L. A. M.).
Sous-Lieutenants : *Le Febvre* (C. M.).
De Lingua de Saint-Blanquat d'Esplas (J. M. M.).
Aubé (P. M.).
De Reiset (M. J. F. H. F.).
Marqués (L. A.).
Cheviron (J. A.).
Baudrier (A. L.).
Capron (R. A.).
Laronce (L.).

7º RÉGIMENT.

1ʳᵉ brigade de dragons, 2ᵉ division de cavalerie; stationné dans la 6ᵉ région ; — P. C. à Vitry-le-François; P. P. à Lunéville.

Colonel : *Varroquier* (C.).
Lieutenant-Colonel : *Canonge* (A. H.).
Chefs d'escadrons : *Braccini* (F. R.).
Sève (H. J. B. B.).
Major : *De Montagu* (L. M. S.).
Lieutenant faisant fonctions d'instructeur : *Bonjean* (J. L. L. E.).
Lieutenant faisant fonctions de trésorier : *Bijeard* (D. A. E.).
Lieutenant adjoint au trésorier : *Taillandier* (L.).
Capitaine d'habillement : *Soulié* (J. P.).
Porte-étendard : *Gaudier* (E. E.), lieutenant.
Médecin-Major 2ᵉ classe : *Guillemot* (C. F. E.).
Médecin aide-major 1ʳᵉ classe : *Mendès Bonito* (G. M. A.).
Vétérinaire en 1ᵉʳ : *Lafuste* (J. M. G.).
— en 2ᵉ : *Brunet* (L. V. A.).
Aide-vétérinaire : *Bich* (J. H. M.).
Capitaines commandants : *Charles* (H. N.).
Kraëtz (A.).
Bertrou (P. R.).
De Reinach de Foussemagne (M. R.).
Soubeiran (C. M.).
Capitaines en second : *De Lagarde* (J. A. H. J.).
De Pavin de Montélégier (M. L. R. H.).
Terracol (D. P.).
N.
N.

Lieutenants en premier : *Lejay* (E.).
Demange (M. A.).
Faure (M. C. R.).
Prax (M. L. L.).
Touvet (P. L.).
Lieutenants en second : *De France* (L. J. M.).
De Lustrac (M. R. A.).
Tinel (J. C. A.).
Tardieu (M.).
Détroyat (C. E. A. P.).
De Gail (H. D. P.).
De Dampierre (G. F. R. M. G.).
De Becdelièvre (L. M. E.).
Sciaux (J.).
Richard (F. X.).
Pochet (C. C.).
Berthe de Pommery (H. C.).
Sous-Lieutenants : *Blavier* (E. H. J.).
Arnoult (L. E. H.).
Tartinville (G. L.).

Officiers de réserve.
Capitaine : *N.*
Lieutenant : *Chalret du Rieu* (G. M. R.).
Sous-Lieutenants : *Audiat* (A. J. F.).
Douvet (J. G.).
François (J. B. A.).
Germain (E.).

8º RÉGIMENT.

2ᵉ brigade de dragons, 5ᵉ division de cavalerie; stationné dans la 6ᵉ région; — à Meaux.

Colonel : *Leynia de la Jarrige* (L. H.).
Lieutenant-Colonel : *De Morell d'Aubigny d'Assy* (A. J. M.).
Chefs d'escadrons : *Michel-Walon* (R. C. L.).
Koszutski (J. B.).
Major : *Aubertin* (C. F. I.).
Capitaine instructeur : *Tampé* (F. M. A.).
Capitaine trésorier : *Rusch* (P.).
Sous-Lieutenant adjoint au trésorier : *Espanet* (P. F.).
Capitaine d'habillement : *Munier* (L. M. E.).
Porte-étendard : *Pénard* (N. A. E.), lieutenant.
Médecin-Major de 2ᵉ classe : *Dziewonski* (C. I. A.).
Médecin aide-major de 1ʳᵉ classe : *Collet* (B. J. V. S.).
Vétérinaire en 1ᵉʳ : *Aubert* (E. V.).
— en 2ᵉ : *Fournié de Lamartinie* (P. A.).
Aide-vétérinaire : *Meyraux* (J. H.).
Capitaines commandants : *Bodin* (A. H.).
Colson (M. L. T.).
De Touchet (G. F.).
Léorat (A. H. J.).
Boucheron (J. P. L.).
Capitaines en second : *Ménard* (L. J. M.).
De l'Espée (E.).
Crémieu Foa (E. J. A.).

De Lacour (R. E. R.).
Dupuch de Feletz (C. E.).
LIEUTENANTS EN PREMIER : Fouques-Duparc (C. F.).
Harlé d'Ophove (E. P. C. M.).
De Moustier (A. G. M.).
De Dampierre (G. G. R.).
Lemaréchal (G. E.).
LIEUTENANTS EN SECOND : Taloppe (H. C.).
Camusat de Riancey (H. M. T. C. F.).
Roullet de la Bouillerie (M. P. A. J.).
Lebelin de Dionne (M. L.).
Blay (H.).
Le Bailly de la Falaise (L. V. G.).
De Ludre (F. L. M. R.).
Carré (G. E.).
Trochu (H. J. A.).
Beau (R. C.).
Goor (A. L.).
Landry (L. J. F.).
Mouze (A. J. C.).
SOUS-LIEUTENANTS : De Lécluse (H. P. M.).
Waskiewicz (L.).
Carré (L. F. A. S. M.).

Officiers de réserve.

CAPITAINE : N.
LIEUTENANT : De Ségur-Lamoignon (L. M. F. G.).
SOUS-LIEUTENANTS : Creton (E. G.).
Esmangart de Bournonville (M. X. P.).
Vanderheym (F. H.).
Didelot (H. R.).
Osiecki (H. L. A.).

9ᵉ RÉGIMENT.

2ᵉ brigade de dragons, 8ᵉ division de cavalerie; stationné dans la 5ᵉ région; — à Provins.

COLONEL : Briois (G. J.).
LIEUTENANT-COLONEL : Petitgrand (C. L.).
CHEFS D'ESCADRONS : Théry (E. A.).
N.
MAJOR : Tristan de l'Hermite (M. J. P.).
CAPITAINE INSTRUCTEUR : Lamy (M. J. V. V. E.).
CAPITAINE TRÉSORIER : Pinnolli (D.).
SOUS-LIEUTENANT ADJOINT AU TRÉSORIER : Alaine (V. A. G.).
CAPITAINE D'HABILLEMENT : De Laumière (E. T.).
PORTE-ÉTENDARD : Roche (J. A.), lieutenant.
MÉDECIN-MAJOR 2ᵉ CLASSE : Génin (C. M. A.).
MÉDECIN AIDE-MAJOR 1ʳᵉ CLASSE : Goudal (A.).
VÉTÉRINAIRE EN 1ᵉʳ : Vérain (L.).
— EN 2ᵉ : Bocquet (L. G.).
AIDE-VÉTÉRINAIRE : Roux (A. G. E.).
CAPITAINES COMMANDANTS : Le Moine de Sainte-Marie (H. G. M.).
Leflem (F. M.).
Maréchal (S. H.).
Coqueret (L. F. C. L.).

Frentz (P.).
CAPITAINES EN SECOND : Benezet (E.).
Luce de Trémont (J. A. A.).
De Cugnac (M. H. F.).
Martinet (F. X.).
LIEUTENANTS EN PREMIER : Nessler (T. A.).
Kuntz (M.).
Deschamps (M. J.).
Chavane (M. V. C. E.).
De la Tour du Pin Gouvernet (H. H. M.).
LIEUTENANTS EN SECOND : Deschamps (L. A.).
De Villemandy de Lamenière (M. L. R.).
De Lambilly (G. J. R.).
Cavenne (C. C.).
Rivérieulx de Varax (G. L. M. H.).
Lesterpt de Beauvais (F. S. R.).
Desvernine (J. A.).
Chappe d'Auteroche (F. H. C.).
Dagonet (A. E.).
Kiener (L. C. E.).
D'Andigné (M. J. R.).
Vittini (P. B. G.).
SOUS-LIEUTENANTS : Moulin (H. L.).
Salles (M. A. E. G.).
Aguado (L. N.).
Baratier (G. L. C.).

Officiers de réserve.

CAPITAINE : N.
LIEUTENANT : Poujade (C. E. L.).
SOUS-LIEUTENANTS : Véroux (A. J.).
Monjean (M. L.).
Renard (G. A.).
Béjot (E. G. A.).
Péronne (H. F.).

10ᵉ RÉGIMENT.

17ᵉ brigade de cavalerie, 17ᵉ corps; — à Montauban

COLONEL : De Butler (J. R.).
LIEUTENANT-COLONEL : N.
CHEFS D'ESCADRONS : De Fontenay (P. M. R.).
Mournaud (E. F.).
MAJOR : Lavaivre (M. A.).
CAPITAINE INSTRUCTEUR : Beaudemoulin (A.).
CAPITAINE TRÉSORIER : Thouvenin (A.).
LIEUTENANT ADJOINT AU TRÉSORIER : Aimon (M. P. J A.).
LIEUTENANT FAISANT FONCTIONS D'OFFICIER D'HABILLEMENT : Grabias-Bagneris (L. C. M. F.).
PORTE-ÉTENDARD : Senduc (A.), lieutenant.
MÉDECIN-MAJOR 2ᵉ CLASSE : Pongis (B. P.).
MÉDECIN AIDE-MAJOR 1ʳᵉ CLASSE : De Casaubon (L. P. S.).
VÉTÉRINAIRE EN 1ᵉʳ : Delbreil (J. B. S.).
— EN 2ᵉ : Thollois (E. E.).
AIDE-VÉTÉRINAIRE : Montazel (L.).
CAPITAINES COMMANDANTS : Chaussard (L.).

Vivaire (P. T. J. B. A.).
De Pousillat Duplessis (M. R. A.).
Dupont (F. M. T.).
Demaiche (C. M. J.).
Capitaines en second : *Roques de Borda* (M. J. B. P.).
  Barrière (P.).
  Lespinasse (H.).
  Peillard (R. E. M. F.).
  Bugnon (A. A.).
Lieutenants en premier : *Zeude* (G. M. P. N.).
  De Lacoste de Belcastel (J. M.).
  Thédenat (L. M. C. R.).
  Bardon (V. S. C. A.).
  Roche (M. F.).
Lieutenants en second : *Futin* (G. A.).
  Geoffroy (L. C.).
  De Barrau de Muratel (A. R.).
  Barbarra de Labelotterie de Boisseson (J. M. M.).
  Bayonne (F. S.).
  Charoy (M. A. G. A.).
  D'Ollonne (C. A. M. C.).
  D'Ouvrier de Villegly de Bruniquel (R. R. G. A.).
  De Bazelaire (P.).
  De Mauléon de Bruyères (M. O.).
  Destremau (F. A.).
Sous-lieutenants : *Audoy* (R. M.).
  Barthomivat de La Besse (J. A. M. E.).
  Séatelli (L. E. C.).
  Chopin de la Bruyère (P. E. D. E.).

Officiers de réserve.

Capitaine : *N.*
Sous-lieutenants : *De Beaumont* (A. A. G. M.).
  Sans (C. F.).
  Mercier (A.).
  De Lingua de Saint Blanquat (G. M. M.).
  Sarros (F.).
  Coste (M. J. G.).
  Klehe (C. J. A.).
  Barbara de Labelotterie de Boissezon (M. M. M.).
  Biragnet (J. L. D.).
  Cairol-Caramaing (A. H.).
  Suarez d'Almeyda (B. L. G.).
  Vidal (P. J. B.).
  De Viguerie (P. J. C. M.).
  Gés (T. B. L.).

11ᵉ RÉGIMENT.
15ᵉ brigade de cavalerie, 15ᵉ corps; — à Tarascon.

Colonel : *Marguier d'Aubonne* (L. A. M. M.).
Lieutenant-colonel : *Dalmas de Lapérouse* (L. R.).
Chef d'escadrons : *Lugan* (J. M.).
  N.
Major : *De Jourdan* (J. C. G.).
Capitaine instructeur : *Luce* (A. J. M.).
Lieutenant faisant fonctions de trésorier : *Vial* (P. L.).

Sous-lieutenant adjoint au trésorier : *Dodeur* (F. E. P. M.).
Capitaine d'habillement : *Paradis* (F. X.).
Porte-étendard : *Carrière* (V. J. M.).
Médecin-major 2ᵉ classe : *Morer* (E.).
Médecin aide-major 1ʳᵉ classe : *Nabona* (E. E. M. A. P.).
Vétérinaire en 1ᵉʳ : *Busy* (J. M. J.).
  — en 2ᵉ : *Bernard* (P. N. E.).
Aide-vétérinaire : *Gay* (E.).
Capitaines commandants : *Despres* (F. M. L.).
  Labit (C. P. F.).
  Callaud (J. B.).
  Pesace (V. L.).
  Chaine (P. V. M.).
Capitaines en second : *Choisel* (L. E. E.).
  Loze (L. E. P.).
  Noël (L. E. L.).
  N.
  N.
Lieutenants en premier : *Labbé* (R. M.).
  Seigneur (L. A. J.).
  Du Tertre (C. R. E. F.).
  Griolet (J. B. S. R. G.).
  Labat (L. E. F.).
Lieutenants en second : *Labat de Lapeyrière* (E. G.).
  Du Laurens d'Oiselay (H. G. M.).
  Mac Guckin de Slane (C.).
  Perret (L. P. S.).
  Marteau (J. J. G. A.).
  D'Arboussier (P. E. C. L.).
  Viollette (H. M.).
  Audouard (P. A. L. E.).
  De Sonis (V. H. F.).
  De Vandière de Vitrac (J. A. H.).
Sous-lieutenants : *De Fresse de Monval* (J. M. A.).
  Le Masson (G. R.).
  Bondet de la Bernardie (H. M. E.).
  Albanel (C. H.).
  Picaud (A. A. V.).
  Rey (C. L. L.).

Officiers de réserve.

Capitaine : *De Castéras-Villemartin* (J. A. M. P. F. D. P.).
Sous-lieutenants : *Hamon* (M. A. L.).
  Chauvet (J. P. L.).
  Brignan (J. E.).
  Nègre (E. P.).
  Pellat (G. J. P. E.).
  Feautrier (A. E. F.).
  Cachiardy de Montfleury (E. P. J.).
  Carenet-Lablaquière (E. P. G. J. A.).
  Guignon (A. M. A.).
  Guillame (L. J.).
  Jaubert (F. L. A. P.).
  D'Espous de Paul (P. F. P.).

12ᵉ RÉGIMENT.

6ᵉ brigade de cavalerie, 6ᵉ corps ; — P. C. à Troyes ; P. P. à Nancy.

COLONEL : *Hénin* (N.ᵉ C. E.).
LIEUTENANT-COLONEL : *Marchal* (H. C. H.).
CHEFS D'ESCADRONS : *Bastien* (J.).
  N.
MAJOR : *Sallé* (E. P.).
CAPITAINE INSTRUCTEUR : *Simon* (L. P. E.).
CAPITAINE TRÉSORIER : *Carrichon* (E. P. A.).
SOUS-LIEUTENANT ADJOINT AU TRÉSORIER : *Durel* (M. O.).
CAPITAINE D'HABILLEMENT : *Reinhart* (M. C.).
PORTE-ÉTENDARD : *Moussard.*
MÉDECIN-MAJOR 2ᵉ CLASSE : *Comte* (H. M. P. F.).
MÉDECIN AIDE-MAJOR 1ʳᵉ CLASSE : *Maguin* (P. M. J.).
VÉTÉRINAIRE EN 1ᵉʳ : *Wœhrling* (J.).
  — EN 2ᵉ : *Cazenave* (H. P. M.).
AIDE-VÉTÉRINAIRE : *Bouchy* (J. P.).
CAPITAINES COMMANDANTS : *Pizard* (C. A. A. S.).
  Daubremont (P. A.),
  Hacquart (L. V.).
  Lescot (A. L.).
  Vincent-Lefebvre de Champorin (C. M. J.).
CAPITAINE EN SECOND : *Baroux* (J. B.).
  Boutaud de Lavilléon (H. R.).
  Boitel de Dienval (C. M.).
  Vœlckel (P. V.).
  N.
LIEUTENANTS EN PREMIER : *De Gallier de Saint-Sauveur* (A. M. J. G.).
  Minaux (T.).
  De la Ruelle (L. F.).
  Wimpffen (J. E. G.).
  Bourgeois (G. E. N.).
LIEUTENANTS EN SECOND : *Guise* (A. V. H.).
  Espenel (J. A. P. G. E.).
  Parlange (G. J.).
  Carette (L. M. V. A.).
  Lardinois (J. F. J.).
  Calla (P. J. F. J.).
  Le Maître (R. L. A. A.).
  Armand (M. F.).
  De Wangen de Géroldseck (H. G.).
  Caron (P. J.).
  De Burgat (A. D.).
  Merle du Bourg (L. J. F.).
  De Benoist (J. P. L. M.).
SOUS-LIEUTENANTS : *Dutech* (H. J. F.).
  Poignant (L. A. P.).
  Rampont (C. M. E.).

Officiers de réserve.

CAPITAINE : *N.*
SOUS-LIEUTENANTS : *Horrie* (F. H. R. H.).
  Pierson (P. H.).
  Barbel (P. A. G.).
  Lahaye (L. M. J.).

  Savoye (L. E.).
  Le Grand (L. E.).
  Luc (P. P. M. J.).
  De Négroni (R. P. P. L.).
  Nivière (A. L. M. R.).
  Tricotot (J. A.)
  Letestu (M. A.).
  Paul (A. J.).
  De Turckeim (F. A.).

13ᵉ RÉGIMENT.

5ᵉ brigade de cavalerie, 5ᵉ corps ; — à Joigny.

COLONEL : *De Ganay* (J. H. J.).
LIEUTENANT-COLONEL : *De Monspey* (M. G. L. H. E.).
CHEFS D'ESCADRONS : *Kronn* (J. J. A.).
  Simon de la Mortière (G. E. C.).
MAJOR : *De Faucher de la Ligerie* (E. P. L. F.).
CAPITAINE INSTRUCTEUR : *Guynet* (P. F.).
CAPITAINE TRÉSORIER : *Renard* (A. E. A. F.).
ADJOINT AU TRÉSORIER : *Brieu* (J.).
CAPITAINE D'HABILLEMENT : *Renet* (M. L. E.).
PORTE-ÉTENDARD : *Noiret* (J. B. E.), sous-lieut.
MÉDECIN-MAJOR : 2ᵉ CLASSE : *N.*
MÉDECIN AIDE-MAJOR 1ʳᵉ CLASSE : *Rouffignac* (J.).
VÉTÉRINAIRE EN 1ᵉʳ : *Valiton* (F. L.).
  — EN 2ᵉ : *Ducloux* (E. J. A.).
AIDE-VÉTÉRINAIRE : *Wimille* (J. S.).
CAPITAINES COMMANDANTS : *Desfaudais* (A. H.).
  Sainte-Chapelle (A. M. G.).
  Davagnier (F. S.).
  Miron (P. L. H. F.).
  De Loynes d'Autroche (J. C. E.).
CAPITAINES EN SECOND : *Schmidt* (E. C.).
  De Villardi de Montlaur (P. R.).
  Hély d'Oissel (A. R.).
  De Poret (J. A.).
  Vialetos d'Aignan (M. L. A.).
LIEUTENANTS EN PREMIER : *Robert des Chevannes* (F. A.)
  Laurent (C. A.).
  Kœnig Belliard de Vaubicourt (E. A. S.).
  Maynier (A. G. E.).
  Stocklen (L. A.).
LIEUTENANTS EN SECOND : *Droz des Villars* (P. P. J.)
  Laferrière (H. C. E.).
  Baulhamy (H. P. M.).
  Macdonald de Clanranald (N. A. F.).
  De Poret (R.).
  Versein (A. A. D.).
  Marcot (L. V. A.).
  Barlatier de Mas (P.).
  De Balathier-Lantage (M. H. J. R.).
  De Massol (J. O.).
  Lory (P. A. A. J.).
SOUS-LIEUTENANTS : *Pauly* (S. H.).
  Janet (P.).
  Maurin de Brignac (J. N. G.).

De Menthon (M. G. A. B.).
D'Avon de Collongue (J. L. A. G.).
Officiers de réserve.
CAPITAINE : *N.*
LIEUTENANTS : *Leplus-Habeneck* (L. C. H.).
  De Bodin de Boisrenard (M. G. E. F.).
  Chirac (G. F. P.).
  Michaux (G. A.).
  Pallu de la Barrière (M. A.).
  Bégé (A. C. R.).
  Frébault (L.).
  Bourguignon (L. L. J.).
  Brame (H. G.).
  Dollé (H. V.).
  Lefebvre (J. A. F.).
  Du Fvernet-Passa (P. C. V.).

14ᵉ RÉGIMENT.
3ᵉ brigade de dragons, 3ᵉ division de cavalerie; 6ᵉ corps d'armée;
au camp de Châlons.

COLONEL : *D'Abel de Libran* (L. G. M.).
LIEUTENANT-COLONEL : *Garié* (J. P. P.).
CHEFS D'ESCADRONS : *Buffet* (M. F. D.).
  N.
MAJOR : *Portalis* (C. P. R.).
LIEUTENANT FAISANT FONCTIONS D'INSTRUCTEUR : *Delorme* (O. H. F. L.).
CAPITAINE TRÉSORIER : *Gérard* (A.).
SOUS-LIEUTENANT ADJOINT AU TRÉSORIER : *Vigouroux* (P. R.).
CAPITAINE D'HABILLEMENT : *Loutrel* (D. E.).
PORTE-ÉTENDARD : *Regad* (H.).
MÉDECIN-MAJOR 2ᵉ CLASSE : *Coste* (M. L.).
MÉDECIN AIDE-MAJOR 1ʳᵉ CLASSE : *Sébillon* (J. M. J. A.).
VÉTÉRINAIRE EN 1ᵉʳ : *Jeannot* (P. F.).
  — EN 2ᵉ : *Boisse* (C. H.).
AIDE-VÉTÉRINAIRE : *Jean* (A. E.).
CAPITAINES COMMANDANTS : *Cossonnier d'Oyat* (H. L. E.).
  Husson (L. M.).
  Menuau (M. C.).
  Delavau (P. F.).
  Guerou (E. G. H.).
CAPITAINES EN SECOND : *De la Villestreux* (A. E. E.).
  Bessonnaud (P.).
  Emé de Marcieu (H. M. T. A. H. G.).
  D'Arcangues (M. M. L. P.).
  Dureault (J. C. M.).
LIEUTENANTS EN PREMIER : *Barthelet* (J. N.).
  Millard (P.).
  Maurer (E. J.).
  Colas (A. G. H.).
  Lacroix (J. B. H.).
LIEUTENANTS EN SECOND : *Caffaro* (C. A. V.).
  De Villelume-Sombreuil (J.).
  De Froissard-Broissia (M. L. E. J.).
  Charcelay de la Roberdière (A. L.).
  Laverrière (V. M. A. V.).

Malenfant (J. M.).
Desrousseaux (A. L. A. E.).
De Moucheron (R. E. L. M.).
Stoeckel (H. C.).
SOUS-LIEUTENANTS : *Thomas* (L. M.).
  Hamon (E. J. R.).
  Uttenveiller (P. R.).
  Laurent (A. L. V.).
  De Rohan-Chabot (S. M. G. H.).
  Blin (C. J. M.).
  Testart (C. H. M.).

Officiers de réserve.
CAPITAINE : *N.*
LIEUTENANTS : *Lepesqueur* (P. C.).
  Poisson (A. G. C.).
SOUS-LIEUTENANTS : *Charles* (E.).
  Berteaux (G. V. A.).
  Baron-Larcanger (M. E. R. M. G.).
  De Neuchèze (F. H. E.).
  Bally (I.).

15ᵉ RÉGIMENT.
18ᵉ brigade de cavalerie, 18ᵉ corps; — à Libourne.

COLONEL : *De Raity de Villeneuve de Vittré* (C. A.).
LIEUTENANT-COLONEL : *N.*
CHEFS D'ESCADRONS : *De Laforcade* (M. C. B.).
  Le Noir de Carlan (C. M.).
MAJOR : *Lemercier de Maisoncelle Vertille de Richemont* (L. A. F.).
CAPITAINE INSTRUCTEUR : *Lewden* (F. H.).
LIEUTENANT FAISANT FONCTIONS DE TRÉSORIER : *Petit* (A. G. L.).
LIEUTENANT ADJOINT AU TRÉSORIER : *Durand* (E. G.).
CAPITAINE D'HABILLEMENT : *Prisse* (P. A. A.).
PORTE-ÉTENDARD : *Jourdan du Mazot* (A. H.), lieut.
MÉDECIN-MAJOR 2ᵉ CLASSE : *Bergounioux* (J. F.).
MÉDECIN AIDE-MAJOR 1ʳᵉ CLASSE : *Lescure* (J. H.).
VÉTÉRINAIRE EN 1ᵉʳ : *Rigollat* (J. L.).
  — EN 2ᵉ : *Beugnot* (T. E.).
AIDE-VÉTÉRINAIRE : *Choteau* (A. P. J.).
CAPITAINES COMMANDANTS : *Surirey* (A. A.).
  Vidal de Lausun (P. M. H.).
  Géneau (E. P. L.).
  Cazalis (J. S.).
  Chêne (G. J.).
CAPITAINES EN SECOND : *Portanier* (J. B.).
  De Gaalon (F. M.).
  De Vandière de Vitrac (P. E.).
  Fontano (L. L. E.).
  De Beaurepaire de Louvagny (M. R. G.).
LIEUTENANTS EN PREMIER : *Aigoin du Rey* (V. A. P. N.).
  Harmignies (G. A. C.).
  Blanchy (M. M.).
  Tristan de L'Hermite (A. A. M. J.).
  Bignon (M. J. B.).

LIEUTENANTS EN SECOND : *Coyreau des Loges* (P. C. R.).
   Billioque (H. C. L.).
   Poute de Puybaudet (M. A.).
   Galand (J. B. M. P.).
   Cantillon de la Couture (J. C. G.).
   Dogny (H. P. F.).
   Bordier (E. L.).
   Vidal de Lausun (J. P. L.).
   De Masfrand (J. M. D. A.).
   De Lussy (P. J. C. A. E.).
   Caud (P. E.).
   De la Taille (M. A. J. M.).
SOUS-LIEUTENANTS : *De Lespinasse de Bournazel* (J. M. L.).
   Guiet (G. B.).
   De Calmels-Puntis (P. E.).

Officiers de réserve.

CAPITAINE : *N.*
SOUS-LIEUTENANTS : *Hubert* (M. E. M.).
   Prévot (J. A. G.).
   Rode (P. M.).
   Peyraud (J.).
   Potiron de Boisfleury (A. J. M. C.).
   Magnen (G. M.).
   Lamore de Lamirande (P. G.).
   Grandin de l'Eprevier (A. V. M. E.).
   Froment dit Froment-Maurice (C. F. M. J.).
   Lacroix (J. F. A.).
   Lapelle (J. G. C.).
   Lapèze (G. M. J.).
   Poydenot (J. M. R.).
   Miocque (G. T.).

16ᵉ RÉGIMENT.

3ᵉ brigade de dragons, 3ᵉ division de cavalerie ; 6ᵉ corps d'armée ; au camp de Châlons.

COLONEL : *Treymüller* (L. A.).
LIEUTENANT-COLONEL : *Auvity* (P. P.).
CHEFS D'ESCADRONS : *De Rochefort* (L. P. H.).
   Allheily (X.).
MAJOR : *Oudiné* (J. A.).
LIEUTENANT FAISANT FONCTIONS D'INSTRUCTEUR : *Blaise* (D. P.).
CAPITAINE TRÉSORIER : *Beauvais* (D.).
LIEUTENANT ADJOINT AU TRÉSORIER : *Renaux* (J.).
CAPITAINE D'HABILLEMENT : *Renaud* (J.).
PORTE-ÉTENDARD : *Legros* (B. C.).
MÉDECIN-MAJOR 2ᵉ CLASSE : *Legagneur* (H. A. E.).
MÉDECIN AIDE-MAJOR 1ʳᵉ CLASSE : *Verdierre* (P. A. E. B.).
VÉTÉRINAIRE EN 1ᵉʳ : *Sambelle* (P.).
   — EN 2ᵉ : *Montagner* (J. B. A.).
AIDE-VÉTÉRINAIRE : *Paruit* (C. J. B.).
CAPITAINES COMMANDANTS : *De l'Espée* (J. F. M. H.).
   Martelli-Chautard (J. F.).
   Chaminade (H. L. H.).
   Halna du Frétay (R. C.).

Rouy (A.).
CAPITAINES EN SECOND : *Marié* (A.).
   Marootte (E. M.).
   De Cazes (E. R.).
   Lacombe de la Tour (A. E. E. E. X. J.).
   Aymé de La Chevretière (J. M. C.).
LIEUTENANTS EN PREMIER : *De Lallemand du Marais* (V. J. F. G.).
   Gobert (C. T.).
   Noizet (T. S.).
   Lemant (H.).
   Dodelier (H. C.).
LIEUTENANTS EN SECOND : *Rozat de Mandres* (C. N. L.).
   De Corday (V. J. P.).
   Pimont de Cécire de Honnaville (G. A.).
   Révy (M. C. J. P.).
   Tardif de Moidrey (E. M. J.).
   Blaize (L. M.).
   Stourm (M. C.).
   Siriez de Longeville (J. F. A.).
   De Le Gorguc de Rosny (J. J. B. R.).
   Simon (M. L. F.).
   Communal (M.).
SOUS-LIEUTENANTS : *Degournay* (J. M. A. L.).
   De Plœtic (R. A. E. C.).
   Berneval-Francheville (M. J. E.).
   Fiévet (G. J. E.).

Officiers de réserve.

CAPITAINE : *N.*
LIEUTENANTS : *Riffault* (A. C. F.).
   Baudier (P.).
SOUS-LIEUTENANTS : *Pra* (J. C.).
   De Montgomery (A. P. G. L.).
   Le Grand (L. M. J. H.).
   Simonis-Empis (H. L.).
   Mouchoux (H. C. F.).

17ᵉ RÉGIMENT.

10ᵉ brigade de cavalerie, 16ᵉ corps ; — à Carcassonne.

COLONEL : *Cabrol* (A. F. E.).
LIEUTENANT-COLONEL : *Bernard* (V. A.).
CHEFS D'ESCADRONS : *Valicon* (A. A. A.).
   Hébert (F. E.).
MAJOR : *Ancenay* (B. F.).
LIEUTENANT FAISANT FONCTIONS D'INSTRUCTEUR : *Simon* (M. P.).
CAPITAINE TRÉSORIER : *Hügel* (G. A. J.).
LIEUTENANT ADJOINT AU TRÉSORIER : *Riu* (Z. J.).
CAPITAINE D'HABILLEMENT : *Dunoyer* (A. H.).
PORTE-ÉTENDARD : *Doutre* (J. M.), lieut..
MÉDECIN-MAJOR 2ᵉ CLASSE : *Ferrié* (J. P. M.).
MÉDECIN AIDE-MAJOR 1ʳᵉ CLASSE : *Gary* (P. A. A.).
VÉTÉRINAIRE EN 1ᵉʳ : *Garrouste* (M. A. G.).
   — EN 2ᵉ : *Ferrand* (J. B. P.).
AIDE-VÉTÉRINAIRE : *Berlan* (C. P.).
CAPITAINES COMMANDANTS : *Barou* (E. A. M.).

De Ferluc (J. B. L. A. J.).
Haury (E.).
Humbert (A. M.).
Van Assche (C. E. A.).
— Capitaines en second : *De Guibert* (M. P.).
Taufflieb (M. E. A.).
Tastet (P. M. P. M. A.).
Magnin (J. M.).
N.
Lieutenants en premier : *Lafon de Ladnye* (M. P. J.).
De Laeger Camplong (A. H. M.).
Hampon (L. J.).
Dutrop (G. J. E.).
D'André (M. E. M. B.).
Lieutenants en second : *D'Yzarn de Freyssinet de Valady* (M. J. L.).
Fontaine de Cramayel (R. L.).
Lombard de Servan (X. C. J.).
Demougeot (F. E.).
Lacassagne (J. A. G.).
De Guibert (A. L.).
Souville (M. J. V.).
De Royère (J. B. M. C.).
Ollivier (Y. F. M.).
Robillot (P. J.).
De Martin de Viviès (M. X. C.).
Sous-lieutenants : *De Fournas-Labrosse* (D. E. J. M. R.).
De Bonnefoy (H. A. J.).
De Combarieu (P. L. J. F. S.).
Lesueur (E. P. A.).

Officiers de réserve.

Capitaine : *N.*
Lieutenant : *Lalande* (P. L. J.).
Sous-lieutenants : *Bosch* (M. J. X.).
Bigou (J. A.).
Salomon (F. P.).
Tézenas (J. M. F.).
Guichenet (F.).
Deville (L. J.).
Durand (V. E.).
Bessodes de Roquefeuil de Saint-Etienne (L. P. F.).
Blay-Cahuzac (M. J. L.).
De Martin de Viviès (M. O. X. J.).
Tattet (J. L. E.).
Arnaud (G. P. E.).

18ᵉ RÉGIMENT.

1ʳᵉ brigade de dragons, 2ᵉ division de cavalerie; stationné dans la 6ᵉ région ; — P. C. à Vitry-le-François ; P. P. à Lunéville.

Colonel : *Du Bois de Beauchesne* (H. A.).
Lieutenant-Colonel : *Fabre* (J.).
Chefs d'escadrons : *De Merval* (E. A. M.).
Trameson (M. H. E.).
Major : *Duroisel* (C. V. N.).
Lieutenant faisant fonctions d'instructeur : *Rousseau* (E. L.).

Capitaine trésorier : *Fricquegnon* (N.).
Lieutenant adjoint au trésorier : *Schaal* (J.).
Capitaine d'habillement : *Lacour* (C. J. B.).
Porte-étendard : *Humbert* (L. D.), lieut.
Médecin-major 2ᵉ classe : *Lassale* (C. J. S.).
Médecin aide-major 2ᵉ classe : *Pouy* (J. F.).
Vétérinaire en 1ᵉʳ : *Grosdemange* (C. J.).
— en 2ᵉ : *Marchal* (M. V. J. E.).
Aide-vétérinaire : *Tatin* (H. R. J. B.).
Capitaines commandants : *Du Fornel de Roure de Paulin* (G. A. R. J. M. J.).
Marion (C. L.).
Forjonnel (L. M. M.).
De Buyer M. J. L. R.).
Blanchet (H. M.).
Capitaines en second : *Freund* (A.).
Bullot (H.).
Moreau (H. A.).
Cuel (F. L. G.).
De Clermont-Tonnerre (A. C. H.).
Lieutenants en premier : *Gruel de Bacquencourt* (M. P. M.).
De Vernou de Bonneuil (M. V. G. M.).
De Lambilly (H. M. R.).
Mauger (N. E. G.).
Peting de Vaulgrenant (A. E. M. M.).
Lieutenants en second : *Kuntz* (E. G.).
De Perrinelle-Dumay (L. P.).
Vacheron (A. J. A.).
De Gondrecourt (H. L. M. R.).
Boulard (G. L.).
De Corday (P. H. M. A.).
Lefèvre (A. A.).
Poivret (L. M.).
Philpin de Piépape (C. E. M. R.).
D'Hauteville (M. J. L.).
Sous-lieutenants : *Simon* (M. E.).
Boullaire (F. R.).
De Tulle de Villefranche (E. H. R.).
Perrot (M. E.).
De Cambourg (J. A. M. G.).
Georges de Lemud (C. M. C.).

Officiers de réserve.

Capitaine *N.*
Lieutenants : *De Bourcier* (P. L. G.).
Murat (J. N.).
Sous-lieutenants : *Moitessier* (C.).
Lecerf (J. G. V.).
Camion (M. J. B. C.).
Bourdon (L. A.).
Mougin (L. A. S.).

19ᵉ RÉGIMENT.

6ᵉ brigade de dragons, 6ᵉ division de cavalerie, 7ᵉ corps ; — à Dôle.

Colonel : *De Campou* (J. A.).
Lieutenant-Colonel : *De Pontac* (J. L. A.).

CHEFS D'ESCADRONS : *Serve* (C. J.).
   Lavit de Clausel (P.).
MAJOR : *Bros de Puechredon.*
LIEUTENANT FAISANT FONCTIONS D'INSTRUCTEUR : *David* (A. D. G.).
CAPITAINE TRÉSORIER : *Conraux* (A. E.).
SOUS-LIEUTENANT ADJOINT AU TRÉSORIER : *Hourse* (E. M. A.).
CAPITAINE D'HABILLEMENT : *Sénépart* (N. D.).
PORTE-ÉTENDARD : *Bouquet de Jolinière* (E. A. H.).
MÉDECIN-MAJOR 2° CLASSE : *Zimmermann* (J. B.).
MÉDECIN AIDE-MAJOR 1ʳᵉ CLASSE : *Arnould* (E. O. J.).
VÉTÉRINAIRE EN 1ᵉʳ : *Touvé* (A. A.).
VÉTÉRINAIRE EN 2° : *Mouraret* (L.).
AIDE-VÉTÉRINAIRE : *Janin* (P. V.).
CAPITAINES-COMMANDANTS : *De Chamisso* (G. A.).
   Desenlis (L. J.).
   Chapuis (A.).
   Barny de Romanet (L. J. M.).
   De Pons (C. H. M.).
CAPITAINES EN SECOND : *Lamy* (G. C. J.).
   Millot (J. A.).
   Dupont-Delporte (H. E. N.).
   N.
   N.
LIEUTENANTS EN PREMIER : *Jourda de Vaux de Foletier* (M. J. A. A. R.).
   Reynaud (J. G. I.).
   Petit (A. H. L. V.).
   Keck (F. T.).
   De Rambert (D. E. M. C.).
LIEUTENANTS EN SECOND : *De Milleville* (O. M. G.).
   Becquet-Maraicherie (R. M. P.).
   Sérot (E. M.).
   Bayon (A. J. X.).
   Vezy de Beaufort (M. R.).
   Delmas (F.).
   De La Chapelle (C. C. R.).
   D'Uston de Villeréglan (M. J.).
   Valentin (J. G.).
   Chapuis (E.).
   Perrin (C. M. L.).
   Bibet (L. A.).
   Chevalier du Fau (F. A. M. C.).
SOUS-LIEUTENANTS : *Vachon* (M. J. J. M.).
   De Pinet De Borda des Forest (J. E.).
   Legendre (E. F. C. M.).
   De Maistre (M. B. I. M.).
   Officiers de réserve.
CAPITAINE : *Neyrand* (L. M. E.).
LIEUTENANT : *Magny* (F.).
SOUS-LIEUTENANTS : *Mogenet* (J. C. G.).
   Martinon (P. V. R.).
   Léglise (P. P. L. J.).
   De Seguin de La Tour de Reyniez de Prades (M. A. R.).
   Tassin de Montaigu (H. A.).
   Davet de Bénery (E. A.).

   Desjoyeaux (N.).
   De Suremain (E. D. A.).

20° RÉGIMENT.
12ᵉ brigade de cavalerie, 12ᵉ corps ; — à Limoges.

COLONEL : *De Montfort* (S. A. P.).
LIEUTENANT-COLONEL : *De Sesmaisons* (F. J. L. M.).
CHEFS D'ESCADRONS : *De Laitre* (H. C. M. G.).
   Peyrusset (F. C. E.).
MAJOR : *Hubault* (M. A.).
LIEUTENANT FAISANT FONCTIONS D'INSTRUCTEUR : *Ruffier d'Epenoux* (D. L. P.).
CAPITAINE TRÉSORIER : *Havard* (A. E. G.).
SOUS-LIEUTENANT ADJOINT AU TRÉSORIER : *Etienne* (P. M.).
CAPITAINE D'HABILLEMENT : *Ménard* (H. L. P.).
PORTE-ÉTENDARD : *Lambinet* (P. M. T.), lieut.
MÉDECIN-MAJOR 2° CLASSE : *Renard* (L. C.).
MÉDECIN AIDE-MAJOR 1ʳᵉ CLASSE : *Darbouet* (J. E.).
VÉTÉRINAIRE EN 1ᵉʳ : *Barret* (E. A.).
   EN 2° : *Antoine* (N. J.).
AIDE-VÉTÉRINAIRE : *Chaulet* (J. B. E. A. L.).
CAPITAINES COMMANDANTS : *De Cabrières* (M. G. L. A. H.).
   Chatelin (G. J.).
   Gaillard-Bournazel (H. L. A.).
   Poinçon de la Blanchardière Jan de la Hamelinaye (J. H. M.).
   De Salmon de Loiray (M. J. G.).
CAPITAINES EN SECOND : *Vuilquin* (H. A.).
   Dodard des Loges (C. H.).
   Lebrun (F. A.).
   Jaubert (L. F.).
   De Gélis (L. P. M.).
LIEUTENANTS EN PREMIER : *Collomb* (L. G.).
   De Mas-Latrie (M. M.).
   Dalmay (J.).
   Bellat (M. A. J.).
   Favin-Lévêque (C. J. P.).
LIEUTENANTS EN SECOND : *Alquier-Bouffard* (H. E. E.).
   Labat (E. A.).
   Torterue de Sazilly (J. M.).
   Clouset (J. G. E.).
   Bohrer de Kreusnach (B. I. J. W.).
   Sautereau (M. M. J. A.).
   De Pasquier de Franclieu (M. L. H.).
   Duponnois (A. A.).
   Chambon (L. C. J.).
   Duché (J. J. B. E.).
   Ihler (C. G. A.).
SOUS-LIEUTENANTS : *Prévost Sansac de Traversay* (J. C. M.).
   Delafon (E. E. L.).
   Poucin (T. M.).
   Bérar (M. A. J. A. E.).
   De Boussiers (F. M. H.).
   Officiers de réserve.
CAPITAINE : *N.*

OFFICIERS DE GUIDES; SECOND EMPIRE.

Sous-lieutenants : *De Guiry* (R. F. L.).
  Corbin (P. L.).
  Guitard (E. J.).
  De Chabannes la Palice (J. C. P.).
  Tingaud (D.).
  Debect (J. M. J.).
  De Luppé (P. L. F.).
  Laroche (A. A.).
  Maurel (M. L. L.).
  Maurel (M. J. A.).
  Moureau (J. F. D.).
  Lamy de la Chapelle (M. J.).

21ᵉ RÉGIMENT.

1ʳᵉ brigade de cavalerie, 1ᵉʳ corps; — à Saint-Omer.

Colonel : *De Bermingham* (A. E.).
Lieutenant-colonel : *Prère* (M. O. F. X.).
Chefs d'escadrons : *Blondin de Saint-Hilaire* (L. N. R.).
  Bolnot (J. B.).
Major : *De Jacquelin Dulphé* (M. C. R.).
Capitaine instructeur : *Pochet* (G. C. G.).
Capitaine trésorier : *Hugon de Villers* (J.).
Sous-lieutenant adjoint au trésorier : *Aubert* (A. A. A.).
Capitaine d'habillement : *Bouchez* (A. A. T.).
Porte-étendard : *De Tournebu* (L. M. H).
Médecin-major 2ᵉ classe : *Martin* (P. F.).
Médecin aide-major 1ʳᵉ classe : *Pouillaude* (E.).
Vétérinaire en 1ᵉʳ : *Toutcy* (E. V.).
  — en 2ᵉ : *Girard* (P. F. J.).
Aide-vétérinaire : *Duplat* (J. E. P. M.).
Capitaines commandants : *De Touchet* (G. V.).
  Bartoli (C. J. C. F.).
  De Framond (A. M. V. A.).
  Nusbaumer (E.).
  Gaume (J. M. T. A.).
Capitaines en second : *Marchal* (F. J.).
  Allenou (L. M. J. E.).
  Germot (L. B. L.).
  Bittard-Ducluzeau (P. M. A. L.).
  N.
Lieutenants en premier : *De Chastenet-Puységur* (M. J. A. A.).
  De Joybert (J. F. J. M.).
  Delestang (E. H.).
  Courcier (J. F. A.).
  Dugard (H. J.).
Lieutenants en second : *Mathis* (L.).
  De Malet de Coupigny (S. M. J. B.).
  De Franqueville (M. J. G.).
  Plégé (J. A. G.).
  Bernard (P. L.).
  Donjon de Saint-Martin (G. H. J.).
  Mory (E.).
  De Salignac-Fénelon (H. M. R. P.).
  Chamorin (A.).
  Oudart (E. R.).

  Wanin (G. P. A.).
Sous-lieutenants : *Chollet* (C. R. P.).
  De Le Gorgue de Rosny (R. M. L.).
  Van Robais (L. M. A. X.).
  De Gouvion Saint-Cyr (P. J. F.).
  Decorio Saint-Clair (A.).

Officiers de réserve.

Capitaine : *De Polignac* (A. H. M.).
Sous-lieutenants : *Goisbault* (C.).
  Delannoy (P. C.).
  De Contades (E. H. J. M.).
  Ovigneur (A. G. A.).
  Van de Weche (A. E.).
  D'Orléans (J. M. C.).
  De Romanet de Beaune (X. R.).
  Godde de Monthières (A. L.).
  Gérardin (H. G.).
  Salomé (J. A. N. M.)
  Simon (C.).
  De Tinseau (C. A. H.).
  Wanaverberque (A. A.).

22ᵉ RÉGIMENT.

1ʳᵉ brigade de dragons, 4ᵉ division de cavalerie; stationné dans la 6ᵉ région; — P. C. au château de Villiers, P. P. à Sedan.

Colonel : *De Benoist* (C. M. J.).
Lieutenant-colonel : *Morris* (P. L.).
Chefs d'escadrons : *D'Estrémont de Maucroix* (A. A. R.).
  N.
Major : *Lux* (L.).
Lieutenant faisant fonctions d'instructeur : *Denevault* (L. P.).
Capitaine trésorier : *Laurent* (J. C.).
Lieutenant adjoint au trésorier : *Aubertin* (C. N.).
Capitaine d'habillement : *François* (C. V.).
Porte-étendard : *Leclerc* (G. P.).
Médecin-major 2ᵉ classe : *Aubertin* (L. I. E.).
Médecin aide-major 2ᵉ classe : *Mathis* (C. E.).
Vétérinaire en 1ᵉʳ : *François* (L.).
  — en 2ᵉ : *Quiclet* (R. P. C.).
Aide-vétérinaire : *Prunier* (J. L. A.).
Capitaines commandants : *De Corbel Corbeau de Vaulserre* (M. M. A. A.).
  Hache (E.).
  Hébert de Beauvoir du Boscol (M. C. F. R.).
  Mondain (A. P. E.).
  Letourneur (M. L. M.).
Capitaines en second : *Masquelier* (E. P. A. J.).
  N.
  N.
  N.
  N.
Lieutenants en premier : *Laigre de Granville* (A. A. M.).
  Boissonnet (A. E. M).
  Mordacq (L. L.).
  Jaulhac (J. J. M.).

Mangin (G. S.).
LIEUTENANTS EN SECOND : *Chaput* (C.).
  Renault (C. H. G. F.).
  Parquet (C. C.'R.).
  Bourrée de Corberon (M. A. J. P. M.).
  Vuillier (J. J.).
  Renon (A.).
  Le Chanteur (R.).
  Monin (C. V. G.).
  Balaresque (P. C. R.).
  Baillière (A. C. L.).
SOUS-LIEUTENANTS : *Harscouët de Saint-Georges* (L. J. J.).
  Valder (L. A. H.).
  Detecourt (F. L.).
  Dommanget (R. J.).
  Vidalin (A. G.).

Officiers de réserve.

CAPITAINE : *N.*
LIEUTENANT : *De Vallombrosa* (A. A. V. M. M. A.).
SOUS-LIEUTENANTS : *Ravenet* (L. P.).
  Marot (M. A.).
  Audubert (M. E. H.).
  Bastien (P. A. H.).
  Burdin (J.).

23ᵉ RÉGIMENT.

4ᵉ brigade de dragons, 4ᵉ division de cavalerie ; stationné dans la 6ᵉ région ; — P. C. au château de Villiers, P. P. à Sedan.

COLONEL : *De Taffanel de la Jonquière* (M. G. A.).
LIEUTENANT-COLONEL : *N.*
CHEFS D'ESCADRONS : *Barotte* (F. E.).
  N.
MAJOR : *Pébernard de Langautier* (F. M. L. P. A.).
LIEUTENANT FAISANT FONCTIONS D'INSTRUCTEUR : *Eon* (H. J.).
CAPITAINE TRÉSORIER : *Vautrin* (I.).
LIEUTENANT ADJOINT AU TRÉSORIER : *Boüault* (M. A. B.).
CAPITAINE D'HABILLEMENT : *Lusardy* (E. F. X.).
PORTE-ÉTENDARD : *Caron* (C. L. P.), lieut.
MÉDECIN-MAJOR 2ᵉ CLASSE : *Brégi* (J. E.).
MÉDECIN AIDE-MAJOR 1ʳᵉ CLASSE : *Fradet* (P. J. H.).
VÉTÉRINAIRE EN 1ᵉʳ : *Wagner* (J. E.).
  —   EN 2ᵉ : *N.*
AIDE-VÉTÉRINAIRE : *Bernard* (J. C. E.).
CAPITAINES COMMANDANTS : *Le Boucher d'Hérouville* (M. J. R.).
  Chevalot (J. C.).
  Delaruelle (L. A.).
  De Blarer (J. E. A.).
  De Carné Trécesson (A. C. E. M.).
CAPITAINES EN SECOND : *Christ* (J. F. L.).
  Dieterich (P. J.).
  D'Isoard de Chènerilles (C. R.).
  N.
  N.
LIEUTENANTS EN PREMIER : *Deslandes* (A. G. A.).

Merle de la Brugière de la Veaucoupet (M. R. F.).
  Wagner (E. M.).
  Hébert de Beauvoir du Boscol (M. C. L. H.).
  Renson d'Allois d'Herculais (E. H. A. J.).
LIEUTENANTS EN SECOND : *Darodes de Tailly* (M. F. G.).
  Berthe (J.).
  Chevillot (J.).
  Guilbert de Latour (P. M. J.).
  De la Bourdonnaye (B. E. M.).
  De Lange de Chaillou (C. E).
  D'Arcizas (P. G. C.).
  De Plutel du Plateau (C. A. N.).
  Soltner (R. F. M. A.).
  Mauche (C. J. M.).
  Lagallarde (J. J. A. M.).
SOUS-LIEUTENANTS : *Noizet* (L. P.).
  Lepage (L.).
  Adam (E. E.).
  De Vallois (C. C. H).

Officiers de réserve.

CAPITAINE : *N.*
SOUS-LIEUTENANTS : *De Bourgoing* (C. F. M.).
  Picquefeu (F. V.).
  Reau (L. H. R. L.).
  Catherin (R. F.).
  Henrion (L. M.).
  De Contades (A. G. R.).

24ᵉ RÉGIMENT.

10ᵉ brigade de cavalerie, 10ᵉ corps ; — à Dinan.

COLONEL : *De Cléric* (A. L. E.).
LIEUTENANT-COLONEL : *Cuny* (O. A. A.).
CHEFS D'ESCADRONS : *De Noüe* (J. G.).
  N.
MAJOR : *Bellet de Tavernost* (J. P.).
CAPITAINE INSTRUCTEUR : *Durand de Monestrol d'Esquille* (A. L. L.).
CAPITAINE TRÉSORIER : *Rincent* (M. A.).
SOUS-LIEUTENANT ADJOINT AU TRÉSORIER : *Naudinat* (N.).
CAPITAINE D'HABILLEMENT : *Tochon* (C.).
PORTE-ÉTENDARD : *Weil* (C. J.).
MÉDECIN-MAJOR 2ᵉ CLASSE : *Morand* (J. S. L.).
MÉDECIN AIDE-MAJOR 1ʳᵉ CLASSE : *Lejeune* (R. R.).
VÉTÉRINAIRE EN 1ᵉʳ : *Voinier* (J. P.).
  —   EN 2ᵉ : *Peyruc* (E. A. E.).
AIDE-VÉTÉRINAIRE : *Gillet* (L. J.).
CAPITAINES COMMANDANTS : *Picot de Lapeyrouse* (M. A. H.).
  Sabry de Monpoly (M. A. L. R.).
  Amiel (C. M.).
  Willemin (G. P. H.).
  De la Bigne de Villeneuve (A. M.).
CAPITAINES EN SECOND : *Descars* (F. M.).
  Gérardin (E.).
  Lorson (M. J. B.).
  Foret (A. A. G.).

Haentjens (G. G. H.).
LIEUTENANTS EN PREMIER : Canuel (M.).
Fontaine (M. H. R.).
Marcetteau de Brem (M. A. R.).
Audebert (F. E).
Ducheyron de Beaumont (E. P. J.).
LIEUTENANTS EN SECOND : Duplessis de Grénedan (J. H. H. E. M.).
De Guéheneuc (M. M. A.).
Michaux (L. E.).
De Boutaud de Lavilléon (J. J. G.).
Ruffier (M. E.).
D'Aviau de Ternay (G. M. C. P.).
Nicolas (E. M. G.).
De Mauduit-Duplessis (G. P. F. M.).
Aulas (P. G. L.).
Haouisée de la Villeaucomte (H. M.).
De la Bintinaye (R. M. J. E.).
Grivart (G. H. L. M.).
SOUS-LIEUTENANTS : Buirette de Verrières (M. R. R. G.).
Le Beschu de Champsavin (L. M. J.).
Brunet (A. L. F.).
De Taisne (S. F. U.).

Officiers de réserve.

CAPITAINE : N.
SOUS-LIEUTENANTS : Claudot (A. F. E.).
Mordant (C. E.).
De Boutray (P. M. J. V.).
Collet (J. M.).
De Querohënt (B. X. A.).
Normant de la Ville Helleuc (E. C. M.)
Trumet de Fontarce (C. M.).
De Sommervogel (M. J. F. C.).
Trippier de Lagrange (L. H. I. M.).
Vieillard (E. M.).
Frémont (V. E.).
D'Haucour (M. T. J. X.).
Lecœur (P. C. M..)

25ᵉ RÉGIMENT.

9ᵉ brigade de cavalerie, 9ᵉ corps ; — à Tours.

COLONEL : Massing (C. A.).
LIEUTENANT-COLONEL : Van Schalkwyck de Boisaubin (E.).
CHEFS D'ESCADRONS : Escudier (G. F.).
Hérissant (A. C. L.).
MAJOR : Du Cor de Duprat (M. A. I. A. X.).
CAPITAINE INSTRUCTEUR : Hervé-Dupenher (G. P. M.).
LIEUTENANT FAISANT FONCTIONS DE TRÉSORIER : Cassaigne (G.).
LIEUTENANT ADJOINT AU TRÉSORIER : Surirey (A. J.).
CAPITAINE D'HABILLEMENT : Centieu (J. E. A.).
PORTE-ÉTENDARD : De Boissard (J. C. L.).
MÉDECIN-MAJOR 2ᵉ CLASSE : Perrin (P. V.).
MÉDECIN AIDE-MAJOR 1ʳᵉ CLASSE : N.

VÉTÉRINAIRE EN 1ᵉʳ : Finet (H. B.).
— EN 2ᵉ : Pichard (J. M.).
AIDE-VÉTÉRINAIRE : Buffard (M.).
CAPITAINES COMMANDANTS : Gagnebin (S. A.).
Pecqueur (P. L. V.)
De Scourion de Beaufort (C. V. H.).
Bourgeois (M. G. V. E.).
De Boisgelin (M. J. G. C.).
CAPITAINES EN SECOND : De Bourgueney (M. V. C.).
De Jessé (M. J. E. A.).
D'Arcangues (L. M. N.).
Taupinart de Tillière (M. J. L.).
N.
LIEUTENANTS EN PREMIER : Nivelleau de la Brunière (V. M. C.).
Costet (C. M. J. H.).
Charil de Ruillé (L. E.).
De La Tour (J. A.).
Jauffreau de Lagérie (G. H. R.).
LIEUTENANTS EN SECOND : De Cassin de Kainlis (A. C. A.).
Leps (P. G. E.).
De Biencourt (A. F.).
Tomas de Closmadeuc (J. A.).
De Chevigné (H. M. F.).
De Gaalon (G. E. M. F.).
De Laage de la Rocheterie (H. F. M. J. F. de P.).
De Gontaut-Biron (A. M. F. H.).
Lepeletier de Rosanbo (M. R. L. H. A.).
De Maussabré Beufvier (R. G.).
Desaulses de Freycinet (A. J. R.).
De la Croix de Ravignan (C. M. G.).
De Simard de Pitray (F. M. C. E.).
De Cossé de Brissac (A. M. T. F.).
SOUS-LIEUTENANTS : Martin de Marolles (M. J. F.).
Bruley (C. P.).
Laurens de Waru (R. A. A. J. G.).

Officiers de réserve.

CAPITAINE : N.
LIEUTENANT : Longuet de la Giraudière (R. M. L.).
SOUS-LIEUTENANTS : Hurault de Vibraye (J. L. M. R.).
Yvonneau (D. J. A.).
Charavay (N.).
Gombault (M. R.).
De Chérade de Montbron (A. A. J. E.).
Courier (H. J.).
De Romans (G. C. M. H.).
Conty (J. E.).
Mame (A. G. E.).
Thomas (C. J. M. A.).
Tourron (E. M.).

26ᵉ RÉGIMENT.

8ᵉ brigade de cavalerie, 8ᵉ corps ; — à Dijon.

COLONEL : Lesne (J. E. F.).
LIEUTENANT-COLONEL : N.

CHEFS D'ESCADRONS : *Audéoud* (M. L. M.).
   Le Secq de Crépy (J. G.).
MAJOR : *Dufort-Rousseau* (U. L. P.).
LIEUTENANT FAISANT FONCTIONS D'INSTRUCTEUR : *Ferrant* (A. A.).
CAPITAINE TRÉSORIER : *Jacquinot* (C.).
ADJOINT AU TRÉSORIER : *Clady* (L. C.).
CAPITAINE D'HABILLEMENT : *Maitrehenry* (F. H.).
PORTE-ÉTENDARD : *Méglin* (G. P.).
MÉDECIN-MAJOR 2ᵉ CLASSE : *Gazin* (J. A.).
MÉDECIN AIDE-MAJOR 1ʳᵉ CLASSE : *Zipfel* (G. L.).
VÉTÉRINAIRE EN 1ᵉʳ : *Boëllmann* (J.).
   — EN 2ᵉ : *Coulon* (P. D.).
AIDE-VÉTÉRINAIRE : *Fraimbault* (U. L. A.).
CAPITAINES COMMANDANTS : *Blanqué* (R. F. A.).
   Gaudin de Saint-Remy (M. M. F.).
   Du Courthial de Lussuchette (J. M. J. V.).
   Schneider (A.).
   Nazaret (A.).
CAPITAINES EN SECOND : *Mithaine* (P. A.).
   Vasseur (C. H. J.).
   Réquichot (H. L. M. J.).
   Stœcklé (J.).
   N.
LIEUTENANTS EN PREMIER : *Barbarat* (P. E.).
   Pavillon (C. F. L.).
   Tiollier (A. M.).
   Clarac (J. V.).
   Blanc (C. J. G.).
LIEUTENANTS EN SECOND : *Beckir* (J. C.).
   Barroy (E. J. E.).
   Monnier (J. B. H.).
   Euller (C. E.).
   Baconnière de Salverte (C. M. J.).
   Teillard Rancilhac de Chazelles (J. M. R.).
   De Chantillon (G. J. A.).
   Démorey (M. H. M.).
   Dubreton (H. J. L. A.).
   Doyen (P. G. A.).
   De Maistre (X. I. B. J. M.).
   De Girval (F. M. J. H.).
SOUS-LIEUTENANTS : *De Froissard de Broissia* (M. R. E. R.).
   Roux (A.).
   De Chomereau de Saint-André (M. C.).
   De Masson d'Autume (L. I.).

Officiers de réserve.

CAPITAINE : N.
SOUS-LIEUTENANTS : *Caillot* (H. M. J.).
   Grousselle (P. L.).
   Jolivet (P. E. F.).
   Mathieu (P. L. N. C.).
   Guyot (J.).
   De Treil de Pardailhan (H. F. R.).
   Lemaire de Marne (E.).
   Mayet (J. C.)

Vinceneux (P. H.).
Vingtain (M. M. J.).
De Vauzelles (G.).
Rougeot (L. F. A.).
Lacroix (L. G.).

27ᵉ RÉGIMENT.

5ᵉ brigade de dragons, 1ʳᵉ division de cavalerie; gouvernement militaire de Paris; — à Paris.

COLONEL : *Ollivier* (M. G.).
LIEUTENANT-COLONEL : *De Vivès* (F. E.).
CHEFS D'ESCADRONS : *De Kergariou* (P. G. A. M.).
   Montaudon (L. F.).
MAJOR : *Bellenguez* (A. E. V. P.).
LIEUTENANT FAISANT FONCTIONS D'INSTRUCTEUR : *Depret* (P. B. C.).
CAPITAINE TRÉSORIER : *Bertand* (E.).
LIEUTENANT ADJOINT AU TRÉSORIER : *Péboscq* (A. L.).
CAPITAINE D'HABILLEMENT : *Meissonnier* (E. F.).
PORTE-ÉTENDARD : *Côte* (L. S.), lieutenant.
MÉDECIN-MAJOR 2ᵉ CLASSE : *Petit* (A. L.).
MÉDECIN AIDE-MAJOR 1ʳᵉ CLASSE : *Krauss* (A. J.).
VÉTÉRINAIRE EN 1ᵉʳ : *François* (A. M.).
   — EN 2ᵉ : *Graillot* (A.).
AIDE-VÉTÉRINAIRE : *Esclauze* (A.).
CAPITAINES COMMANDANTS : *De Brémond d'Ars* (G. J. R.).
   Darget (L.).
   Foucault (A. A.).
   De Girardin (A. L. S. L.).
   Des Réaulx (A. M.).
CAPITAINES EN SECOND : *De l'Isle de Falcon de Saint-Geniès* (J. E. R.).
   Herrnenberger (J. J. E.).
   Houard (E. J. F.).
   N.
   N.
LIEUTENANTS EN PREMIER : *Le Porquier de Vaux* (L. M. R.).
   Ameil (M. M. A. E. N.).
   Schmitt (F. A.).
   Trutat (A. A. J.).
   De la Ville de Baugé (M. P. G.).
LIEUTENANTS EN SECOND : *De Messey* (M. F. L.).
   Daireaux (C. E. L.).
   De Keranflech (H. C. M. R.).
   Ramey de Sugny (M. F.).
   De Grammont (A. P. M. J. G. T.).
   Blacque-Belair (H. L. P. R.).
   Roussel de Courcy (H. A. A.).
   Lecourt d'Hauterive (F. A. E.).
   De Chérisey (H. J. G.).
   Boré-Verrier (R. E. A.).
   Chambrun d'Uxeloup de Rosemont (M. G.).
   Durrieu (A. H. M.).
   De Sesmaisons (G. A. M.).
   Vielle de la Rivagerie (G. M. A.).

Crinon (J. B. E.).
SOUS-LIEUTENANTS : *Huyot* (E. J.).
  Bacquet (H. J.).

Officiers de réserve.

CAPITAINE : *N*.
SOUS-LIEUTENANTS : *Pineau de Viennay* (R. A. M. M.).
  Guyard de Changey (G. M. H.).
  Le Roy (J. C. A.).
  Pierson (P. L.).
  Giraudeau (A. A.).
  Chevallier (R. E. J.).
  Letourneur (J. A. L. E.).
  Harouard de Suarez d'Aulan (F. M. P. G. F. Q.).
  Guérillot (F. J. N.).
  Coste (P. R. G.).

28ᵉ RÉGIMENT.

5ᵉ brigade de dragons, 1ʳᵉ division de cavalerie; gouvernement militaire de Paris; — à Paris.

COLONEL : *De Valentin de Latour* (A. H. M.).
LIEUTENANT-COLONEL : *Burnez* (P. M.).
CHEFS D'ESCADRONS : *Guimet de Juzancourt* (G.).
  Joannès (A. J. L.).
MAJOR : *Lefèvre* (S. V. F.).
CAPITAINE INSTRUCTEUR : *Dilschneider* (J. A. R.).
CAPITAINE TRÉSORIER : *Passat* (A. E. F.).
ADJOINT AU TRÉSORIER : *N*.
CAPITAINE D'HABILLEMENT : *Renard* (E. A. A.).
PORTE-ÉTENDARD : *Pibrac* (F. C.), lieutenant.
MÉDECIN-MAJOR 2ᵉ CLASSE : *Vuillemin* (J. E.).
MÉDECIN AIDE-MAJOR 1ʳᵉ CLASSE : *Fuzerot* (A. A. M.).
VÉTÉRINAIRE EN 1ᵉʳ : *Rancoule* (J. C. L.).
  — EN 2ᵉ : *Bertrand* (G. L. M. E.).
AIDE-VÉTÉRINAIRE : *Montmartin* (A. M.).
CAPITAINES COMMANDANTS : *Bouchard* (C. A. S.).
  Mouth (L. A.).
  Perrot (E. R.).
  Pierson de Brabois (F. G.).
  Labruyère (E. A.).
CAPITAINES EN SECOND : *Abonneau* (P. C. A.).
  Waroquier (O.).
  Heck (H.).
  Gaborit de Montjou (M. L. R.).
  Jousselin (J. E.).
LIEUTENANTS EN PREMIER : *Le Roy* (F.).
  Branca (N.).
  Darde (St. A.).
  Delpech (E. P. C.).
  Caillault (M. L.).
LIEUTENANTS EN SECOND : *Géraud* (A. D.).
  Dufaud (H. L.).
  De Tessières de Blanzac (M. A. J.).
  Le Poittevin de Lacroix de Vaubois (L. A. A.).
  Fallet (E. A.).
  Poussineau (G.).
  Compain (P. G. E.).

Lavigne (P. L. A.).
D'Arjuzon (L. N. M.).
Clotus (G.).
Guérin (A. C. E.).
Molitor (P. A. A.).
De Pierres (C. S. M. F.).
Tresvaux de Berteux (A. J. M. O.).
SOUS-LIEUTENANTS : *Gallois* (H. A.).
  Philpin de Piépape (M. A. F. J.).

Officiers de réserve.

CAPITAINE : *N*.
SOUS-LIEUTENANTS : *De Sanoit* (G.).
  De Langle (C. A. J.).
  Rolet (L. M. A.).
  Douce (J. H.).
  Maurence (F. A. C.).
  Béclard (L. J. A.).
  Ginoux (J.).
  Petit (L. F.).
  Braouëzec (F. J. F.).
  Cahen (E. J.).
  De Pourtalès (H. L. E.).
  Dorémieux (P. F.).

20ᵉ RÉGIMENT.

4ᵉ brigade de cavalerie, 4ᵉ corps; — à Alençon.

COLONEL : *De Salignac Fénelon* (M. B. H. A.).
LIEUTENANT-COLONEL : *De Clauzade de Mazieux* (M. P.).
CHEFS D'ESCADRONS : *Ledochowski* (J. C. C. E.).
  De Fontanges (C. R. M. H.).
MAJOR : *De la Monneraye* (A. A. M.).
CAPITAINE INSTRUCTEUR : *Collin* (J. G.).
CAPITAINE TRÉSORIER : *Dupont-Dusaussoy* (C. H.).
ADJOINT AU TRÉSORIER : *Momy* (A. M. L.).
CAPITAINE D'HABILLEMENT : *Lombard* (E. L.).
PORTE-ÉTENDARD : *Ferrié* (P.), sous-lieutenant.
MÉDECIN-MAJOR 2ᵉ CLASSE : *Lebastard* (R. F. V. V.).
MÉDECIN AIDE-MAJOR 1ʳᵉ CLASSE : *Delahousse* (A. P. C.).
VÉTÉRINAIRE EN 1ᵉʳ : *Pierre* (J. A. L.).
  — EN 2ᵉ : *Morel* (C. P. B. M.).
AIDE-VÉTÉRINAIRE : *Cormier* (C. L. M.).
CAPITAINES COMMANDANTS : *Minot* (A. L. E.).
  Petiet.(G. A. A.).
  Gudin de Vallerin (A. F. A.).
  Thierry d'Argenlieu (G. M.).
  De Bouillé (A. F. A.).
CAPITAINES EN SECOND : *De Barthon de Montbas* (L. M. F. E.).
  Picard (A.).
  Echard (L. A.).
  N.
  N.
LIEUTENANTS EN PREMIER : *De Ponton d'Amécourt* (M. J. M.).
  Bordas-Larribe (P. P. C.).

Delageneste (M. C. E.).
 Préaud (H. M.).
 De la Fleuriaye (P. M.).
LIEUTENANTS EN SECOND : *Rœderer* (P. L. C. J.).
 De Royère (A. G.).
 Goudallier de Tugny (P. J.).
 De Comminges (M. A.).
 Bernot de Charant (H. L. A.).
 Porquier (A. M.).
 Schneider (P. F.).
 Grody (P. L.).
 Lechalas (J. F. M.).
 Fourrier (M. R. J.).
 Drouhard (R. T.).
 Caternault (R. A. O.).
 Desgrange (H. A.).
SOUS-LIEUTENANTS : *Gay* (A. M. G.).
 Tassin de Montaigu (L. C.).
 Le Couteux (E. T. C. H.).
 De Banville (R. M. C. A.).

Officiers de réserve.

CAPITAINE : *N.*
SOUS-LIEUTENANTS : *Guilleray* (E. L.).
 Hubert (A. E.).
 Pichou (A. A.).
 Lemierre (M. V. C.).
 Thomas des Chesnes (H.).
 Leroy (C. L. J.).
 Le Hech (T. F. M.).
 Le Féron de Longcamp (M. J. A. H.).
 De Brévedent d'Ablon (L. F. X.).
 Defrance (L. A.).
 Dillon-Corneck (T. P. J.).
 Gotz (H. F. A.).
 Moreau (A.).
 De Pontoi Camus de Pontcarré (L. C. C.).

30ᵉ RÉGIMENT.

13ᵉ brigade de cavalerie, 13ᵉ corps d'armée ; — à Saint-Étienne.

COLONEL : *Lacombe* (J. M. A.).
LIEUTENANT-COLONEL : *Branchet* (T. A. A.).
CHEFS D'ESCADRONS : *Dupré* (E. P. F.).
 Delacour (L. A. J. M.).
MAJOR : *Vezain* (G.).
LIEUTENANT FAISANT FONCTIONS D'INSTRUCTEUR : *Breton* (P. L. G.).
LIEUTENANT FAISANT FONCTIONS DE TRÉSORIER : *Roulland* (C. J. B.).
ADJOINT AU TRÉSORIER : *Josse* (H. E. F.).
CAPITAINE D'HABILLEMENT : *Laurent* (E. E.).
PORTE-ÉTENDARD : *Coque* (F.), lieutenant.
MÉDECIN-MAJOR 2ᵉ CLASSE : *Olivier* (G. A. M. J. E. L.).
MÉDECIN AIDE-MAJOR 2ᵉ CLASSE : *Althoffer* (A. C.).
VÉTÉRINAIRE EN 1ᵉʳ : *Scharenberger* (L. P.).
 — EN 2ᵉ : *Grenier* (J.).

AIDE-VÉTÉRINAIRE : *Puissigur* (R. J. M.).
CAPITAINES COMMANDANTS : *Boutal* (P. P. M.).
 Panot (A.).
 Gatte (E. L.).
 D'Urbal (V. L. L.).
 Cordier (E. G.).
CAPITAINES EN SECOND : *Serciron* (S.).
 Thévenin de Tanlay (P.).
 Lemoine (N. E.).
 Gilles de Fontenailles (H. M. F.).
 Taste (A. J.).
LIEUTENANTS EN PREMIER : *De Fontaines* (E. M. G.).
 Michiels (E. P. J.).
 Hérouart (A. J. G. E.).
 De Bry d'Arcy (M. G.).
 Galbrüner (J. M. E.).
LIEUTENANTS EN SECOND : *Jobard* (D. C.).
 De Lacoste de Laval (J. B. M. G.).
 De Thiollaz (F. M. J.).
 Lucas (P. J. M. J.).
 Tison-Desarnaud (J. B. F.).
 Labit (J. E.).
 Bincaz (A. E.).
 Thiollière (A. E. M. J. A.).
 Hoppenot (E. A.).
 Weygand (M.).
 Delafond (J. J. M.).
SOUS-LIEUTENANTS : *De Bridieu* (Y. M. H. L.).
 Maulbon d'Abraumont (M. C. L. M.).
 Boussaton (A. J.).
 Carrère (A. M. G.).
 Auvillain (J. E. A.).

Officiers de réserve.

CAPITAINE : *N.*
SOUS-LIEUTENANTS : *Des Georges* (M. F. A.).
 Coste (P. B.).
 Bouet-Willaumez (E. C. C. P.).
 Guillaumin (P. A. R.).
 Balay (M. C. G.).
 Baudoin (R. J.).
 Dufournet (J. A. E.).
 Salvaige de Lamargé (E. M. J. P.).
 Astier (G. P. V.).
 Rachou (A. C. P. E.).
 Thomas (G. J. M. P. T.).

§ III. CHASSEURS.

1ᵉʳ RÉGIMENT.

1ʳᵉ brigade de chasseurs ; 3ᵉ division de cavalerie ; stationne dans la 6ᵉ région ; — à Châlons.

COLONEL : *Mouchet* (C.).
LIEUTENANT-COLONEL : *De Froissard de Broissia* (M. C. E. A.).
CHEFS D'ESCADRONS : *De Léautaud* (L. E. A.).

De *Villeneuve-Bargemon* (M. R. A.).
MAJOR : *De la Chaise* (H. E. E. M.).
CAPITAINE INSTRUCTEUR : *Des Monstiers-Mérinville* (J. M. F.).
CAPITAINE TRÉSORIER : *Cardinet* (J. B.).
LIEUTENANT ADJOINT AU TRÉSORIER : *Sicot* (A. M.).
LIEUTENANT FAISANT FONCTIONS D'OFFICIER D'HABILLEMENT : *Lemius* (L.).
PORTE-ÉTENDARD : *Delermoy* (F. A.).
MÉDECIN-MAJOR 2ᵉ CLASSE : *Troché* (J. B. D. C.).
MÉDECIN AIDE-MAJOR 1ʳᵉ CLASSE : *Mignon* (M. G. R. H.).
VÉTÉRINAIRE EN 1ᵉʳ : *Gailleur* (P. P.).
— EN 2ᵉ : *Legendre* (F. H.).
AIDE-VÉTÉRINAIRE : *Fraisse* (J. E.).
CAPITAINES COMMANDANTS : *Lacroix* (A. A.).
  Fauvart Bastoul (F. R. L.).
  De Lur Saluces (L. H. M.).
  Fourcade (P. A. J.).
  Gadrat (G. H. A.).
CAPITAINES EN SECOND : *Edel* (G.).
  Petetin (M. F. J.).
  Coudor (C. A. H.).
  N.
  N.
LIEUTENANTS EN PREMIER : *De Séganville* (L. J. M.).
  Vanacker (H. A.).
  Hébert de la Pleignière (R. G.).
  Salins de Vignières (G. E. T.).
  De Gimel (P. M. J.).
LIEUTENANTS EN SECOND : *Mainguet* (M. A.).
  De Vasselot de Régné (M. A. C. Y.).
  De Lenfant (E. H. C. M.).
  Dauvé (P. C. H. C.).
  Lenormand (M. F. G. E.).
  Durand (H. J.).
  Rethoré (H.).
  Maurice (C. A.).
  Beaury (L. C.).
  De Vaugrigneuse (A. A. M.).
  Piole (M. M. E. J.).
  De Bardon de Segonzac (E. M. R.).
  Féray (L. L. G.).
  Varin d'Ainvelle (C. J. E. A.).
SOUS-LIEUTENANTS : *Des Vallières* (P. E.).
  Pontet (O. L.).
  Dumont (G. A. L.).

Officiers de réserve.

CAPITAINE : *Boulard de Vaucelles* (E. H. R.).
SOUS-LIEUTENANTS : *Picard* (J.).
  Pechverty (A. E.).
  Gigot (J. M. J.).
  Lhorte (C. G.).
  Fournier (A. G.).
  Salles (J. A. A.).
  Grouvelle (L. C.).

2ᵒ RÉGIMENT.

11ᵉ brigade de cavalerie, 11ᵉ corps; — à Pontivy.

COLONEL : *De la Forgue de Bellegarde* (M. C. A.).
LIEUTENANT-COLONEL : *Geslin de Bourgogne* (Y. M. C.).
CHEFS D'ESCADRONS : *L'Huillier* (F. L. E. H.).
  Longuet (P.).
MAJOR : *De Becdelièvre* (G. M.).
LIEUTENANT FAISANT FONCTIONS D'INSTRUCTEUR : *Mas de Saint-Maurice* (M. A. P. H.).
LIEUTENANT FAISANT FONCTIONS DE TRÉSORIER : *Gabrielli* (C.).
ADJOINT AU TRÉSORIER : *Carré* (P. M. M.).
CAPITAINE D'HABILLEMENT : *Féret* (E. E.).
PORTE-ÉTENDARD : *Cornillac* (J. B. M. L. F.), sous-lieutenant.
MÉDECIN-MAJOR 2ᵉ CLASSE : *Brindel* (L. N. O.).
MÉDECIN AIDE-MAJOR 2ᵉ CLASSE : *Vialaneix* (F. C. E.).
VÉTÉRINAIRE EN 1ᵉʳ : *Mongin* (E. L. M.).
— EN 2ᵉ : *Périot* (G. A.).
AIDE-VÉTÉRINAIRE : *Morel* (G. G. E.).
CAPITAINES COMMANDANTS : *Maitre* (M. C. F.).
  Grellet (B. C.).
  Jochaux du Plessix (F. L. Y. M.).
  Cobée (C. L.).
  Dragon de Gomiecourt (L.).
CAPITAINES EN SECOND : *Audibert* (J. A. N. E.).
  Tournoüer (L. M. M.).
  De Failly (N. E.).
  De Rouvroy de Saint-Simon (E. L. A.).
  Robiou (L. M.).
LIEUTENANTS EN PREMIER : *Bédaton* (J.).
  Mesnard (F. X.).
  Leonard (M. C.).
  Bouthillon de la Serve (M. V.).
  Renault (G.).
LIEUTENANTS EN SECOND : *De Lestrange* (M. C. G.).
  Féline (L.).
  Le Gouvello (E. C. A.).
  Lalande (P.).
  Lacroix (J. A.).
  Bacque (J. F. L.).
  De Talhouët de Bois-Orhan (R. M. H.).
  Roussel de Courcy (E. M. P.).
  Lempereur de Saint-Pierre (F. A. M.).
  Rousset (M. L. J. P.).
  Lecointre (L.).
SOUS-LIEUTENANTS : *Thévenet* (G. M.).
  D'Ozouville (R. G. M. J.).
  De Barbançois (C. X.).
  De Lustrac (M. P. A. G. J.).
  De Castillon de Saint-Victor (F. L. J.).

Officiers de réserve.

CAPITAINE : N.
LIEUTENANTS : *De Clermont-Tonnerre* (A. A. M. R. S.).
  Périgois (M. F. E. M.).

Sous-lieutenants : *Raffard de Marcilly* (G. A. C. E.).
  ¹ *Cotillard* (L. J.).
  Guilbot (E. E.).
  Lamart (A. A. M.).
  De Chabot (J. M.).
  Bouguereau (A. P.).
  Delvigne (A. L. J.).
  Véron (C. J. M.).
  Berthier (F. A.).

3ᵉ RÉGIMENT.
2ᵉ brigade de cavalerie, 2ᵉ corps ; — à Abbeville.

Colonel : *De Roquefeuil* (A. Y.).
Lieutenant-Colonel : *De Forsanz* (R. C. S. M.).
Chefs d'escadrons : *Faure* (M. J.).
  D'Auberjon (E.).
Major : *De Séroux* (P. M. A.).
Lieutenant faisant fonctions d'instructeur : *Du Bos* (L. R.).
Lieutenant faisant fonctions de trésorier : *Barthe* (J.).
Adjoint au trésorier : *N*.
¹ Capitaine d'habillement : *Richard* (F. J.).
Porte-étendard : *Morand* (J. J.), lieutenant.
Médecin-major 2ᵉ classe : *Darde* (F. E.).
Médecin aide-major 2ᵉ classe : *Chambaud* (A. A. E.).
Vétérinaire en 1ᵉʳ : *Fumet* (N.)
  —   en 2ᵉ : *Graux* (C. D.).
Aide-vétérinaire : *Cadix* (L.).
Capitaines commandants : *Larrin* (H. J.).
  Combret (G. E. O.).
  Chrestien de Poly (M. L. C.).
  De Mory de Neuflieux (F. C. V.).
  De Lagonde (A. M. A.).
Capitaines en second : *Gondallier de Tugny* (C. A.).
  Leez Colty de Brécourt (P. H.).
  Hamant (E. G. C.).
  De Billeheust d'Argenton (C. M. C.).
  De Maistre (M. J. R. P. C. L.).
Lieutenants en premier : *Anisson du Péron* (G.).
  Bernard-Derosne (G.).
  Destresse de Lanzac de Laborie (M. J. L.).
  De Mandell d'Écosse (F. G. J. S.).
  Devouges (L. C. F.).
Lieutenants en second : *Danglade* (F. M. G.).
  De Villeneuve-Bargemont (J. H. A. G.).
  Herreng (E. L. M.).
  Ethis de Corny (E.).
  Fourrée de Corberon (E. D. E. H.).
  Gossart (G. E.).
  Bégé (A. J. A.).
  Ruinart de Brimont (P. H. R.).
  Baguenault de Viéville (M. E. G. P.).
  Lippmann (I. H.).
Sous-lieutenants : *De Cherisey* (G. E. S. L. R.).
  Tillette de Mautort (A. R. A.).

De Guillebon (P. M. A.).
Delattre (M. J. E. F. E.).
De Froissard-Broissia (M. P. X. C. P.).

Officiers de réserve.

Capitaine : *N*.
Lieutenant : *De Vienne* (C. M. F. J.).
Sous-lieutenants : *Daillie* (J. H. E.).
  Carpentier (R. H. J.).
  Labouret (A. A. A.).
  Legrand des Cloizeaux (A. H. R.).
  Carpentier (G. J.).
  Quesnon Maniez de la Hennerie (C. A. M. C.).
  Boullet (M. E. H.).
  Chalot (S. M. A.).
  Gaffet (M. A.).
  Louvet (J. L.).
  Pagniez (A. A. J.).
  Dehestin (M. A. G.).

4ᵉ RÉGIMENT.
2ᵉ brigade de chasseurs, 1ʳᵉ division de cavalerie ; gouvernement militaire de Paris ; — à Saint-Germain.

Colonel : *De Brem* (P. G.).
Lieutenant-Colonel : *Baudens* (M. M. A. L.).
Chefs d'escadrons : *D'Andurain* (M. E. J. J.).
  Caillard d'Aillières (A. E.).
Major : *Du Bahuno du Liscoët* (E. S.).
Lieutenant faisant fonctions d'instructeur : *Noblemaire* (J. J. V.).
Capitaine trésorier : *Poncet* (J. U.).
Lieutenant adjoint au trésorier : *Piquemal* (A. P.).
Capitaine d'habillement : *Jacque* (L. F. E.).
Porte-étendard : *Cacatte* (P. G. C.), lieutenant.
Médecin-major 2ᵉ classe : *Porgné* (P. L.).
Médecin aide-major 1ʳᵉ classe : *Lévy* (M. P.).
Vétérinaire en 1ᵉʳ : *Bouret* (J.).
  —   en 2ᵉ : *Druille* (J. P. J.).
Aide-vétérinaire : *Calas* (G. J.).
Capitaines commandants : *Lyautey* (L. H. G.).
  De Robien (T. C. A. M.).
  De Lapoix de Fréminville (A. B.).
  Costa de Saint-Génix de Beauvegard (S. M. V. C.).
  Féraud-Giraud (M. J.).
Capitaines en second : *Bonnin de la Bonninière de Beaumont* (J. M. A.).
  D'Huningue (M.).
  Perrier (G. P. M. C.).
  N.
  N.
Lieutenants en premier : *Des Michels* (H. O.).
  Audéoud (C. M. F. E.).
  Esnol (A. E. H.).
  Angier de Moussac (M. J. A.).
  Baille (M. A. A.), détaché officier d'ordonnance.
Lieutenants en second : *Arrault* (P. I.).
  De Mascureau (M. F. P.).

Lebée (J. H. C.).
Magnin (L. J.).
Brécard (C. T.).
Couniot (M. C. E.).
Loos (A. A. J.).
Le Lorgne d'Ideville (A. E. A. E.).
Guyot de Villeneuve (C. F. G.).
Vaniékaut (G. P.).
Sous-lieutenants : *Lecœuvre* (F. J.).
Pleuchot (E. D.).
De Gourden (L. M.).
Delaunay (J. B. E. J.).
De Guirard de Montarnal (E. A. J. E.).
Noël du Payrat (A. E. M. A.).

Officiers de réserve.

Capitaine : *Delpech* (P. C. E.).
Sous-lieutenants : *Vasseur* (E. A. X.).
✦*Gautrot* (M. C. L. H.).
Bouchet (F. A. C.).
Maraud (J. P.).
Du Peloux (A. F. M. A.).
Ballay (L.).
De Bastard (J. D. E.).
Leroy (M.).
Charvet (L. E.).

5ᵉ RÉGIMENT.

2ᵉ brigade de chasseurs; 1ʳᵉ division de cavalerie; gouvernement militaire de Paris; — à Rambouillet.

Colonel : *Poulleau* (E. J. C.).
Lieutenant-colonel : *De la Celle* (A. L.).
Chefs d'escadrons : *Hubert de Saint-Didier* (A. G. F.).
Fougeroux de Champigneulles (M. C.).
Major : *Fredy de Coubertin* (M. A.).
Capitaine instructeur : *Poinçon de la Blanchardière*
Jan de la Hamelinaye (L. J.).
Capitaine trésorier : *Bouteille* (H. F.).
Lieutenant adjoint au trésorier : *Guerrif de Launay* (E. M. C.).
Capitaine d'habillement : *Gronnier* (C. E. A.).
Porte-étendard : *Meyrieux* (E.), lieutenant.
Médecin-major 2ᵉ classe : *Maupetit* (E. G.).
Médecin aide-major 2ᵉ classe : *Foureur* (L. A. N.).
Vétérinaire en 1ᵉʳ : *Chapplain* (A. R. G.).
— en 2ᵉ : *Galzin* (J. A.).
Aide-vétérinaire : *Grandmougin* (F. A.).
Capitaines commandants : *Mathieu* (C. J.).
Bordier (L. F.).
Buisson (C. H. J.).
Lechevrel (A. A.).
De Peyronny (H. M. A.).
Capitaines en second : *Croisé* (L.).
Renaudeau d'Arc (G. M. A.).
De Baglion de la Dufferie (C. J. R.).
Riffault (E. H.).

Chauveau de Quercize (E. A. C.), détaché officier d'ordonnance.
Lieutenants en premier : *Sales* (P. C.).
Choury de Lavigerie (H. C. M.).
Huot de Charmoille de Frasnois (S. L. E.).
Anselin (E. F. A.), détaché École de guerre.
Larroque (M. H. L. F.).
Lieutenant en second : *De Thézillat-Chalusset* (C. F. R.).
Broët (T. P. V.).
Masson (A. P. J.).
Barthélemy (A. A. M.).
De Sainte-Marie d'Agneaux (A. C. E.).
De Metz-Noblat (A. F. A.).
Du Buat (J. R.).
Baron (H. A.).
Gouzil (M. A. E. F. M.).
Lelasseux (M. L. M.).
Nivière (M. M. J. H.).
Sous-lieutenants : *De Kiss de Nemesker* (M. E. M.).
De Maleville (J. L. C.).
Du Cos de la Hitte (R. H. R.).
De Galliffet (M. G. H. L.).
Duprat de Mézailles (H. G.).

Officiers de réserve.

Capitaine : *N.*
Lieutenant : *Prévost de la Boutelière* (J. A.).
Sous-lieutenants : *Presseq* (R. C. M.).
Leroy (A. A.).
Gandillot (J. P. A.).
·*Quiéney* (M. J. A.).
Dargent (E. A. J.).
Guérin (A. F. H.).
Thuilleux (A. L. H. M.).

6ᵉ RÉGIMENT.

6ᵉ brigade *bis* de cavalerie, 6ᵉ corps; — P. C. à Sézanne; P. P. à Saint-Mihiel.

Colonel : *De Ville* (A. C. P. G.).
Lieutenant-colonel : *Duhesme* (L. G. E.).
Chefs d'escadron : *Beauvarlet de Moismont* (F. A. L.).
Des Vosseaux (G. A. X.).
Major : *Lemasne* (D. A.).
·Capitaine instructeur : *Romazzotti* (A.).
·Capitaine trésorier : *Bosselut* (N.).
Lieutenant adjoint au trésorier : *Capitaine* (A.).
Capitaine d'habillement : *Labbé* (H. A.).
Porte-étendard : *Siméon* (L. P. G.), lieutenant.
Médecin-major 2ᵉ classe : *Lecomte* (G. E.).
Médecin aide-major 1ʳᵉ classe : *Pierron* (P. A.).
Vétérinaire en 1ᵉʳ : *Ingrand* (B. B. A.).
— en 2ᵉ : *Seurot* (J. A.).
Aide-vétérinaire : *Lemire* (A. L.).
Capitaines commandants : *Dufort-Rousseau* (U. M. L.).
D'Augerot (E. J.).
De Mitry (M. A. H.).

Boucherot (L. J. A.).
Merlin (M. G. C.).
CAPITAINES EN SECOND : *Comont* (N. H.).
Lamy de La Chapelle (II. M. R.), stag. d'état-major.
De Chivré (A. M. F.).
Poirier (E.).
N.
LIEUTENANTS EN PREMIER : *Koszulski* (T. E.).
Lian (C. T. R.).
Clarisse (A. J. F.).
Chenu de Mangou (L. C.).
Thibaut de Ménonville (A. J. A.).
LIEUTENANTS EN SECOND : *Lefébure* (H. E.).
Chavanne (M. P. J.), détaché École de cavalerie.
Du Port de Loriol (G. D.).
Bernheim (A. G.).
Thibaut de Ménonville (A. C. M.).
Chassoux (J. A. M. F.).
De Longeaux (M. E. A. X. J.).
Picard (R. P. E.).
Bouchard (C. E. P.).
Lateulère (J. L.).
Goupy (L. P. E.).
Huguet (M. L. A. G.).
Barbet (L. J. G.).
SOUS-LIEUTENANTS : *De l'Escaille* (M. L. H.).
Frénais de Coutard (L. M. E.).
Guilhot de Lagarde (E. J. M.).
Bouchet-Rivière d'Arc (A. L. E.).

Officiers de réserve.

CAPITAINE : *Brahy* (L. G.).
LIEUTENANT : *Vezy de Beaufort* (M. A. C. E.).
SOUS-LIEUTENANTS : *Supot* (L. E. J.).
Jaët (G. G. G.).
Martel (A.).
Champenois (L. E.).
D'Émiéville (G. A.).

7º RÉGIMENT.

5ᵉ brigade de cavalerie. — 3ᵉ corps d'armée ; — à Vendôme.

COLONEL : *Moreau* (R. M.).
LIEUTENANT-COLONEL : *D'Arcy* (M. D.).
CHEFS D'ESCADRONS : *Hurault de Vibraye* (L. M. M.).
Marette de Lagarenne (R. C. G.).
MAJOR : *De Lestapis* (L. R.).
CAPITAINE INSTRUCTEUR : *Gueswiller* (E. M. A.).
CAPITAINE TRÉSORIER : *Desjardins* (A. F.).
SOUS-LIEUTENANT ADJOINT AU TRÉSORIER : *Dupont* (J. L. F.).
LIEUTENANT FAISANT FONCTIONS D'OFFICIER D'HABILLEMENT : *Satin* (C. G.).
PORTE-ÉTENDARD : *Roques* (A. M. O.), sous-lieutenant.
MÉDECIN-MAJOR 2ᵉ CLASSE : *Bayvel* (E. C. E.).
MÉDECIN AIDE-MAJOR 2ᵉ CLASSE : *N*.
VÉTÉRINAIRE EN 1ᵉʳ : *Lauraint* (F.).
— EN 2ᵉ : *Grosjean* (V. A. C. G.).

AIDE-VÉTÉRINAIRE : *Ballu* (A. P.).
CAPITAINES COMMANDANTS : *Poncelet* (L. J.).
Coutant (J. C.).
Duboys des Termes (A. V. E.).
Serpette de Bersaucourt (L. C. M. L.).
Morel (J. M. P.).
CAPITAINES EN SECOND : *Tyssandier d'Escout* (L. A. P.), détaché à la remonte.
Vissière (L. O.).
De Fontaines de Logères (J. L. M.).
De Lassus (L. J. H.).
Dupont du Chambon (J. L. R.).
LIEUTENANTS EN PREMIER : *De Châteauneuf-Randon* (F. O.
Girard de Saint-Gérand (M. C. C. F.).
De la Rocque (R. M.).
De Belenet (L. C. M. G.).
Begouen (M. P. H.).
LIEUTENANTS EN SECOND : *Tartignon* (A. A. E.).
Rousseau (P. O. D.), détaché officier d'ordonnance.
Mangin d'Ouince (J. M. J.).
Cailloux (P. E. A.).
Torrollion (J. G.).
Berger (M.).
Bedoin (V. E.).
De Romanet de Beaune (L. M. R. A.).
Lefèvre-Pontalis (C. J. G.).
De Bréda (M. J. F. P.).
Bonnin de la Bonninière de Beaumont (P. M. H.).
Ollivier (P. M.).
SOUS-LIEUTENANTS : *Muller* (L. E. A. V.).
Bayard de la Vingtrie (R. C. M.).
Bouissou (M. E. J.).
Husson de Sampigny (M. J. A. E.).

Officiers de réserve.

CAPITAINE : *De Lichy de Lichy* (P.).
LIEUTENANTS : *De Cazejux* (L. L. M. P.).
De Marcé (M. H.).
SOUS-LIEUTENANTS : *De Fontanges* (H. F. A.).
Le Bris-Durest (E. M R.).
De Tarragon (P. L. M. C.).
Chenu (M. P. A. H.).
Lahaye (M. E. A.)

8º RÉGIMENT.

3ᵉ brigade de chasseurs ; 4ᵉ division de cavalerie ; stationné dans la 6ᵉ région. — P. C. à Reims ; P. P. à Verdun.

COLONEL : *Du Hamel de Chanchy* (A. E. L. F.), commandant par intérim la brigade de cavalerie du 7ᵉ corps d'armée.
LIEUTENANT-COLONEL : *Heysch* (A.).
CHEFS D'ESCADRONS : *Le Moine de Margon* (G. M. J. R.).
Malhorty (G. C. C.).
MAJOR : *Chevillard* (P.).
LIEUTENANT FAISANT FONCTIONS D'INSTRUCTEUR : *Lemut* (J. M. L. E.).
CAPITAINE TRÉSORIER : *Mondin* (J. E.).

LIEUTENANT ADJOINT AU TRÉSORIER : *Hervé* (J. M. F.).
CAPITAINE D'HABILLEMENT : *Coppin* (C. A.).
PORTE-ÉTENDARD : *Saint-André* (J. M.), sous-lieutenant.
MÉDECIN-MAJOR 2ᵉ CLASSE : *Mackiewicz* (II. M. II.).
MÉDECIN AIDE-MAJOR 2ᵉ CLASSE : *Louet* (P. A.).
VÉTÉRINAIRE EN 1ᵉʳ : *Haiblet* (A. D. A.).
— EN 2ᵉ : *Poirson* (E. J. E.).
AIDE-VÉTÉRINAIRE : *Ducasse* (M.).
CAPITAINES COMMANDANTS : *Bey* (E. M. C.).
  Dérognat (A. F. M.).
  Roux (T. L. M.).
  Jacquot (V. A.).
  De Charbonel (A. F. M.).
CAPITAINES EN SECOND : *Degros* (E. M.).
  Bidau (J. M. S.).
  Doncœur (G.).
  De Rarécourt de la Vallée de Pimodan (C. E. II. M.), stagiaire d'état-major.
  N.
LIEUTENANTS EN PREMIER : *Beauvieux* (M.).
  Delacroix (C. C.), détaché École de guerre.
  Giraud (J. A. P.), détaché École de cavalerie.
  Chabaille d'Auvigny (M. F. A.), détaché officier d'ordonnance.
  Rioult de Neuville (II. A. M.).
LIEUTENANTS EN SECOND : *Jonte* (P. A.).
  Aubertin (L. E.).
  De Broglie (A. P. M. J.).
  Galopin (P. E.).
  Godeau (V. L. G.).
  Chambert (M. L. A. C.).
  Albert-Roulhac (F. E.).
  Daviaud (G. R.).
  Mégret d'Étigny de Serilly de Chapelaine (H. C. L. A. E. M.).
SOUS-LIEUTENANTS : *Mynard* (C. M. F. N.).
  De Bazelaire de Lesseux (H. M.).
  Dupuy (N. L. J.).
  Rey (M. A. L.).
  Capitrel (P. M. A.).
  Deschamps (M. P. J. C.).

Officiers de réserve.

CAPITAINE : *N.*
LIEUTENANT : *Desrousseaux de Médrano* (A. M. E.).
SOUS-LIEUTENANTS : *Malval* (T. II.).
  Jacquemart (A. E.).
  Demathieu (E. L.).
  Lanternat (L. A.).
  Greff (L.).

9ᵉ RÉGIMENT.
17ᵉ brigade de cavalerie, 17ᵉ corps d'armée ; — à Auch.

COLONEL : *N.*
LIEUTENANT COLONEL : *Fourrier d'Hincourt* (P.).
CHEFS D'ESCADRONS : *N.*

Beauvarlet de Moismont (C. R.).
MAJOR : *Fouraux* (V.).
LIEUTENANT FAISANT FONCTIONS D'INSTRUCTEUR : *De Foix* (T. A. C.).
CAPITAINE TRÉSORIER : *Guy* (A. A.).
SOUS-LIEUTENANT ADJOINT AU TRÉSORIER : *Prodhon* (F. E.).
CAPITAINE D'HABILLEMENT : *Bonnaud* (G. I.).
PORTE-ÉTENDARD : *Cavaignac* (P. M. E. F. A), lieutenant.
MÉDECIN-MAJOR 2ᵉ CLASSE : *Courtot* (A. A.).
MÉDECIN AIDE-MAJOR 1ʳᵉ CLASSE : *Drely* (E. M. J. L.).
VÉTÉRINAIRE EN 1ᵉʳ : *Froissard* (R. C.).
— EN 2ᵉ : *Devert* (P. A.).
AIDE-VÉTÉRINAIRE : *Dellis* (D. L.).
CAPITAINES COMMANDANTS : *Escot* (A. A.).
  De Valicourt (G. E. E.).
  Dupont (F. L.).
  Martinie (E. L. M. P.).
  Boubée de Gramont (M. L. II.).
CAPITAINES EN SECOND : *Girard* (J. P. R.), détaché à la remonte.
  Bastien (C. A.), détaché à la remonte.
  Prost (F. A.), cap. de rés.
  Schuh (J.).
  Lavaud (E. H.).
LIEUTENANTS EN PREMIER : *Druilhet* (J. M. P. A.).
  Peypenin (J.).
  Le Poittevin de Lacroix de Vaubois (L. II. C.).
  Louvel (A. S.).
  Huguet (J. M. J.).
LIEUTENANTS EN SECOND : *Tinel* (H. J. G.).
  De Ricard (C. P. V.).
  Maissiat (J. B. A.).
  Lardenois (H. F. M.).
  De Rolland (G.).
  Réginensi (A. P.).
  Carrère (J. G.).
  Rambourg (J. M.).
  Des Michels (A. B.).
  Machenaud (E. J. E.).
  Lasies (M. L. J.).
  Beau (F.).
  De Sonis (M. F.).
SOUS-LIEUTENANTS : *Lefrou* (N.).
  Soulé (F. P.).
  Pichon-Vendeuil (P. F. J. A.).

Officiers de réserve.

CAPITAINE : *N.*
SOUS-LIEUTENANTS : *Marès* (A. L. G.).
  Uzac (G. J. A. G.).
  Dupoy (E. V. H.).
  Sabarthès (E. J. L.).
  Amouroux (J. E.).
  Lajousse (M. C. P. H.).
  Despax (L. J. M.).
  Lacomme (J. A.).

L'Héritier (J. L. D.).
Montfort-Lafage (B. A. M. R.).

10ᵉ RÉGIMENT.
13ᵉ brigade de cavalerie, 13ᵉ corps ; — à Moulins.

COLONEL : *Pennet* (E. E.).
LIEUTENANT-COLONEL : *Buirette de Verrières* (R. M. F.).
CHEFS D'ESCADRONS : *Duchassaing de Ratevoult* (M. S. J. L.).
    Masson (P. H. M. J.).
MAJOR : *Lemau de Talancé* (J. L. M.).
CAPITAINE INSTRUCTEUR : *Du Bourget* (C. C. M. J.).
CAPITAINE TRÉSORIER : *Strohéker* (A. A.).
LIEUTENANT ADJOINT AU TRÉSORIER : *Pellet* (J. L. M.).
LIEUTENANT FAISANT FONCTIONS D'OFFICIER D'HABILLEMENT : *Royer* (P. P. M.).
PORTE-ÉTENDARD : *Grandjean* (P. A.), lieutenant.
MÉDECIN-MAJOR 2ᵉ CLASSE : *Surugues* (L. E.).
MÉDECIN AIDE-MAJOR 1ʳᵉ CLASSE : *Couturier* (E. P.).
VÉTÉRINAIRE EN 1ᵉʳ : *Gendrot* (L. H. A. H.).
    — EN 2ᵉ : *Bouleux* (J. F.), détaché en Algérie.
AIDE-VÉTÉRINAIRE : *Boitelle* (A. E.).
CAPITAINES COMMANDANTS : *Simon de la Mortière* (R. E.).
    Guiot de la Rochère (M. J. H.).
    De Lestapis (P. H.).
    De Lochner (P.).
    Pfadt (M.).
CAPITAINES EN SECOND : *Dumalle* (P. L. A.), détaché à la remonte.
    Hardouin (J. A.), détaché à la remonte.
    D'Huteau (E.).
    Midrié (L. A. E.).
    Fargin-Fayolle (H. S.).
LIEUTENANTS EN PREMIER : *De Vernety* (M. P. H.).
    Couriet (P. L. R. S.).
    De Pommereau (G. M. W.).
    Baudran (L. J.).
    Mesnel de la Cour (M. C. J.).
LIEUTENANTS EN SECOND : *Langlois* (P. L.), détaché à la remonte.
    Nouvellet (A. J.).
    Law de Lauriston de Boubers (O. C.).
    De Villardi de Montlaur (P. H. G.).
    Milcent (A. E. G.).
    Forqueray (L.).
    De la Chaise (P. R.).
    Sericyx (F. A. E. W.).
    Charvet (J. M.).
    Desgeorge (M. E. A.).
    De Sampigny (A. M. H.).
SOUS-LIEUTENANTS : *Beynaguet* (A. A. A. A.).
    Tassin de Sainte-Péreuse (J. B. A. R.).
    Parran (J. A. A. P.).
    Gérin (C. A. F.).
    Henrion-Staal de Magnoncourt de Tracy (V. L. E.).

Officiers de réserve.

CAPITAINE : *N*.
SOUS-LIEUTENANTS : *Sainte-Marie* (A. J. L.).
    Paris (Y. G. F.).
    Mouton (J.).
    De Luret de Feix (P. L. M. J.).

11ᵉ RÉGIMENT.
7ᵉ brigade de cavalerie, 7ᵉ corps ; — à Vesoul.

COLONEL : *D'Esclaibes d'Hust* (R. F. M.).
LIEUTENANT-COLONEL : *N*.
CHEFS D'ESCADRONS : *De Lamolère* (A. E. E.).
    D'Hombres (C. M. V.).
MAJOR : *Prot* (E. N.).
LIEUTENANT FAISANT FONCTIONS D'INSTRUCTEUR : *Dollfus* (J.).
CAPITAINE TRÉSORIER : *Mérat* (M. O. L. I.).
LIEUTENANT ADJOINT AU TRÉSORIER : *Hervé* (E. G. H. B.).
CAPITAINE D'HABILLEMENT : *Guihot* (A. J. G.).
PORTE-ÉTENDARD : *Picart* (P. S.), lieutenant.
MÉDECIN-MAJOR 2ᵉ CLASSE : *Jacquey* (V. E.).
MÉDECIN AIDE-MAJOR 2ᵉ CLASSE : *Grémillon* (H. E.).
VÉTÉRINAIRE EN 1ᵉʳ : *Lauprêtre* (C.).
    — EN 2ᵉ : *Gautier* (H. C.).
AIDE-VÉTÉRINAIRE : *Gatinaud* (J. H.).
CAPITAINES COMMANDANTS : *Perrier* (F. G. C. E.).
    De la Ruelle (M. L.).
    Lambrecht (L. F. M.).
    Putinier (L. H. L.).
    Demougeot (J. A.).
CAPITAINES EN SECOND : *Beauchot* (L.), détaché à la remonte.
    Ledoyen (A. J.).
    Boffard-Coquat (E. A. L.).
    Gloria (A. O. R.).
    N.
LIEUTENANTS EN PREMIER : *Du Laurens d'Oiselay* (P. E. H. M.).
    Henry (A. J.).
    Roux (J. C. F. J.).
    De Waubert de Genlis (H. M. L. L.), stagiaire d'état-major.
    Rousselot de Saint-Céran (C. B. A.).
LIEUTENANTS EN SECOND : *Carlevan* (J. B.), détaché à la remonte.
    Dutrey (P.).
    Rey (M. A. J.).
    Baron (A. M. V.).
    Garnier (M. A. A.).
    Lecomte (G. L. M.).
    De Lalande d'Olce (M. P. E.).
    Maréchal (M. J. E. J.), détaché officier d'ordonnance.
    Dubezin (G. E.).
SOUS-LIEUTENANTS : *Boucly* (P. A. S.).

Vernerot (A. M.).
Berge (H.).
De Magy (H. F.)..
O'Kerrins (G. M. J.).
De Boysson (J. M. J. F. A.).
De Bigot (L. V.).

Officiers de réserve.

CAPITAINE : *N.*
LIEUTENANT : *Fleury* (E. M. V.).
SOUS-LIEUTENANTS : *Eusières de la Vallette* (L. G. A.).
Hougue (P. J.).
Millot (J. B. V.).
Réalier-Dumas (M. J. R.).
Gibert (E. B.).
Guillemin (M. A. A.).
Lescot (M. E.).
Chéron (M. J. A. G.).

12ᵉ RÉGIMENT.

3ᵉ brigade de cavalerie, 3ᵉ corps ; — à Rouen.

COLONEL : *N.*
LIEUTENANT-COLONEL : *De Pommayrac* (P. A.).
CHEFS D'ESCADRONS : *Shitzer* (E. F. R.).
Huard du Plessis de Lamotte (F. S. A.).
MAJOR : *Gosselain* (E.).
CAPITAINE INSTRUCTEUR : *Lemonnier de Lorière* (M. F. E. E.).
LIEUTENANT FAISANT FONCTIONS DE TRÉSORIER : *Pousset* (E. A.).
LIEUTENANT ADJOINT AU TRÉSORIER : *Mauduyt* (L. E.).
CAPITAINE D'HABILLEMENT : *Lemerdy* (V. H. G.).
PORTE-ÉTENDARD : *Sommeiller* (L. J. B.), sous-lieutenant.
MÉDECIN-MAJOR 2ᵉ CLASSE : *André* (E. L.).
MÉDECIN AIDE-MAJOR 1ʳᵉ CLASSE : *Gauillard* (J. H.).
VÉTÉRINAIRE EN 1ᵉʳ : *Bernard* (C. E.).
— EN 2ᵉ : *Isnard* (J. J. B.).
AIDE-VÉTÉRINAIRE : *Pierre* (C. I.).
Ecarnot (J. M. J.), à la suite.
CAPITAINES COMMANDANTS : *Wolf-Oberlin* (L. G.).
Du Pré de Saint-Maur (M. E. H.).
De Jeanson (C. A. R.).
De la Bourdonnaye (T. C. E. M.).
Decazes (E. L. F.).
CAPITAINES EN SECOND : *Manchon* (R. A. E.).
Perrier (L. C. L. E.).
Levylier (A. R.).
Aubier (L. D. A.).
Hébert (C. E.).
LIEUTENANTS EN PREMIER : *Chrestien de Treveneuc* (R. F. A. M.), stagiaire d'état-major.
Schmidt (F. M.).
Varanguien de Villepin (H. M. A.).
Genestet de Planhol (J. M. R.).
De Perrinelle-Dumay (L. L. M.).

LIEUTENANTS EN SECOND : *Ethis de Corny* (R.).
Couderc de Saint-Chamant (M. J. H.).
Baratier (A. E. A.), détaché au Soudan.
Clicquot de Mentque (C. E. E. H.).
De Loynes d'Auteroche (M. A. A. R.).
De Hauteclocque (W. M. A.).
De Loynes d'Auteroche (J. R. F. G.).
De Mayol de Lupé (A. B. G. M. L.).
De Meaussé (E. C. M.).
Waddington (W. F. C.).
Guérard (P. H. E.).
SOUS-LIEUTENANTS : *Zentz d'Alnois* (A. H. R.).
Dorange (A. T. M. M.).
Hue de Mathan (M. C.).
Loche (C. E. E. H.).
Le Guay (P.).
Lefrançois (M. M. J.).

Officiers de réserve.

CAPITAINE : *N.*
LIEUTENANT : *Vauquelin* (J. L. N.).
SOUS-LIEUTENANTS : *Gueury* (N.).
Duval (J. G.).
Le Roy (J. E. E.).
Annet (C. E.).
Lane (L. R.).
Biraud (M. A.).
Loutrel (G. J. M. J.).
Chouard (J. A.).
Desvaux (L. H.).
Duparc (J. M. A.).
Le Maire de Sars-le-Comte (F. M. A. M.).
Sauvaire de Barthélemy (F. P.).

13ᵉ RÉGIMENT.

10ᵉ brigade de cavalerie, 10ᵉ corps d'armée ; — à Béziers.

COLONEL : *Tiret* (J. M.), commandant par intérim la 4ᵉ brigade de chasseurs.
LIEUTENANT-COLONEL : *Llanas* (A. I.).
CHEFS D'ESCADRONS : *De Préval* (M. C. D. P.).
Davach de Thèse (M. M. A. A.).
MAJOR : *De Chaléon* (L. E. F. M.).
CAPITAINE INSTRUCTEUR : *Descaves* (A. P.).
CAPITAINE TRÉSORIER : *Marchal* (F. C.).
LIEUTENANT ADJOINT AU TRÉSORIER : *Chanet* (J. C. J.).
CAPITAINE D'HABILLEMENT : *Petitjean* (L.).
PORTE-ÉTENDARD : *Du Peyrat* (P. L. H. R.), lieutenant.
MÉDECIN-MAJOR 2ᵉ CLASSE : *Cristau* (C. A. J. X.).
MÉDECIN AIDE-MAJOR 1ʳᵉ CLASSE : *Baillé* (G. J. M. P.).
VÉTÉRINAIRE EN 1ᵉʳ : *Lentheric* (J. E. J.).
— EN 2ᵉ : *Mourot* (R. A.).
AIDE-VÉTÉRINAIRE : *Duquet* (L. L. J.).
CAPITAINES COMMANDANTS : *Gillot* (E.).
De Gerus (L. M. O.).
Breuillac (P. H.).
Hézard (C. A.).

Humblot (M. J.).
CAPITAINES EN SECOND : *De Thieffries de Layens* (H. A. L. D.), officier d'ordonnance.
Gez (J. A.).
Bertran (H. J. M. J.).
De Peytes de Montcabrié (C. M. H. E.).
De Peytes de Montcabrié (H. P. A. X.).
LIEUTENANTS EN PREMIER : *Talbot* (F. T.).
Darrieutort (B.).
De Boissy-Dubois (J. L.).
Gonin (J. F.).
D'Albis de Gissac (H. F. M. C.).
LIEUTENANTS EN SECOND : *Legras* (E. A.).
Quignard (G.).
De Barry (J. M.).
Mussalli (A. M. E.).
Fourquet (J.).
Du Bourg (M. F. G.).
Potin (J. N. R. D.).
Pagès (A.).
D'Aux de Lescourt (R. R. M. J. G.).
Bosc (E. J. L. A.).
Lefrançois (M. P. O.).
Boudène (G. A. D. F.).
SOUS-LIEUTENANTS : *De Peytes de Montcabrier* (M. F. X.).
Porcher (P. E.).
Périer (M. A. P.).
Desvignes de Surigny (L. M. P.).

Officiers de réserve.

CAPITAINE : *N*.
LIEUTENANTS : *Corbon* (J. E.).
Colomiès (J. M. L. G.).
SOUS-LIEUTENANTS : *Pélissier* (E. A. C.).
Dode (A. M.).
Rabot (J. E.).
De Magallon (X. J. F. G.).
Finat (C.).
Ichard (R. L. J. M.).
Dupeyré (J. P. A.).
De Niort (J. J.).
Oberkampf (E. J. F.).
Thomas (P. J. P.).

14e RÉGIMENT.

3e brigade de chasseurs ; 4e division de cavalerie, stationné dans la 6e région ; — P. C. à Reims, P. P. à Verdun.

COLONEL : *De Girardin* (J. M. E.).
LIEUTENANT-COLONEL : *N*.
CHEFS D'ESCADRONS : *De Vassinhac d'Imécourt* (C. E. M. J.).
Sémont (J. B.).
MAJOR : *Desmousseaux de Givré* (F. A. L. M. E.).
CAPITAINE INSTRUCTEUR : *Cassin de la Loge* (M. F. R.).
CAPITAINE TRÉSORIER : *Loubignac* (F. H.).
LIEUTENANT ADJOINT AU TRÉSORIER : *Gérald* (D. J.).
CAPITAINE D'HABILLEMENT : *Vilhès* (H. A.).

PORTE-ÉTENDARD : *Pérat* (P. E.), sous-lieutenant.
MÉDECIN-MAJOR 2e CLASSE : *Legrand* (J. A.).
MÉDECIN AIDE-MAJOR 1re CLASSE : *N*.
VÉTÉRINAIRE EN 1er : *Courteaud* (J. G. J.).
— EN 2e : *Poy* (G. J. A.).
AIDE-VÉTÉRINAIRE : *Serrat* (A. H.).
CAPITAINES COMMANDANTS : *Saverot* (E. M.).
Deffand (L. M.).
Maulhon d'Arbaumont (M. E. L.).
De Bodinat (M. H. E.).
De Bousquet (E. L.).
CAPITAINES EN SECOND : *Gontier* (F. E. A.), détaché à la remonte.
Moreau de Bellaing (R. X. M. J.), détaché à la remonte.
Van Merlen (L. M. C.).
Cardonne (C. F. E.).
N.
LIEUTENANTS EN PREMIER : *Jourdain de Thieulloy* (M. B. S. G.).
De la Bonninière de Beaumont (M.).
De Narbonne-Lara (J. A. M. H. A.).
Dommanget (P. O.).
Ledoux (J. J. P. A.).
LIEUTENANTS ET SECOND : *Tournyer* (A. G.).
Damotte (M.).
Mesple (H. A.), détaché à l'École de cavalerie.
De Robert d'Aqueria de Rochegude (M. J. E. F.).
Armand (E. T.).
De Reboul (L. B.).
Boireaux (A. V. de P. V.).
Mathieu (F. E.).
Martineau (M.).
Dommanget (J. J. H.).
Flatters (E. P. J.).
Gatelet (A. L. C.).
De Costard de Saint-Léger (R. M. M.).
SOUS-LIEUTENANTS : *Riou* (L. A.).
Fuchet (G. M. J.).
Magnier (A. L.).

Officiers de réserve.

CAPITAINE : *Courte* (L. A.).
LIEUTENANT : *Goubier* (J. B. F. E.).
SOUS-LIEUTENANTS : *Chambrelan* (V. A. E.).
Bourotte (J. B. E.).
Gaillard (J. E. O.).
Bague (J. J.).
Portallier (H.).

15e RÉGIMENT.

1re brigade de chasseurs ; 3e division de cavalerie ; stationné dans la 6e région ; — P. C. à Vitry-le-François ; P. P. à Sampigny.

COLONEL : *Thibault de la Rochethulon* (M. L. F.), commandant par intérim la 4e brigade de dragons.
LIEUTENANT-COLONEL : *Joannès* (A. V. D.).
CHEFS D'ESCADRONS : *Neuiller-Nogueira* (P. J. E.).

Magon de la Giclais (II. G. M.).
MAJOR : *Muller de Saint-Gervais* (L.).
CAPITAINE INSTRUCTEUR : *De Gain* (D. L. M. A.).
CAPITAINE TRÉSORIER : *Burck* (A.).
LIEUTENANT ADJOINT AU TRÉSORIER : *Lachaux* (C. N. G.).
CAPITAINE D'HABILLEMENT : *Picard* (A. F.).
PORTE-ÉTENDARD : *Boucher* (A. P.), lieutenant.
MÉDECIN-MAJOR 2º CLASSE : *Védel* (P. L. L.).
MÉDECIN AIDE-MAJOR 2º CLASSE : *Morigny* (E.).
VÉTÉRINAIRE EN 1ᵉʳ : *Fournier* (E A.).
    —   EN 2º : *Clerc* (D. S.).
AIDE-VÉTÉRINAIRE : *Delacroix* (F. J. F.).
CAPITAINES COMMANDANTS : *Conneau* (L. N. E. J.).
  Renard (J. L.).
  De Peyronnet (R. E. D. E.).
  Arnauld de Praneuf (C. R.).
  Du Bourblanc (M. G. M.).
CAPITAINES EN SECOND : *Trafford* (J. L. L.), détaché à l'École de guerre.
  Le Taillandier de Gabory (M. C. A.).
  Besset (P. J. L. G.).
  N.
  N.
LIEUTENANTS EN PREMIER : *Bardet* (C. A.).
  De Porcard (E. M.).
  Gillois (A. M.).
  De Lignières (M. J. T. H.).
  De Lavison de Garnerans (P. C. M. L. R.).
LIEUTENANTS EN SECOND : *Maillard* (V. E.).
  Sanson (M. A.), détaché à l'École de cavalerie.
  De la Ruë (H. A. L. M.), détaché à l'École de cavalerie.
  De Boissard (F. A. J.).
  Rozey (R. M. J. L.).
  Dinet (P. F. X.).
  De Loppinot (M. C. H.).
  Lucas (A. R.).
  Titremann (E. C.).
  Thureau (L. F. E.).
  Le Dret (Y. M.).
  Chautard (G. A.).
SOUS-LIEUTENANTS : *Fresson* (P. J. A. A.).
  Poirson (E. V.).
  Dupuy (J. M. A.).

Officiers de réserve.

CAPITAINE : *N.*
LIEUTENANT : *Blanchard* (G. H.).
SOUS-LIEUTENANTS : *Pont* (H. L.).
  Poisson (A. L. A.).
  Debray (C. E.).

16ᵉ RÉGIMENT.

8ᵉ brigade de cavalerie, 8ᵉ corps ; — Beaune.

COLONEL : *Demont de Lavalette* (C. P.).
LIEUTENANT-COLONEL : *Got* (P. E.).
CHEFS D'ESCADRONS : *Meneust* (H.).
  Sordet (J. F. A.).
MAJOR : *Marchal* (E. A.).
CAPITAINE INSTRUCTEUR : *Astruc* (J. M. E.).
CAPITAINE TRÉSORIER : *Diéras* (J.).
SOUS-LIEUTENANT ADJOINT AU TRÉSORIER : *Charmoille*.
CAPITAINE D'HABILLEMENT : *Clauzel* (J.).
PORTE-ÉTENDARD : *Rapin* (J. E. C.), lieutenant.
MÉDECIN-MAJOR 2º CLASSE : *Veillon* (F. T.).
MÉDECIN AIDE-MAJOR 2º CLASSE : *Lucy* (P. M.).
VÉTÉRINAIRE EN 1ᵉʳ : *Rouillart* (T. A.).
    —   EN 2º : *Sauvageot* (E. L.).
AIDE-VÉTÉRINAIRE : *Cordonnier* (J. A. E.).
CAPITAINES COMMANDANTS : *Harduin* (P. C. M. E.)
  Hibert (J. B. C.).
  De Pinteville de Cernon (F. H.).
  Boucher (P. E. U.).
  De Marion (R. J.).
CAPITAINES EN SECOND : *Amyot* (C. A.).
  Chevillotte (P. A.), stagiaire d'état-major.
  De la Rochefoucauld (F. A. G.).
  Benois (H. H.).
  Pagano (E. N. L.).
LIEUTENANTS EN PREMIER : *Beuvain de Beauséjour* (L. E.).
  Rousseau-Dumarcet (H. F.).
  Laneyrie (L. A. F.).
  De la Grange (F. E. G.).
  Arnoulx de Pirey (C. L. M. P.).
LIEUTENANTS EN SECOND : *De Rolland* (F. J.).
  Goutelle (L. A. A.).
  Frelin (G. H.).
  Gachot (A.).
  Jacob (G. P. A.).
  De Truchis de Luys (J. R. M.).
  De Buretel de Chassey (F. M. H.).
  Dupuy (J. C. M. J.).
  Figuières (A. F.).
  Mathet (E.).
SOUS-LIEUTENANTS : *Delatte* (C. A.).
  De Montzey (C. M.).
  Guillet de Chatellus (P. J. R.).
  De la Taille (M. E. H. R.).
  Du Bay (M. L. H. E. N.).

Officiers de réserve.

CAPITAINE : *N.*
SOUS-LIEUTENANTS : *Souesme* (J. E.).
  Martel (C. A. C.).
  Michel (A.), *Petitjean de Marcilly* (F. A.).
  Arthaud (P. E. R.).
  Trux (A. J. F. S.).
  Burnot de Laboulay (H. A.).
  Duthu (A. L.).
  Weber (J. C. F. E.).

17ᵉ RÉGIMENT.

4ᵉ brigade de chasseurs, 2ᵉ division de cavalerie, 6ᵉ corps; — à Neufchâteau.

COLONEL : *Farny* (C. A.), commandant par intérim la 3ᵉ brigade de Chartres.
LIEUTENANT-COLONEL : *Richard* (J. C. F.).
CHEFS D'ESCADRONS : *De la Chaise* (J. L. M.).
   Pérez (C. A. M.).
MAJOR : *Parenty* (J. O.).
CAPITAINE INSTRUCTEUR : *De Penfentenio de Cheffontaines* (A. M. S. H.).
CAPITAINE TRÉSORIER : *Delhomme* (A. E. N.).
LIEUTENANT ADJOINT AU TRÉSORIER : *De la Porte* (M. J. C.).
CAPITAINE D'HABILLEMENT : *Prunier* (L. A.).
PORTE-ÉTENDARD : *Viard* (E. R.), lieutenant.
MÉDECIN-MAJOR 2ᵉ CLASSE : *Oriou* (A. B. M.).
MÉDECIN AIDE-MAJOR 1ʳᵉ CLASSE : *Sonrier* (J. M. A.).
VÉTÉRINAIRE EN 1ᵉʳ : *Guillobey* (L. E.).
   — EN 2ᵉ : *Decoly* (L.).
AIDE-VÉTÉRINAIRE : *Herbinet* (N. E.).
CAPITAINES COMMANDANTS : *Martin* (E. A.).
   Heisel (E.).
   Le Bègue de Girmont (C. A. F.).
   Varenard de Billy (H. M.).
   Delécluse (H. E. A.).
CAPITAINES EN SECOND : *Gruel de Bacquencourt* (M. L. G.), stagiaire d'état-major.
   Lamy de la Chapelle (M. J. B. X.).
   Barbier (E. G.).
   N.
   N.
LIEUTENANTS EN PREMIER : *Delamaire* (E. J.).
   De Vésian (F. O. P. H.).
   De Loisy (J. V. E.).
   Boos (F. B. G.).
   Vernière (A. L. N.).
LIEUTENANTS EN SECOND : *Rodyer* (E. M. J.).
   Galène (A. N. M.).
   Mercier (P. L. A.).
   Aubert (L. H.).
   Vinoy (P. P.).
   Bresson (J. R. L.).
   D'Anglejan (M. R. F.).
   Guillemot (G. S. A.).
   Payn (R. C. L.).
   Roland (L.).
SOUS-LIEUTENANTS : *Chanoine* (C. P. J.).
   Caussé (C. P. P.).
   Piettre (R. A.).
   Aubépin de Lamothe-Dreuzy (J. F. L. M.).

Officiers de réserve.

CAPITAINE : N.
SOUS-LIEUTENANTS : *Daigremont* (G. P. J.).
   Breysse (A. L. M.).
   Rollet (P. L.).

   Sentou (P. A.).
   De Maillard de Landre (H. M. J. E.).
   Coucher (L. C.).

18ᵉ RÉGIMENT.

4ᵉ brigade de chasseurs, 2ᵉ division de cavalerie; stationné dans la 6ᵉ région; — à Épinal.

COLONEL : *De la Moussaye* (G. M. O. M.).
LIEUTENANT-COLONEL : *De Colonjon* (H. G.), détaché à la remonte.
CHEFS D'ESCADRONS : *Husson* (E.).
   De Seroux (L. N.).
MAJOR : *Delort* (L. F.).
LIEUTENANT FAISANT FONCTIONS D'INSTRUCTEUR : *De Redon* (S. A.).
CAPITAINE TRÉSORIER : *Mansuy* (V. C. E.).
LIEUTENANT ADJOINT AU TRÉSORIER : *Epp* (A. F. A.).
LIEUTENANT FAISANT FONCTIONS D'OFFICIER D'HABILLEMENT : *Grillot* (L. J. A.).
PORTE-ÉTENDARD : *Vidal* (E. A.), lieutenant.
MÉDECIN-MAJOR 2ᵉ CLASSE : *Riff* (M. T. C.).
MÉDECIN AIDE-MAJOR 1ʳᵉ classe : *Galland* (C. P.).
VÉTÉRINAIRE EN 1ᵉʳ : *Hurpez* (L. C.).
   — EN 2ᵉ : N.
AIDE-VÉTÉRINAIRE : *Pradelle* (L. M.).
CAPITAINES COMMANDANTS : *Le Saulnier de Saint-Jouan* (A. M.).
   Hardouin (L.).
   Delmas (H. J.).
   Heily (L.).
   Duclos (R. J. T.).
CAPITAINES EN SECOND : *D'Espinay Saint-Luc* (A. M. F.).
   Gaumet (C.), détaché à la remonte.
   Aubry (P.), détaché à la remonte.
   Dosse (M. C.).
   Chaindé (M. E.), détaché à la remonte.
LIEUTENANTS EN PREMIER : *Meyer* (N. P. G.).
   De Cugnac (G. M. J. R.).
   Abrard (M. A. E.).
   Mury (J.).
   De Gaultier de Languionie (A. H. P.), détaché officier d'ordonnance.
LIEUTENANTS EN SECOND : *Martres* (J. G.).
   Fix (A. L. A.).
   De Boigne (C. A. B. M. E.).
   D'Arlot de Saint-Saud (A. J. G.).
   Massiani (B.).
   Normand (E. L. G.).
   Cazaubon (J. M. C. H.).
SOUS-LIEUTENANTS : *Baretti* (P. H.).
   Honoré (G. E.).
   Thoreau la Salle (L. A. M.).
   De Ravinel (F. C. D.).
   Nougué (J. M. E. A.).
   Foucher (E. L. D.).
   Léridon (J. P. R.).

SOUS-OFFICIER DE CHASSEURS D'AFRIQUE.

Officiers de réserve.

CAPITAINE : *N.*
SOUS-LIEUTENANTS : *De Morny* (S. A. N. S.).
 Gillet (H. C.).
 Boussard (V. E.).
 Leloup (D. E. J.).
 Itasse (G. M.).
 Renault (H. D.).
 De Vaucouleurs de Lanjamet (G. H. M.).
 Véry (M. E. V.).

19ᵉ RÉGIMENT.
1ʳᵉ brigade de cavalerie, 1ᵉʳ corps ; — à Lille.

COLONEL : *De Benoist* (A. M. P.).
LIEUTENANT-COLONEL : *Moreau de Bellaing* (G. A. J. M. J.).
CHEFS D'ESCADRONS : *De Maistre* (M. E. H.).
 Arrighi de Casanova (J. P. E. E.).
MAJOR : *Wallon* (M. J. J.).
CAPITAINE INSTRUCTEUR : *De Lanusse Boulémont* (M. R. T.).
CAPITAINE TRÉSORIER : *Lepage* (P. J.).
LIEUTENANT ADJOINT AU TRÉSORIER : *Lardinois* (J. C. H.).
CAPITAINE D'HABILLEMENT : *De Bodin de Galembert* (C. M. J.).
PORTE-ÉTENDARD : *Duchâteau* (F. T.), lieutenant.
MÉDECIN-MAJOR 2ᵉ CLASSE : *Carton* (L. B. C.).
MÉDECIN AIDE-MAJOR 1ʳᵉ CLASSE : *Legrain* (L. C. E.).
VÉTÉRINAIRE EN 1ᵉʳ : *Lecohier* (E. D. A.).
 — EN 2ᵉ : *Simonin* (C. G. J.).
AIDE-VÉTÉRINAIRE : *Haan* (P. F. H.).
CAPITAINES COMMANDANTS : *Levillain* (G. E.).
 De Vassal (H. R. E.).
 Danglade (F.).
 Verne (J. B.).
 Nercy (G. H.).
CAPITAINES EN SECOND : *Mazel* (O. C. A. A.), stagiaire d'état-major.
 Angenost (A. D.).
 Marx (L. J. L.).
 N.
 N.
LIEUTENANTS EN PREMIER : *Fressanges-Dubost* (M. A. A. P.).
 Bregi (L. J.), détaché officier d'ordonnance.
 Azier (M. R. F.).
 Le Bachellé (J. E.).
 Delabie (J. L. P. E.).
LIEUTENANTS EN SECOND : *Parrot* (R. P. M.).
 De Peyronny (H. M. G.).
 Herreman (R. P. F.).
 Majonenc (J. B. J.).
 Richard (J. J.).
 Ricour (J. J. A.).
 Fouan (E. F. G.).
 Bouchez (J. E. O.).
 Durosoy (M. A. J.).
SOUS-LIEUTENANTS : *Desgranges* (J. J. E. A.).
 Babinet (A. J.).
 De Tilière (A. M. R. M.).
 Robitaille (A. C. A.).
 Le Danois (L. H.).
 Philippe (P. A.).

Officiers de réserve.

CAPITAINE : *JacquelinDuval* (L. J. B.).
LIEUTENANT : *De Parts* (C. G. M.).
SOUS-LIEUTENANTS : *Béasse* (V. E.).
 De Cardevac d'Havrincourt (P. M. L.).
 Gendre (C. E.).
 Liénard (J. V. J.).
 Lejeune (J. A. C. L. C.).
 Bruyant (H. E. M.).
 Adam (A. F. J.).
 Laurent (F. D.).

20ᵉ RÉGIMENT.
4ᵉ brigade de cavalerie, 4ᵉ corps ; — à Châteaudun.

COLONEL : *De Geffrier* (E. V.).
LIEUTENANT-COLONEL : *Lageon* (L. E.).
CHEFS D'ESCADRONS : *Mesnage* (L. E.).
 Sanson de Sansal (A. C.).
MAJOR : *Le Chanoine du Manoir de Juaye* (G. G.).
CAPITAINE INSTRUCTEUR : *Dinaux des Arsis* (C. J. M. A.).
CAPITAINE TRÉSORIER : *Grandineau* (H. L. A.).
SOUS-LIEUTENANT ADJOINT AU TRÉSORIER : *Varaire* (H. J.).
CAPITAINE D'HABILLEMENT : *Dolis* (H.).
PORTE-ÉTENDARD : *Moisson* (R. E.), sous-lieutenant.
MÉDECIN-MAJOR 2ᵉ CLASSE : *Hornus* (H. P. A.).
MÉDECIN AIDE-MAJOR 2ᵉ CLASSE : *Laporte* (J. E.).
VÉTÉRINAIRE EN 1ᵉʳ : *Barrier* (A.).
 — EN 2ᵉ : *Le Thao* (C. F. M.).
AIDE-VÉTÉRINAIRE : *Gin* (F.).
CAPITAINES COMMANDANTS : *Langevin* (E. J. B.).
 Gentil de la Breuille (E. P. E. E.).
 Hugé (G.).
 Rossignol (F. J. H.).
 De Gressot (L. M.).
CAPITAINES EN SECOND : *Doublet de Persan* (G. A. A. X.), détaché à la remonte.
 Lanxade de Bondy (P. A. G. G.).
 Ponchon de Saint-André (A. M. J.).
 Lyautey (R. A.).
 Le Bas du Plessis (M. H. G.).
LIEUTENANTS EN PREMIER : *De Montaudion* (R.).
 De Batz (A. A. E. M.).
 Garnier des Rières (P. C. M.).
 Goussot (J. B. A.).
 Gourmel (P. A.), détaché à l'école de cavalerie.
LIEUTENANTS EN SECOND : *De Forceville* (J. A.).

D'Aymard de Chateaurenard (N. H.).
Poitou (M. R.).
Tillion (A. M. J. R. A.).
Migeot (C. V.).
De Laporte (J. C. R.).
Le Compasseur Créquy Montfort de Courtivron (H. N. M.).
Mouchet de Battefort de Laubespin (P. M. J.).
Sous-lieutenants : *Charil de Ruillé* (G. M.).
Thiébaut (A. L. N.).
Prère (M. L. M. O.).
Blandin de Chalain (P. M. G.).
Brassel Joly de Morey (J. J. M.).
De la Goublaye de Ménorval (Y.).
Richaud (C. E. E.).
De Clermont-Gallerande (A. L. M. E.).

Officiers de réserve.

Capitaine : *De Valon* (J. A. R.).
Lieutenants : *De Laage de Meux* (J. M. F.).
Roland (E. H. A.).
Sous-lieutenants : *Bidois* (C. J. A.).
Bodard de la Jacopière (L. D. M. J. R.).
Caplat (E. E. L.).
Fraysse (L. P. H.).
Halbout (O. A.).
Homo (A. E.).
Morry (R. F. C. C. M.).

21ᵉ RÉGIMENT.

12ᵉ brigade de cavalerie, 12ᵉ corps ; — à Limoges.

Colonel : *Carrié* (A.).
Lieutenant-colonel : *De Colleville* (G. F. J.).
Chef d'escadrons : *Marion* (C. L. R.).
Major : *Labat* (F. L.).
Capitaine instructeur : *De Goma* (H. H. A.).
Capitaine trésorier : *Escoffres* (J. B.).
Lieutenant adjoint au trésorier : *Husson* (F. E.).
Capitaine d'habillement : *Fouillac de Padirac* (M. M. C.).
Porte-étendard : *Caillet* (L. A.), lieutenant.
Médecin-major 2ᵉ classe : *Stouff* (J. B. M.).
Médecin aide-major 1ʳᵉ classe : *Manoha* (E. A.).
Vétérinaire en 1ᵉʳ : *Puthoste* (A. F.).
— en 2ᵉ : *Bossu* (J. B. L. J.).
Aide-vétérinaire : *Ansonneau* (P. L.).
Capitaines commandants : *De la Vergne de Tressan* (H. A. G.).
Cabany (A.).
Eblé (E. M.).
Denis (F. J. E.).
De Tonnac (J.).
Capitaines en second : *Legrand* (F. E. P.).
Bagniel (A. A.), détaché officier d'ordonnance.
Reybaud (J. V.).
Cintrat (C. L. P.).
N.

Lieutenants en premier : *Gimet de Sainctyon* (J. L. H. E.).
Caubert (J. B. C. M.).
Beneyton (M. L.).
Dumas de Champvallier (L. L.), détaché au Soudan.
Chalanqui-Beuret (L. M. V.).
Lieutenants en second : *Mathieu* (B. M. J.).
Moineville (L. C. M.).
Pinelli (C. P. J. B.).
Bardi de Fourtou (J. M. F. A.), détaché à la remonte.
De Reboul (L. A.).
Rigaud (M. C. L.).
Oré (D. C.).
Taraud (J. B. A.).
Fougeras-Lavergnolle (L.).
Brabet (L. A. M.).
De Coral (J. P. M.).
De Bouët du Portal (M. J. C. F.).
·De Lespinasse de Bournazel (P. C. M. J.).
Sous-lieutenants : *Périer* (G. H. A.).
Du Moustier de Canchy (J. C. F.).
Fougeras-Lavergnolle (P. F.).
Simon (G. F.).

Officiers de réserve.

Capitaine : *N*.
Lieutenant : *De Braquilanges* (M. F. H.).
Sous-lieutenants : *Barbe* (J.).
Brunet (L. A.).
Boiteau (J.).
De Lafabrie de Cassagnes de Peybonneng (M. J. H. A. L.).
Tourneyragues (J. B. A.).
De la Tour (D. M. J. P. S. G.).
Frichou (F.).
De Beaumont (C. F.).
Fournet de Vaux (M. D. J. C.).
De Vandière de Vitrac (J. R. E.).
Du Boys (M. P. J. E.).
Godet (L. A.).
Nouvion (H. F.).

HUSSARDS.

1ᵉʳ RÉGIMENT.

15ᵉ brigade de cavalerie; 15ᵉ corps d'armée; — à Marseille.

Colonel : *Buffet* (C. L. A. G.).
Lieutenant-colonel : *Bassac* (A. J.).
Chefs d'escadrons : *Ogier d'Ivry* (E. L. M.).
N.
Major : *Célinet* (C. E. E.).
Capitaine instructeur : *Moine* (R.).
Lieutenant faisant fonctions de trésorier : *Pivron* (P. R. A.).
Lieutenant adjoint au trésorier : *Capitaine* (J.).

CROQUIS DE CAVALERIE.   211

LIEUTENANT FAISANT FONCTION D'OFFICIERS D'HABILLEMENT :
Fournet (E. P.).
PORTE-ÉTENDARD : *Plantier* (W. A. M. J.), lieutenant.
MÉDECIN-MAJOR 2ᵉ CLASSE : *Mary* (P. L.).
MÉDECIN AIDE-MAJOR 1ʳᵉ CLASSE : *Bergasse* (G. L. E. E.).
VÉTÉRINAIRE EN 1ᵉʳ : *Carrère* (P. A.).
— EN 2ᵉ : *Steullet* (P. A. A.).
AIDE-VÉTÉRINAIRE : *Ball* (G. D.).
CAPITAINES COMMANDANTS : *De Pontevès de Sabran* (J. B. E. M. C.).
Tissier (P.).
Santucchi (L. A. J. F.).
Baudouin (L.).
De Pourcet de Sahune (S. M. H. R.).
CAPITAINES EN SECOND : *Meyer* (L. T.).
Gras (L. V. A.).
Vidal (P. M. F. J. A. N.).
N.
N.
LIEUTENANTS EN PREMIER : *D'Orivalde Miscrey* (R. C. E.).
De Francolini (V. A. L.).
Ducrot (H. A. A).
Thierry (P.).
De Tournadre (C. L. J.).
LIEUTENANTS EN SECOND : *Chauvey* (C. E.).
Magnin (G. H. L.).
Clarke (J. A.).
Brincourt (H. L. E.).
Villette (M. A.).
Ricaud (J. M.).
Resuche (G. A.).
Caune de Puisaye (H. E. M.).
De Chasteigner (L. H. M. C.).
Rostan d'Ancezune (P. P. M. J. P.).
Hesse (M. E. R.).
Resuge (H..
De Meston (J. B. I. G.).
Lagarde (F. M. J. A), mis à la disposition du Ministre du commerce, et de l'industrie et des colonies.
Maurel (J. M. L.).

SOUS-LIEUTENANT : *Labrouche* (J. E. M.).

Officiers de réserve.

CAPITAINE : *Guigues de Moreton de Chabrillan* (P. J. M. R.).
LIEUTENANTS : *Gresse* (P. A.).
Gautier (F. P.).
SOUS-LIEUTENANTS : *Isnard* (M. A. A. D.).
D'Hébrail (L. M. L.).
Lapeyre (T. A. F.).
Penther (A. C. J. V.).
Nicolas (L. F.).
Paget (J. M. R.).
Baude (F. M. B. G.).
Deblesson (J. F. E.).

2ᵉ RÉGIMENT.

2ᵉ brigade de hussards, 5ᵉ division de cavalerie; stationné dans la 5ᵉ région ; — à Melun.

COLONEL : *De Bellegarde* (M. L.).
LIEUTENANT-COLONEL : *De Lestapis* (A. G.).
CHEFS D'ESCADRONS : *Devezeaux de Rancougne* (J. C.).
De Rougé (F. A.).
MAJOR : *Mouret* (F. A.).
LIEUTENANT FAISANT FONCTIONS D'INSTRUCTEUR : *Buisson* (E.).
CAPITAINE TRÉSORIER : *Fério* (J. E.).
LIEUTENANT ADJOINT AU TRÉSORIER : *Royet* (V. A.).
CAPITAINE D'HABILLEMENT : *Mony* (A. P. U.).
PORTE-ÉTENDARD : *Lubègue* (C. T.), lieutenant.
MÉDECIN-MAJOR 2ᵉ CLASSE : *Lelong* (P. E. J.).
MÉDECIN AIDE-MAJOR 1ʳᵉ CLASSE : *Douillet* (J. P.).
VÉTÉRINAIRE EN 1ᵉʳ : *Morisot* (F. L.).
— EN 2ᵉ : *Fichet* (L. H.).
AIDE-VÉTÉRINAIRE : *Chauvain* (M. L.).
CAPITAINES COMMANDANTS : *Champenois* (A. J.).
Cousté (H. J. P.).
Lacroix (M. P.).
Hairon (J. B. E.).
Baudesson de Poinchy de Richebourg (A. A. D. E.).
CAPITAINES EN SECOND : *Martin du Nord* (J. G. L.), détaché officier d'ordonnance.
Rohr (J. E.).
Blasselle (A. A. A. M.).
Lefebvre des Noëttes (R. J. E. C.).
N.
LIEUTENANTS EN PREMIER : *Desbaines* (L. L. C.).
De Bracelongne (M. J. J.).
Boissot (D. E.).
De Fadate de Saint-Georges (H. J. L. A.).
De Maussion (D. E. R. T.), détaché de l'École de cavalerie.
LIEUTENANTS EN SECOND : *D'Amade* (B. G. J. L. P.), détaché de l'École de cavalerie.
De Gontaut-Biron (M. A. G.), détaché de l'École de cavalerie.
De la Rochefoucauld (J. C. J.).
Du Bouëxic de la Driennais (A. L. M. L.).
Vallet de Villeneuve-Guibert (A. C. M.).
Duffour (L. J. G. C.).
Galouin Patrie de Tréville (B. A. J.).
De Reinach (L. J.).
De Baudel (C.).
Richemond (E. M. J.).
Boulard de Gatellier (M. J. C.).
Hector (G. E.).
Le Coat de Saint-Haouen (A.).
De Saint Phalle (J. F. M. J.).
SOUS-LIEUTENANTS : *De Ligniville* (M. H.).
Roux Joffrenot de Montlebert (H. M. F. L.).
Choupot (P. M. J. E.).

Officiers de réserve.

CAPITAINE : *N.*
SOUS-LIEUTENANTS : *Langlois* (R.).
Oberkampf (A. E. F.).
Biage (P. A).
Biguet (L. E.).
De Mauduit-Duplessix (O. C. M.).
Séguin de la Salle (J. M. G.).
Boch (P. L.).

3ᵉ RÉGIMENT.

3ᵉ brigade de hussards, 6ᵉ division de cavalerie ; stationne dans la 14ᵉ région ; — à Lyon.

COLONEL : *Donop* (R. M.).
LIEUTENANT-COLONEL : *Bouilliés* (E. F. H.).
CHEFS D'ESCADRONS : *Darcy* (G. L.).
De Chabot (J. M. E.).
MAJOR : *Nussard* (C. A. F.).
LIEUTENANT FAISANT FONCTIONS D'INSTRUCTEUR : *Cord'homme* (L. H. J.).
CAPITAINE TRÉSORIER : *Blavignac* (F.).
SOUS-LIEUTENANT ADJOINT AU TRÉSORIER : *Milliat* (L. J.).
CAPITAINE D'HABILLEMENT : *Jacquot* (G.).
PORTE-ÉTENDARD : *Castor* (P. H.), sous-lieutenant.
MÉDECIN-MAJOR 2ᵉ CLASSE : *Labit* (H. I. I. P.).
MÉDECIN AIDE-MAJOR 1ʳᵉ CLASSE : *Gaillard* (P. G.).
VÉTÉRINAIRE EN 1ᵉʳ : *Graindorge* (D. I.).
— EN 2ᵉ : *Querruau* (A. C. M.).
AIDE-VÉTÉRINAIRE : *Tondeur* (H. E.).
CAPITAINES COMMANDANTS : *Larive* (E.).
D'Anselme (G. J.).
Meynieux (M. J. B. C).
Arnoux de Maison-Rouge (G. M. V.).
Tardieu (A. L.).
CAPITAINES EN SECOND : *Peter* (J. A.), détaché de remonte.
Caillibeau (J.), détaché de remonte.
Corvisart (C. P. R. V.), stagiaire d'état-major.
Libert (G.).
Prévost de Sansac de Lavauzelle (T. F. G. H.), détaché, officier d'ordonnance.
LIEUTENANTS EN PREMIER : *De Crousnilhon* (A. M. J. R.), détaché auprès du Gouvernement civil de l'Algérie.
De Palma (D. M. H.).
Jacquier (E. A.).
D'Ussel (M. A. M.).
Dauphin de Verna (A. M.).
LIEUTENANTS EN SECOND : *Molère* (T.).
De Calouin de Tréville (H. H. M. E. E.).
Sordet (J. P.).
Souton (A. L.).
Nicol de la Belleissue (H. A. M.).
De Saint-Hillier (H. M. L.).
Balay (L.).
Pascal (A. J. J. H.).
Gérard (F. M.).

Peyrieux (C. C.).
De Viricu (M. G. F. H.).
Caille (F. A).
Greyfié de Bellecombe (C. J. M.).
Paris de Treffond d'Avancour (L. J.).
Baudinot (G. P. A. P.).
SOUS-LIEUTENANTS : *Jouvet des Marands* (P. H.).
Boudet de la Bernardie (J. J. A. H. X.).
Georgette du Buisson de la Boulaye (C. A. H.).

Officiers de réserve.

CAPITAINE : *N.*
SOUS-LIEUTENANTS : *Pacaud* (T. L. G.).
Delageneste (J. P.).
Mandrillon (L. A.).
Du Crozet (M. J. F. O.).
Viguier (J. G. L. M.).
Albertin (J. R.).

4ᵒ RÉGIMENT.

2ᵉ brigade de hussards, 5ᵉ division de cavalerie ; stationné dans la 5ᵉ région ; — à Fontainebleau.

COLONEL : *Gaudin* (G. A.).
LIEUTENANT-COLONEL : *Révérard* (E. C. L.).
CHEFS D'ESCADRONS : *Baudot* (E. M. B.).
Aubin (P. J.).
MAJOR : *Urdy* (F.).
CAPITAINE INSTRUCTEUR : *Tenaille d'Estais* (F. E. E.).
CAPITAINE TRÉSORIER : *Hügel* (L. A.).
ADJOINT AU TRÉSORIER : *Roux* (L. M. S. E.).
CAPITAINE D'HABILLEMENT : *Hügel* (F. J. G.).
PORTE-ÉTENDARD : *De Raucourt* (E. V. L.).
MÉDECIN-MAJOR 2ᵉ CLASSE : *Boutry* (C. A.).
MÉDECIN AIDE-MAJOR 1ʳᵉ CLASSE : *Papon* (F. M.).
VÉTÉRINAIRE EN 1ᵉʳ : *Bourgès* (J.).
— EN 2ᵉ : *Theis* (C. J.).
AIDE-VÉTÉRINAIRE : *Ingueneau* (L. F.).
CAPITAINES COMMANDANTS : *D'Assailly* (A. C. C. O.).
Guérin (H. T.).
Bosc (H. T.).
Legrand (A.).
De Dampierre (R. M. S.).
CAPITAINES EN SECOND : *Marchand* (G. T. B.).
Petit (H. T. D.).
D'Harcourt (L. M. G.).
De Pourtalès (P. C. E.).
Brezet (L. G.).
LIEUTENANTS EN PREMIER : *Chassot* (M. T. A.).
De Bouillé du Chariol (A. L. G. B.).
De Burgues de Missiessy (M. P. M. J.).
Démoulin (A. J.).
Gudin de Vallerin (L. J. H.).
LIEUTENANTS EN SECOND : *Pierga* (M. M.).
Codou (J. A.).
Dauphin de Verna (A. M. L.).
Sauvage de Brantes (P. M. J.).
Delor (J. M. C.).

Lecucq (V. L. B.).
Nivière (F. M. E.).
Faidy (J. P.).
De Lastic (A. C. A.).
Renn (M. G. G.).
De France (F. M. R).
Herbillon (E. E.).
Sous-lieutenants : *Varaigne* (C. L. A.).
Laprun (E. E. N. F.).
Rastoin (J. E.).
De Joybert (F. M. J. B. L.).

Officiers de réserve.

Capitaine : *N*.
Lieutenants : *Laffite* (F. G. E.).
Lereuil (L. J. L.).
Sous-lieutenants : *Phily* (F. M.).
Bussery (J. M.).
Catalo (P. L. E.).
Lefront (A. E. G.).

5ᵉ RÉGIMENT.

6ᵉ brigade de cavalerie; 6ᵉ corps; — P. C. à Troyes; P. P. à Pont-à-Mousson.

Colonel : *Roy de Vaquières* (F. C. E.).
Lieutenant-colonel : *Heurtault de Lammerville* (J. L. M.).
Chefs d'escadrons : *De Renouard de Sainte-Croix* (L. F R.).
Ménétret (J. P.).
Major : *Fleuret* (R. M.).
Capitaine instructeur : *Rossert* (J. M.).
Capitaine trésorier : *Germain* (C. A. P.).
Sous-lieutenant adjoint au trésorier : *Lacouture* (E. H.).
Capitaine d'habillement : *Kuntz* (H.).
Porte-étendard : *Trouvenin* (E. L. C. P.), lieutenant.
Médecin-major 2ᵉ classe : *Briot* (J. M.).
Médecin aide-major 2ᵉ classe : *Leclercq* (A. A.).
Vétérinaire en 1ᵉʳ : *Choisi* (A. H.).
— en 2ᵉ : *Galles* (G. L.).
Aide-vétérinaire : *Tonner* (M. J. G.).
Capitaines commandants : *Bertonière* (L. F.).
Grillet de Serry (P. A. G.).
De Ferron (L.).
Ducret (C. H.).
Vallois (N. L. E.).
Capitaines en second : *Moreau* (F. J. G.).
Le Porquier de Vaux (C. P.).
Joyeux (A.).
Clavel (A.).
Trouilhet (A. A. L.).
Lieutenants en premier : *Collin* (E. M. J.), détaché à l'École militaire d'Autun.
Lecomte (L. L. A.).
Bounoure (P. V. A.).
Jacques (M. C. M.).

Lombard d'Espérel (M. C. A.).
Lieutenants en second : *Boyer* (X. M. H.).
Grenoilleau (J. J. M.).
Bénard (A. F. C.).
Beaudesson (A. L.).
Couderc de Fonlongue (C. H.).
Marchal de Corny (P. F. R.).
Bourseul (C. A. E.).
Flury (J. L. M.).
Delattre (A. L. C.).
Sous-lieutenants : *Cabarrus* (J. A. C. L. M. H.).
Brice (E. H. T.).
Baugy (A.).
Liotard (M. J. G.).
Vergne (E. P. J.).
Thibaut de la Rochethulon (J. M. E. G.).

Officiers de réserve.

Capitaine : *N*.
Sous-lieutenants : *Loir* (H. Z.).
Canaux de Bonfils (P. M. A.).
Bonhomme (E. N.).
Davy de Chavigné (M. E. G.).
Boilaive (G. J.).
De Bazelaire de Lesseux (W. M.).
Chabot (M.).
Tardif d'Hamonville (H. M. C. L.).
Véron (C. L. E.).

6ᵉ RÉGIMENT.

18ᵉ brigade de cavalerie, 18ᵉ corps ; — à Bordeaux.

Colonel : *Aoust de Rouvèze* (G.).
Lieutenant-colonel : *De Bréccy* (J. E. A. M.).
Chefs d'escadrons : *Courtès-Lapeyrat* (J. P. E.), attaché à la personne de M. le Président de la République.
Dupuy (J. R.).
Major : *De Ducla* (M. E.).
Capitaine instructeur.: *Billioque* (M. F.).
Capitaine trésorier : *Pasquet* (L.).
Sous-lieutenant adjoint au trésorier : *Ryckmans* (H. G.).
Capitaine d'habillement : *Rochet* (C. F.).
Porte-étendard : *Fournier* (S. J.), lieutenant.
Médecin-major 2ᵉ classe : *Sommeillier* (D. F. E.).
Médecin aide-major 1ʳᵉ classe : *Sudre* (P.).
Vétérinaire en 1ᵉʳ : *Canu* (L.).
— en 2ᵉ : *Dupuy* (E.).
Aide-vétérinaire : *Nicolas* (E.).
Capitaines commandants : *Péchin* (F. R.).
Domenech (A. M. A.).
Bellettre (J. E.).
Sesbre (J. P. N.).
Leberger (P. J. L. D. L.).
Capitaines en second : *Morand-Dupuch* (G. E. A.).
Baillet (B. E.).
Lempereur de Saint-Pierre (G. J. M.).

Schlincker (F.).
Noubel (F. E. R.).
LIEUTENANTS EN PREMIER : De Maud'huy (C. A.).
Cousteix (J. J.).
Pouydebat (J. J. H.).
Archinard (L.).
Duvignau (L. E. A. F.).
LIEUTENANTS EN SECOND : Hoquétis (J. F. E. M.).
De Ponton d'Amécourt (M. J. A. R.).
Le Bret (J. E. H.).
Le Mordan de Langourian (R. E. G. O. M.).
Gelbert (J. A. F. M.).
Boutaud-Lacombe (A. M. A.).
Séverac (J. M. A. C.).
Verdelhan des Molles (M. C. H.).
Depret (C. J.).
Marcel (J. R. G.).
Broussaud (M. J.).
SOUS-LIEUTENANTS : Pauc (J. B. J. A. H.).
Thorel (V. E.).
Matteï (T. R.).
De Cardenau de Borda (J. M. S. G.).
De Buchère de l'Épinois (P. P. A. E.).

Officiers de réserve.

CAPITAINE : N.
LIEUTENANTS : Alary (H. R.).
De Beaumont de Beynac (S. P. L. A.).
Montariol (M. E. A.).
Barrière (M. M. A.).
SOUS-LIEUTENANTS : Veyrier (C. P. M.).
De Vathaire (H. M. A.).
Chabosseau (A. M.).
De Larralde-Diustéguy (A. J. C.).
Crétu (G. J. P.).
Guyet (J.).
Igusquiza (P. L. V. E.).
Laclaverie (C. F. A.).
Lagarde (J. A.).

7ᵉ RÉGIMENT.

9ᵉ brigade de cavalerie, 9ᵉ corps; — à Tours.

COLONEL : Mulotte (A.).
LIEUTENANT-COLONEL : Ramotowski (L. T.).
CHEFS D'ESCADRONS : Delplanque (H. F.).
De Luppé (G. E. M. G.).
MAJOR : N.
CAPITAINE INSTRUCTEUR : De Dampierre (L. H. R.).
LIEUTENANT FAISANT FONCTIONS DE TRÉSORIER : Robert (E. H.).
SOUS-LIEUTENANT ADJOINT AU TRÉSORIER : Bruneau (A. E. J. L. N. P.),
CAPITAINE D'HABILLEMENT : Genevès (J. J.).
PORTE-ÉTENDARD : Hiblot (F.), lieutenant.
MÉDECIN-MAJOR 2ᵉ CLASSE : Jouanno (F. B. M.).
MÉDECIN AIDE-MAJOR 2ᵉ CLASSE : Maré (L.).
VÉTÉRINAIRE EN 1ᵉʳ : Adrian (L. E.).

VÉTÉRINAIRE EN 2ᵉ : Goubaux (P. A.).
AIDE-VÉTÉRINAIRE : Belleverge (G. J. A.).
CAPITAINES COMMANDANTS : Moreau de Bellaing (J. E. M. J.).
Baillot (L. E.).
Galissard (J. M.).
Paris de Mondonville (L. J. D.).
De Montarby (G. A.).
CAPITAINES EN SECOND : De Bermond d'Auriac (J. E. L. M.).
Brun (E. L. M.).
Barassé (G.).
Le Sauter (G. A.).
Lamy de la Chapelle (M. J. A.).
LIEUTENANTS EN PREMIER : Des Monstiers Mérinville (A. H. M.).
De Masson d'Autume (J. C.), dét. École cavalerie.
Le Febvre (P. A. L.), dét. officier d'ordonnance.
Cesbron-Lavau (C. E. J. M.), dét. École de cavalerie.
Olry de Labry (C. G.).
LIEUTENANTS EN SECOND : Moreau de Callac (Y. L. J.).
De la Goublaye de Nantois (H. P. A. L. M.).
De Montarby (P. A. Y.).
Couderc de Saint-Chamant (M. J.).
De Mullenheim-Rosenbourg (M. J. L. C.), dét. Éc. guerre.
De Vassal-Montviel (M. E.).
Girault de Mimorin (C. M. J.).
Audoy (F.).
Trumet de Fontarce (J. R.).
De Joybert (M. E. J. M.).
Vidalin (M. F.).
Rousseau (M. J. L. A.).
De Simard de Pitray (A. L. P. J.).
SOUS-LIEUTENANTS : Bréart de Boisanger (A. M. G.).
Devaltz (B. S. P. A.).
Condemine (J.), dét. remonte.
Couturier (P. C. O.).

Officiers de réserve.

CAPITAINE : N.
LIEUTENANT : D'Aliney d'Elva (A. C. M. J.).
SOUS-LIEUTENANTS : Bernellon (J. B.).
Hérissé (Z. I. C.).
Mame (E. D. A.).
Loyzeau de Grandmaison (H. A. M.).
De Lamothe (M. A. P. M. M.).
Alliou (F. P.).
Arnault (J. R. G.).
Brouillet (A. F. R.).
Weiller (J. V. M. C.).
Roullet (P. C.).

8ᵉ RÉGIMENT.

3ᵉ brigade de hussards, 6ᵉ division de cavalerie; stationné dans la 14ᵉ région ; — à Vienne.

COLONEL : Reverony (A.).
LIEUTENANT-COLONEL : De Villers (L. M. F.).

CROQUIS DE CAVALERIE.   215

CHEFS D'ESCADRONS : *Zylof de Steenbourg* (E. M. F.).
  Gillain (O. V. E.).
MAJOR : *Chamot* (L. E.).
LIEUTENANT FAISANT FONCTIONS D'INSTRUCTEUR : *Girier* (L.).
CAPITAINE TRÉSORIER : *Anfray* (L. A.).
LIEUTENANT ADJOINT AU TRÉSORIER : *Bourdillat* (V. H.).
CAPITAINE D'HABILLEMENT : *Pierron* (J.).
PORTE-ÉTENDARD : *Amat* (J. L. A.), lieut.
MÉDECIN-MAJOR : 2e CLASSE : *Badin* (M. L. A.).
MÉDECIN AIDE-MAJOR 1re CLASSE : *Gilles* (M. P. M.).
VÉTÉRINAIRE EN 1er : *Wira* (E.).
  — EN 2e : *Bergougnan* (F. C.).
AIDE-VÉTÉRINAIRE : *Roynard* (J. A.).
CAPITAINES COMMANDANTS : *Farine* (C. J. G.).
  De Bazignan (F. A. O.).
  Moreau (J.).
  Carrichon (A. P. L. J.).
  Dutertre (L. J. H. O.).
CAPITAINES EN SECOND : *Legardeur de Montclar* (L. A. J.).
  Serré (E. J.), dét. remonte.
  Vellay (E. S.), dét. remonte.
  Heintz (J.).
  N.
LIEUTENANTS EN PREMIER : *Testot-Ferry* (E. G. V.).
  Balay (F. C. E.).
  De Bonniol du Trémont (E. J.).
  Du Peloux (L. J. A. M.).
  Aupècle (G. L.).
LIEUTENANTS EN SECOND : *De Chabannes* (M. A.), dét. Éc. cavalerie.
  Limal (E. A.).
  Carrade (P. L. R.).
  Leforestier de Villeneuve (C. M.).
  Guillemot (P. J.).
  Sisteron (J. C. E.).
  Lalande (A.).
  Gasson Bugeaud d'Isly (J. A. A.).
  Angeletti (L. E.).
  Meillon (J. M.).
SOUS-LIEUTENANTS : *Garnier* (L. M.).
  Lau (A. P.).
  D'Espinay Saint-Luc (A. A.).
  Bouquet des Chaux (C. J. J.).
  Meyssonnier (P. J. J.).
  De Laurens de Saint-Martin (A. C. A.).

Officiers de réserve.

CAPITAINE : *N.*
SOUS-LIEUTENANTS : *De la Faire* (A. F. J.).
  De Bruchard (C. P. H.).
  Matras (L. F.).
  Autrand (F. G. T.).
  Vincent de Saint-Bonnet (J. O. M.).

9e RÉGIMENT.

11e brigade de cavalerie, 14e corps; — à Valence.

COLONEL : *Ozenne* (L. H. M.).
LIEUTENANT-COLONEL : *Sarrailh* (A. L. C.).
CHEFS D'ESCADRONS : *Bourdès* (C. F. A.).
  Des Isnards (M. S.).
MAJOR : *De Nolet de Malvoüe* (L. G.).
CAPITAINE INSTRUCTEUR : *Duffault de Saint-Étienne* (R. C.).
CAPITAINE TRÉSORIER : *Bel* (P. M. F. A.).
LIEUTENANT ADJOINT AU TRÉSORIER : *Gaudiot* (M. F.).
CAPITAINE D'HABILLEMENT : *Vachon* (G.).
PORTE-ÉTENDARD : *Falentin* (J. A.), lieut.
MÉDECIN-MAJOR 2e CLASSE : *De Tastes* (M. M. M.).
MÉDECIN AIDE-MAJOR 1re CLASSE : *Baptiste* (A. E. J. B.).
VÉTÉRINAIRE EN 1er : *Portier* (H. C. M.).
  — EN 2e : *Guénot* (P. V. O.).
AIDE-VÉTÉRINAIRE : *Gacon* (L. V.).
CAPITAINES COMMANDANTS : *Breton* (C. M.).
  De Fontanges (O. H. M. J.).
  Brivet (C. M.).
  Schultz (L.).
  Clémençon (F. J. L.).
CAPITAINES EN SECOND : *De Carné* (L. A. P.), dét. remonte.
  Bagnéris (J. A. M.), dét. remonte.
  Lefournier d'Yauville (E.).
  Le Roy de Boiscaumarié (N. T. J.).
  Pimpel (C. L.).
LIEUTENANTS EN PREMIER : *Pasquier* (G. F. A.).
  Prévost (F. N. V.), dét. Éc. cavalerie.
  Bocquet (C. E.).
  Du Laurens d'Oiselay (G. S. M.).
  Droz des Villars (F. H. H.).
LIEUTENANTS EN SECOND : *Husson* (J. E.).
  Camerlin (G. A. D.), dét. remonte.
  Lardinois (L. E.).
  Burlat (J.).
  Hache (R. M. J.).
  Maria (G. E.).
  De Gombert (M. M. O.).
  Pavin de Lafarge (C. J. A. L.).
  Moullard (L. M. A.).
  Novo (M. L. M. C. E. F.).
SOUS-LIEUTENANTS : *Binet* (P. J. N. B.).
  Morel (M. P. M. M.).
  Sandoz (H. M. A. G.).
  David de Beaufort (P. P. H. A.).
  Mounier (G. J.).
  D'Arcy (R. M. E.).

Officiers de réserve.

CAPITAINE : *N.*
LIEUTENANT : *May* (F.).
SOUS-LIEUTENANTS : *Larmier* (C. L. A.).
  Lacaze (J. A.).
  Pierri (J. F. C. A.).

Bernardini (D. G.).
Audier (A. B.).
Veyron (J. A. F.).
Aguillon (C. M. V.).
Bardon (J. B. P. M.).
Combet (F. M. G.).
Méry (A. M. J. V.).

10° RÉGIMENT.

6° brigade bis de cavalerie, 6° corps. — P. C. à Sézanne; P. P. à Commercy.

COLONEL : *Raimond* (G.).
LIEUTENANT-COLONEL : *Mayniel* (R. E. M.), dét. serv. d'état-major.
CHEFS D'ESCADRONS : *Lagroy de Croutte de Saint-Martin* (L. J. A.).
De *Sillègue* (M. F. N.).
MAJOR : *Du Plessis de Grenedan* (G. G. R.).
CAPITAINE INSTRUCTEUR : *Keller* (C. A. H.).
CAPITAINE TRÉSORIER : *Fræticher* (J. E.).
LIEUTENANT ADJOINT AU TRÉSORIER : *Monguille* (J. F. O.).
CAPITAINE D'HABILLEMENT : *Pascal* (A. A.).
PORTE-ÉTENDARD : *Étienne* (J. H.), lieut.
MÉDECIN MAJOR 2° CLASSE : *Vilmain* (G. P. F.).
MÉDECIN AIDE-MAJOR 1re CLASSE : *Villiers* (J. H.).
VÉTÉRINAIRE EN 1er : *Becker* (L.).
— EN 2° : *Jestaz* (M. A.).
AIDE-VÉTÉRINAIRE : *Barthélemy* (D. F. E.).
CAPITAINES COMMANDANTS : *Martineau* (H. A. R.).
Machon (G. C.).
Thiébault (A. N.).
D'Ast (E. M. B. E. J. F. de P. A.).
Grasset (P. A.).
CAPITAINES EN SECOND : *Norès* (W.).
Delaine (E. M.).
Chrestien de Beauminy (R. L. C. M.).
Lefèvre-Sory (E.).
N.
LIEUTENANTS EN PREMIER : *Billot* (P. E.).
Sottier (R. M.).
Goüin d'Ambrière (M. R. A.).
Bastien (M. A. G.), dét. remonte.
Cavrois (A. A. F.).
LIEUTENANTS EN SECOND : *Picandet* (M.).
Larzillière (J. J.).
Marye de Marigny (A. E. C.), dét. Éc. cavalerie.
Bastien (J. E. C.), dét. officier d'ordonnance.
Poirel (L. R.).
Philbert (J.).
De Palma (P. D. F. M.).
Génin (A. L.).
D'Apchier le Maugin (I. L. G.).
Letixerant (P.).
Lang (E.).
L'Eleu de la Simone (E. M. H. J.).
Donop (L. J. F.).

SOUS-LIEUTENANTS : *Paris* (M. C. R.).
Guédon (H. G. A.).
Barrot (F. F. J.).

Officiers de réserve.

CAPITAINE : *N.*
SOUS-LIEUTENANTS : *Brossonneau* (A. P.).
De la Roche de Fontenilles (H. J. O.).
Richard (E.).
Sègue (J. E. A.).
Legroux (G.).
Magnan (M. V. M.).

11° RÉGIMENT.

1re brigade de hussards, 6° division de cavalerie, stationné dans la 7e région; — à Belfort.

COLONEL : *Lenormand de Kergré* (A. L. P.).
LIEUTENANT-COLONEL : *De Witte* (A. R. A. M.).
CHEFS D'ESCADRONS : *D'Hombres* (A. A. L. M.).
De Pérignon (M. E. F.).
MAJOR : *Gamel* (E. M. H.).
LIEUTENANT FAISANT FONCTIONS D'INSTRUCTEUR : *Durand* (L. P. E. A.).
CAPITAINE TRÉSORIER : *Lunel* (A. J. C.).
LIEUTENANT ADJOINT AU TRÉSORIER : *Pagès* (A. G. J. A.)
CAPITAINE D'HABILLEMENT : *Gilbert* (C. O.).
PORTE-ÉTENDARD : *N.*
MÉDECIN-MAJOR 2° CLASSE : *Gross* (J. A.).
MÉDECIN AIDE-MAJOR 1re CLASSE : *Habert* (J. E.).
VÉTÉRINAIRE EN 1er : *Mériguet* (J.).
— EN 2° : *Allarousse* (J.).
AIDE-VÉTÉRINAIRE : *Bernard* (P. H. P.).
CAPITAINES COMMANDANTS : *Bédatou* (P.).
Carles de Carbonnières (F.).
Henriet (J. F. F. J.).
Arthuis (P. E.).
Poty (N. E.).
CAPITAINES EN SECOND : *Tartenson* (C. V.), dét. remonte.
Tropel (L.).
Habert (J. V. R.).
N.
N.
LIEUTENANTS EN PREMIER : *Théron* (A. M. G.).
Sestac (N. F. A. V.).
Couturier (C. E. J.).
Vieillard (F. P. E. L.).
Boutan (F. L. H. J.), dét. officier d'ordonnance.
LIEUTENANTS EN SECOND : *Flamen d'Assigny* (F.), dét. Éc. cavalerie.
Bézard (M. J.), dét. Éc. cavalerie.
Didelot (L. A.).
Nassoy (J. P.).
Bertaud (M. J. L.).
Fouquey (J. A.).
Robinot de la Pichardais (G. A. M. R.).
Pacoret de Saint-Bon (J. P.).
Fornas (C. G.).

Sous-lieutenants : *Brady* (J.).
  Leinenger (P. E.).
  Germain de Montauzan (J. I. E. S.).
  Haas (M. T. F. J.).
  Nicolas (A. M. J.).
  De Parseval (C. P.).

  Officiers de réserve.
Capitaine : *N.*
Lieutenant : *Rousselet* (L. M. E.).
Sous-lieutenants : *Cottin* (J.).
  Bourricant (J.).
  Hugon (C. J. B. H.).
  Rivière (G. D.).
  Sahler (E. L.).

12ᵉ RÉGIMENT.

1ʳᵉ brigade de hussards, 6ᵉ division de cavalerie, stationné dans la 7ᵉ région ; — à Gray.

Colonel : *Allaire* (E. A.).
Lieutenant-colonel : *Wolff* (F. S. A.).
Chefs d'escadrons : *Escande* (M. J. G. L. J.).
  N.
Major : *N.*
Lieutenant faisant fonctions d'instructeur : *De Kermel* (R. L. M.).
Capitaine trésorier : *Sellier* (E. H.).
Lieutenant adjoint au trésorier : *André* (H. A.).
Capitaine d'habillement : *Brémant* (G.).
Porte-étendard : *Depasse* (H. E. E. M.), lieut.
Médecin-major 2ᵉ classe : *Fournot* (J. M. J.).
Médecin aide-major 2ᵉ classe : *Cadet* (E. A. M.).
Vétérinaire en 1ᵉʳ : *Péringué* (F. E.).
  — en 2ᵉ : *Rolland* (J. F.).
Aide-vétérinaire : *Belhomme* (P. A.).
Capitaines commandants : *De Roujoux* (E.).
  Libault de la Chevasnerie (A. M. P. J. C. A.).
  Courte (J. C. A.).
  Lucas (A. L. E.).
  Roustic (T., L. M.).
Capitaines en second : *Dopf* (E.), dét. serv. d'état-major.
  Ritleng (L. M. A.), dét. officier d'ordonnance.
  Vauthier (A. F.).
  Saunac (G. J. L. P.).
  N.
Lieutenants en premier : *Bolotte* (P.).
  De Scitivaux de Greische (M. L. L.), dét. Éc. cavalerie.
  Hillereau (E. H.).
  De Laage (M. F. L. R. P.).
  De Lyée de Belleau (A. T. A.).
Lieutenants en second : *Labbé* (F. F.).
  Dumalle (J. F. A.).
  Lesage (L. G.).
  Bertheault de Noiron (M. J. M.).
  Aubrée (P. P.).
  Cavelier de Cuverville (A. M. A.).
  De Pasquier de Franclieu (M. P. J. H.).

Prévost Sansac de Traversay (C. G.).
Camusat de Riancey (R. C. L. M. M.).
Robinet de Cléry (J. G. C. M.).
Delacroix (M. C. P. O.).
Chenu de Mangou (F. E.).
Sous-lieutenants : *Mieulet de Ricaumont* (H. A. E. M.).
  Roux de la Plagne (M. E. G.).
  Fugit (G. A.).

  Officiers de réserve.
Capitaine : *De Cosnac* (O. E. A.).
Sous-lieutenants : *D'Ayguesvives* (P. A.).
  Imhaus (E. P. G.).
  Pinta (G. A.).

13ᵉ RÉGIMENT.

10ᵉ corps d'armée ; — à Dinan.

Colonel : *Patard de la Vieuville* (G. M.).
Lieutenant-colonel : *Choquet* (F. N.).
Chefs d'escadrons : *Marochetti* (F. A.).
  Dorizon (A.).
Major : *Verschneider* (M. G.).
Lieutenant faisant fonctions d'instructeur : *Dulac* (R. E. E.).
Lieutenant faisant fonctions de trésorier : *Mahieux* (H. P. P. E.).
Sous-lieutenant adjoint au trésorier : *Sival-Laserve* (H. C. L.).
Lieutenant faisant fonctions d'officier d'habillement : *Limal* (M. L.).
Porte-étendard : *Quétil de la Poterie* (J. G. H.), lieut.
Médecin-major 2ᵉ classe : *Belhomme* (E. J. E.).
Médecin aide-major 1ʳᵉ classe : *Peltier* (L. E.).
Vétérinaire en 1ᵉʳ : *Salonne* (E. F.).
  — en 2ᵉ : *N.*
Aide-vétérinaire : *Dufour* (E.).
Capitaines commandants : *Senez* (G. E. A. H.).
  Brenne (C. F.).
  Jullien le Picquier (M. A. C. V.).
  Gouyon de Beaufort (X. L. M. F.).
  De Bouillé (L. P. A. M. H.).
Capitaines en second : *De Boërio* (M. J. A. H.).
  Vacquier (J. V. H.).
  De Poret (C. M. M.), dét. off. d'ordonn.
  Rey (A. J. X.).
  De Courchant de Sablon (F. J. A.).
Lieutenants en premier : *Collin de Laminière* (L. M. F.).
  De Massol de Rebets (A. C. M.).
  Arbola (H. C. E. H.).
  Parise (P. L. A.).
  De la Motte de la Motterouge (H. L. M.).
Lieutenants en second : *Joyeux* (M. D. F.).
  De Billeheust d'Argenton (H. M. M.).
  Le Monnier de Gouville (A. M. J.).
  Grosjean (J. L.).
  Perrin (J. P. J.).

Doudement (J. H.).
Bailly (M. M.).
Chauveau (P. G. R.).
SOUS-LIEUTENANTS : *Ruellan* (C. M.).
Pavillon (H. L. D.).
Tillette de Mantort (R. H. J. A.).
Ségerand (M.).
De Pétigny de Saint-Romain (X.).
Gasser (I. M. J. P.).
De Palys (R. B. M. G.).
De Sèze (A. P. M. V.).

Officiers de réserve.

SOUS-LIEUTENANTS : *Bréart de Boisanger* (H. A. V. M.).
Le Saulnier de Saint-Jouan (G. M.).
Gautier (G. M. J.).
Hennebert (E. E.).
Manchon (E. A.).
De Bérenger (H. L. M.).
De la Goublaye de Nantois (A. F. N. M. S.).
Le Petit (J. I. J.).
D'Aliney d'Elva (R. M. J. G.).
Desclos de la Fouchais (R. J. M.).
Benoiste-Desvalettes (J. C.).

§ V. CHASSEURS D'AFRIQUE.

1er RÉGIMENT ✻ (1).

Division d'Alger ; — à Blidah.

COLONEL : *Bonnefous* (J. L.).
LIEUTENANT-COLONEL : *De Chalendar* (F.).
CHEFS D'ESCADRONS : *Billet* (L. A.).
Bouvier (L. A.).
MAJOR : *Bosc* (D. V. D.).
CAPITAINE INSTRUCTEUR : *Gallois* (R. M. F. A.).
LIEUTENANT FAISANT FONCTIONS DE TRÉSORIER : *De Moulinard* (M. T.).
LIEUTENANT ADJOINT AU TRÉSORIER : *Grand-Conseil* (L. M. F.).
CAPITAINE D'HABILLEMENT : *Sannajust* (J. B.).
PORTE-ÉTENDARD : *Voillemin* (M. H. H.), lieutenant.
MÉDECIN-MAJOR 2e CLASSE : *De Casabianca* (D.).
MÉDECIN AIDE-MAJOR 1re CLASSE : *Augias* (J. M. C.).
Michel (M. N. G.).
VÉTÉRINAIRE EN 1er : *Cavalin* (E. J. M.).
— EN 2e : *Mégnin* (J. L. T.).
AIDE-VÉTÉRINAIRE : *Bonin* (V. L.).
CAPITAINES COMMANDANTS : *Rœsch* (A.).
De Terrier-Santans (M. C. J.).
Louvel (C. A. V.).
Winckler (J. A.).
Gossein (P. A.).
CAPITAINES EN SECOND : *Gachet* (H. G. C.), détaché à la remonte.

(1) Étendard décoré en commémoration de la prise d'un drapeau au combat de San-Pablo del Monte (Mexique).

Chaudron (C. P. F. G.).
Boyé (P. G. S. M.).
Martin de Bouillon (A. M. G.).
LIEUTENANTS EN PREMIER : *Blot* (L. E. E.).
De Malherbe (A. P. M. G.).
Reyler (P. A. L.), détaché à la remonte.
Hennocque (E. C. A.).
Jeannin (J. E. M. M.).
LIEUTENANTS EN SECOND : *Bernadou* (E. J. M. J.).
Alleau (J. A. A.).
Rainal (C. A. M.), détaché à la remonte.
Dogny (E. A.), dét. Éc. de cav.
Corhumel (E. J.).
Dérivaux (P.).
Carrez (E. M. J.).
Bertrand (J. A.).
L'Huilier (P. C.).
Carbillet (A. A. J.).
De Veye (G. M. C. H.).
Bernard (P. J. G.).
SOUS-LIEUTENANTS : *Bichelberger* (M. J. G.).
Joullié (H. A.).
Morestin (C. E. M. P.).

Officiers de réserve.

CAPITAINE : *N.*
LIEUTENANT : *Debiève* (L. A. A.).
SOUS-LIEUTENANTS : *Sureau* (E. L.).
Biscarrat (G. P. I.).
Creugnet (H.).

2e RÉGIMENT.

Division d'Oran ; — à Tlemcen.

COLONEL : *O'Connor* (P. M.).
LIEUTENANT-COLONEL : *Lagarde* (J. G.).
CHEFS D'ESCADRONS : *Flahaut* (A. T.).
De Mallet (F. G.).
MAJOR : *Gellis* (J. B. Q.).
CAPITAINE INSTRUCTEUR : *Raymond* (C. F. X.).
LIEUTENANT FAISANT FONCTIONS DE TRÉSORIER : *Pellerin* (J. M.).
LIEUTENANT ADJOINT AU TRÉSORIER : *Desbouis* (F. A.).
CAPITAINE D'HABILLEMENT : *Guéneau* (E. C.).
PORTE-ÉTENDARD : *Champenois* (T. L.), lieutenant.
MÉDECIN-MAJOR 2e CLASSE : *Redon* (H. G.).
MÉDECINS AIDES-MAJORS 1re CLASSE : *Puig* (J. H. F. J.).
Ferrand (G. A.).
VÉTÉRINAIRE EN 1er : *Gervais* (A.).
— EN 2e : *Rochard* (D. F.).
AIDE-VÉTÉRINAIRE : *Camus* (A. P. C.).
CAPITAINES COMMANDANTS : *Chassery* (P. E.).
Gallois (E. D.).
Varnoux (J.).
De Fleurans (A. T.).
Burette (F. E.).
CAPITAINES EN SECOND : *D'Oilliamson* (F. M. G.).

Lambert (J. C.), détaché officier d'ordonnance.
Bunel (H. V.).
De Miribel (M. G. A. W.).
Brunet (F. A. J. P.).
LIEUTENANTS EN PREMIER : *Bergé* (E. P. F.).
Pailler (A. J.).
Douville (F. A. L).
Michel (F. G. V.), détaché à la remonte.
Schmidt (A. G.).
LIEUTENANTS EN SECOND : *De Gestas de l'Esperoux* (G. M. J. L. C. P. P.).
Cressier (P. J. G.).
Petit (V.).
Labauve (J. C. E.).
Risch (L.).
Carbonnier (M. G. R.).
De Lagarde Montlezun (M. P. A. H.).
Richon (D. L. E.).
Michelon (J. B. L. A.).
Losiaux (P. Q. L.).
Descoins (H. V.).
Grangier de la Marinière (L. R. J.).
SOUS-LIEUTENANTS : *Jacquin* (N.).
Fradin de Belabre (R. J. O.).
Constantin de Chanay (J. M. E.).
De Gail (J. F. H. G.).

Officiers de réserve.

CAPITAINE : *N.*
SOUS-LIEUTENANTS : *Godard* (F.).
Brousse (L. J. B.).
De Suffren (P. M. J.).
Couderc (M. J.).

3ᵉ RÉGIMENT.
Division de Constantine; — à Constantine.

COLONEL : *De Forsanz* (H. F. M.).
LIEUTENANT COLONEL : *De Liedekerke-Beaufort* (A. M. F.).
CHEFS D'ESCADRONS : *De Tricornot de Rose* (J. B. C. E.).
Delanneau (P. L.).
MAJOR : *Lancelot* (H. G.).
LIEUTENANT FAISANT FONCTIONS D'INSTRUCTEUR : *Merle des Isles* (J. A. E.).
CAPITAINE TRÉSORIER : *Naudy* (L.).
LIEUTENANT ADJOINT AU TRÉSORIER : *Josse* (J. E.).
CAPITAINE D'HABILLEMENT : *Manuelli* (J. M.).
PORTE-ÉTENDARD : *Ritter* (E.), lieutenant.
MÉDECIN-MAJOR 2ᵉ CLASSE : *Ribes* (J.).
MÉDECINS AIDES MAJORS 1ʳᵉ CLASSE : *Trédos* (M. G. E.).
Cuvier (G. V.).
VÉTÉRINAIRE EN 1ᵉʳ : *Brandis* (L. L. M.).
— EN 2ᵉ : *Fayet* (P. A.).
AIDE-VÉTÉRINAIRE : *Thiriet* (C. E.).
CAPITAINES COMMANDANTS : *Martineau Deschesnez* (H. E.).
Granier de Cassagnac (L. E. E.).
Saski (C. G. L.).
Jalabert (G.).

De Rascas (J. M. R.).
CAPITAINES EN SECOND : *Mantrand* (F.), détaché à la remonte.
Pillioud (J. D.), détaché à la remonte.
Barry (E.).
Boucon (F. C. F.).
N.
LIEUTENANTS EN PREMIER : *Ferru* (J. M. C.).
Marican (A. F. A.).
Mercier de Sainte Croix (L. H. J.).
D'Auderic (M. A.).
Covillion (P. M. J. M.).
LIEUTENANTS EN SECOND : *Wertz* (F. H.).
Bessières (M. G.).
Chauveau (G. E.), détaché École de cavalerie.
Martinie (J. M. A.), détaché au Soudan.
Païn (R. F.).
Aubertel (M. A. E.).
Dinand (C. J.).
Mongenot (N. C. R.).
Vidal (F. P. E.).
Fillodeau (J. A. E.).
De Cointet (E. E.).
Lambert (P. P.).
SOUS LIEUTENANTS : *Moreau* (P. L.).
Canrobert-Certain (N. E. M. A.), détaché au Soudan.
Reynard-Lespinasse (L. J.).
Avon (J. A. M. C.).

Officiers de réserve.

CAPITAINE : *N.*
SOUS LIEUTENANTS : *Lebeaud* (C. A. J.).
Béchu (G. A. M.).
De Tournadre (J. C. L. M.).
Gaillard (L. V. R.).
Boutleux (L. A.).
Kellermann (C.).
De Borély (E. A.).

4ᵉ RÉGIMENT.
Tunisie; — à Tunis.

COLONEL : *Courtiel* (H.).
LIEUTENANT-COLONEL : *N.*
CHEFS D'ESCADRONS : *Du Puch* (E. T. A.).
Beuve (A.).
MAJOR : *Gaillard* (H. F.).
CAPITAINE INSTRUCTEUR : *Epailly* (L. A.).
CAPITAINE TRÉSORIER : *Guignard* (C. C.).
LIEUTENANT ADJOINT AU TRÉSORIER : *Joly* (L.).
CAPITAINE D'HABILLEMENT : *Veruhes* (M. F. A. E.).
PORTE-ÉTENDARD : *Benoit* (J. B.), lieutenant.
MÉDECIN-MAJOR 2ᵉ CLASSE : *Dufaud* (J. C.).
MÉDECINS AIDES MAJORS 1ʳᵉ CLASSE : *Robelin* (M. E. A.).
Danjou (F. J. G.).
VÉTÉRINAIRE EN 1ᵉʳ : *Henry* (J. E.).
— EN 2ᵉ : *Pelletier* (E. L.).
AIDE-VÉTÉRINAIRE : *Dehanne* (C. V.).

CAPITAINES COMMANDANTS : *Butler O'madden* (E. M. G. L.).
  Caron (A. J. A.).
  Bourguet (F. T.).
  Carbillet (C. G.).
  Du Fornel du Roure de Paulin (J. J. E. H.).
CAPITAINES EN SECOND : *Corniot* (J. L.).
  Bonavita (J. A. J. C. F.).
  Simon (G.).
  N.
  N.
LIEUTENANTS EN PREMIER : *Chauvin* (A.).
  Roussel (L.).
  Maladry (G. C. C.).
  De Digoine du Palais (M. J. R.).
  Ducreux (M. A. R.), détaché à la remonte.
LIEUTENANTS EN SECOND : *Aldebert* (G. A.).
  Girardin (L. E.), détaché officier d'ordonnance.
  Girette (P. A.).
  Du Hamel de Canchy (G. F. J.).
  Hanier (A. L. E.).
  Carrière (L. M.).
  Fuchet (L. M. B.).
  Kirschléger (C. P. A.).
  Pierre (H. C. P.).
  Lallé (J. B. J.).
  Emmery (E. P.).
  Matrod (G.).
SOUS-LIEUTENANTS : *Vacher* (A. Y. J. F.).
  Christophe (C. A.).

Officiers de réserve.

CAPITAINE : *Bancal* (R. V.).
LIEUTENANT : *Pin* (F. F. P.).
SOUS-LIEUTENANTS : *Borromeï* (J. F.).
  Galtier (J. L. F.).
  Cuillé (J. J. C.).
  Lion (A. L.).
  Millière (O. M. V.).
  Faure (L. M.).

5° RÉGIMENT.

Division d'Alger ; — à Alger.

COLONEL : *Kirgener de Planta* (A. F. J.).
LIEUTENANT-COLONEL : N.
CHEF D'ESCADRONS : *Cuny* (F. P. A.).
MAJOR : *Dinier de la Brunetière* (L. G.).
LIEUTENANT FAISANT FONCTIONS D'INSTRUCTEUR : *Violand* (M. C. A. R.).
CAPITAINE TRÉSORIER : *Laurent* (J. A.).
LIEUTENANT ADJOINT AU TRÉSORIER : *Maufras* (L. E. C. F.).
CAPITAINE D'HABILLEMENT : *Lassala* (A.), lieutenant.
PORTE-ÉTENDARD : *Jonnard* (J. B. L.).
MÉDECIN-MAJOR 2° CLASSE : *Beylier* (Y. C. A. H.).
MÉDECIN AIDE-MAJOR 1ʳᵉ CLASSE : *Licht* (A. E.).
VÉTÉRINAIRE EN 1ᵉʳ : *Burck* (I.).
  — EN 2° : *Bœschlin* (L. T. A.).

AIDE-VÉTÉRINAIRE : *Mourot* (C. G. F.).
CAPITAINES COMMANDANTS : *Scourion de Beaufort* (C. J. M.).
  Gosswiller (J B. L. J.).
  De Klopstein (J.).
  Chollat-Traquet (E.).
  Crozet (J. M.).
CAPITAINES EN SECOND : *Gonnet* (A. F.).
  N.
  N.
  N.
  N.
LIEUTENANTS EN PREMIER : *Reynaud* (J. E.), détaché à la remonte.
  Gasser (P. P. A.).
  Mauguin (L. G. R. M.).
  Bastien (M. C. A.), détaché officier d'ordonnance.
  Walch (F. A.).
LIEUTENANTS EN SECOND : *Courtois* (E. J. A. A.).
  Félix (J.), détaché à la remonte.
  Parisot (L. J. E.).
  De Colonjon (R. G. U.).
  Courcenet (F. E.).
  Duvernoy (G. C.).
  Legrand (P. G. St-R. E.).
  De Panafieu (J. R.), détaché à l'école de cavalerie.
  Merlin (A. F.).
  Dangeville (C. A.).
  Magne (A. P. E. L. N.).
  Boccas (A. J. J.).
  Blasselle (R. M.).
  Marthe (G. H. M.).
  Lacombe (J. M. L.).
SOUS-LIEUTENANT : *De Cools* (G. A. E. M.).

Officiers de réserve.

CAPITAINE : *Arney* (J. C. A.).
SOUS-LIEUTENANTS : *Bellisseu* (J. F. M.).
  Rubin (J. M.).
  Kah (G. G. A.).
  Orenga (A. P. A.).
  De Leusse (M. L. F. H.).
  Lebailly (L. E.).

6° RÉGIMENT.

Division d'Oran ; — à Mascara.

COLONEL : *D'Haranguier de Quincerot* (F. A.).
LIEUTENANT-COLONEL : N.
CHEFS D'ESCADRONS : *Orfaure de Tantaloup* (C. P. A. L.).
  N.
MAJOR : *D'Adhémar* (C. A. R.).
LIEUTENANT FAISANT FONCTIONS D'INSTRUCTEUR : *Henrys* (P. P.).
CAPITAINE TRÉSORIER : *Chauffart* (L. A.).
LIEUTENANT ADJOINT AU TRÉSORIER : *Rayot* (P. A.).
CAPITAINE D'HABILLEMENT : *Pierrot* (J. E.).

PORTE-ÉTENDARD : *Ancelet* (C. J.), lieutenant.
MÉDECIN-MAJOR 2ᵉ CLASSE : *Woirhaye* (E. P.).
MÉDECIN AIDE-MAJOR 1ʳᵉ CLASSE : *De Guenin* (L. A. P.).
VÉTÉRINAIRE EN 1ᵉʳ : *Berque* (J. J.).
— EN 2ᵉ : *Milon* (J.).
AIDE-VÉTÉRINAIRE : *Brondy* (A. C. A.).
CAPITAINES COMMANDANTS : *Poch* (J. A. F.).
  Michel (E. J. M. C.).
  Depied (T. J. M.).
  Haillot (C. W. R. H.).
  Houillon (A. C.).
CAPITAINES EN SECOND : *Mourey* (P. M. E.), détaché à la remonte.
  N.
  N.
  N.
  N.
LIEUTENANTS EN PREMIER : *Lemaitre* (J. M. L.).
  Terras (J. A.), détaché à la remonte.
  Isman (J. P. M.), détaché à la remonte.
  Caillette de l'Hervilliers (E. H. J.).
  Lecoq (E. L.).
LIEUTENANTS EN SECOND : *Plantier* (A.).
  Uchan (A.).
  Botreau-Roussel Bonneterre (G. T. J.), détaché à l'école de cavalerie.
  Largemain (H. E. M. R.).
  Camus (G.).
  Merle de la Brugière de la Veaucoupet (M. F. L. R.), détaché à l'école de cavalerie.
  Isman (H.).
  Hue (M. L. C.).
  Cadet de Vaux (R. E.).
  Robillot (F. A.).
  Innocenti (N. E.).
  Ourson (A. F. M.).
  Bréant (P. L. M.).
  SOUS-LIEUTENANT : *Charton* (G.).

Officiers de réserve.

CAPITAINE : *N.*
SOUS-LIEUTENANTS : *Gariot* (C. A.).
  Amayou (F. J. J.).
  Duminy (P. E.).
  D'Arnal de Serres (M. F.).
  Amiel (L. C. R.).

§ VI. SPAHIS.

1ᵉʳ RÉGIMENT.
Division d'Alger; — à Médéah.

COLONEL : *Gravier de Vergennes* (H. J. P.).
CHEFS D'ESCADRONS : *De la Panouse* (H. C. A.).
  Ducuing (J. M. dit *Marchand*).
MAJOR : *De Vialar* (H. E.).
CAPITAINE TRÉSORIER : *Villy* (J. E.).

LIEUTENANT ADJOINT AU TRÉSORIER : *Noël* (D. M.).
CAPITAINE D'HABILLEMEET : *Berthélemy* (F. E.).
MÉDECIN-MAJOR 2ᵉ CLASSE : *Béchard* (A. E.).
MÉDECIN AIDE-MAJOR 1ʳᵉ CLASSE : *Vallois* (F. P.).
  Beno (C. J.).
VÉTÉRINAIRE EN 1ᵉʳ : *Bourdat* (E.).
  — EN 2ᵉ : *Boiret* (L. A. L.).
  Schelameur (E. F.).
AIDE-VÉTÉRINAIRE : *Bernusconi* (A. J. F.).
CAPITAINES COMMANDANTS : *Sajournin* (V.).
  D'Huteau (L.) (Sénégal).
  Jourdan (E.).
  Lompré (J. V.).
  Barthélemy (O. C. G.).
  Malhomé (A. M. V.).
CAPITAINES EN SECOND : *Faudhil* (B.).
  Essaharaoui ben Laboudie.
  Schemel (F. M.).
  Ollivier (H. A. L.).
  Besset (C. M. F. F.) (Sénégal).
  N.
LIEUTENANTS EN PREMIER : *Saïd ben Lamara.*
  Compagnon (E. E.) (Sénégal).
  Meyer (F. T.), détaché au Soudan.
  Bellet de Tavernost (A. L.) (Sénégal).
  Rocas (A. C. A.).
  Deschamps (J. A.).
LIEUTENANTS EN SECOND : *Fleury* (H. A.).
  Mohamed ben bel Kassem.
  Leroy (H. F. J.).
  Gervaise (A. M. L. F.).
  Belkassem ben Mortar.
  Abdelkader ben Abdelkader si Aly.
  De Pourcet de Sahune (P. M. J.) (Sénégal).
  Basset (M. R.) (Sénégal).
  Si Mohamed ben Bel kassem, dét. aff. ind.
  Ben Yussef ben Ramoun.
  Munier (E. T.).
  Brisson (R. H. C.).
  Perrier (G. J. V.) (Sénégal).
  Grandin de Rambouville (M. C. P.).
  Dejussieu (E. M.).
  De Champeaux (G. C. A.).
  Audrain (G. J. C.).
SOUS-LIEUTENANTS : *Mohamed ben Mahalli.*
  Abdallah ben Mohammed.
  Mohamed ben Tahti.
  El Amri ben Sekouan.
  Mahaud ben Mohamed Tahar.
  Hassen ben Ahmed.

2ᵉ RÉGIMENT.
Division d'Oran; — à Sidi-bel-Abbès.

COLONEL : *Blanc* (H.).
CHEFS D'ESCADRONS : *Noël* (E. A.).
  De Balthazar de Gachéo (G. P.).

Major : *Gauthier* (E. F. M.).
Lieutenant faisant fonctions de trésorier : *Lassibille* (C.).
Lieutenant adjoint au trésorier : *Maillard* (A.).
Lieutenant faisant fonctions d'officier d'habillement : *Lafaille* (L. M. P.).
Médecin-major 2e classe : *Grognot* (P. A.).
Médecin aide-major 1re classe : *Chauzeix* (L. A.).
Vétérinaire en 1er : *Renaux* (A. F.).
— en 2e : *Lacarde* (F. J. E. F.).
Aide-vétérinaire : *Plouvier* (J. J. B. J.).
Capitaines commandants : *Baudouin* (J. A.).
Baudry-Lacantinerie (M. J. C. T.).
Lambert (J. B.).
Vallet (A. E.).
Versigny (C. L. E.).
Bressel (E. F. N.).
Capitaines en second : *Penet* (J. A.), détaché à la remonte.
Bourdin (L. A.), détaché à la remonte.
De Fayolle (J. B. A. R.).
Talmant (T.).
N.
N.
Lieutenants en premier : *Brahmi Elhachemi ben Mostefa ben Abdallah*.
Mohamed ben Khouty ben Ez Eddin.
Mamar ould ben Aïssa.
Desbaines (F. L. A.).
Baron (F. E. N.).
Warnet (J.).
Lieutenants en second : *Mohamed ould Ahmed*.
Bru (J.).
Mohamed ben Moussa.
Maamar ben Manoun.
Rolle (L. H. R.).
Sisson (M. A. V.).
Qada.
Deschamps (Y. M. G. R.).
Mohamed ben Atafi.
Meyer (E. V.).
Friol (M. J. A.).
Brouard (C. E.).
Cailleteau (A.).
Toulat (A. M.).
Bayon (A. M. S. H.).
De Langlois (M. J. B.).
Sous-lieutenants : *Mohamed ould el Habib*.
Mohamed ben Taïeb.
Abdelkader ould el Milhoud bel Hadj Aly.
Taïeb ben el Hadj.
Ibrahim ben Ahmed.
Khaznadar (B.).
Barbara de Labelotterie de Boissezon (C. M. I.).

3e RÉGIMENT.
Division de Constantine ; — à Batna.

Colonel : *De Mandat de Grancey* (G. G. C.).
Chefs d'escadrons : *Boutavy* (H. H.).
Foule (E. P.).
Major : *Dutrey* (J. F.).
Capitaine trésorier : *Noël* (J. N.).
Lieutenant adjoint au trésorier : *Dayet* (I. J. B.).
Capitaine d'habillement : *Montey* (F.).
Médecin-major 2e classe : *Chenet* (J.).
Médecin aide-major 1re classe : *De Vernejoul* (J. L. G.).
Blanc (J. H. R.).
Vétérinaire en 1er : *Chauvrat* (J. J.).
— en 2e : *Griffault* (H.).
Aide-vétérinaire : *Machenaud* (D.).
Capitaines commandants : *Delaporte* (J. H. E.).
Carré (E. A. E.).
D'Auribeau (A. A. E. L. G.).
Maurer (J. B.).
Momamed ben Amar.
Buron (E.).
Capitaines en second : *Doudiès* (J.), détaché à la remonte.
Manière (C.).
Genvot (J. V. C.).
Sm'aïni ben Abdrackman.
De Fitz-James (J. G. S.).
Noël (L. A.).
Lieutenants en premier : *Ali ben Mohamed ou Zenati*.
Saïri ben Mustapha.
Imbert (F.).
Taïeb ben Lakhal.
Grousset (F. L. J. Q.).
Bobinot de la Pichardais (L.).
Lieutenants en second : *Rahal ben Ahmed*.
Muller (G. J.).
Humann (A. J. R.), officier d'ordonnance.
Martenot de Cordoue (C. G. E.).
Lemenouar ben si Hamou.
El Khediri ben Brahim.
Boidron (C. G.), détaché à la remonte.
Trapes (J. L.).
Chassaigne (P. M. J.).
Colson (J.).
Durand (A. H. V.).
Trial (M. A. P. L.).
Avet (C. P. E.).
Sous-lieutenants : *Mohamed ben Messaoud ben Salem*.
Larby ben Ahmed ben el Hadj Ali.
Si el Khatib ben M'Hammed ben Saïd.
Si Ali ben Omar.
Ben Hena ben Kouïder ben Laïd.
El Oucif ben Maamar.
Saïd ben el Arbi ben el Maouch.
Marcel (A. J.).
Mustapha ben Abdallah ben Abdelkader ben Daoud.

Mohamed ben Moussa.
Ahmed ben Aïssa.

4e RÉGIMENT.
Brigade d'occupation de Tunisie, à Sfax.

LIEUTENANT-COLONEL : *Gaillard de Saint-Germain* (C. M. R.).
CHEFS D'ESCADRONS : *Decobert* (V. E. J.).
De Beauquesne (A. H. R. A.).
MAJOR : *Droulin* (S.).
CAPITAINE TRÉSORIER : *Vallet* (G. J.).
LIEUTENANT ADJOINT AU TRÉSORIER : *Germond* (C. E. J. L.).
LIEUTENANT FAISANT FONCTIONS D'OFFICIER D'HABILLEMENT : *Toulouse* (J. F.).
MÉDECIN-MAJOR 2e CLASSE : *Mons* (A. J. B. L.).
MÉDECIN AIDE-MAJOR 1re CLASSE : *Maison* (T. P.).
Rivière (G.).
VÉTÉRINAIRE EN 1er : *Borel* (J. C.).
— EN 2e : *Fray* (J.).
AIDE-VÉTÉRINAIRE : *Groslambert* (H. C. E. J.).
CAPITAINES COMMANDANTS : *Rochebillard* (J. N.).
Pellegrin (V.).
Méniolle de Cizancourt (C. M. E.).
Noirel (J. F. A. G.).
Moulinas (J. M. I.).
CAPITAINES EN SECOND : *Boulanger* (F. A.), détaché à la remonte.
Norlain (A. T. A.), détaché à la remonte.
Piogey (P.), détaché à la remonte.
Gaillard-Bournasel (J. B. F. P.), détaché à la remonte.
De Jourdan (M. A.).
LIEUTENANTS EN PREMIER : *Guillaud* (M. P. A.).
Dumas (A. I.).
Remoussenard (C. F. L.).
Rivart (G. C. E.).
Guilhamat (J. A.), détaché à la remonte.
LIEUTENANTS EN SECOND : *Crouseilles* (B. M. M. P.).
Van Cauwenberghe (E. E. M.), détaché à l'École de cavalerie.
Arago (F. J. R.).
Martin (T.).
Jullien (A. F. M. J.).
Moussouri (J. P.).
Rubino de Barazia (A H. J.).
Giuntini (A. J.).
Rossuot (L. V.).
Courtois (L. A.).
Gersbach (V.).
Hunebelle (L. P. A.).
Durand (F.).
Ruffier (G. L.).
SOUS-LIEUTENANTS : *Mohammed ben Abdallah ben el Hadj Ahmed el Mokrani*.

Ahmed ben Medjaad ben Stiman ben Haouas el Ouzeghari.
De Pindray d'Ambelle (P. E. O.).
Charvet (M. J. H.).
Cotton d'Englesqueville (R.).
Mohamed ben el Hadj Bou Zid ben Abdelkader el Mokrani.

OFFICIERS GÉNÉRAUX DE CAVALERIE.

GÉNÉRAUX DE DIVISION : MM. *de Gallifet* (3 mai 1875), membre du Conseil supérieur de la guerre. Inspecteur d'armée.
De Viel d'Espeuilles (25 septembre 1877), commandant la 4e division de cavalerie.
Cramezel de Kerhué (25 septembre 1881), commandant le 8e corps d'armée.
Despetit de la Salle (11e janvier 1887), inspecteur général du 1er arrondissement de cavalerie.
Grandin (11 janv. 1887), inspecteur général du 4e arrondissement de cavalerie.
Bonie (12 octobre 1887), commandant la 1re division de cavalerie.
Baillod (7 juillet 1888), inspecteur général des remontes.
Des Roys (29 mars 1889), inspecteur général du 3e arrondissement de cavalerie.
Bignon (6 mai 1889), inspecteur général du 5e arrondissement de cavalerie.
De Jessé (5 octobre 1889), commandant la 5e division de cavalerie.
Baron de Cointet (15 avril 1890), commandant la 2e division de cavalerie.
Lafouge (22 décembre 1890), commandant la 3e division de cavalerie.
Laveuve (28 octobre 1891), commandant la cavalerie d'Algérie.
Lenfumé de Lignières (29 décembre 1891), commandant la 6e division de cavalerie.

GÉNÉRAUX DE BRIGADE : Prince *Murat* (14 juillet 1870), disponible.
Comte *Duhesme* (12 juillet 1884), inspecteur général (intérim) du 2e arrondissement de cavalerie.
Jacquemin (27 décembre 1884), inspecteur général (intérim) du 6e arrondissement de cavalerie.
Danloux (24 octobre 1885), commandant la brigade de cavalerie du 9e corps d'armée.
Braun (2 février 1886), commandant la 6e brigade de cuirassiers.
Le Guern (20 mars 1886), commandant la brigade de cavalerie du 11e corps d'armée.
Renault-Morlière (6 juillet 1886), commandant la brigade de cavalerie du 2e corps d'armée.
Baron *Faverot de Kerbrech* (14 octobre 1886), adjoint à l'inspecteur général des remontes.

Rapp (11 janvier 1887), commandant la 2ᵉ brigade de chasseurs.

Baron *Gosse de Sarlay* (23 février 1887), commandant la 1ʳᵉ brigade de dragons.

Rothwiller (21 octobre 1887), commandant la 5ᵉ brigade de dragons.

De Sesmaisons (5 novembre 1887), commandant la 2ᵉ brigade de dragons.

Roullet (7 février 1888), commandant la 1ʳᵉ brigade de cuirassiers.

Lyonnard de la Girennerie (7 juillet 1888), commandant la 1ʳᵉ brigade de hussards.

Le Lorrain (7 juillet 1888), commandant la brigade de cavalerie du 15ᵉ corps d'armée.

Noellat (21 décembre 1888), commandant la subdivision de Bone et les troupes de cavalerie stationnées dans la division de Constantine.

Henry de Kermartin (21 décembre 1888), directeur de la cavalerie au ministère de la guerre.

Bidot (29 mars 1889), commandant la brigade de cavalerie du 1ᵉʳ corps d'armée.

Moreau-Revel (6 mai 1889), commandant la 2ᵉ brigade de hussards.

Plessis (11 juillet 1889), commandant la brigade de cavalerie du 10ᵉ corps d'armée.

Mennessier de la Lance (5 octobre 1889), commandant la brigade de cavalerie du 6ᵉ corps d'armée.

De Lavigne (5 octobre 1889), commandant la subdivision de Medeah et les troupes de cavalerie stationnées dans la division d'Alger.

De Briey (28 décembre 1889), commandant la cavalerie du 12ᵉ corps d'armée.

Colbert (15 avril 1890), commandant la 3ᵉ brigade de dragons.

Besaucèle (15 avril 1890), commandant la brigade de cavalerie du 14ᵉ corps.

Guerrier (15 avril 1890), commandant la 1ʳᵉ brigade de chasseurs.

Aragonnès d'Orcet (12 juillet 1890), commandant la 5ᵉ brigade de cuirassiers.

Dulac (26 octobre 1890), commandant la 3ᵉ brigade de hussards.

Haubt (26 octobre 1890), commandant la 3ᵉ brigade de cuirassiers.

De Salles (26 octobre 1890), commandant la brigade bis du 6ᵉ corps d'armée.

Lacoste de l'Isle (22 décembre 1890), commandant la 4ᵉ brigade de cuirassiers.

Guerin d'Agon (21 mars 1891), commandant la brigade de cavalerie du 5ᵉ corps d'armée.

De Boysson (11 juillet 1891), commandant la brigade de cavalerie du 17ᵉ corps d'armée.

Massiet (11 juillet 1891), commandant l'École d'application de cavalerie.

Marin (11 juillet 1891), commandant la brigade de cavalerie du 3ᵉ corps d'armée.

Bousson (28 octobre 1891), commandant la brigade de cavalerie du 13ᵉ corps d'armée.

De Benoist (28 octobre 1891), commandant la brigade de cavalerie du 16ᵉ corps d'armée.

Metzinger (28 octobre 1891), commandant la subdivision d'Oran et la cavalerie stationnée dans la division d'Oran.

Descharmes (29 décembre 1891), commandant la 2ᵉ brigade de cuirassiers.

Jeantet (29 décembre 1891), commandant la brigade de cavalerie du 4ᵉ corps d'armée.

COMITÉ TECHNIQUE DE LA CAVALERIE.

Président : M. le général de division *Loizillon*, commandant le 1ᵉʳ corps d'armée.

Membres : MM. *Bonie*, général de division.
Baillod, —
De Jessé, —
Brugère, —
Renault-Morlière, général de brigade,
Baron *Faverot de Kerbrech*, —
Rothwiller, —
Lebrun. —

Secrétaire : *De Lestapis*, lieutenant-colonel du 2ᵉ hussards.

SECTION TECHNIQUE DE LA CAVALERIE.

Chef : *De Lestapis*, lieutenant-colonel.
Membres : *Heck*, capitaine au 6ᵉ cuirassiers.
Bonnin de la Bonninière de Beaumont, capitaine au 12ᵉ cuirassiers.
Maurice, vétérinaire principal de 1ʳᵉ classe.
Charon, — —
Foucher, — —
François, vétérinaire en 1ᵉʳ au 27ᵉ dragons.

Chef d'escadrons : *Courtès-Lapeyrat*, officier d'ordonnance du Président de la République.
De La Motte Ango de Flers, capitaine au 3ᵉ cuirassiers, officier d'ordonnance du Ministre de la Guerre.

CHAPITRE VIII

HOLLANDE

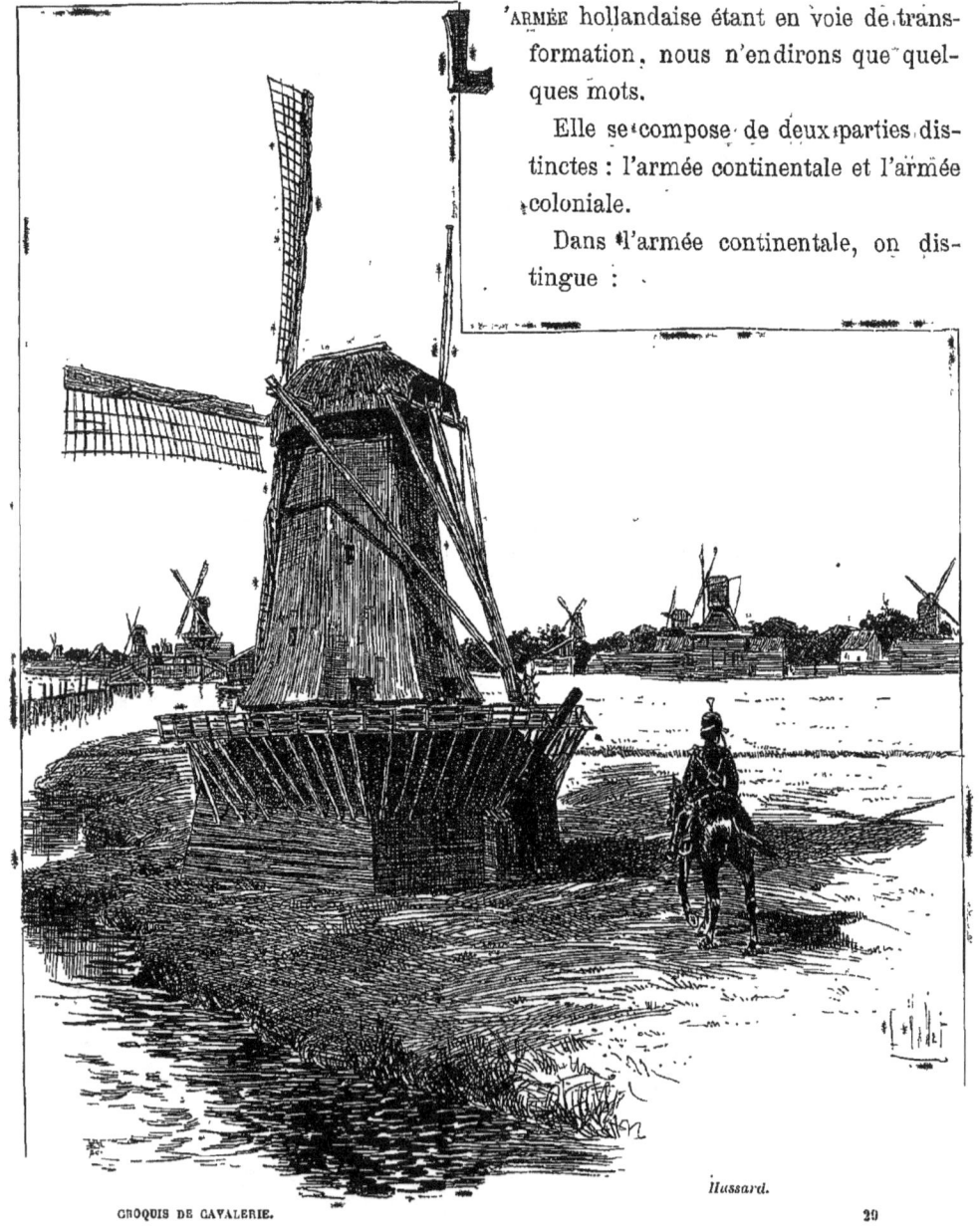
Hussard.

L'armée hollandaise étant en voie de transformation, nous n'en dirons que quelques mots.

Elle se compose de deux parties distinctes : l'armée continentale et l'armée coloniale.

Dans l'armée continentale, on distingue :

1° L'armée régulière, STAANDE LÉGER;
2° La MILICI-SCHUTTERIJ (réserve);
3° La LANDSTORM.

En principe, chaque citoyen doit le service militaire pendant cinq ans, à partir de l'âge de dix-neuf ans, le remplacement et la substitution étant admis jusqu'à ces derniers temps.

Une nouvelle loi est proposée qui créerait le service personnel avec une durée de vingt ans, huit dans l'armée active, cinq dans la landwehr et sept dans la réserve.

Avec l'ancien régime, l'armée permanente se compose des cadres et de volontaires. Lorsque le nombre de volontaires est insuffisant, le tirage au sort vient y suppléer.

Dans la cavalerie, la durée du service est de deux ans, après lesquels les hommes ne sont plus astreints qu'à une période de manœuvres d'une durée d'un mois, dans la troisième année.

Le cadre de caporaux et de sous-officiers est recruté parmi les jeunes gens qui peuvent justifier d'une certaine instruction, et qui bénéficient alors d'une réduction de trois mois, s'ils le désirent. Ils peuvent, d'un autre côté, contracter des rengagements variant de un à douze ans.

Les diverses écoles militaires destinées à assurer l'instruction et le recrutement des sous-officiers et des officiers sont :

1° L'École des pupilles, pour les fils de militaires;

2° Les Écoles de Kampen et de Bois-le-Duc, où sont envoyés les sous-officiers qui aspirent au grade d'officier. L'École de Bois-le-Duc est affectée à la cavalerie;

3° L'École militaire à Haarlem, d'où les élèves sortent sous-lieutenants;

4° L'Académie militaire, à Breda, d'où les élèves sortent lieutenants en second;

5° L'École de guerre, à la Haye, qui fournit les officiers de l'état-major;

7° L'École vétérinaire à Utrecht;

8° Les écoles de tir.

La cavalerie néerlandaise compte : 1° 3 régiments de hussards, chaque régiment a 5 escadrons de guerre et 1 escadron de dépôt; 2° 1 escadron d'ordonnances; 3° 1 école d'équitation et de maréchalerie, à Amersfoort; 4° un dépôt de remonte à Miligen.

Chaque escadron de hussards compte : 1 capitaine, 4 lieutenants, 1 sergent-major, 8 sergents, 1 fourrier, 16 caporaux, 4 trompettes, 2 maréchaux ferrants, 1 sellier, 190 cavaliers et 130 chevaux. Ce qui fait, pour les 3 régiments, en comptant les 14 officiers, 42 hommes et 20 chevaux de l'état-major, 132 officiers, 3.825 hommes, 2.469 chevaux, 24 voitures.

Casquette d'officier
du 3ᵉ hussards.

L'escadron d'ordonnances destiné à fournir, en campagne, des cavaliers d'ordonnances aux quartiers généraux, comprend : 1 capitaine, 4 lieutenants, 1 sergent-major, 8 sergents, 1 fourrier,

16 caporaux, 4 trompettes, 2 maréchaux ferrants, 1 sellier, 100 hussards et 130 chevaux.

L'école d'équitation, commandée par un capitaine, comprend :

1 capitaine instructeur, 1 lieutenant instructeur, 1 adjudant, 1 sergent-major, 1 fourrier, 1 sergent maréchal ferrant et 25 hussards volontaires.

La cavalerie est armée de la carabine Remington-Vitelli et du sabre. Les sous-officiers et les trompettes ont le revolver.

La cavalerie coloniale régulière se compose d'un seul régiment qui comprend : un état-major, 4 escadrons de guerre et 1 de dépôt, plus un détachement stationné à Makassar.

L'état-major compte : 1 colonel ou lieutenant-colonel, 1 major, 2 lieutenants-adjudants, 2 adjudants sous-officiers, 1 fourrier, 1 trompette, 2 caporaux maîtres-ouvriers.

Les escadrons sont composés de 7 capitaines, 21 lieutenants, 56 sous-officiers, 57 caporaux, 10 trompettes,

Hussard en vedette.

4 maréchaux ferrants, 3 selliers, 44 cavaliers de 1re classe, 263 cavaliers de 2e classe, tous Européens ; et, comme indigènes, 13 sergents, 36 caporaux, 11 trompettes, 2 maréchaux ferrants, 3 selliers, 47 cavaliers de 1re classe et 310 de 2e classe.

L'effectif en chevaux est de 66 pour les officiers et 700 pour la troupe.

Colback de hussards.

CHAPITRE IX

ITALIE

A jeune armée italienne brûle du désir de cueillir quelques lauriers ; légitime et louable ambition !

A ceux qui leur citent les noms de Marignan, Marengo, Rivoli, Magenta, Solferino, et celui de Napoléon, comme ayant peut-être quelque notoriété, les Italiens répondent qu'en effet ces noms ne leur sont pas inconnus, mais que d'autres : Aspromonte, Garibaldi et Bixio sont au moins aussi illustres. Simple affaire d'optique.

Leurs alliances leur permettent, du reste, d'avoir constamment comme *point de direction* une nation où les qualités militaires passent aussi pour être assez sérieuses, et, nul doute que, le temps et le bon exemple aidant, ils n'arrivent à acquérir et les aptitudes et l'allure guerrière qu'ils sont très excusables de ne pas posséder encore.

Comme importance numérique, la cavalerie italienne marche après l'Espagne et la Turquie, mais avant la Suisse, la Belgique et le Danemark.

Hussard du Pape; 1867 : petite tenue.

Elle ne compte en effet que 24 régiments.

Ces régiments, numérotés de 1 à 24, se répartissent en 3 subdivisions d'armes qui sont :

4 régiments de lanciers lourds, de 1 à 4 ;

6 régiments de lanciers légers, de 5 à 10 ;

14 régiments de CAVALLEGIERI (chevau-légers), de 11 à 24.

Ces régiments, sur le pied de guerre, peuvent donner un total de :

1.080 officiers, 25.752 hommes, 20.880 chevaux.   (Loi du 8 mars 1888.)

Voici, du reste, les noms particuliers de chacun de ces régiments :

Nos DES RÉGIMENTS.	NOMS DES RÉGIMENTS.	Nos DES RÉGIMENTS.	NOMS DES RÉGIMENTS.
1er régiment.	Nice.	13e régiment.	Montferrat.
2e —	Piémont.	14e —	Alexandrie.
3e —	Savoie.	15e —	Lodi.
4e —	Gênes.	16e —	Lucques.
5e —	Novare.	17e —	Caserte.
6e —	Aoste.	18e —	Plaisance.
7e —	Milan.	19e —	Guides.
8e —	Montebello.	20e —	Rome.
9e —	Florence.	21e —	Padoue.
10e —	Victor-Emmanuel.	22e —	Catane.
11e —	Foggia.	23e —	Umberto.
12e —	Saluces.	24e —	Vicence.

Les 24 régiments sont groupés en brigades comprenant 2, 3 et même 4 régiments, ainsi que le montre le tableau suivant :

BRIGADES DE CAVALERIE.

Nos DES BRIGADES.	SIÈGES DES COMes DES BRIGADES.	NOMBRE DE RÉGIMENTS.	GARNISONS DES RÉGIMENTS.	Nos DES RÉGIMENTS.
1re	Turin.	2	Turin, Verceil.	10e, 15e.
2e	Alexandrie.	3	Voghera, Saluces.	7e, 2e, 12e.
3e	Milan.	4	Milan, Lodi, Brescia.	1er, 8e, 4e, 5e.
4e	Vérone.	2	Vérone, Vicence.	3e, 13e.
5e	Padoue.	2	Padoue, Udine.	20e, 16e.
6e	Bologne.	3	Bologne, Faenza, Parme.	22e, 14e, 17e.
7e	Florence.	3	Florence, Lucques, Rome.	6e, 23e, 11e.
8e	Caserte.	3	Caserte, Capoue, Aversa.	24e, 18e, 19e.
9e	Naples.	2	Nola, Naples.	9e, 21e.

Cavalerie de ligne ; officier.

Le régiment italien compte 6 escadrons actifs, plus une fraction de *dépôt*.

Chaque escadron se divise en 4 pelotons.

L'effectif réglementaire de l'escadron en temps de paix est de :

4 officiers,

165 hommes,

5 chevaux d'officiers,

145 chevaux de troupe.

Sur le pied de guerre, chaque escadron doit donner 150 sabres en chiffres ronds.

Sous-lieutenant. Lieutenant. Capitaine. Major. Lieut.-colonel. Colonel.

Officiers ; marques distinctives.

Les cadres d'un régiment sur le pied de paix sont ainsi décomposés :
1 COLONEL.
1 LIEUTENANT-COLONEL.
2 MAJORS.
8 CAPITAINES.
24 LIEUTENANTS ET SOUS-LIEUTENANTS.
1 CAPITAINE MÉDECIN.
1 LIEUTENANT ou SOUS-LIEUTENANT médecin.
1 CAPITAINE vétérinaire.
2 LIEUTENANTS ou SOUS-LIEUTENANTS vétérinaires.
2 CAPITAINES comptables.
2 LIEUTENANTS ou SOUS-LIEUTENANTS comptables.
3 FOURRIERS-MAJORS.
8 FOURRIERS d'escadron et de comptabilité.

Vétérinaire.

3 SOUS-OFFICIERS de majorité.
1 SOUS-OFFICIER trompette.
1 SOUS-OFFICIER sapeur.
1 CHEF ARMURIER.
32 SERGENTS d'escadron et de comptabilité.
15 CAPORAUX-MAJORS.
12 CAPORAUX-FOURRIERS d'escadron et de comptabilité.
2 CAPORAUX TROMPETTES.
6 CAPORAUX SAPEURS.
54 CAPORAUX de majorité et d'escadron.
6 CAPORAUX ferrants.
72 CAVALIERS de 1re classe.
26 TROMPETTES.
48 SAPEURS.

En général, les aspirants au grade de sous-officier s'engagent dès l'âge de dix-sept ans, ou au moment de l'appel de leur classe, dans des pelotons spéciaux créés dans différents corps (au

Élève de l'école de cavalerie de Pignerol.

nombre de 8) de cavalerie. Les engagés doivent rester au moins cinq ans sous les drapeaux. La durée de leur instruction est de vingt mois. Au bout des six premiers mois, ceux qui satisfont aux examens sont nommés caporaux-majors; ceux dont les notes ne sont pas suffisantes sont renvoyés dans des régiments de cavalerie

Collet des volontaires d'un an.

comme simples soldats. Au bout des vingt mois de cours, ceux dont les notes sont satisfaisantes sont nommés sergents et répartis dans les corps de l'armée. Le corps des officiers se recrute pour un tiers parmi les sous-officiers, après que ceux-ci, proposés pour l'épaulette, ont suivi le cours de l'école des sous-officiers de Caserte.

Capitaine du régiment de Savoie; 3ᵉ de cavalerie.

Les deux autres tiers proviennent de l'ÉCOLE MILITAIRE DE MODÈNE. Après avoir suivi les cours de l'école et subi avec succès les examens de sortie, les officiers de cavalerie vont perfectionner leur instruction spéciale à l'ÉCOLE DE CAVALERIE DE PIGNEROL.

L'avancement a lieu exclusivement au choix pour les grades supérieurs, à partir de celui de major; pour les grades inférieurs, l'avancement a lieu partie au choix et partie à l'ancienneté. L'ancienneté ne confère pas, du reste, le droit absolu à l'avancement, car des commissions, composées d'officiers d'un grade supérieur, notent annuellement chaque officier; et, si ces notes déclarent que l'intéressé n'est pas digne de l'avancement, il reste maintenu dans son grade.

Chaque échelon de la hiérarchie, jusqu'au grade de capitaine inclusivement, n'est franchi qu'après avoir passé un examen réglementaire. En outre, les capitaines qui ont passé à *l'école supérieure* de guerre, et ont subi avec succès les examens de sortie, ont droit à l'avancement au choix pour le grade de major.

GUIDES DE MURAT; ROYAUME DE NAPLES, 1812.

TROUPE.

*Lanciers de Novare
(5ᵉ de cavalerie); officier.*

La loi de recrutement qui régit l'Italie au point de vue militaire, date du 8 mars 1888. Elle stipule que tout homme valide doit le service militaire depuis l'âge de vingt ans révolus jusqu'au 31 décembre de l'année où il atteint l'âge de trente-neuf ans révolus. Il n'existe aucune exemption de service, même pour le clergé.

Les contingents affectés à la cavalerie sont formés avec les numéros les plus bas du tirage au sort, jusqu'à concurrence du chiffre nécessaire, et *sans tenir compte des aptitudes physiques des conscrits*.

Les hommes appelés à servir dans la cavalerie restent quatre ans (1) sous les drapeaux, puis sont mis en congé jusqu'à l'expiration de neuf années et demie de service. Les hommes ainsi mis en congé demeurent, pendant tout le temps de leur séjour dans cette réserve, à la disposition du ministre de la guerre, qui peut les convoquer pour des exercices ou manœuvres périodiques, à des dates et pendant des laps de temps variables et limités surtout par l'état des finances du pays. Les étudiants des universités peuvent obtenir des sursis jusqu'à l'âge de vingt-six ans, mais ils doivent alors verser une somme de 1600 francs au Trésor, à titre de garantie.

Les jeunes gens qui sont admis à faire leur volontariat d'un an doivent verser, pour la cavalerie, une somme de 1.600 francs.

Les rengagements sont de deux sortes : de un an sans prime et de trois ans avec prime.

La prime se compose d'une rente annuelle de 150 francs.

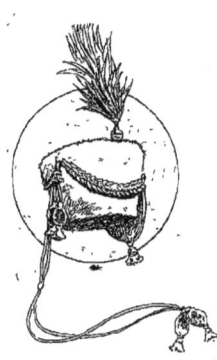

Colback des guides de Murat.

REMONTE.

Les chevaux destinés à l'armée sont achetés par les soins du service des Remontes et sont conservés dans

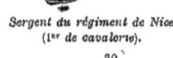

*Sergent du régiment de Nice
(1ᵉʳ de cavalerie).*

---

(1) L'infanterie ne fait que trois ans de présence.

les DÉPÔTS jusqu'à ce qu'ils soient en état d'être utilisés par les corps de troupe.

Il existe actuellement six dépôts de remonte : Bonorva en Sardaigne, Scordia en Sicile, Grosseto, Persano, Palmanova, Porto-Vecchio, dans la Péninsule. On compte généralement que l'effectif de la cavalerie sur le pied de paix est de 22.000 chevaux.

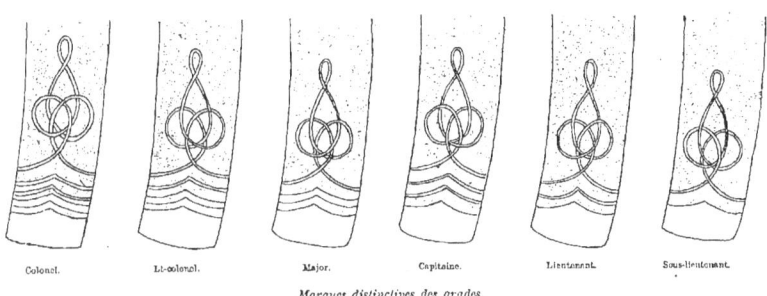

Marques distinctives des grades.

Les officiers, jusqu'au grade de capitaine inclusivement, reçoivent un cheval de l'État; les autres officiers doivent se pourvoir à leurs frais, avec la faculté de choisir un cheval dans le corps de troupe.

La durée moyenne du cheval de guerre étant évaluée à dix ans, la remonte annuelle varie entre 4 et 5.000 chevaux. La production chevaline du pays est si faible qu'il faut presque chaque année, pour atteindre le chiffre des animaux nécessaires, en acheter une grande partie à l'étranger.

L'Italie est un des pays les plus pauvres de l'Europe en fait de chevaux, et les races qu'elle produit sont fort peu estimées. Il est juste cependant d'ajouter que depuis quelques années il est fait de louables efforts pour régénérer les races au moyen de croisements et de soins plus judicieux admis à l'élevage. En cas de mobilisation, les chevaux seraient procurés à la cavalerie par voie de réquisition. On compte qu'il faudrait trouver environ 120.000 chevaux pour mettre les régiments sur le pied de guerre.

La loi de conscription des chevaux est du 30 juin 1889; elle stipule que les communes, par les soins du maire, tiendront *à jour* un contrôle des animaux existants, l'autorité militaire pouvant, chaque fois qu'elle le juge nécessaire, se rendre compte des ressources du pays, au moyen de revues. C'est, du reste, le ministre de la guerre qui

Garde noble du Pape

Sabretache des hussards de Murat; 1812.

fixe tous les ans le nombre de chevaux que la commune devrait fournir en cas de mobilisation.

En outre de la réquisition générale, pour laquelle l'Italie est divisée en 261 circonscriptions, il existe encore ce qu'on appelle la PRECETTAZIONE.

Cette dernière est la réquisition dont certains corps désignés devraient faire usage, dans une zone assignée, autour de la garnison, pour se procurer le complet en chevaux.

A cet effet, une commission composée d'officiers du corps, choisit ceux qui devraient être immédiatement livrés par les propriétaires, auxquels on remet, dès le temps de paix, des ordres personnels de réquisition valables pour un an, mais pouvant être renouvelés.

Officier de cavalerie en petite tenue.

Cette hypothèse se réalisant, il serait remis à chaque propriétaire dépossédé une somme de 100 francs, en plus du prix auquel l'animal livré est estimé.

En cas de guerre, les pelotons d'escorte ne seraient pas, comme dans les autres nations, fournis par la cavalerie. C'est au corps des carabiniers (gendarmerie) qu'incomberait ce service, auquel il pourvoirait par des détachements intitulés GUIDES.

MOBILISATION GÉNÉRALE.

Il est probable qu'en cas de mobilisation, chacun des douze corps d'armée aurait un régiment de cavalerie, devenant ainsi cavalerie divisionnaire.

Les douze régiments restant groupés par divisions de quatre régiments et auxquelles seraient attachées deux batteries à cheval, de sept, formeraient trois divisions de cavalerie indépendantes.

Les équipages régimentaires se composent : de six fourragères à quatre chevaux, quatre forges, huit voitures pour les bagages, une voiture pour le service de l'ambulance régimentaire et une voiture de cantinier. En outre des deux jours de vivres transportés par les convois de subsistances, chaque cavalier porte dans son paquetage deux rations d'avoine, deux jours de bis-

Officier du régiment de Rome.

Lanciers de Novare; 5° de caval.

*Officier de cavalerie;
tenue d'hiver.*

cuits et de conserve de viande et trois jours de sel, de sucre et de café.

Comme armement, les dix premiers régiments ont une lance du poids de 2^k,55 et de 2^m,95 de longueur, un mousqueton à magasin Wetterli-Vitali, à baïonnette rentrant dans le fût de l'arme comme une baguette, et le sabre suspendu à la selle.

Les autres régiments n'ont pas la lance.

En campagne, les régiments qui ont le talpak le recouvrent d'un manchon blanc.

Le signe du service pour les officiers de tout grade et de toutes armes est une écharpe de soie bleue à franges d'argent portée en bandoulière sur l'épaule droite, et sur l'épaule gauche pour les officiers attachés à l'état-major.

Terminons cette rapide esquisse de la cavalerie italienne en disant que, malgré le goût contestable qui a présidé à la coupe de leur uniforme, beaucoup d'officiers italiens ont une assez bonne prestance; ils n'en ont évidemment que plus de mérite.

Casque de trompette des « Gardie d'onore » du prince Eugène.

PRINCIPAUX OFFICIERS
DE LA CAVALERIE ITALIENNE
EN 1892

INSPECTEUR GÉNÉRAL DE LA CAVALERIE.

Major Général : *F. Longhi.*
Colonel : *S. Majnoni d'Intignano.*
Capitaines-adjoints : *O. Ponza di S. Martino.*
  G. Scarcia.

1ᵉʳ RÉGIMENT DE CAVALERIE « NICE », à Milan.

Commandant : Lieutenant-colonel *F. Constantin..*
Lieutenant-colonel : *E. Oberty.*
Majors : *M. Tarantino.*
  L. Greppi.
Capitaines : *C. Prati.*
  G. Cengia Bevilacqua.
  C. Parrochetti.
  F. Focchessatti.
  L. Bazzoli.
  D. Lecca.
  C. Omati.
  G. Buronzo.
  J. Guidi.
  G. Alessio.

2ᵉ RÉGIMENT « ROYAL-PIÉMONT », à Turin.

Commandant : Lieutenant-colonel *G. Gennari.*
Majors : *P. Patriarcha.*
  G. Ricchetta di Val Gloria.
  C. Sanminiatelli Labarella.
Capitaines : *L. Serra.*
  V. Coardi-Bagnasco di Carpeneto.
  F. Magliano.
  V. Cavigliani.
  G. Ferrutti.
  A. Fecia dei conti di Cossato.

  V. Avogadro di Collobiano.
  G. Baldoni.
  F. Carta-Mantiglia.
  L. Quarti.

3º RÉGIMENT « SAVOIE », à Vérone.

Commandant : Lieutenant-colonel *E. Fossati Reyneri.*
Lieutenant-colonel : *C. Cerrina.*
Majors : *F. Mangano.*
  G. Castelli.
Capitaines : *A. Olca.*
  V. Visetti.
  G. Bonsoni.
  R. Viti.
  E. Mazza.
  O. Garducci.
  F. Bianchini.
  F. Rosaglio.
  C. Gemelli.
  A. Traversan.
  A. Sacchetto.
  A. Cattani.

4º RÉGIMENT « GÊNES », à Lodi.

Commandant : Lieutenant-colonel *F. Vicino Pallavicino.*
Lieutenant-colonel : *F. Bottini.*
Majors : *N. Giaconia.*
  V. Morra di Carpenca.
Capitaines : *S. Molinari.*
  I. Ferrari.
  G. Spada.
  G. Felissent.
  L. Fracassi.

M. Terriera.
G. Durini.
L. Bianco di S. Secondo.
V. Litta Modignani.
D. Nocelli.
G. Galbiati.
P. Marchetti.
A. Togneri.

5ᵉ RÉGIMENT « NOVARE », à BRESCIA.

COMMANDANT : LIEUTENANT-COLONEL L. Berta.
LIEUTENANT-COLONEL : A. Matioli Alessandrini.
MAJORS : M. Mollea.
F. Micchieli.
CAPITAINES : G. Solina.
C. Cerri Gambarelli.
T. Mibelli.
N. Pirozzi.
C. Bellofatto.
A. De Betta.
A. Sarti.
A. Piazza.
G. Scaldara.
P. Narra.
S. Constanza.

6ᵉ RÉGIMENT « AOSTE », à FLORENCE.

COMMANDANT : COLONEL E. Frigerio.
LIEUTENANT-COLONEL : G. Gallo.
MAJORS : A. Brancaccio.
G. Corradini.
CAPITAINES : C. Nunziante di Mignano.
G. Ruspoli.
E. Bogianchino.
S. Orsi-Bertolini.
P. de Corné.
D. Paoletti.
G. Dainesi.
P. Tocci.
O. Cherubini Giammaroni.
B. Rondo.
F. Faccio.
M. Rabbaglietti.

7ᵉ RÉGIMENT « MILAN », à VOGHERA.

COMMANDANT : COLONEL L. Colomberi.
MAJORS : M. Oddenino.
De Gennaro.
P. Barattieri di San Petro.
CAPITAINES : G. Masseangeli.
R. Dapoli.
L. Clivio.
A. Aria.
L. Binetti.
T. Caviglia.

F. Orsatti.
T. Eula.
B. Pronotto.
P. Degiorgis.
G. Tison.

8ᵉ RÉGIMENT « MONTEBELLO », à S.-MARIA.

COMMANDANT : LIEUTENANT-COLONEL A. Frigerio.
LIEUTENANT-COLONEL : F. Grimain.
MAJORS : R. Pugi.
M. Quercia.
CAPITAINES : G. Garrino.
A. Framarin.
E. Dias.
A. Lazzoni.
P. Nanizzi.
G. De Pinedo.
G. Tarnassi.
B. Fabi.
G. Perassi.
G. Bernabei.

9ᵉ RÉGIMENT « FLORENCE », à NOLA.

COMMANDANT : LIEUTENANT-COLONEL E. Sapelli di Capriglio.
LIEUTENANT COLONEL : M. Bianchi d'Adda.
MAJORS : L. Meschieri.
M. Rossi.
CAPITAINES : L. de Feo.
G. Guaragua.
G. Gigante.
G. Lucio.
U. Raspi.
E. Migiarra.
P. Pace.
A. Matoli.
A. Fimiani.
C. Mazzotta.
L. Gorga.
E. de Merich.

10ᵉ RÉGIMENT « VICTOR-EMMANUEL », à SALUCES.

COLONEL : A. Sucisa di Camerana.
MAJORS : G. Desderi.
C. Guglielminetti.
G. Santi.
CAPITAINES : A. Incisa di Camerana.
L. Viale.
L. Rinaldi.
I. Scoria di Calliano.
F. Masi.
V. Ricca di Castelvecchio.
G. Cempini.
V. Bertola.
O. Rosso.

CAPITAINE DU RÉG. DE GÊNES; 4ᵉ DE CAVALERIE.

P. *Alessandrini.*
L. *Castelli.*
G. *Cortona.*

11° RÉGIMENT « FOGGIA », à Rome.

Colonel : G. *Jaraczewski.*
Lieutenant-Colonel : E. *Lucini.*
Majors : A. *Fiore.*
G. *Napodano.*
Capitaines : O. *Paldi.*
F. V. *Pallavicino.*
R. *Della-Croce.*
C. *Palieri.*
L. *Barbieri.*
A. *Bozzi.*
G. *Drago.*
R. *Calcagno.*
L. *Buonomo.*
C. *Furlani.*
G. *Barsotti.*

12° RÉGIMENT « SALUZZO », à Savigliano.

Colonel : S. *Del Frate.*
Lieutenant-Colonel : A. *Bonelli.*
Majors : C. *Ricci.*
A. *Romani.*
Capitaines : G. *Parvopasser.*
T. *Viola.*
A. *Radicati di Marmonto.*
A. *Ré.*
E. *Amati Sanchez.*
F. *Tempesti.*
C. *Turinetti di Priero.*
A. *Jannon.*
A. *Maddaloni.*
F. *Cacchione.*
L. *Drago.*

13° RÉGIMENT « MONTFERRAT », à Vicence.

Commandant : Lieutenant-Colonel C. *de Santis.*
Majors : P. *Bondioli.*
G. *Vivaldi-Pasqua.*
F. *Langosco di Langosco.*
Capitaines : P. *Negri.*
G. *Caraciotti.*
E. *Ricciardi.*
G. *Merli Miglietti.*
G. *Cerqua.*
G. *Giunta.*
A. *Rovere.*
F. *Martin di Montu Beccaria.*
G. *Gerundo.*
C. *Boselli.*
M. *Cerroni.*

14° RÉGIMENT « ALEXANDRIE », à Faenza.

Colonel : O. *Radicati di Marmorito.*
Majors : G. *Lomaglio.*
A. *Bartolomei.*
G. *Parporassu.*
Capitaines : F. *Stella.*
E. *Coardi Bagnasco di Carpeneto.*
V. *Sangiust di Teulada.*
A. *Ricci.*
A. *Losack.*
F. *Razzetti.*
G. *Lualdi.*
B. *Leonardi.*
S. *Casetti.*
E. *Cornellini.*
G. *Piccaluga.*

15° RÉGIMENT « LODI », à Vercelli.

Colonel : G. *Valfrì di Bonzo.*
Majors : Crotti-Devrossi di Costigliole.
C. *Gerbaix de Sonnaz.*
E. *Rosina.*
Capitaines : F. *Angeli.*
L. *Sibilia.*
F. *Marchetti.*
G. *Bobbio.*
L. *Bernardi.*
G. *Dalbuond.*
M. *Lude di Cortemiglia.*
A. *Marta.*
G. *Fattori.*
L. *Morandi.*
G. *Berio.*
U. *Baldini.*

16° RÉGIMENT « LUCQUES », à Udine.

Colonel : G. *Gerbaix de Sonnaz.*
Lieutenant-Colonel : D. *Guglielminetti.*
Majors : S. *Negro.*
A. *Padovani.*
B. *Selvatico Estense.*
P. *Pironti.*
A. *Serra.*
V. *de Raimondi.*
E. *Segreto.*
B. *Romanelli.*
A. *Marrocco.*
N. *Corte.*
L. *Knoller.*
F. *Monaco.*

17° RÉGIMENT « CASERTE », à Parme.

Colonel : *Crivelli Visconti.*
Majors : A. *Venkamin.*
G. *Cais di Pierlas.*

E. Quercia.
CAPITAINES : G. Valle.
G. Sansone.
L. de Capitani d'Arzago.
L. Rizzotti.
E. Pedrazzoli.
C. Borsarelli di Riffredo.
L. Pontoglio.
F. Messina.
F. Gassi.
G. Mastellone.

18ᵉ RÉGIMENT « PIACENZA », à MILAN.

COLONEL : S. Giacomelli.
MAJORS : E. Fornasini.
A. Viscini.
R. Falletti.
CAPITAINES : Borron.
C. Guidi.
B. Premoli.
E. Longo.
F. Vafri di Bonzo.
F. Eydallin.
P. Philippini.
R. Strozzi.
G. Bernucci.
P. Coha.
G. Cicerone.
C. Ughi.

19ᵉ RÉGIMENT « GUIDES », à NAPLES.

COLONEL : Dinda.
MAJORS : E. Campanelli.
C. Luzzi.
A. Farina.
CAPITAINES : E. Buono.
D. Pironti.
A. del Re.
G. Cavalchini-Gorofoli.
P. Gurgo di Castelmenardo.
G. Mele.
C. Ciriaco.
N. Vercellana.
M. Taglialatella.
D. Giampa.
A. Battaglia.
V. Crespi.

20ᵉ RÉGIMENT « ROME », à PADOUE.

COLONEL : C. Bosellini.
MAJORS : O. Lugli.
L. Libri.
C. Sabbioni.
CAPITAINES : C. Guerra.
V. Cassata.

F. Rossi.
G. Corapi.
A. de Ligno.
O. Salvi.
G. Willain.
C. Belfante.
E. Maggetta.
M. Stragapede.
C. Riberi.

21ᵉ RÉGIMENT « PADOUE », à AVERSA.

COMMANDANT : LIEUTENANT-COLONEL : Cantamessa.
MAJORS : A. Alvisi.
G. Grillo.
G. Palieri.
CAPITAINES : L. Leoni.
A. Fabri.
G. Langer.
A. Jonas.
G. Veglio.
E. Cerillo.
C. Botto.
G. Pareti.
E. Rivicilo.
A. Tripi.
G. Laltes.
G. Laffato.

22ᵉ RÉGIMENT « CATANE », à LUCQUES.

COLONEL : L. Tosi.
LIEUTENANT-COLONEL : C. Perelli.
MAJORS : C. Garino.
E. Toselli.
CAPITAINES : G. Icard.
C. Costa Reghini.
P. Melloni.
A. Giacometti.
E. Appiotti.
E. da Barberino.
E. Salta.
G. Cappa Bava.
E. Monelli.
C. Pantasso.
G. Ghisolfi.
C. Michelangeli.

23ᵉ RÉGIMENT « HUMBERT Iᵉʳ », à ROME.

COLONEL : Asinari di Bernezzo.
LIEUTENANT-COLONEL : G. Dogliotti.
MAJORS : S. Neri Serneri.
L. Salvati.
CAPITAINES : L. Valfre dei conti di Bonzo.
C. Bosco.
F. de Licto.
A. Giolo.

G. de Navasques.
A. Martelli.
A. Blanchetti.
A. Beneventano del Bosco.
R. de Virgiliis.
A. Ferri.
E. Bersetti.

24ᵉ RÉGIMENT « VICENCE », à CASERTE.

COLONEL : *N. Ardito.*
LIEUTENANT-COLONEL : *G. Acerbo.*
MAJORS : *P. Salvadori.*
    N. Cappuccio.
CAPITAINES : *M. Morelli di popolo.*
  C. de Virgillii.
  E. Pascale.
  V. Lo Spoto.
  G. Raspo.
  L. Cocchiglia.
  A. Mascioli.
  A. Ratazzi.
  P. Medugno.
  F. Nasta.

G. Pinto.
F. Ricciardi.

Troupes d'Afrique.

ESCADRON DE CAVALERIE « KEREN ».

CAPITAINE : *G. d'Antonio.*

ESCADRON « ASMARA ».

CAPITAINE : *Stevenson.*

ÉCOLE DE CAVALERIE DE PIGNEROL.

COMMANDANT : COLONEL *F. Avogadro di Quinto.*
COMMANDANT EN 2ᵉ : LIEUTENANT-COLONEL *E. Pesenti.*
MAJOR : *F. Prinetti.*
CAPITAINES : *G. Nasi.*
  G. Belleri.
  G. Bianchi-Mina.
  G. Bosio.
  F. Cougnet.
  G. Tinozzi.
  C. Tursini.

CHAPITRE X

RUSSIE

Bonjour, mes enfants!

Et le puissant souverain qui adresse à ses troupes ce salut familier, n'a qu'à faire un signe, à tirer son sabre du fourreau, pour que demain, plus de 200.000 cavaliers galopent derrière leur empereur en criant :

Grenadiers à cheval.

« Nous sommes heureux de faire bien pour Votre Majesté » !
Et quelle magnifique cavalcade, quelle fantastique chevauchée!

Quel poème, quelle légende chanteront jamais le prestige de pareille bravoure!

Voici, les chevaliers-gardes, cuirassés et cassards rouges et voici des qués d'or; voilà les husdragons verts; ici des hulans à la tunique bleue, là des grenadiers avec le casque à chenille! Et des cosaques! plus de 800 escadrons! Et encore d'autres cavaliers, la sotnia d'Irkoutsk et celle de Krasnoïarsk, celles de l'Oussouri et celles du Terek! Les cavaliers du Daghestan et ceux de Kars, de Batoum, de Soukhoum! Les Turkmènes, les Circassiens et les Lesghines.

Et celui qui les domine tous, celui qui dépasse l'armée de toute la tête, c'est le Tzar!

« Bojé Tzara khrani! »
« Dieu garde le Tzar! »

« D'autres États, dit M. de Vogüé, à propos d'une revue à Pétersbourg, peuvent s'enorgueillir d'une force militaire qui vaut celle-ci : aucune ne peut montrer la sienne sous des dehors aussi fastueux, aussi pittoresques. »

De tout temps, il faut le dire, la cavalerie russe, les cosaques, ont été cités avec les éloges qu'ils méritent, et si M. G. von Dewall, alors capitaine du 16ᵉ hulans, professeur à Potsdam, a écrit un peu témérairement peut-être :

Officier du régiment des hussards de l'Empereur; tenue d'hiver.

« Nous saurons balayer ces hordes qui rappelleraient celles de Gengis-Khan » (1), le général de Brack, qui, lui, les avait combattus, les dépeint d'une tout autre façon dans ses *Souvenirs* :

« Je vous ai cité les cosaques et vous les ai présentés comme des modèles parfaits; j'appuie de nouveau sur ce que j'ai dit à cet égard. Quelques officiers qui n'ont pas fait la guerre, ou qui l'ont faite ailleurs qu'aux avant-

Grenadiers à cheval de la garde.

(1) *Was haben wir von der Russichen Kavallerie zu erwarten?* brochure parue à Hanovre en 1884. — Helwing, éd.

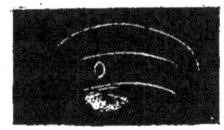

Officier des hussards de Grodno.

TROMPETTES DES GARDES A CHEVAL.

postes, ont pris à tâche de ne parler de ces cavaliers qu'avec mépris : ne les croyez pas.

« Demandez l'opinion que conservent des cosaques nos illustrations militaires, les maréchaux Soult, Gérard, Clauzel, Maison, les généraux Morand, Lallemand, Pajol, Colbert, Corbineau, Lamarque, Preval; nos intrépides chefs, les généraux Daumesnil et Farine, etc., tous les vrais officiers enfin : ils vous diront que des cavaliers légers qui, comme les cosaques, entourent l'armée d'un réseau de vigilance et de défense impénétrable, qui harassent l'ennemi, qui donnent presque toujours des coups et n'en reçoivent que fort peu, atteignent complètement et parfaitement le but que doit se proposer toute cavalerie légère. »

Et le général Morand qui, lui aussi, était assez bien placé pour les approuver :

«... C'est ainsi que la plus belle et la plus valeureuse cavalerie s'épuisa et se consuma devant des hommes qu'elle jugeait indignes de sa valeur, et qui cependant suffirent, pour sauver l'empire, dont ils sont les vrais soutiens et les seuls libérateurs. » (*L'Armée selon la charte*.)

Veut-on une appréciation, plus récente, sur ces hordes si facilement balayables, appréciation émanant encore d'un officier qui avait combattu les cosaques :

« Pendant l'hiver de 1855-56, en Crimée, raconte un témoin oculaire (le colonel Guichard), nos troupes établies à Eupatoria voyaient constamment, en avant de leurs lignes d'avant-postes, un cosaque observant tous leurs mouvements, et plus loin une misérable petite tente abritant le poste qui le fournissait. Quand le corps d'armée se mit en marche, à

Hussard de Grodno; petite tenue.

peine nos têtes de colonne arrivaient-elles sur la ligne des grand'gardes, que le petit poste montait à cheval et se retirait, mais en se maintenant à portée de pistolet de la cavalerie turque, qui éclairait la marche. Nous avancions, et la force de ce poste s'augmentait à mesure qu'il se repliait; à un ou deux kilomètres, c'était déjà une sotnia; plus loin trois ou quatre; à huit ou dix kilomètres on trouvait onze escadrons de co-

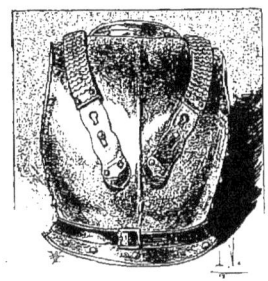

Cuirasse; 1835.

saques et de l'artillerie en batterie, et les Russes se retirèrent en dehors de la portée de nos pièces. On reprit la marche, et le soir on bivouaquait en face de plusieurs brigades d'infanterie et de quarante escadrons de cavalerie. On se remit en mouvement le lendemain; vers la fin du jour on se heurta à une position hérissée de batteries et gardée par l'armée russe d'observation, laquelle, prévenue à temps, avait pu quitter le cantonnement et s'y déployer. Cette position parut tellement forte qu'elle ne fut pas attaquée; le manque d'eau nous commandait d'ailleurs de faire retraite. Les Russes escortèrent notre départ de salves d'artillerie, puis, au fur et à mesure que nous nous éloignions, il semblait que leur armée, tout entière en mouvement au début, fondait insensiblement; de sorte qu'après être rentrés dans nos lignes, à Eupatoria, nous n'étions plus en présence que du petit poste, lequel avait dressé de nouveau sa misérable tente, et de l'éternel cosaque qui continuait à nous observer, à portée de fusil de nos sentinelles, comme s'il n'eût jamais bougé de place. » (Général Pierron, *Méthodes de guerre*, t. II, p. 1628.)

Nous avons parlé plus haut de plus de 200.000 cavaliers. En effet, la cavalerie russe, sans compter ni les dépôts, ni les troupes irrégulières, peut mettre sur le pied de guerre :

```
  357      escadrons, garde et dragons;
  286         —     de cosaques du 1er tour, soit environ  96.000 hommes;
  582         —        —      2e et du 3e tour, soit environ  87.000    —
─────                                                        ─────────
1.225 escadrons.                                            183.000 hommes.
```

A ces 183.000 hommes, forces déjà assez respectables, puisque l'Allemagne n'en peut amener qu'environ 103.000, et l'Autriche 58.000, viendraient s'ajouter les troupes irrégulières, à cheval :

Les 2 SOTNIAS de l'Oussouri;

1 SOTNIA d'Irkoutsk;

1 — de Krasnoïarsk; et toutes les milices locales dont l'énumération serait longue :

Du Terek, du Kouban, de Batoum, de Soukhoum, du Daghestan, etc., etc.

Si, à l'aide d'une simple hypothèse, on ajoute aux 161.000 hommes que possèdent l'Allemagne et l'Autriche réunies, les 22.000 hommes que réunirait péniblement l'Italie, on trouve par

Sous-officier des cosaques de la garde; 2e régiment.

une très curieuse coïncidence un total de 183.000 cavaliers, d'ordre et de mérite très divers.

Si encore poussant la fantaisie et continuant l'hypothèse, on veut bien se souvenir que la France pourrait peut-être, elle aussi, mettre quelques escadrons en ligne, on conclut que..... mais tout cela n'est qu'hypothèse.

Pour rentrer dans la réalité, voyons comment se subdivise la cavalerie russe.

En temps de paix, elle comprend : 22 divisions, 3 brigades indépendantes et 15 régiments non embrigadés. Les 22 divisions sont :

2 de la Garde,
15 de la ligne,
1 de Cosaques du Don,
1 mixte de Cosaques,
1 de Dragons du Caucase,
2 de Cosaques du Caucase.

Les deux divisions de la Garde sont à 3 brigades chacune.

La 1re division comprend :

Chevaliers-gardes et Gardes à cheval formant la 1re brigade;

Cuirassiers de l'Empereur et Cuirassiers de l'Impératrice, 2e brigade;

Cosaques du Don de la Garde : régiment de l'Empereur et régiment de l'Ataman, plus 1 escadron de Cosaques de l'Oural de la Garde : formant la 3e brigade.

La 2e division se compose de :

1re brigade : Grenadiers à cheval et hulans de la Garde;

2e brigade : Dragons de la Garde et Hussards de l'Empereur;

3e brigade : Hulans de l'Empereur et Hussards de Grodno.

A ces 2 divisions régulièrement constituées se rattachent : les 4 *sotnias* de Cosaques du Kouban et du Terek formant l'ESCORTE de l'Empereur; les 2 *sotnias* du Kouban formant l'escorte du gouverneur de la Pologne.

Cosaque de l'Amour.

Sur le pied de guerre, ces divisions subissent les changements suivants :

La 1re division devient : division de Cuirassiers ;

Les régiments de Cosaques du Don de l'Empereur et de l'Ataman, passent à la 2e division ;

L'escadron de Cosaques de l'Oural passe à la division de Cuirassiers.

La 2e division se dédouble et devient :

1re *division* : 1re brigade : Grenadiers à cheval et Hulans de la Garde ;

2e brigade : Hussards de l'Empereur et Cosaques de l'Empereur.

3e rég. de dragons; grande tenue.

2e *division* : 1re brigade : Dragons de la Garde et Hulans de l'Empereur ;

2e brigade : Hussards de Grodno et Cosaques de l'Ataman.

Dans la ligne, les 15 divisions sont numérotées de 1 à 15.

Chaque division comprend 2 brigades de 2 régiments chacune, ainsi répartis : 2 régiments de Dragons formant la 1re brigade ; 1 régiment de Dragons et 1 de Cosaques composant la 2e brigade.

Officier des hussards de Grodno.

44 régiments de Dragons (1 à 42, 47-48), entrent dans la formation des 15 divisions de la ligne. L'ordre adopté est le suivant :

Les 1er, 2e et 3e régiments entrent dans la 1re division ; les 4e, 5e, 6e régiments font partie de la 2e division, et ainsi de suite.

Les Cosaques sont ainsi divisés :

14 régiments, savoir :

1 régiment de l'Oural comptant à la 9e division ;

3 régiments d'Orenbourg, nos 1, 2, 3, faisant partie des 10e, 12e et 13e divisions ;

10 régiments du Don comptant dans les 10 autres divisions et portant chacun le numéro de la division à laquelle il appartient.

La division mixte de Cosaques du Don comprend 2 régiments du Don, le 16e et le 17e, 1 régiment du Kouban, 1 régiment du Terek.

Les 3 divisions du Caucase, formées à 2 brigades, sont ainsi composées :

Divisions de Dragons comptant les régiments de dragons nos 43, 44, 45, 46 ;

1ʳᵉ division de Cosaques, comprenant 3 régiments du Kouban et 1 du Terek :
2ᵉ division de Cosaques, formée par 4 régiments du Kouban.

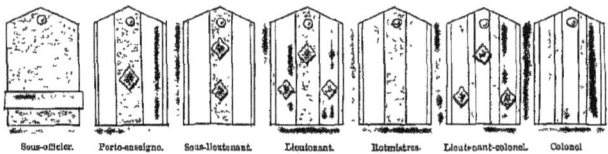

Sous-officier. Porte-enseigne. Sous-lieutenant. Lieutenant. Rotmistres. Lieutenant-colonel. Colonel.
Pattes d'épaules; marques distinctives des grades (les parties blanches indiquent l'or).

Les 3 brigades indépendantes de Cosaques sont :
Une brigade transcaspienne, composée de 2 régiments du Kouban ;
Une brigade du Caucase, formée de 2 régiments du Terek ;
Une seconde brigade du Caucase, comprenant 2 régiments du Kouban.
Des 14 régiments non embrigadés, 2 régiments sont :
1 régiment de Dragons finnois, spécialement affecté à la Finlande;
1 régiment de Tatares spécialement affecté à la Crimée.
Les 12 autres régiments sont de Cosaques, savoir :

1 du Don (le 12ᵉ régiment),
1 d'Astrakan,
3 d'Orenbourg (détachés au Turkestan),
1 de l'Oural,
3 de Sibérie,
1 de Semiriétchié,
1 du Transbaïkal,
1 de l'Amour.
Plus deux escadrons de l'Oussouri.

Si nous résumons, nous trouvons que la cavalerie russe peut se grouper ainsi :

GROSSE CAVALERIE : 4 régiments de Cuirassiers de la Garde.

CAVALERIE DE LIGNE :

1 régiment de Grenadiers de la Garde,
1 régiment de Dragons de la Garde,
2 régiments de Hulans de la Garde,
2 régiments de Hussards de la garde,
48 régiments de Dragons de la ligne, 1ᵉʳ à 48,
1 régiment de Dragons de Finlande non numéroté.

CAVALERIE LÉGÈRE : 50 régiments de Cosaques dont :

« Essaoul » (capitaine) des Cosaques de l'Amour.

19 du Don (2 de la Garde et 17 de la ligne, numérotés de 1 à 17);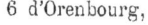
16 du Caucase (12 du Kouban et 4 du Terek),
6 d'Orenbourg,
3 de l'Oural,
1 d'Astrakan,
6 de la Russie d'Asie (plus deux escadrons de l'Oussouri),
1 de Tatares de Crimée.

Toutes ces troupes sont aujourd'hui armées en dragons, c'est-à-dire avec le sabre et la carabine à baïonnette. Les régiments de Cosaques du Caucase ont la carabine qu'ils portent dans un étui de cuir, le sabre (*chachka*), et le poignard. Les autres régiments ont, en outre, la lance pour les hommes du 1ᵉʳ rang.

De longues discussions ont été entamées ces temps derniers au sujet du maintien ou de la suppression de la lance, et, chose assez curieuse, c'est presque au moment même où tous les régiments allemands prenaient la lance qu'une partie des régiments russes l'abandonnaient. La cavalerie russe, du reste, préconise singulièrement le combat à pied. Il faut bien noter que c'est la seule cavalerie qui ait eu, de tout temps, une préférence aussi marquée pour ce genre de tactique, qui ainsi développée, risquerait fort, pour les autres pays, d'affaiblir singulièrement l'élan de la cavalerie.

Après la campagne de 1877, le combat à pied ayant donné aux Russes quelques résultats, nos généraux se prirent, eux aussi, d'un véritable engouement pour ce mode de combat. Il n'y eut pendant quelques années, au moins dans la division de Lunéville dont je faisais partie, de bon service en campagne sans combat à pied. Heureusement, une salutaire réaction s'est produite; on ne considère plus le combat à pied comme un des moyens de défense dont peut se servir la cavalerie, mais dont il ne faut plus abuser sous peine d'ôter toute confiance au soldat dans ses armes de cavalier et de voir se

2ᵉ régiment des Cosaques de la Garde; officier en petite tenue.

produire des faits de ce genre auxquels je me souviens d'avoir assisté : deux corps de dragons, dont l'un représentait l'ennemi, se rencontrèrent, et mirent tous les deux pied à terre pour se combattre. Il est certain qu'en pareille occasion, le parti qui aurait eu seulement quelques vrais cavaliers, *à cheval*, et conduit par un officier déterminé aurait

Chevaliers-gardes; bonnet de petite tenue.

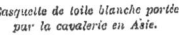
Casquette de toile blanche portée par la cavalerie en Asie.

« MLADCHII-VAKHMISTRE », SOUS-OFFICIER DE COSAQUES
DE L'ESCORTE DE L'EMPEREUR.

Cosaque.

eu bon marché de ces fantassins empêtrés dans leurs basanes et dans leur sabre qu'on ne portait pas encore à la selle.

Beaucoup de généraux de cavalerie, et non des moins illustres, ont, du reste, témoigné une grande méfiance pour l'emploi du combat à pied, notamment sous le premier Empire, où l'expérience tentée sur les dragons, en exécution de l'ordonnance du 23 septembre 1804 (prescrivant pour ces derniers les manœuvres de l'école de bataillon) fut rien moins que satisfaisante et même amena la décadence de cette arme, si on en croit le général de Brack :

« Au commencement de notre campagne de Pologne (1807), dit-il, nos dragons eurent du désavantage avec les cosaques : cela tint aux fatales théories d'un général célèbre. Les cosaques, enhardis de leurs succès, attaquèrent avec furie et confiance ces cavaliers. Nos cuirassiers portaient des manteaux blancs comme nos dragons ; on les leur fit revêtir, et l'on porta ces cuirassiers en première ligne. Les cosaques, croyant avoir affaire aux dragons, les chargèrent impétueusement ; ils eurent cruellement à se repentir de leur confiance.

« Les dragons réorganisés rationnellement, fidèles à leur ancienne et brillante réputation, illustrèrent nos armes en Espagne, et dans les campagnes suivantes, reprirent dans toutes les affaires la plus terrible et la plus glorieuse des revanches. » (*Souvenirs*, p. 271.)

Étendard des Cuirassiers de la Garde.

Cependant, et la transformation assez récente des hussards et des hulans, de la ligne, le prouve, la plupart des officiers russes sont partisans fanatiques du combat à pied.

Comme nous l'avons dit plus haut, quelques brillants résultats obtenus par cette manière de combattre pendant la campagne des Balkans les ont confirmés dans cette manière de voir. C'est ainsi qu'après la prise de Tirnowa, le 7 juillet 1877, cinq escadrons mettent pied à terre et poursuivent l'ennemi, *à pied*, pendant près de 15 kilomètres.

Mais cet emploi de leur cavalerie a fait juger les Russes très sévèrement par les étrangers, Prussiens ou Autrichiens. C'est un peu dans cet ordre d'idées, que l'on a reproché au général Krylov d'avoir employé sa magnifique division de cavalerie, 7.000 hommes et 30 canons, « comme si elle était de l'infanterie ». (Lire les critiques du colonel russe Soumkhotine, des majors allemands von Widdern ; von Trotha et du capitaine autrichien Horsetzky von Hornthal, ainsi que la très intéressante étude intitulée « LES PROCÉDÉS TACTIQUES DE LA GUERRE D'ORIENT » parue dans la REVUE MILITAIRE DE L'ÉTRANGER).

Toutefois, malgré la pré-

Trompette des chevaliers-gardes.

férence marquée donnée au

combat à pied dans la cavalerie russe, l'entraînement et la préparation aux grandes marches de cavalerie sont loin d'être négligés. L'équitation équestre des officiers est fort développée. C'est ainsi que le général Stroukov, commandant la 4e division de ca-valerie sur la frontière de Ga-licie, a décidé en prenant le commandement de cette di-vision : que les officiers étaient autorisés à monter tous les chevaux de troupe ; que, dans toutes les épreuves de fond (marches forcées, raids, etc.), des cavaliers seraient envoyés à l'avance pour faire le four-rage aux gites d'étapes, y fai-re le logement et soigner les chevaux ; que des officiers supérieurs d'une notoriété et d'une compétence reconnue seraient désignés pour préparer des épreuves de mar-ches de fond et en surveiller la bonne exécution ; que toute espèce de communication avec les fractions en la division, dont quelques-unes sont sé-parées par 75 verstes (1), toute espèce de service en un mot, devait être fait à cheval.

En outre, dans toute la ca-valerie, il est recommandé de laisser aux officiers la plus grande latitude pour assister aux chasses à courre, rallye-paper, drags, courses, etc., etc.

Officier du 2e régiment des Cosaques de la Garde.

Un ordre du grand-duc Nicolas, inspecteur général de la cavalerie, daté du 6/18 mars 1881, prescrit à tous les officiers de cavalerie de pren-dre part aux courses mili-taires. Chaque année, et dans les rapports annuels où il est rendu compte de ceux qui ont manqué à ces courses, on ne trouve que des causes absolument involontaires, l'indisponibilité des chevaux ou des cavaliers par la maladie ou le service de garde. Dans les régiments de la Garde impériale notamment, il est presque extraordinaire que des officiers y manquent. Le commandement supérieur a, du reste, rendu ces courses obligatoires. Quant à la troupe, de fréquentes et impor-tantes « marches de résistance » la tiennent constamment en haleine.

Telle fut la marche effectuée en juillet 1883 par le commandant de l'école de cavalerie Nicolas : 10 officiers, 9 cavaliers, 3 chevaux de main et 2 chevaux de bât, par-tent le 31 juillet à 5 heures du matin de Krasnoé et arrivent le 1er août à Tzarskoé, après avoir parcouru 240 verstes en 40 heures, sur lesquelles il faut compter environ 13 heures 1/2 de repos.

Le lendemain de leur arrivée, les chevaux prennent part à une manœuvre qui dure 1 heure 1/2.

---

(1) Une verste équivaut à 1.077 mètres.

En décembre 1883 eut lieu une nouvelle épreuve :
Il s'agissait d'aller en 4 étapes de Saint-Pétersbourg à Novgorod, et d'en revenir, soit 370 verstes par une température de 12° de froid.

La marche effectuée dans le temps voulu, on ne constate ni blessures ni boiteries; les chevaux mangent de bon appétit et paraissent plus vigoureux qu'au départ.

Le 20 mars de la même année, 13 officiers, 7 cavaliers et 22 chevaux, sous le commandement du colonel Meinander, parcourent 563 verstes, en 6 jours, de Saint-Pétersbourg à Pskov et retour. « Les officiers et cavaliers ont parfaitement supporté les fatigues de la marche. La revue des chevaux par le vétérinaire, au retour du détachement, fit constater qu'ils étaient tous en bonne condition, à l'exception d'un seul. Le général inspecteur exprima également sa satisfaction après les avoir examinés. La marche avait influé, naturellement, sur leur aspect extérieur; car les chevaux avaient notablement maigri, même par comparaison avec leur état au départ de Saint-Pétersbourg (la marche avait été préparée dès le 12 janvier); mais tous étaient dispos, et leur appétit témoignait que l'effort réclamé d'eux n'avait eu rien de nuisible et ne dépassait pas la limite de leurs forces. Aucun cheval n'était blessé. D'ailleurs, la distance à parcourir n'a, sous ce rapport, qu'une importance relative, si les chevaux sont bien soignés, sellés avec attention, et si les cavaliers ne se départissent jamais des précautions voulues. »

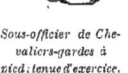

Cosaque du Don.

Le 22 novembre 1883, par ordre de S. A. I. le grand-duc Nicolas, le colonel von Morenschild, 3 officiers et 14 cavaliers volontaires du 2ᵉ cosaques d'Orenbourg, partent de Nijni-Novgorod pour se rendre à Moscou, soit 410 verstes qui furent franchies en 5 étapes. Arrivés à Moscou le 26 novembre, le gouverneur les autorise à continuer jusqu'à Saint-Pétersbourg. Ils quittent donc Moscou le 29 décembre et arrivent à Saint-Pétersbourg le 7 janvier, après avoir franchi 685 verstes, soit une moyenne de 76 kilomètres par jour (1). Le grand-duc Nicolas passe lui-même l'inspection du détachement, ne trouve pas un seul cheval blessé et en est tellement satisfait qu'il témoigne son conten-

Officier de hulans.

Sous-officier de Chevaliers-gardes à pied; tenue d'exercice.

(1) Le détachement eut successivement à endurer de la neige, du verglas, de la boue, des ouragans de neiges et de la pluie.

Le lieutenant Dmitri Pechkov.

tement par la voie de l'ordre du jour à toute l'armée.

En Pologne, le général Stroukov fait, à la tête de divers détachements, des courses qui vont jusqu'à 160 verstes en 14 heures.

Plus tard, le 1er régiment des cosaques de l'Oural exécute une marche pendant laquelle la 1ʳᵉ sotnia parcourt 84 verstes dans une seule journée sur des chemins couverts de neige.

Et tout récemment, le lieutenant de dragons Asséev, qui vint à Paris, en compagnie de ses deux chevaux Diana et Vlaga, les montant à tour de rôle, selon la méthode turcomane, accomplit une course exceptionnelle.

Asséev avait parié d'aller de Saint-Pétersbourg à Paris en six semaines ; il gagna son pari, après avoir fait 2.633 kilomètres et être resté 332 heures 3/4 en selle. A son retour, le hardi lieutenant fut décoré par ordre de l'Empereur.

En mars 1891, les cosaques de Tchita, ville située, dans l'est de la Sibérie, au delà du lac Baïkal, délèguent le sous-officier Chestakov et le canonnier Rogalev pour assister à la grande fête que donnaient, à Ouralsk, les cosaques de l'Oural, en l'honneur du grand-duc héritier. Il s'agissait de franchir, en plein hiver d'abord, puis au moment d'un dégel qui dura plusieurs semaines, les 5.200 verstes qui séparent Tchita d'Ouralsk, par des chemins détestables, la plupart à peine frayés, sans changer de cheval, et cela du 21 mars au 20 juillet, jour fixé pour la fête. A Irkoutsk, le cosaque Nazimov se joint à eux, et le 8 juillet ils arrivent à Zlato-Oust, après avoir fait 4.200 verstes en 108 jours, soit 40 verstes (42 kil. 1/2) par jour ; et si l'on compte qu'ils ont perdu dix jours par suite des inondations du printemps, l'étape moyenne a été de 45 verstes (48 kilomètres).

Le peu de temps qui leur restait les obligea à terminer le voyage en chemin de fer, la fête ayant été avancée.

Enfin, pour terminer l'énumération de ces marches si intéressantes, citons la chevauchée du lieutenant des Cosaques de l'Amour, Dmitri Pechkov.

Sous-officier des chevaliers-gardes ; tenue d'hiver.

TIMBALIER DES CUIRASSIERS DE L'IMPÉRATRICE.

J'en emprunte le récit à une correspondance qui fut adressée de Pétersbourg à l'un de nos grands journaux quotidiens, « L'Autorité ».

Saint-Pétersbourg, le 18-30 juillet.

8.829 KILOMÈTRES A CHEVAL.

« Avant d'entreprendre son voyage en Terre Sainte, le lieutenant des Cosaques à cheval de l'Amour, Dmitri Pechkov, a bien voulu me faire parvenir un opuscule contenant le récit détaillé de sa chevauchée fantastique à travers la Sibérie et la Russie d'Europe, jusqu'à Saint-Pétersbourg.

« Parti de Blagovechtchensk, ville de la Sibérie orientale, le 7 novembre (v. s.) 1889, il est arrivé à destination le 19 mai passé, ayant parcouru à cheval 8.283 verstes, ou 8.829 kilomètres, en 1.109 heures.

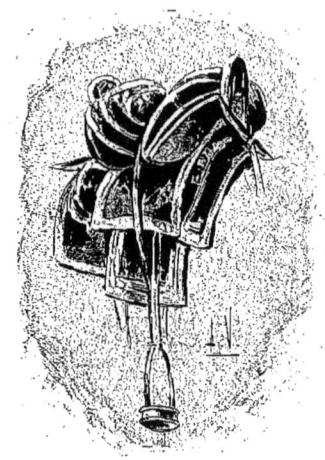

Selle tcherkesse.

« Sa monture était un hongre gris, âgé de quinze ans, de la race des chevaux cosaques du pays et dont il se servait habituellement dans son régiment, sans lui faire subir un entraînement préalable.

« En lisant les notes de voyage de cet intrépide officier de cavalerie, on reste frappé de stupeur devant la somme extraordinaire de force de caractère, d'énergie, d'endurance dont il a fait preuve pour mener à bien cette entreprise périlleuse que tous ses camarades et amis lui déconseillaient, la considérant comme une folie irréalisable.

« Le seul mot de « Sibérie » donne un frisson glacial. On pense involontairement aux rigueurs terribles de cette région arctique, aux *bouranes* (tourbillons de neige) aussi dangereux que le *simoun* d'Afrique, aux routes impraticables, aux privations de toute sorte auxquelles s'expose le voyageur téméraire qui ose entreprendre un pareil voyage en plein hiver, et, enfin, à l'influence morbide d'une mélancolie mortelle suscitée par l'aspect désolant des steppes incommensurables, couvertes de neige et sans autres hôtes que des loups affamés ou des troupeaux de chèvres sauvages apparaissant dans le lointain.

« Le lieutenant Pechkov voyageait souvent par un froid de 40° Réaumur (50 centigrades). Se sentant trop vivement saisi par le froid et redoutant l'immobilité prolongée pour ses jambes, il descendait de cheval et poursuivait sa marche à pied, suivi de sa fidèle monture. Il lui arrivait aussi de se frayer un passage avec son sabre à travers des masses de neiges durcies ou de rouler avec son « gris » dans quelques ravins masqués par une mince couche de neige.

Enfin, souvent aussi, il eut à lutter avec des privations matérielles, telles que absence de gîte, nourriture insuffisante, manque d'eau potable qu'il fallait remplacer par celle de la neige fondue, eté. Les journées où il ne trouvait pour se réconforter que du blé avec une miche de pain noir sont très fréquemment citées dans son journal.

« Ces terribles épreuves ont pris fin du jour où Pechkov a mis pied sur le territoire de la Russie d'Europe. Depuis Perm jusqu'à Pétersbourg, son voyage n'a été qu'une marche triomphante et une suite ininterrompue d'ovations chaleureuses où toutes les classes de la société, depuis les gouverneurs de provinces, jusqu'aux plus humbles paysans, se confondaient dans le même sentiment d'admiration patriotique pour le brave et courageux officier sibérien. C'est dans la capitale que l'attendait l'apothéose. Le jeune officier, arrivant des confins d'un monde presque légendaire, se vit l'objet des prévenances les plus flatteuses dans les milieux les plus élevés de la société. Son exploit, unique dans les annales du sport hippique, sa ténacité et la modestie de son attitude lui ont conquis toutes les sympathies.

Trompette de Cosaques du Caucase de la garde.

« Le lieutenant Pechkov a eu l'honneur d'être présenté à tous les membres de la famille impériale, et Sa Majesté l'Empereur, après lui avoir conféré la croix de l'ordre de Sainte-Anne de troisième classe, a daigné l'interroger sur les incidents de son voyage et examiner son compagnon de route, le vaillant petit cheval cosaque, qui a pu fournir ce trajet colossal sans avoir été une seule fois malade. Le « gris » n'a pas été oublié non plus et il reçut sa part de récompense. L'auguste ataman de toutes les troupes cosaques, le grand-duc héritier Nicolas Alexandrovitch, a bien voulu le recevoir en présent de Pechkov et l'a fait placer dans ses propres écuries où la brave bête a trouvé un asile sûr pour le reste de sa vie.

« L'heureuse odyssée de ce jeune Sibérien a eu le mérite d'affirmer une fois de plus l'énergie et la résistance de fer du soldat russe et l'endurance de son cheval, capable de fournir un raid de 8,829 kilomètres dans des conditions sanitaires excellentes, par des routes presque impraticables, pendant la saison la plus rigoureuse de l'année, où le froid atteignait 50° centigrades et franchissant quelquefois des étapes de 93 kilomètres en 9 heures 30 minutes.

« Le lieutenant Pechkov est devenu, pour le moment, le mortel le plus populaire de toutes les Russies. Son photographe attitré, un très habile artiste, M. Dazziaro, ne sait où donner de la tête pour satisfaire à toutes les demandes du portrait du favori « national », qu'on lui adresse de tous les coins de l'empire. C'est par ballots de milliers d'exemplaires qu'il expédie ses photographies. Enfin M. Svertchkov, notre grand peintre

OFFICIERS DES HUSSARDS DE L'EMPEREUR.

d'animaux, s'est mis également de la partie et a exposé un magnifique portrait de Pechkov à cheval, en tenue de voyage, dans la salle des concerts de la gare de Pavlovsky, qui est le lieu de rendez-vous d'un grand nombre de Pétersbourgeois pendant la saison d'été. »

Combien de semblables exemples, et je ne cite que les principaux, devraient trouver chez nous des imitateurs et surtout des encouragements, car les imitateurs ne manqueraient pas. Mais hélas! il y a le budget, il y a les Chambres, ces fameuses Chambres, qui jonglent si habilement avec les grands mots, patriotisme, devoir, nation armée, etc., et qui au fond sont toujours demeurées les mêmes que celles dont parlait M. J. Richard : « On voulait lier les mains si fortement au pouvoir, pour qu'il ne pût répondre à la guerre menaçante et presque inévitable, que M. Thiers, « alors que ses opi-
« nions étaient assises sur les bancs des ministres », demanda et obtint de M. É. Olivier que le contingent annuel fût réduit de 10.000 hommes. » (Jules Richard, l'*Armée française*, Cavalerie, p. 117.)

Kolpak des Hussards de Grodno.

Je me souviens qu'il y a de cela quelques années, j'étais encore au service, le capitaine Conneau, un des plus remarquables cavaliers de notre armée, obtint de conduire d'une seule étape, de Béziers à Montpellier, le peloton des volontaires d'un an du 9ᵉ régiment de chasseurs. L'aller et le retour se firent dans des conditions excellentes; mais quelques jours après, un ordre émanant de haut lieu défendit expressément de renouveler de semblables tentatives!... Nous sommes loin des 8.829 kilomètres du lieutenant Pechkov, décoré par l'Empereur.

Un autre genre d'instruction et qui semble jusqu'ici n'être sérieusement pratiqué qu'en Russie, c'est le passage des cours d'eau à la nage. Le général Skobélev a beaucoup contribué, et par ses instructions et par son exemple, à développer cette partie si utile et si négligée de l'instruction militaire. Pendant la guerre des Balkans n'avait-il pas traversé le Danube à cheval, à la nage! Et le 12 juin 1882, lors de sa dernière inspection du 18ᵉ corps, le fameux et si regretté général, après avoir amené le 4ᵉ régiment de dragons près de la rivière Souprasl à Bialystok, fit une sorte de conférence sur le terrain, puis se faisant amener un cheval de troupe quelconque, il se déshabilla, sauta sur le cheval à cru et le fit entrer dans la rivière. Le passage, aller et retour, ne se fit pas facilement, l'animal y mettant la plus mauvaise volonté. « Cela ira mieux la seconde fois! » s'écrie l'intrépide général et il recommence avec plein succès.

Étrier de Cosaques.

Le général Stroukow ne pouvait manquer de suivre le bon exemple de son illustre devancier, aussi le voyons-nous faire traverser cette même rivière, le Souprasl, à toute la 4ᵉ division de cavalerie.

« Le 4° régiment des Cosaques du Don, formant l'avant-garde, entre dans l'eau par peloton à 6 mètres de distance suivant le général Stroukow qui passe le premier. En 27 minutes les Cosaques ont passé la rivière large de 32 mètres avec une profondeur de 8 mètres au milieu, et se sont établis de manière à protéger le passage du reste de la division. Les harnachements et tous les effets des hommes ont été passés sur un radeau. » (*Invalide russe,* n° 190, 1883.)

Entrons maintenant plus intimement dans l'organisation de cette admirable cavalerie :

Le Tzar est le chef de l'armée. Le ministre de la guerre, général Vannovsky, sert d'intermédiaire entre le chef et ses soldats; le ministre n'est responsable qu'envers l'Empereur. La loi de recrutement qui régit l'armée russe date du 1ᵉʳ janvier 1874. Elle a été modifiée et complétée par la loi du 11 novembre 1876 et par l'ukase du 26 juin 1888.

Sont exceptés de ces lois :

1°. Les Cosaques pour lesquels a été rendu l'ukase du 20 avril 1875 réglant leurs obligations militaires;

2°. Les Musulmans qui moyennant le paiement d'une taxe militaire peuvent se racheter du service.

3°. Les Tchèques, Rusniaques, Mennonites auxquels on accorde, suivant les conditions de leur immigration, l'exemption du service militaire pour un temps plus ou moins long;

D'après l'ukase de 1888, tout Russe doit le service militaire depuis l'âge de vingt ans jusqu'à celui de quarante-trois ans révolus. Il n'existe d'exception qu'en faveur du clergé chrétien.

Pendant le temps de paix, les jeunes gens ne sont appelés qu'après leur vingt et unième année révolue. Le nombre de ces jeunes gens est d'environ 850.000, mais on calcule qu'environ 50.000 sont insoumis. Les ajournés pour faiblesse de constitution étant remplacés par un nombre à peu près égal d'ajournés de la classe ou des classes qui précèdent, il reste environ 800.000 jeunes hommes ayant de vingt et un à vingt-trois ans. Les causes d'exemptions comme soutiens de famille étant assez nombreuses, on compte environ 400.000 hommes dispensés du service actif, c'est donc 400.000 hommes qui restent pour former le contingent.

Sur ces 400.000 conscrits, 15.000 environ sont destinés au service des douanes et de la marine. On évalue en outre à 10.000 le nombre des engagés volontaires. Mais ces derniers comptent dans le contingent fixé chaque année suivant les besoins par un ukase impérial.

C'est vers le 1ᵉʳ janvier qui suit les opérations du recrutement qu'est incorporé le contingent.

Cosaque.

« Ce contingent est formé avec tous les hommes reconnus bons pour le service, pris dans l'ordre des numéros du tirage au sort. Le chiffre a beaucoup varié depuis l'entrée en vigueur de la loi actuelle; il n'était que de 145.000 hommes en 1874, et s'est élevé à 230.000 en 1889, déduction faite des hommes destinés à la marine et au service des douanes. En moyenne, il peut être évalué à 210.000 hommes.

« Les hommes compris dans le contingent de l'armée active doivent généralement cinq ans de présence sous les drapeaux; mais cette règle subit de nombreuses exceptions.

« D'une part, les hommes de recrue incorporés dans les troupes du Turkestan, du Sémiriétchié, de Yakoütsk et du littoral du Pacifique sont maintenus sous les drapeaux pendant sept années.

« D'autre part, les nationaux de la Finlande, du Kouban, du Terek et du Transcaucase, ne sont astreints qu'à trois années de présence.

« De plus, afin de favoriser le développement de l'instruction publique, la loi russe accorde d'importantes réductions dans la durée du service actif aux jeunes gens qui ont passé par les divers établissements d'instruction. Suivant le degré de l'instruction générale qu'ils y ont acquise, le service actif est réduit pour eux à quatre ans, à trois ans, et même à deux ans, quand il s'agit d'établissements d'instruction supérieure.

« Les jeunes gens qui s'engagent volontairement avant le tirage au sort gagnent encore une année de plus, et peuvent ainsi n'avoir à faire qu'un an de service actif.

« Enfin, suivant les nécessités budgétaires, le ministre de la guerre peut renvoyer, par anticipation, dans leurs foyers, le nombre d'hommes nécessaires pour maintenir l'effectif de paix au pied convenable. Cette latitude légale conduit généralement à libérer la plus grande partie du contingent au bout de quatre ans de service.

« Une petite partie, désignée par voie du tirage au sort dans les corps de troupe, est même renvoyée au bout d'une seule année de présence. » (Colonel Rau, *État militaire des principales puissances étrangères au printemps de* 1891.)

Le service dans la réserve est ensuite d'une durée de treize ans pendant lesquels les hommes qui en font partie peuvent être rappelés deux fois pour des manœuvres ou des exercices dont la durée ne doit pas excéder six semaines chaque fois.

Chevalier-garde en faction dans le Palais d'Hiver.

Ces dix-huit années de service accomplies, il reste à faire quatre ans dans le 1ᵉʳ ban de l'OPOLTCHÉNIE (milice), après lesquels le service militaire est terminé.

L'OPOLTCHÉNIE est divisée en 2 BANS. Le 1ᵉʳ ban est formé par les hommes bons pour le service mais que leur bon numéro au tirage au sort a exemptés du service actif, et du reste par tous les dispensés en général ; il n'est admis d'exception à cette dernière catégorie que pour ceux qui sont reconnus comme absolument nécessaires au soutien de leur famille.

Ce 1ᵉʳ ban est surtout destiné à aider à compléter les effectifs pour la mobilisation, soit au moment même de la mobilisation, soit au fur et à mesure des besoins.

Le 2ᵉ ban reçoit tous les autres individus ; soutiens de famille reconnus indispensables, etc., et en outre les hommes qui n'ont pas été incorporés comme n'atteignant pas la taille réglementaire de 1ᵐ,53.

COSAQUES.

Les Cosaques sont groupés en VOISKOS OU ARMÉES.

En Russie d'Europe : voïskos du Don.
— d'Astrakhan.
— d'Orenbourg.
— de l'Oural.

Dans le Caucase : voïskos du Kouban.
— du Terck.

Dans la Sibérie : voïskos du Transbaïkal.
— du Sémiriétchié.
— de l'Amour.

Nous avons dit que tous ces Cosaques étaient régis au point de vue militaire par la loi de 1875.

Aux termes de cette loi, tout Cosaque doit le service militaire de dix-huit à trente-huit ans ; il s'habille, s'équipe et se remonte à ses frais, l'État lui fournissant les armes et les munitions.

Le service des Cosaques est divisé en trois CATÉGORIES :

1° Celle dite de PRÉPARATION pendant laquelle ils sont soumis, dans leurs foyers, à certains exercices destinés à les *débourrer*; on leur inculque pour cela les premiers éléments de l'instruction militaire. Cette période va de dix-huit à vingt et un ans.

2° De vingt et un à trente-trois ans, ils font partie de la catégorie ACTIVE.

3° De trente-trois à trente-huit ans, ils font partie de la RÉSERVE.

Casque de Chevalier-garde.

En Asie.

 Ce sont donc douze années que le Cosaque doit passer activement sous les drapeaux. Mais ce ne sont pas douze années de présence, car ces douze années se subdivisent elles-mêmes en trois périodes, chacune de quatre ans, que l'on nomme TOUR.

 Pendant le 1ᵉʳ tour, le Cosaque est effectivement sous les drapeaux, dans un des corps entretenus par son voïsko.

 Pendant le 2ᵉ tour, il est dans ses foyers, mais il doit être prêt à répondre au premier appel en tenant ses effets constamment prêts et en entretenant sa monture. Pendant cette période l'homme qui en fait partie peut être appelé tous les ans pour des exercices ou manœuvres d'une durée de trois semaines.

 Pendant le 3ᵉ tour, le Cosaque est tenu également d'entretenir ses effets, mais il n'est pas forcé d'avoir un cheval. Il peut aussi être convoqué pendant cette période, pour des manœuvres, mais une fois seulement.

 Passés dans la réserve, les Cosaques ne peuvent plus être appelés qu'en temps de guerre.

 Et, comme obligation générale, tout homme valide, de quelque âge qu'il soit, doit prendre les armes si le Tzar décrète la LEVÉE EN MASSE.

 Sur le pied de paix, la généralité des troupes cosaques du premier tour représente un effectif d'à peu près 2.000 officiers et 55.000 hommes.

 L'ensemble des hommes complètement instruits (active et réserve) monte à environ 256.000 hommes.

Les ATAMANS, chefs militaires et politiques des voïskos, réunissant dans leurs mains toute l'autorité, sont chargés du recrutement et de la levée des différents contingents de Cosaques.

Examinons maintenant en quelques mots ce qui est relatif à la remonte et à la conscription des chevaux.

La population chevaline de la Russie est considérable, puisqu'on l'évalue à plus de 25.000.000 d'animaux. Les pays du sud et du sud-ouest de la Russie d'Europe sont le moins riches en chevaux. Au contraire, l'est et le sud-est (Russie d'Europe) sont fort productifs, et c'est dans ces provinces que résident la plupart des dépôts des régiments de cavalerie. Mais le pays le plus riche en chevaux est la Sibérie où l'on compte presque un cheval par habitant.

Les différentes races de chevaux que produit la Russie descendent toutes du cheval tartare, modifié plus ou moins profondément par les croisements subis.

Dans l'armée, les chevaux sont classés par robe. Les régiments de la Garde, par exemple, sont remontés chacun avec des chevaux de la même robe. C'est ainsi que les hussards de l'Empereur n'ont que des chevaux gris pommelés.

On admet 10 années comme durée moyenne du cheval dans l'armée russe, et on estime que la remonte annuelle varie entre 10.000 et 11.000 chevaux.

Dans les corps de cavalerie de la Garde, les officiers de tout grade se remontent eux-mêmes et à leurs frais. Dans la ligne et dans les régiments de Cosaques, tous les officiers

Officier de Chevaliers-gardes en tenue de manœuvres.

sont tenus d'avoir un cheval à eux, mais l'État leur en fournit un autre à titre gratuit. Pour la troupe, les chevaux nécessaires sont achetés par des officiers choisis parmi ceux qui comptent dans les cadres du dépôt des différents corps de troupe à cheval. A certaines époques de l'année, ces officiers se mettent en route pour parcourir les pays d'élevage; ils achètent et paient sur place les animaux qu'ils ramènent, leur tournée finie, à leurs corps respectifs.

En cas de mobilisation générale, les Cosaques et les troupes irrégulières devraient se procurer eux-mêmes les chevaux qui leur seraient nécessaires pour compléter leurs effectifs.

Pour ce qui est des troupes régulières, les chevaux nécessaires au complément de l'effectif de guerre devraient être fournis par la réquisition.

Ces réquisitions sont réglées par les décrets du 11 mai 1884 et du 20 février 1888.

Aux termes de ces règlements, l'Empire est divisé en cir-

COSAQUES SURVEILLANT UNE LIGNE TÉLÉGRAPHIQUE.

conscription de remonte, et l'étendue de ces circonscriptions est déterminée de façon :

1° Que les chevaux de toute la circonscription puissent être rendus dans la même journée au lieu désigné pour le rassemblement;

2° Qu'il ne soit pas présenté plus de chevaux qu'il ne serait possible d'en examiner en une seule journée.

Les opérations du classement et du recensement des animaux ont lieu tous les six ans; il y est procédé par une commission composée de membres civils dont le mandat est de trois ans, et qui est nommée par les autorités provinciales.

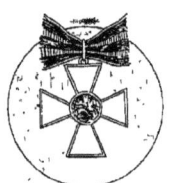

Ordre de Saint-Georges.

Cette commission est en outre chargée, en cas de mobilisation, de réunir le nombre d'animaux désignés et de les faire diriger sur le lieu de concentration.

La fixation du nombre d'animaux à réunir dans chaque centre de réquisition est faite par le ministre de la guerre, de concert avec le ministre de l'intérieur, et cela d'après les résultats fournis par les listes de recensement. Ces deux ministres fixent également l'endroit qui doit servir de lieu de concentration.

Quant à la répartition de ces contingents entre les différentes localités, elle est laissée aux soins de l'autorité provinciale administrative. Réunis dans les différents centres de réquisition, les animaux sont alors présentés à une commission composée de membres civils et de deux officiers, l'un nommé par l'autorité militaire territoriale, l'autre par le corps de troupe dans lequel les animaux seront envoyés.

Les sujets requis sont alors désignés par le tirage au sort, à moins que les propriétaires n'offrent de traiter de gré à gré sur les bases d'un tarif déterminé à l'avance.

Chaque propriétaire ne peut être dépossédé de plus de la moitié de ses chevaux et chaque cheval qu'il cède volontairement en exempte deux autres.

Les opérations terminées, les chevaux désignés sont remis aux officiers faisant partie

Coiffures de cavalerie.

des corps de troupe dont nous avons parlé, et ceux-ci les emmènent au moyen d'hommes de la réserve envoyés à cet effet.

CROQUIS DE CAVALERIE.

HIÉRARCHIE, MARQUES DISTINCTIVES, RECRUTEMENT DES CADRES.

La hiérarchie russe est la suivante dans la cavalerie :

Troupes : SOLDAT,

EFREITOR, soldat de 1re classe.

Sous-officiers : MLADCHII OUNTEROFITZER (du nom allemand *Unter-Offizier*), de 2e CLASSE OU JEUNE, équivalant au grade de brigadier.

MLADCHII VAKHMISTRE, DE 1re CLASSE OU ANCIEN SERGENT.

STARCHII VAKHMISTRE, maréchal des logis chef.

Officiers : ÉTENDARD-YOUNKER.

CORNETTE.

LIEUTENANT.

ROTMISTRE EN SECOND OU SCHTABSROTMISTRE.

ROTMISTRE.

LIEUTENANT-COLONEL.

COLONEL.

GÉNÉRAL-MAJOR.

GÉNÉRAL-LIEUTENANT.

GÉNÉRAL DE CAVALERIE ou de corps d'armée.

FELD-MARÉCHAL (1).

Sous-officiers. — Les sous-officiers se divisent en deux catégories très distinctes : ceux qui aspirent à l'épaulette et les sous-officiers proprement dits.

Nous avons vu plus haut que les jeunes gens qui s'engagent volontairement avant le tirage au sort ne doivent qu'une ou deux années de service actif, suivant leur degré d'instruction. Ce sont eux qui généralement fournissent les sous-officiers de la 1re catégorie.

En outre, ceux de ces volontaires qui possèdent des brevets supérieurs sont, sur la proposition du chef de corps, et sans distinction de grade ni de service, envoyés dans une école de Younkers.

Ceux dont l'instruction est inférieure ne peuvent être envoyés dans les écoles qu'au bout d'un an de service, et lorsqu'ils ont obtenu le grade de sous-officier.

Les sous-officiers proprement dits sont comme ailleurs fournis par le contingent ordinaire, et au moyen de l'école de sous-officiers de Riga, dont nous parlerons tout à l'heure.

C'est seulement au bout de deux ans de service que

Sabretache des hussards de Grodno; 1885.

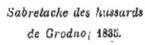

(1) Il n'y a actuellement qu'un seul feld-maréchal, S. A. I. le grand-duc Michel.

les APPELÉS dont l'instruction est inférieure à celle des volontaires de la 1ʳᵉ catégorie, peuvent être nommés sous-officiers. Avant leurs nominations, ils doivent avoir suivi les cours régimentaires :

Grenadiers à cheval.

L'école des sous-officiers de Riga a été créée en 1887. Chaque corps de troupe y envoie un certain nombre d'hommes ayant au moins huit mois de service et choisis parmi les meilleurs sujets.

Les élèves passent deux années à l'école et sont ensuite nommés sous-officiers dans les différents corps de troupe, après s'être au préalable engagés à rester au moins quatre années au delà du temps prescrit pour leur service légal sous les drapeaux.

Officiers. Le recrutement des officiers de cavalerie est assuré :

1° Par les CORPS DES PAGES DE L'EMPEREUR,

2° Par L'ÉCOLE DE CAVALERIE NICOLAS,

3° Par les écoles de YOUNKERS de cavalerie D'ÉLISAVETGRAD ET DE TVER.

Les pages sont en général des fils ou des petits-fils des hauts gradés de l'Empire. Appelés à la cour par le Tzar, ils y restent pendant neuf années, les sept premières consacrées à un enseignement correspondant à celui des gymnases militaires, les deux dernières à des cours analogues à ceux des écoles militaires.

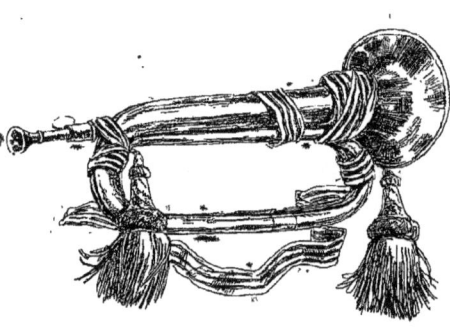

Trompette de cavalerie.

Pendant les sept premières années, ils ne sont que PAGES DE LA COUR. A la fin de ce stage, ils passent après examen dans la classe supérieure et sont alors nommés PAGES DE L'EMPEREUR. A la fin de ces neuf années, ils ont à subir de nouveaux examens qui décident de leur nomination au grade d'officiers.

↓L'école de cavalerie Nicolas fait partie de ce qu'on appelle les écoles militaires d'armes.
↓L'admission à l'école a lieu à partir de l'âge de seize ans et à la suite d'un examen.

Bonnets de cavalerie.

Les jeunes gens de toutes les classes sont admis à s'y présenter, même les sous-officiers et cavaliers dans les conditions indiquées plus haut, pour les différentes catégories auxquelles ils appartiennent par leur instruction.

Les jeunes gens qui sortent des gymnases civils ou militaires (1) et jouissent d'un diplôme de bonnes études sont admis sans examen.

Les élèves admis à l'école suivent des cours d'une durée de deux années pendant lesquels ils portent également le nom de Younkers. Ces cours terminés, et après avoir satisfait aux examens de sortie, ils sont nommés, suivant le numéro obtenu au classement : dans la Garde, dans la ligne, avec ou sans majoration d'ancienneté, cornette ou Étendard-Younker.

Les écoles de Younkers (Élisavetgrad et Tver pour la cavalerie) sont destinées, ainsi que nous l'avons dit, aux volontaires et aux appelés possédant une instruction suffisante pour prétendre à l'épaulette.

Les élèves admis suivent des cours d'une durée de deux ans. Ces deux années ne comptant pas comme temps de service.

Leurs années de cours terminées, les Younkers subissent un examen de sortie, et suivant le numéro obtenu à cet examen, ils sont divisés en deux catégories.

Les élèves de la 1re catégorie, nommés étendard-younkers, sont dirigés sur leurs régiments et sont promus cornettes dans l'année même de la sortie.

Ceux de la 2e catégorie sont également nommés étendard-younkers, mais ne sont promus au grade de cornette que l'année qui suit celle de leur sortie de l'école.

Les étendard-younkers remplissent les mêmes fonctions que les cornettes, ils ont rang d'officier, mais ils n'en portent pas les insignes ; ils portent ceux de sous-officier.

(1) « Les gymnases militaires, dont les élèves portent la dénomination de *cadets*, sont au nombre de 22. Ces établissements comportent 7 classes, correspondant chacune à une année d'études. On y reçoit des élèves de 10 à 18 ans, principalement des fils d'officiers ou de fonctionnaires ; le régime est militaire ; le personnel de direction, d'administration et de surveillance se compose presque exclusivement d'officiers ; les professeurs sont généralement civils. Il y a lieu de remarquer que les cadets ne se destinent pas tous à l'état militaire ; un certain nombre d'entre eux embrassent des carrières civiles ; mais ils sont naturellement tenus de remplir, en sortant des gymnases, les obligations imposées par la loi de recrutement, obligations qui sont d'ailleurs adoucies par le fait même qu'ils ont acquis, comme cadets, une instruction générale plus ou moins étendue. »

(Colonel Rau, *État militaire des principales puissances étrangères*.)

Officier de Grenadiers
à cheval; 1758.

Sabretache de Hussards,
18e siècle.

Depuis 1883 le grade de major n'existe plus.

Épaulettes d'officiers subalternes de Chevaliers-gardes; 1890.

L'avancement a lieu, pour les grades inférieurs, partie au choix et partie à l'ancienneté, et exclusivement au choix pour les grades supérieurs.

La nomination au grade d'officier confère la noblesse, chose supérieurement entendue pour augmenter le prestige de l'armée. Cette noblesse est personnelle jusqu'au grade de lieutenant-colonel, elle devient héréditaire à partir du grade de colonel. Toutefois, les officiers qui proviennent des volontaires et des appelés ne peuvent, acquérir les droits de la noblesse qu'après trois années de grade, à moins, naturellement, qu'ils ne soient nobles de naissance.

En temps de paix, et conformément à d'anciens usages, les officiers peuvent obtenir des congés qui durent quelquefois plusieurs années. En outre, ceux qui proviennent des VOLONTAIRES peuvent quitter l'armée lorsqu'ils le désirent, à condition, naturellement, d'avoir accompli le temps de service actif pour lequel ils se sont engagés, restant cependant soumis aux obligations du service en temps de guerre, avec leur ancien grade.

Les cadres de la réserve sont remplis soit au moyen des deux catégories d'officiers dont nous venons de parler, soit au moyen d'un grade particulier à la réserve, celui d'ENSEIGNE.

Sont nommés ENSEIGNES :

1° Les militaires qui, à la fin de leur service actif, quittent l'armée avec le grade de sous-officier, après toutefois avoir subi un examen réglementaire;

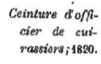

Ceinture d'officier de cuirassiers; 1820.

2° Les sous-officiers qui, leur service actif terminé, consentent à subir un examen et à faire un stage d'épreuve d'une durée variable, mais de six semaines au minimum.

Les marques distinctives des différents grades sont les suivantes :

Pour les sous-officiers, un galon d'or ou d'argent suivant le corps, placé en travers de la patte d'épaule;

Pour les sergents-majors, un galon d'or ou d'argent circulaire autour des parements des manches;

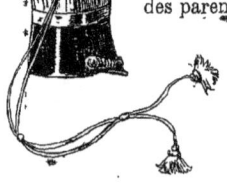

Lanciers; 1840.

Pour les volontaires, un passepoil noir, orange et blanc, autour des pattes d'épaules.

En grande tenue, tous les officiers, sauf ceux de hussards, portent les épaulettes, sans franges pour les officiers subalternes, à franges pour les officiers supérieurs, à torsades pour les officiers généraux. Des étoiles placées sur le corps d'épaulette différencient chaque grade. En petite tenue, les épaulettes sont remplacées par des pattes d'épaules.

Les décorations militaires sont : Saint-Stanislas, Sainte-Anne, Aigle blanc, Saint-Alexandre Nevsky, Saint-André, Saint-Vladimir, Saint-Georges.

Chaque ordre est divisé en différentes classes.

En outre, comme récompense de faits de guerre, les officiers reçoivent des sabres ou des épées d'or enrichis de pierres précieuses, des dons de terre, le droit de porter en dragonne le cordon d'un ordre militaire.

Les sous-officiers reçoivent des médailles en or ou en argent avec l'inscription *za oucerdie* (pour le zèle), portées au cou avec les rubans de Vladimir ou d'Alexandre Nevsky. Ils peuvent obtenir de porter cette médaille d'or avec le ruban de Saint-André qui est le plus élevé des ordres russes; mais, il faut, pour cette dernière distinction, avoir fait cinq années de service de plus que le temps prescrit pour obtenir les autres récompenses.

En Russie, les dépôts de régiments n'existent pas. Tout au moins, il n'y a pas de dépôt particulier pour chaque régiment. Il existe ce qu'on appelle les DÉPOTS DE DIVISION DE CAVALERIE.

Ces dépôts sont ainsi répartis :

1 dépôt pour les 4 régiments de cuirassiers de la Garde;
1 — pour les grenadiers à cheval, hulans de la Garde et hussards de l'Empereur;
1 — pour les dragons de la Garde, hulans de l'Empereur et hussards de Grodno;
15 — pour les 15 divisions de la ligne, savoir : 1 dépôt pour les régiments de dragons de chaque division;
1 — pour les 4 régiments de dragons de la division du Caucase.

Ces dépôts sont en outre réunis pour former des BRIGADES DE DÉPOT, savoir :

Les 3 dépôts de la Garde forment 1 brigade;

Les 14 dépôts de la ligne, groupés deux à deux, forment 7 brigades de dépôts numérotées de 1 à 7, et sont établies :

1 brigade à Riajsk,
1 brigade à Riazan,
5 brigades dans le gouvernement de Voronéje.

Le dépôt des 4 régiments de Caucase forment le dépôt du Caucase.

Les dépôts de brigade qui réunissent les dépôts de 3 régiments sont composés de 288 hommes et de 12 officiers. Ceux qui réunissent 4 régiments comprennent 14 officiers et 386 hommes.

Comme dans presque toutes les armées, ces dépôts sont destinés à dresser les chevaux qui doivent former la remonte.

Chevaliers-gardes; 1820.

des régiments et, en temps de guerre, à fournir des hommes au fur et à mesure des besoins de leurs corps. Pour pouvoir fournir aux remplacements nécessaires, les dépôts, au moment d'une mobilisation, formeraient des escadrons à l'effectif de 175 hommes, et au nombre de 2 ou 3 escadrons par régiment, de façon à pouvoir les diriger, suivant le besoin, en totalité ou en partie, sur leurs corps respectifs.

Cosaques; 1856.

Cette organisation des dépôts n'a du reste lieu que pour la cavalerie proprement dite, les cosaques ne formant pas de dépôts.

Sabre des Chevaliers-gardes; 1832.

Camps. — L'armée russe possède trois camps permanents : à Krasnoïé-Sélo, à Moscou et à Varsovie.

Le camp de Krasnoïé-Sélo est situé au sud-est de Gatchina, entre Pétersbourg et Gatchina. Il se sépare en deux parties tranchées par le lac Douderhof; la partie Est porte le nom de GRAND CAMP, la partie Ouest celui de CAMP D'AVANT-GARDE, les deux camps communiquant au moyen de nombreux passages ménagés autour du lac et sur le lac même.

Le chemin de fer qui se dirige sur Pétersbourg longe le lac. La voie en est gardée militairement, les troupes qui en forment les postes établis dans des *zemlankis* en terre, sont reliées entre elles par des patrouilles de cavalerie.

Krasnoïé-Sélo sert de camp d'instruction aux régiments de la Garde et aux écoles militaires de Pétersbourg, auxquels sont généralement adjointes une ou deux divisions de la ligne.

« Chaque année, le mois d'avril y ramène une période de bruit et de fêtes militaires, lorsque l'Empereur vient s'établir pour les grandes manœuvres au camp de Krasnoïé-Sélo.

« Les journées sont remplies par des marches, des simulacres de bataille, des bivouacs improvisés; on déjeune sous la tente; le soir, vainqueurs et vaincus fusionnent au spectacle de gala, dans le théâtre de Tzarskoïé (1). *Aucun civil n'y est admis.* C'est un coup d'œil unique, ce parterre de casques, d'épaulettes, de cordons, sous un double rang de loges où les femmes font assaut d'élégance.

« Aux manœuvres de Krasnoïé, livrées devant les équipages des dames, on peut se représenter ce qu'étaient les campagnes du grand Roi, quand il assiégeait les villes de Flandre au son des violons. Ici, comme au palais d'Hiver, comme partout dans la capitale russe, le curieux se plaît à retrouver des formes historiques, des mœurs, des sentiments, des spectacles que les livres seuls lui avaient fait connaître dans nos pays. »
— (M. de Vogüé, *Saint-Pétersbourg*.)

---

(1) Les hussards de l'Empereur sont cantonnés à Tzarskoïé, et, selon l'expression de M. de Vogüé, « ils n'en laissent pas approcher l'ennui ».

Au camp ont lieu des courses et des concours de tir. L'Empereur, l'Impératrice ou le Tzarévitch remettent eux-mêmes les prix aux vainqueurs. Ces prix, pour les simples soldats, consistent en montre d'or ou d'argent que le lauréat est autorisé à porter d'une manière apparente.

Le camp de Moscou est situé au nord-ouest de cette ville. L'infanterie et l'artillerie y sont campés sous la tente; la cavalerie est cantonnée avec l'artillerie à cheval, dans les villages voisins. Entre autres établissements, le camp, comme celui de Krasnoïé, possède des bains de vapeur qui sont obligatoires, au moins une fois par semaine pour chaque soldat.

Cosaques de l'Oural de la Garde.

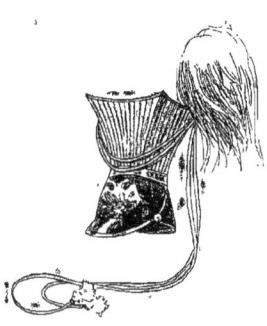

Hulans; 1815.

Le mess des officiers ainsi que les réfectoires sont établis dans des baraques.

Le camp de Varsovie est semblable aux deux précédents et se divise en CAMP DE MOKOTOW pour la Garde, et CAMP DE POVONSKI pour la ligne.

La cavalerie et l'artillerie à cheval sont, comme au camp de Moscou, cantonnées aux environs.

C'est à une de ces réunions au camp de Krasnoïé-Sélo, que M. É. Detaille fut invité personnellement par l'Empereur. On sait quelles belles études le Maître en a rapportées. Detaille connaît du reste l'armée russe comme il connaît toutes les armées de l'Europe. On se souvient du beau tableau qui figurait à l'exposition de 1889 : « Les Cosaques du régiment de l'Ataman rentrant au cantonnement. » Au premier plan et arrivant sur le spectateur, les musiciens chanteurs, puis la longue file des cosaques dont les derniers cavaliers, à l'horizon, étaient dorés par le soleil couchant. Un jour que j'admirais ce beau tableau, à l'exposition de 1889, je vis un enfant, petit bonhomme de trois ou quatre ans, pleurer et faire une scène parce qu'il voulait qu'on lui donnât « les soldats ». Voilà, certes, une admiration qui n'était pas de commande!

En dehors des séjours au camp, le Tzar est journellement en rapport avec ses troupes qui ont pour lui une « adoration fanatique », le mot n'est pas exagéré.

« C'est dans les solennités militaires qu'on a le plus souvent l'occasion de voir et d'approcher l'empereur... Quand le Tzar reçoit le rapport le dimanche, devant le front des deux bataillons qui échangent le service de semaine, il est entouré de sa nombreuse maison militaire; les vieux généraux reprennent pour un instant leur place dans le régiment des gardes où ils ont débuté, ils tiennent à honneur de défiler avec lui, sous les yeux de leur chef. Les AMBASSADEURS ÉTRANGERS POURVUS D'UN GRADE MILITAIRE SUIVENT ASSIDUMENT CES EXERCICES; ils y trouvent un accès commode auprès de l'empereur. Le soldat diplomate chevauche un moment botte à botte à côté de lui; on échange quelques mots sur les événements du jour. Les paroles qui ont le plus influé sur l'histoire

COSAQUE DE LA GARDE.

contemporaine sont tombées des lèvres impériales dans le manège Michel, murmurées à une oreille attentive entre deux commandements de « Portez armes » !

Ces manèges des corps de la Garde sont d'immenses vaisseaux, parfaitement clos et chauffés, où un régiment de cavalerie peut manœuvrer à l'aise au cœur de l'hiver ; après les églises, ces monuments attirent tout d'abord l'attention, dans la capitale d'une nation religieuse et militaire.

Les officiers y donnent de brillants carrousels ; ils organisent des quadrilles équestres avec de hardies amazones, sous les tribunes bondées de monde select.

En plus de la parade du dimanche, il ne se passe guère de semaine sans que l'Empereur vienne présider dans un de ces manèges la fête du régiment dont on célèbre le saint patron, ou un des nombreux jubilés destinés à entretenir l'esprit militaire (1) : anniversaire d'une victoire, d'un événement historique, cinquantenaire d'un chef illustre dans l'armée par de longs services. »

Les revues du champ de Mars sont légendaires ; on a souvent décrit avec quelle pittoresque variété les Russes savent faire défiler leurs troupes pour éviter la monotonie : le régiment PAVLOVSKY, par exemple, celui qui est composé d'hommes ayant le nez camard et la moustache rousse, défilant au pas de charge en croisant la baïonnette pour rappeler la charge qu'il exécuta au siècle dernier afin de dégager l'armée de Souvarov des mains des Turcs ; les régiments de cavalerie défilant au pas, au trot, au galop avec des escadrons à pied ; les chevaux tenus par les escadrons qui suivent ; les Cosaques défilant à bride abattue, et tournant court devant la tribune impériale, sans une chute ! Des Cosaques debout sur la selle, couchés en travers, ramassant la lance ou le pistolet qu'ils ont jeté devant eux ; l'artillerie défilant à fond de train, etc., etc.

En toutes choses d'ailleurs, chaque arme, chaque régiment conservent avec fidélité les traditions ; l'esprit de corps est entretenu avec soin par les hauts chefs, qui savent ce qu'on peut faire d'une troupe qui a la conviction de sa supériorité. « Je voudrais que les Cosaques ne perdissent jamais le souvenir du vieux dicton de leurs pères : « QUAND JE SUIS SUR MON CHEVAL, DIEU SEUL EST « PLUS HAUT QUE MOI ! » (Instruction du général Koulgatchev.) Et n'est-ce pas dans une STANITSA des Cosaques du Don que l'on conserve religieusement la lance du Cosaque Palouline, qui, pendant la guerre de Turquie, entouré par un grand nombre d'ennemis, tua trois de ses adversaires et se fit jour au travers des autres? Dix-sept entailles sont restées marquées sur le bois de sa lance !

Et pour terminer cette rapide étude de la cavalerie d'un peuple dont le dicton populaire est : CHAPKAMI ZABRAÇAÏÈME !

Sabre porté en campagne par toute la cavalerie.

(1) A opposer, chez nous, l'interdiction de la belle fête militaire que plusieurs régiments de cavalerie se proposaient de donner dans le manège de *Cuirassiers de la Garde,* la galerie des machines il y a quelque temps. *en 1760.*

« Nous sommes si nombreux qu'il nous suffira de jeter nos chapeaux sur l'étranger pour l'étouffer », racontons un des plus brillants faits d'armes exécutés par la cavalerie russe, pendant la campagne de 1877-78.

Le 14 janvier 1878, le général Stroukov quitte Eski-Sagra à la tête de 9 escadrons, après avoir fait à ses officiers le petit speech suivant : « Messieurs, vous avez l'honneur de servir
« d'avant-garde à l'armée. Les regards de toute la Russie seront fixés sur vous. N'ou-
« bliez pas ce qu'on exige de la cavalerie : une grande audace jointe à la plus grande
« prévoyance. Il nous faut obtenir les plus grands résultats avec le moins de pertes
« possible. Nous faisons un raid qui doit avoir le caractère d'une reconnaissance gé-
« nérale ininterrompue. Nous avons devant nous l'inconnu, et il nous faudra agir selon
« les circonstances.
« Faisons le signe de la croix, et en avant ! »

Éclairant l'infanterie de Skobélev qu'il précède, le général Stroukov, lancé au milieu des troupes turques en retraite, marche, autant que possible, pendant la nuit, pour mieux dissimuler le petit nombre de ses cavaliers.

Il avance prudemment, mais avec vigueur et décision; et ses petits détachements, apparaissant à la fois inopinément sur des points différents, sèment la terreur parmi les colonnes turques au milieu desquelles il se meut, sans prendre souci de ses communications.

Achmed-Eyoub-Pacha, qui a sous ses ordres 8.000 nizams, 60 canons et un grand nombre de bachi-bouzouks, n'ose pas défendre Andrinople et ses 120.000 habitants, et s'enfuit devant l'audacieuse petite troupe. Hassan-Pacha et Abdoul-Kerim-Pacha qui rétrogradaient, à la tête de forces imposantes, de Yamboli sur Andrinople, changent aussitôt de direction et se rejettent du côté de l'Est.

Le 1er février, Stroukov arrive à Tchataldja, aux portes de Constantinople, où il est arrêté par la nouvelle de l'armistice.

Il faudrait encore citer la remarquable marche du général Lazarev, du 9 au 16 octobre 1877. A la tête de 23 bataillons, 28 escadrons et 78 pièces, le général fait un mouvement tournant qui, par la sûreté et la vigueur avec lesquelles il est mené, cause la destruction d'une partie de l'armée de Mouktar-Pacha, la prise de 7 généraux turcs, de 20 bataillons et de 30 canons...

Quant au mot de la fin, c'est Pierre le Grand qui nous le dira en nous donnant le secret de la grandeur et de la vaillance de l'armée russe : « Encore qu'officiers sont à soldats comme père à enfants, pour icelle cause, il leur appartient mêmement de les traicter comme pères enfants. Et encore qu'enfants sont muets devant pères en toute soumission, reposant leurs espérances en pères pour chaque objet; pour icelle cause, pères ont cure vigilamment de leur instruisance, de leur subsistance et de toute pourvoyance d'iceulx, notamment à cette fin qu'ils n'éprouvent aulcuns besoins, ni manquements. D'icelle façon doivent les officiers (et les nostres plus qu'aulcuns autres, à cause que point n'est peuple au monde aussi soumis comme le Russe), pour l'avantage du soldat, faire ce qui est dans leur puissance (et ce qu'ils n'ont pas, en faire rapport à plus haut qu'eux) et non pas que de les (fatiguer) en vaines cérémonies, gardes et aultres et notamment dans le tems d'une campaigne. »

En tirailleur!

PRINCIPAUX OFFICIERS
DE LA CAVALERIE RUSSE
EN 1892 (1)

INSPECTEUR GÉNÉRAL DE LA CAVALERIE : S. A. I. le Grand-Duc *Nicolas*.
GÉNÉRAUX DE CAVALERIE, AIDES DE CAMP DE S. M. L'EMPEREUR : Prince *Mélikov*.
Timachev.
Prince *Menchikov*.
Gourko.
Volkov.
Merder.
Prince *Dondoukov-Korsakov*.
Tchertkov.
Sturler.
Manzéi.
Chamchev.
Prince *Sviatopolk-Mirsky 2°*.
Comte *Moussine-Pouchkine*.
Baron *Driesen*.
Comte *Vorontzov-Dachkov*.
Gall.
Chérémétiev.

GARDE IMPÉRIALE.

COMMANDANT DU CORPS : *Manzéi*, général de cavalerie.
CHEF D'ÉTAT-MAJOR : *Skougarevsky*, général-major.

1re DIVISION.

COMMANDANT : *N*.
CHEF D'ÉTAT-MAJOR : *Mikhniévitch*, colonel.

1re Brigade (Chevaliers-Gardes et Gardes du corps à cheval).
COMMANDANT : *Timiriazev*, général-major.

2e Brigade (Cuirassiers).
COMMANDANT : *Bloch*, général-major.

3e Brigade (Cosaques de la Garde).
COMMANDANT : *Khrechtchatitzky*, général-major.

2e DIVISION.

COMMANDANT : S. A. I. le Grand-Duc *Nicolas Nicolaiévitch*, général-major.
CHEF D'ÉTAT-MAJOR : *Préjentzov*, colonel.

1re Brigade (Grenadiers à cheval et Hussards).
COMMANDANT : *N*.

2e Brigade (Dragons et Hussards de S. M. l'Empereur).
COMMANDANT : *Tchervonny*, général-major.

3e Brigade (Hulans de S. M. et Hussards de Grodno).
COMMANDANT : Baron *Offenberg*.

CHEVALIERS-GARDES DE S. M. L'IMPÉRATRICE.

CHEF : S. M. *l'Impératrice*.
SECOND CHEF : S. M. *l'Empereur*.
COLONEL : *Timiriazev*, général-major.
ROTMISTRES : *Kaznakov*.
Dachkov.
Bernov.
Brümmer.

---

(1) Il n'existe pas pour l'armée russe d'Annuaire militaire, général, comme dans d'autres pays, et la présente liste a été rédigée d'après des listes d'ancienneté publiées séparément pour chaque grade et d'après d'autres documents.

GARDES DU CORPS A CHEVAL.

Chef : S. M. l'Empereur.
Colonel : S. A. I. le Grand-Duc Paul Alexandrovitch.
Rotmistres : *Hartung.*
  Baron *Meyendorf.*
  Niépokoïtchitzky.
  Comte *Steinbock.*
  Comte *Benkendorf.*
  S. A. I. le Grand-Duc Dimitr Konstantinovitch.
  Prince *Bagration-Moukhransky.*

CUIRASSIERS DE S. M. L'EMPEREUR.

Colonel : *Tal*, général-major.
Rotmistres : *Michine.*
  Jivkovitch.
  Paléologue.
  Katzourik.
  Meinard.
  Tirane.

CUIRASSIERS DE S. M. L'IMPÉRATRICE.

Colonel : *Khroulev*, général-major.
Rotmistres : *Eropkine.*
  Feldmann.
  Avenarius.
  Troussiévitch.

GRENADIERS A CHEVAL.

Chef : S. A. I. le Grand-Duc Michel Nicolaïévitch.
Colonel : *Maximovitch*, général-major.
Rotmistres : *Batatzi.*
  Ivanov.
  Sipiaguine.
  Baron *Budberg.*
  Démor.
  Annenkov.
  Ouchakov.

HULANS.

Colonel : *Baranov*, général-major.
Rotmistres : *Von Lüder.*
  Destrem.
  Baron *Driesen.*
  Derfelden.
  Pétrov.
  Medviédiev.
  Baron *Staël von Holstein.*
  Hertik.

DRAGONS.

Chef : S. A. I. le Grand-Duc Vladimir Alexandrovitch.
Colonel : *Zykov*, général-major.
Rotmistres : Baron *Nettel-Horst.*
  Zdroïevsky.
  Zienkiévitch.

Ap. Alymov.
An. Alymov.
Baron *Delingshausen.*
Egorov.

HUSSARDS DE S. M. L'EMPEREUR.

Colonel : Prince *Vassiltchikov*, général-major.
Rotmistres : *Mouromtzev.*
  Tatichtchev.
  Voronov.
  Khrapovitzky.
  Kroupiensky.
  Prince *Gagarine.*
  Baron *Standerscheld.*
  Volkov.
  Prince *Chakhovskoï.*
  Prince *Chervachidzé.*

HULANS DE S. M. L'EMPEREUR.

Colonel : *Alexiéev*, général-major.
Rotmistres : *Kolomnine.*
  Gortchakov.
  Comte *Fersen.*
  Tchernota de Boïary-Boïarsky.
  Iankovitch.
  Lazarev.
  Trambitzky.
  Von Remer.

HUSSARDS DE GRODNO.

Chef : S. A. I. le Grand-Duc Paul Alexandrovitch.
Colonel : *Ostrogradsky*, général-major.
Rotmistres : *Likhatchev.*
  Simachko.
  Heimann.
  Charpentier.
  Lerkhé.
  Gritzenko.
  Vassianov.

COSAQUES DE S. M. L'EMPEREUR.

Colonel : *Korotchentzov*, général-major.

COSAQUES DU GRAND-DUC HÉRITIER.

Colonel : *Grékov*, général-major.

ESCADRON DE COSAQUES DE L'OURAL.

Commandant : *Martinov*, colonel.

ESCORTE PERSONNELLE DE S. M. L'EMPEREUR

(4 sotnias de Cosaques, deux du Kouban, deux du Terek.)

Chef : S. M. l'Empereur.
Commandant : *Chérémétiev*, général-major.

CAVALERIE DE LIGNE.

1re DIVISION (1er CORPS D'ARMÉE, ARRONDISSEMENT MILITAIRE DE MOSCOU).

COMMANDANT : *Von der Launitz*, général-lieutenant.
CHEF D'ÉTAT-MAJOR : *Vyttek*, colonel.

1re Brigade (1er et 2e Dragons).
COMMANDANT : *Vintoulov*, général-major.

2e Brigade (3e Dragons, 1er Cosaques du Don).
COMMANDANT : *Gardénine*, général-major.

2e DIVISION (2e CORPS, ARRONDISSEMENT MILITAIRE DE VILNA).

COMMANDANT : Baron *Meyendorf*, général-lieutenant.
CHEF D'ÉTAT-MAJOR : *Bobyr*, colonel.

1re Brigade (4e et 5e Dragons).
COMMANDANT : *Iliine*, général-major.

2e Brigade (6e Dragons, 2e Cosaques du Don).
COMMANDANT : *Palitzyne*, général-major.

3e DIVISION (3e CORPS, ARRONDISSEMENT MILITAIRE DE VILNA).

COMMANDANT : *Kraievsky*, général-lieutenant.
CHEF D'ÉTAT-MAJOR : *Garnak*, colonel.

1re Brigade (7e et 8e Dragons).
COMMANDANT : *Jeltoukhine*, général-major.

2e Brigade (9e Dragons, 3e Cosaques du Don).
COMMANDANT : *Ilovaïsky*, général-major.

4e DIVISION (4e CORPS, ARRONDISSEMENT MILITAIRE DE VILNA).

COMMANDANT : *Stroukov*, général-lieutenant.
CHEF D'ÉTAT-MAJOR : *Von Essen*, colonel.

1re Brigade (10e et 11e Dragons).
COMMANDANT : *Pilsoudsky*, général-major.

2e Brigade (12e Dragons, 4e Cosaques du Don).
COMMANDANT : *Baroutch*, général-major.

5e DIVISION (5e CORPS, ARRONDISSEMENT MILITAIRE DE VARSOVIE).

COMMANDANT : *Riesenkampf*, général-lieutenant.
CHEF D'ÉTAT-MAJOR : *Volochinov*, colonel.

1re Brigade (13e et 14e Dragons).
COMMANDANT : *Rogovsky*, général-major.

2e Brigade (15e Dragons, 5e Cosaques du Don).
COMMANDANT : *Grékov*, général-major.

6e DIVISION (6e CORPS, ARRONDISSEMENT MILITAIRE DE VARSOVIE).

COMMANDANT : *Parensov*, général-lieutenant.
CHEF D'ÉTAT-MAJOR : *Smirnov*, colonel.

1re Brigade (16e et 17e Dragons).
COMMANDANT : *Bogouchevitch*, général-major.

2e Brigade (18e Dragons, 6e Cosaques du Don).
COMMANDANT : *Vonliarliarsky*, général-major.

7e DIVISION (7e CORPS, ARRONDISSEMENT MILITAIRE D'ODESSA).

COMMANDANT : *Bodisko*, général-lieutenant.
CHEF D'ÉTAT-MAJOR : *Bezradetzky*, colonel.

1re Brigade (19e et 20e Dragons).
COMMANDANT : *Von Brevern*, général-major.

2e Brigade (21e Dragons, 7e Cosaques du Don).
COMMANDANT : *Tchernozoubov*, général-major.

8e DIVISION (8e CORPS, ARRONDISSEMENT MILITAIRE D'ODESSA).

COMMANDANT : *Borozdine*, général-lieutenant.
CHEF D'ÉTAT-MAJOR : *Selivanov*, colonel.

1re Brigade (22e et 23e Dragons).
COMMANDANT : *Khrouchtchev*, général-major.

2e Brigade (24e Dragons, 8e Cosaques du Don).
COMMANDANT : *Kvitnitzky*, général-major.

9e DIVISION (9e CORPS, ARRONDISSEMENT MILITAIRE DE KIEV).

COMMANDANT : *Novitzky*, général-lieutenant.
CHEF D'ÉTAT-MAJOR : *Morozov*, colonel.

1re Brigade (25e et 26e Dragons).
COMMANDANT : *Korévo*, général-major.

2e Brigade (27e Dragons, 1er Cosaques de l'Oural).
COMMANDANT : *Merkling*, général-major.

10e DIVISION (10e CORPS, ARRONDISSEMENT MILITAIRE DE KIEV).

COMMANDANT : *Rebinder*, général-lieutenant.
CHEF D'ÉTAT-MAJOR : *Leiming*, colonel.

1re Brigade (28e et 29e Dragons).
COMMANDANT : *Glavatzky*, général-major.

2e Brigade (30e Dragons, 1er Cosaques d'Orenbourg).
COMMANDANT : *Sannikov*, général-major.

11º DIVISION (11º CORPS, ARRONDISSEMENT MILITAIRE DE KIEV).

COMMANDANT : *Ter-Assatourov*, général-lieutenant.
CHEF D'ÉTAT-MAJOR : *Arbouzov*, colonel.

1ʳᵉ **Brigade** (31º et 32º Dragons).
COMMANDANT : *Leslie*, général-major.

2º **Brigade** (33º Dragons, 11º Cosaques du Don).
COMMANDANT : *Gomolitsky*, général-major.

12º DIVISION (12º CORPS, ARRONDISSEMENT MILITAIRE DE KIEV).

COMMANDANT : *Lermantov*, général-lieutenant.
CHEF D'ÉTAT-MAJOR : *Tchétyrkine*, colonel.

1ʳᵉ **Brigade** (34º et 35º Dragons).
COMMANDANT : *Adamovitch*, général-major.

2º **Brigade** (36º Dragons, 3º Cosaques d'Orenbourg).
COMMANDANT : *Skalone*, général-major.

13º DIVISION (13º CORPS, ARRONDISSEMENT MILITAIRE DE VARSOVIE).

COMMANDANT : Baron *Meyendorf*, général-lieutenant.
CHEF D'ÉTAT-MAJOR : *Ekk*, colonel.

1ʳᵉ **Brigade** (37º et 38º Dragons).
COMMANDANT : *Likhtansky*, général-major.

2º **Brigade** (39º Dragons, 2º Cosaques d'Orenbourg).
COMMANDANT : Prince *Eristov*, général-major.

14º DIVISION (14º CORPS, ARRONDISSEMENT MILITAIRE DE VARSOVIE).

COMMANDANT : Comte *Mengden*, général-lieutenant.
CHEF D'ÉTAT-MAJOR : Von *Rennenkampf*, colonel.

1ʳᵉ **Brigade** (40º et 41º Dragons).
COMMANDANT : *Véliaminov-Zernov*, général-major.

2º **Brigade** (42º Dragons, 14º Cosaques du Don).
COMMANDANT : Baron von *Kriedener*, général-major.

15º DIVISION (15º CORPS, ARRONDISSEMENT MILITAIRE DE VARSOVIE).

COMMANDANT : Baron *Kaulbars*, général-lieutenant.
CHEF D'ÉTAT-MAJOR : *Grigoriév*, colonel.

1ʳᵉ **Brigade** (47º Dragons).
COMMANDANT : *N*...

2º **Brigade** (48º Dragons, 3º Cosaques de l'Oural).
COMMANDANT : *Bajénov*, général-major.

DIVISION DE CAVALERIE DU CAUCASE.

COMMANDANT : Prince *Amilokhvarov*, général-lieutenant.
CHEF D'ÉTAT-MAJOR : *Odyntzov*, colonel.

1ʳᵉ **Brigade** (43º et 44º Dragons).
COMMANDANT : *Etter*, général-major.

2º **Brigade** (45º et 46º Dragons).
COMMANDANT : *Arcichevsky*, général-major.

1ʳᵉ DIVISION DE COSAQUES DU DON.
(ARR. MILIT. DE VARSOVIE.)

COMMANDANT : *Andrianov*, général-lieutenant.
CHEF D'ÉTAT-MAJOR : *Vassiliev*, colonel.

1ʳᵉ **Brigade** (9º et 10º Cosaques du Don).
COMMANDANT : *Tourtchaninov*, général-major.

2º **Brigade** (13º et 15º Cosaques du Don).
COMMANDANT : *Iagodine*, général-major.

2ᵉ DIVISION DE COSAQUES DU DON.
(ARR. MILIT. DE KIEV.)

COMMANDANT : *Korochentzov*, général-major.
CHEF D'ÉTAT-MAJOR : *Nazarov*, colonel.

1ʳᵉ **Brigade** (16º et 17º Cosaques du Don).
COMMANDANT : *Dénissov*, général-major.

2º **Brigade** (1ᵉʳ rég. d'Ouroup, Cosaques du Kouban, et 2º rég. du Volga, Cosaques du Terek).
COMMANDANT : *Pientioukhov*, général-major.

1ʳᵉ DIVISION DE COSAQUES DU CAUCASE.
(AU CAUCASE.)

COMMANDANT : *Toumolmine*, général-lieutenant.
CHEF D'ÉTAT-MAJOR : *Lissovsky*, colonel.

1ʳᵉ **Brigade** (1ᵉʳ rég. du Kouban, Cosaques du Kouban, et 1ᵉʳ rég. de Mozdoksk, Cosaques du Terek).
COMMANDANT : *Prozorkiévitch*, général major.

2º **Brigade** (1ᵉʳ rég. d'Human, et 1ᵉʳ de Khoper, Cosaques du Kouban.
COMMANDANT : *Piédine*, général-major.

2º DIVISION DE COSAQUES DU CAUCASE.

COMMANDANT : *Léonov*, général-major.
CHEF D'ÉTAT-MAJOR : *Goukov*, colonel.

1ʳᵉ **Brigade** (1ᵉʳ rég. de Poltava, 1ᵉʳ rég. de Caucase).
COMMANDANT : *Mirza-Hadji-Bek-Navrouzov*, général-major.

LIEUTENANT DE COSAQUES.

2ᵉ **Brigade** (1ᵉʳ rég. d'Iéï; 1ᵉʳ rég. de Labine).
COMMANDANT : *Iessaoulov*, général-major.

BRIGADE TRANSCASPIENNE DE COSAQUES.
COMMANDANT : Baron *von Stachelberg*, général-major.

RÉGIMENTS DE DRAGONS.

1ᵉʳ DRAGONS, DU CORPS, dit DE MOSCOU.

CHEF : *S. M. l'Empereur.*
COLONEL : *Riesenkampf.*
LIEUTENANTS-COLONELS : *Skoryno.*
  Adamenko.
  Obolianinov.
ROTMISTRES : *Komotsky.*
  Zagoskine.
  Kamsarakane.
  Stiépantzov.
  Rautsmann.
  Tchernikov.
  Lohn.

2ᵉ DRAGONS, de SAINT-PÉTERSBOURG.

CHEF NOMINAL : Prince *Menchikov*, feldmaréchal.
COLONEL : *Batorsky.*
LIEUTENANTS-COLONELS : *Goubine.*
  Slavine.
  Ivanov.
ROTMISTRES : *Vassiliev.*
  Lissowsky.
  Tchevakinsky.
  Dournovo.
  Fédorov.

3ᵉ DRAGONS, de SOUMY.

CHEF : *S. A. R. le prince héritier de Danemark.*
COLONEL : *Prjévolotsky.*
LIEUTENANTS-COLONELS : *Kamiensky.*
  Sérébrakov.
  Prince *Tchkhéidzé.*
  Koñkov.
ROTMISTRES : *Tichéninov.*
  Sterligov.
  Danilov.
  Polschau.

4ᵉ DRAGONS, DU CORPS, de PSKOV.

CHEF : *S. M. l'Empereur.*
COLONEL : *Nikolaïev.*
LIEUTENANTS-COLONELS : *Liachkiévitch.*
  Nikitine.
  Voïnitch.

ROTMISTRES : Baron *Stachelberg.*
  Ivanov.
  Falkovsky.
  Sokolov.
  Zolotoukhine.
  Von Kek.

5ᵉ DRAGONS, DU CORPS, de COURLANDE.

CHEF : *S. M. l'Empereur.*
COLONEL : *Kanchine.*
LIEUTENANTS-COLONELS : Prince *Nakachidzé.*
  Chantarine.
  Baumgarten.
  Kharnsky.
ROTMISTRES : *Kounitzky.*
  Verth.
  Krioukov.
  Gordiéiev.
  Tarelkine.

6ᵉ DRAGONS, DU CORPS, de PAVLOGRAD.

CHEF : *S. M. l'Empereur.*
COLONEL : *Bader.*
LIEUTENANTS-COLONELS : *Poklewsky-Koziello.*
  Païewsky.
  Kondratov.
  Comte *Rebinder.*
  Zakharov.
ROTMISTRES : *Séménov.*
  Matviéiev.
  Von Sieger-Korn.
  Kazarinov.

7ᵉ DRAGONS, de NOUVELLE-RUSSIE.

CHEF : *S. A. I. le Grand-Duc Vladimir Alexandrovitch.*
COLONEL : *Tchernychev.*
LIEUTENANTS-COLONELS : *Smirnov.*
  Von Reese.
  Korolenko.
ROTMISTRES : *Liésniak.*
  Lepiékha.
  Tabartovsky.
  Kostienko.
  Weichler.
  Khodoliéi.

8ᵉ DRAGONS, DU CORPS, de SMOLENSK.

CHEF : *S. M. l'Empereur.*
COLONEL : *Pakhalone.*
LIEUTENANT-COLONEL : *G. Koudriavtzev.*
  N. Koudriavtzev.
ROTMISTRES : *J. Kounitzky.*
  Afanassiev.
  Sokolovsky.

9ᵉ DRAGONS, d'ÉLISAVETGRAD.

Ogranovitch.
F. Kounitzky.
Feldmann.

CHEF : S. M. le Roi de Wurtemberg.
COLONEL : Nordh Iᵉʳ.
LIEUTENANTS-COLONELS : Leichtfeld.
   Tzitzo-Tokaiev.
   Tchetchott.
ROTMISTRES : Boulytchev.
   Térentiev.
   Leman.
   Loupondine.
   De Téils.
   Baron von Meidel.

10ᵉ DRAGONS, d'ÉKATERINOSLAV.

CHEF NOMINAL : Prince Potemkine-Tavritchesky, feldmaréchal.
COLONEL : Kariéev.
LIEUTENANTS-COLONELS : Pouchechnikov.
   Nartzov.
   Lissetzky.
   Pokorsky-Joravko.
ROTMISTRES : Pastchenko.
   Ozersky.
   Dounaiev.
   Tomachevsky.
   Ivanov.

11ᵉ DRAGONS, de KHARKOV.

CHEF : S. A. I. la Grande-Duchesse Alexandra Pavlovna.
COLONEL : Vélmarn.
LIEUTENANTS-COLONELS : Rostkowsky.
   Samoriadov.
   Soulkiévitch.
   Iznoskov.
ROTMISTRES : Nadervel.
   Kazatchenko.
   Savoïsky.
   Roop.
   Fastchevsky.

12ᵉ DRAGONS, de MARIOUPOL.

CHEF NOMINAL : Prince Wittgenstein, général feldmaréchal.
COLONEL : Plévié.
LIEUTENANTS-COLONELS : Loukine.
   Prince Gagarine.
   Miézentzov.
   Ivanovsky.
ROTMISTRES : Rubinstein.
   Laskiévitch.
   Roggué.

Malama.
Tratsevsky.

13ᵉ DRAGONS, de KARGOPOL.

CHEF NOMINAL : S. A. I. le Grand-Duc Constantin Nicolaiévitch.
COLONEL : Dobromyslov.
LIEUTENANTS-COLONELS : Matrozov.
   Korchoune.
   Pokorsky.
   Prince Khimchyiev.
ROTMISTRES : Tsiekhanovsky.
   Tyménietzky.
   Bouroundoukov.
   Chimanovsky.
   Von Wagner.

14ᵉ DRAGONS, de LITHUANIE.

CHEF NOMINAL : S. A. I. l'Archiduc Albert d'Autriche.
COLONEL : Golovatchev.
LIEUTENANTS COLONELS : Bilnyi-Chliakhto.
   Mouratov.
   Argamakov.
   Jiline.
ROTMISTRES : Tomilov
   Boukhvostov.
   Rembovsky.
   Kourjénietzky.
   Niedzvietzky.

15ᵉ DRAGONS, d'ALEXANDROVSK.

COLONEL : Boborykine.
LIEUTENANTS-COLONELS : Pavlov.
   Lermantov.
   Von der Launitz.
ROTMISTRES : Vinguer.
   Svirsky.
   Kraïter.
   Baron Tornau.
   Tomachevsky.
   Bronsky.

16ᵉ DRAGONS, de GLOUKHOV.

CHEF NOMINAL : S. A. I. la Grande-Duchesse Alexandra Iossifovna.
COLONEL : Fomine.
LIEUTENANTS-COLONELS : Davydov.
   N. Loukachev.
   A. Loukachev.
ROTMISTRES : Domoratzky.
   Malychévitch.
   Focht.
   Dobrovolsky.
   Dragol.
   Listovsky.

17ᵉ DRAGONS, de VOLHYNIE.

CHEF NOMINAL : S. A. I. le Grand-Duc Constantin Nicolaiévitch.
COLONEL : Klavèr.
LIEUTENANTS-COLONELS : Zabousnov.
Henkhusen.
Nikitine.
Lébédintzev.
ROTMISTRES : Nordman.
Kardachevsky.
Tzégué von Manteuffel.
Prokopovitch.
Iasievitch.

18ᵉ DRAGONS, de KLIASTITZA.

CHEF : S. A. R. Ernest-Louis, Grand-Duc de Hesse.
COLONEL : Borodatevsky.
LIEUTENANTS-COLONELS : Aurenius.
Vislotzky.
ROTMISTRES : Savitzky.
Nadikt-Riézounov.
Lindberg-Kohl.
Ebergardt.
Narboult.

19ᵉ DRAGONS, de KINBURN.

CHEF : S. A. I. le Grand-Duc Michel-Nicolaiévitch.
COLONEL : Olkhine.
LIEUTENANTS-COLONELS : Lamartinière.
Loupall.
Drogalev.
ROTMISTRES : Radzévitch.
Comte Keller.
Zaïkovsky.
Huber.
Obraskov.
Serboull.
Pokrassa.

20ᵉ DRAGONS, d'OLVIOPOL.

COLONEL : Iaguéllo.
LIEUTENANTS-COLONELS : Kanatov.
Daragane.
Kharitonov.
ROTMISTRES : Iampolsky.
Markiévitch.
Pouhalsky.
Radkiévitch.
Engelhardt.
Tarnovsky.
Andréev.

21ᵉ DRAGONS, de RUSSIE BLANCHE.

CHEF : S. A. I. le Grand-Duc Michel Nicolaiévitch.
COLONEL : Zander.
LIEUTENANTS-COLONELS : Filonov.
Rokka Fouchs.
De Viri.
ROTMISTRES : Abramov.
Rogovsky.
Rakchanine.
Von Ziegler.
Kourdimanov.
Tilitchev.

22ᵉ DRAGONS, d'ASTRAKHAN.

CHEF : S. A. I. le Grand-Duc Nicolas Nicolaiévitch.
COLONEL : Karganov.
LIEUTENANTS-COLONELS : Filonov.
Koupenko.
Zolotarev.
Zagorsky.
ROTMISTRES : Gontcharov.
Touloubiev.
Chatov.
Basnine.
Kartachev.

23ᵉ DRAGONS, de VOZNIÉSIENSK.

COLONEL : De Witte.
LIEUTENANTS COLONELS : Boutchinsky.
De Pollini.
Lalévitch.
ROTMISTRES : Roudenko.
Sinitzyne.
Bogouslavsky.
Safonov.
Réchétilov.
Soukharev.

24ᵉ DRAGONS, de LOUBIENSK.

CHEF : S. A. I. l'Archiduc Charles-Louis d'Autriche.
COLONEL : Iannaou.
LIEUTENANTS-COLONELS : Grigoriev.
Kartachev.
Bobé.
Boutovitch.
ROTMISTRES : Massalitinov.
Kvachnine-Samarine.
Erdéli.
Sargani.
Sirbou.
Dolinsky.

25ᵉ DRAGONS, de KAZAN.

CHEF : S. A. I. l'Archiduc Léopold d'Autriche.
COLONEL : Kozlovsky.
LIEUTENANTS-COLONELS : Aristov.
Boukriéev.
ROTMISTRES : Baer.

Kartachevsky.
Pougovitchnikov.
Von Meyer.
Zroudelsky.
Prince Chahovskoï.

26° DRAGONS, de Boug.

CHEF : S. A. I. l'Archiduc François-Ferdinand d'Autriche.
COLONEL : Schmidt.
LIEUTENANTS-COLONELS : Baron von Stachelberg.
Kononov.
Likhtansky.
ROTMISTRES : Filonov.
Biélogroudov.
Chérémétiev.
Glavatzky.
Liachenko.
Popov.

27° DRAGONS, de Kiev.

COLONEL : Benkendorf.
LIEUTENANTS-COLONELS : Kourachinsky.
Gribsky.
Afanassiev.
ROTMISTRES : Von Meyer.
Sorokine.
Boukriéev.
Baron Krüdener.
Bondyrev.
Rosleïn.

28° DRAGONS, de Novgorod.

CHEF : S. M. le Roi de Wurtemberg.
COLONEL : Zander.
LIEUTENANTS-COLONELS : Joukov.
De Roberty.
Otto.
Fridoun-Beg-Ki-As-Vizirov.
ROTMISTRES : Baron von Medem.
Bohomoletz.
Popov.
Prince Avalov.
Makoukhine.

29° DRAGONS, d'Odessa.

CHEF : S. A. le Duc de Nassau.
COLONEL : Barte.
LIEUTENANTS-COLONELS : Baron Witte.
Ekh.
Kolvzanc.
Tougane-Mirza-Baranovsky.
ROTMISTRES : Tchehovsky.
Tchoumatchkov.
Tolpygo.
Rozalione-Sochalsky.
Miédzelzky.

30° DRAGONS, d'Ingermanland.

CHEF : S. A. le Grand-Duc de Saxe-Weimar.
COLONEL : Von Grienwald.
LIEUTENANTS-COLONELS : Korniéenko.
Kamensky.
Maliuchitzky-Oulane.
ROTMISTRES : Miétchnikov.
Iazykov.
Westmann.
Riesnikov.
Tchéhotarev.

31° DRAGONS, de Riga.

CHEF : S. A. I. la Grande-Duchesse Catherine Mikhaïlovna.
COLONEL : Bobylov.
LIEUTENANTS-COLONELS : Iguelstrom.
Tzivinsky.
ROTMISTRES : Matzievsky.
Chimanovsky.
Leïkovsky.
Jiromsky.
Kolesnikov.
Trounine.

32° DRAGONS, de Tchougouiev.

CHEF : S. M. l'Empereur.
COLONEL : Ambrazantziev.
LIEUTENANTS-COLONELS : Guénichta.
Tomkovitch.
Tarnovsky.
Zander.
Debière.
ROTMISTRES : Dobrohotov.
Khersonsky.
Kostienko.
Vikgorst.

33° DRAGONS, d'Izioum.

CHEF : S. A. R. le Prince Henri de Prusse.
COLONEL : Starodoubzev.
LIEUTENANTS-COLONELS : Damé.
Debière.
ROTMISTRES : Mostovoï.
Khareth-Ahmeth-Ogly.
Adabache.
Sokolsky.
Belgardt.
Rjandkovsky.
Tihomirov.
Modestov.

34° DRAGONS, de Starodoub.

COLONEL : Znatchko-Iavorsky.
LIEUTENANTS-COLONELS : Von Ziegler.

Poznansky.
Groholsky.
ROTMISTRES : *Beneskoull.*
Brioussov.
Bandrovsky.
Ianikovsky.
Kreminsky.
Novatzky.

35º DRAGONS, DE BIELGOROD.

CHEF : *S. M. l'Empereur d'Autriche.*
COLONEL : *Korf.*
LIEUTENANTS-COLONELS : *Bogdanovitch.*
Tolkounov.
Tchernotzky.
Schwind.
ROTMISTRES : *Boulatov.*
Koch.
Guéitzigue.
Kouzmine.

36º DRAGONS, D'AKHTYR.

COLONEL : *Nazimov.*
LIEUTENANTS-COLONELS : *Bolioubache.*
Plachinsky.
Nasimov.
Andréev.
ROTMISTRES : *Frolov.*
Ignatiev.
Dmitriev.
Viéliachéev.
Reichwald.

37º DRAGONS, DE L'ORDRE GUERRIER.

CHEF NOMINAL : *Le Général-Feldmaréchal Comte Minikh.*
COLONEL : *Vierba.*
LIEUTENANTS-COLONELS : *Proffen.*
Khelminsky.
Okonev.
ROTMISTRES : *Trambitzky.*
Soultanov.
Manteuffel.
Soundstrem.
Radvilovitch.
Koupstz.

38º DRAGONS, de VLADIMIR.

CHEF : *S. A. I. le Grand-Duc Michel Nicolaiévitch.*
COLONEL : *Herschelmann.*
LIEUTENANTS-COLONELS : *Ivanov.*
Klevezal.
Von Renne.
Azariev.
ROTMISTRES : *Nélidov.*
Robouk.

Beïl.
Ivanov.
Konradi.
Vinogradsky.

39º DRAGONS, de NARVA.

CHEF NOMINAL : *S. A. I. le Grand-Duc Constantin Nicolaiévitch.*
COLONEL : Baron *von Stempel.*
LIEUTENANTS-COLONELS : *Baïkov.*
Préjentzev.
ROTMISTRES : *Montchinsky.*
Obraztsov.
Iakovlev.
Iguelstrom.
Mazaraki.
Kissiélev.

40º DRAGONS, de PETITE-RUSSIE.

COLONEL : *Av-Meynander.*
LIEUTENANTS-COLONELS : *Oldéroggué.*
Pouchtchine.
Kostyrev.
Gniédenko.
ROTMISTRES : *Maltzov.*
Baranovsky.
Mirovitch.
Vistchinsky.
Chabelsky.

41º DRAGONS, de YAMBOURG.

CHEF : *S. A. I. la Grande-Duchesse Marie Alexandrovna.*
COLONEL : *Kozlovsky.*
LIEUTENANTS-COLONELS : *Davydov.*
Danilov.
Fliaksberguer.
ROTMISTRES : *Vassilevsky.*
Kokhanovitch.
Frankovsky.
Sidorov.
Narboutt.

42º DRAGONS, de MITAVA.

CHEF : *S. A. R. le Prince Albert de Prusse.*
COLONEL : *Iermoline.*
LIEUTENANTS-COLONELS : *Nordstein.*
Elkan.
Kondyrev.
Miassoiédov.
ROTMISTRES : *Dombrovsky.*
A. Zaharov.
G. Zaharov.
Prince Chahovskoï.
Lobane.

43° DRAGONS, de Tver.

Colonel : *Diével*.
Lieutenants-Colonels : *Materno*.
  Prince *Vatchnadzé*.
  Voïnilovitch.
Rotmistres : *A. Vékilov*.
  Prince *Tzitzianov*.
  Prince *Tchavtchavadzé*.
  D. Vékilov.
  Prince *Tarkhane-Moouravov*.
  Prince persan *Khan-Baba-Khan*.
  Prince persan *Chafi-Khan*.

44° DRAGONS, de Nijny-Novgorod.

Colonel : *Bibikov*.
Lieutenants-Colonels : *Deboroguii-Mokriévitch*.
  Pychnenko.
  Karangozov.
  Prince *Louis-Napoléon Bonaparte*.
Rotmistres : Prince *Tchkhéïdzé*.
  Fourdouiev.
  Tanoutrov.
  Prince persan *Emir-Kazym-Mirza*.
  Prince *Tzérétéli*.
  Pantchoulidzev.
  Evstafiev.
  Jdanko.
  Goursky.

45° DRAGONS, de Sieviersk.

Chef : S. M. le Roi de Danemark.
Colonel : Prince *Tchavtchavadzé*.
Lieutenants-Colonels : Prince *Barnaba-Mikéladze*.
  Arséniev.
  Tkatchenko.
  Aksentiev.
Rotmistres : Prince *K. Mikéladzé*.
  Sokolovsky.
  Serdakovsky.
  Koltchine.
  Prince persan *Abdoul-Samed-Mirza*.

46° DRAGONS, de Péréiaslav.

Chef : S. M. l'Empereur.
Colonel : *Noudjevsky*.
Lieutenants-Colonels : *Ilias-Chanaiev*.
  Mekhti-Aga-Ali-Akper-Krym-Soultanov.
Rotmistres : *Siétzitsky*.
  Ivanov.
  Lychtchinsky.
  Ter-Assatourov.
  Bong.
  Mélik-Schah-Nazarov.
  Kritchinsky.

47° DRAGONS, des Tatars.

Colonel : *Kolesnikov*.
Lieutenants-Colonels : *Vérevkine*.
  Piéounov.
  Lévinsky.
  Gorlenko.
Rotmistres : *B. Kouzmine-Korovaiev*.
  Staritzky.
  K. Kouzmine-Karavaiev.
  Terpilovsky.
  Zinzerling.

48° DRAGONS, de l'Ukraïne.

Colonel : *Tchéliustkine*.
Lieutenants-Colonels : *Wagner*.
  Piatnitzky.
Rotmistres : *Efrémov*.
  Siémiéka.
  Lopatine.
  Vorobiev.
  Oussienko.
  Ardjévanidzé.
  Danilov.

DÉTACHEMENTS DE CAVALERIE NE FAISANT PARTIE D'AUCUNE DIVISION.

RÉGIMENT DE DRAGONS DE FINLANDE.

Colonel : *Schaumann*.

DÉTACHEMENT DE CRIMÉE (dans l'arr. militaire d'Odessa).

Commandant : Colonel *Von Tranzégué*.

DÉTACHEMENT D'OSSÉTINE (dans l'arr. militaire du Caucase).

Commandant : Lieutenant-Colonel *Von Krusenstern*.
Rotmistres : *Von Kube*.
  Schmidt.
  Kozine.

ESCADRONS DU SUD DE L'OUSSOURI.

Commandant : Lieutenant-Colonel *Bernov*.

1re Sotnia : Commandant : Rotmistre *Pavlenko*.
2°   —   —   Lieutenant-Colonel *Sokolovsky*.

CROQUIS DE CAVALERIE.

RÉGIMENTS DE COSAQUES DE LIGNE (1).

I. COSAQUES DU DON.

ATAMAN : GÉNÉRAL DE CAVALERIE Prince *Sviatopolk-Mirsky* 2°.
CHEF D'ÉTAT-MAJOR : GÉNÉRAL-LIEUTENANT *Martynov*.
- 1ᵉʳ régiment. COLONEL : *Ilovaïsky*.
- 2° — COLONEL : *Pazdiéiev*.
- 3° — COLONEL : *Grékov*.
- 4° — COLONEL : *Rykovsky*.
- 5° — COLONEL : *Andro*.
- 6° — COLONEL : *Smirnov*.
- 7° — COLONEL : *Doutkine*.
- 8° — COLONEL : *Maximov*.
- 9° — COLONEL : *Avraamov*.
- 10° — COLONEL : *Louizov*.
- 11° — COLONEL : *Iagodine*.
- 12° (2) — COLONEL : *Kouzniétzov*.
- 13° — COLONEL : *Tiéliéchov*.
- 14° — COLONEL : *Sliussarev*.
- 15° — COLONEL : *Sazonov*.
- 16° — COLONEL : *Kaiountchine*.
- 17° — COLONEL : *Doukmassov*.

II. COSAQUES DU CAUCASE.

ATAMAN : GÉNÉRAL DE CAVALERIE *Chérémétiev*.

1. Cosaques du Kouban.

ATAMAN : GÉNÉRAL-LIEUTENANT *Léonov*.
ADJOINTS : GÉNÉRAL-MAJOR *Iatzkiévitch*.
GÉNÉRAL-MAJOR *Avérine*.
CHEF D'ÉTAT-MAJOR : GÉNÉRAL-MAJOR *Tcharkovsky*.
- 1ᵉʳ régiment d'OUROUP. COLONEL : *Vycheslavtzev*.
- — de KOUBAN. COLONEL : *Kossiakine*.
- — d'HUMAN. COLONEL : *Iakovlev*.
- — de KHOPER (du nom de S. A. I. la Grande-Duchesse *Anastasie Mikhaïlovna*). COLONEL : *Pychkine*.
- — de POLTAVA. COLONEL : *Darkine*.
- — de CAUCASE. COLONEL : *Kovalev*.
- — d'IÉI. COLONEL : *Joukov*.
- — de LABINE. COLONEL : *Tourguiev*.
- — de TAMAN. COLONEL : *Koukharenko*.

DÉTACHEMENT EN GARNISON A VARSOVIE.

COLONEL : *Boulhakov*.

BRIGADE DE COSAQUES DU KOUBAN.

COMMANDANT : GÉNÉRAL-MAJOR *Roubachevsky*.

(1) Il est bien entendu que nous ne nous occupons ici que de régiments de cavalerie, car les troupes cosaques comprennent aussi des régiments d'infanterie et d'artillerie.
(2) Les régiments marqués d'une astérisque ne font partie d'aucune division de cavalerie.

- 1ᵉʳ régiment d'ÉKATÉRINODAR*. COLONEL : Prince *Dondoukov-Korsakov*.
- — de la MER NOIRE*. COLONEL : *Vyroubov*.

2. Cosaques du Térek.

ATAMAN : GÉNÉRAL-LIEUTENANT *Kohanov*.
ADJOINTS : GÉNÉRAL-MAJOR *Chépélev*.
COLONEL *Pissarev*.
CHEF D'ÉTAT-MAJOR : GÉNÉRAL-MAJOR *Néviérovsky*.
- 1ᵉʳ rég. de GORSKO-MOZDOKSK. COLONEL : *Domantovitch*.
- 2° rég. de la VOLGA. COLONEL : Prince *Djambakou-Orbéliani*.

III. COSAQUES D'ASTRAKHAN.

ATAMAN : GÉNÉRAL-MAJOR *Téviachev*.
- 1ᵉʳ rég. de cavalerie*. COLONEL : *Chtcherbakov*.

IV. COSAQUES D'ORENBOURG.

ATAMAN : GÉNÉRAL-LIEUTENANT *Maslakovetz*.
CHEF D'ÉTAT-MAJOR : GÉNÉRAL-MAJOR *Birk*.
- 1ᵉʳ régiment. COLONEL : *Spitzberg*.
- 2° — COLONEL : *Grékov*.
- 3° — COLONEL : *Ali-Chéikh-Ali*.
- 4°* — COLONEL : *Kazantzev*.
- 5°* — COLONEL : *Avdiéev*.
- 6°* — COLONEL : *Kholmsky*.

V. COSAQUES DE L'OURAL.

ATAMAN : GÉNÉRAL-MAJOR *Chipov*.
- 1ᵉʳ régiment. COLONEL : *Mikhaïlov*.
- 2°* — COLONEL : *Jigaline*.
- 3° — COLONEL : *Liubavine*.

VI. COSAQUES DE SIBÉRIE.

ATAMAN : GÉNÉRAL DE CAVALERIE Baron *Taube*.
- 1ᵉʳ régiment*, dit d'ERMAK. COLONEL : *Chaïtanov*.
- 2°* — COLONEL : *Sarandinaki*.
- 3°* — COLONEL : *Vologodsky*.

VII. COSAQUES DU SÉMIRIÉTCHIÉ (TURKESTAN RUSSE).

ATAMAN : GÉNÉRAL-MAJOR *Ivanov*.
- 1ᵉʳ régiment de cavalerie*. COLONEL : *Chtcherbakov*.

VIII. COSAQUES DE LA PROVINCE D'AMOUR.

ATAMAN : GÉNÉRAL-LIEUTENANT Baron *Korf*.

1. Cosaques du Transbaïkal.

ATAMAN : GÉNÉRAL-MAJOR *Khorochkine*.
- 1ᵉʳ régiment de cavalerie*. COLONEL : *Pétrov*.

288 CROQUIS DE CAVALERIE.

2. Cosaques de l'Amour.

Ataman : Général-major *Bénevsky*.
Régiment de cavalerie '. Colonel : *Vinnikov*.

3. Cosaques de l'Oussouri.

Ataman : Général-major *Unterberger*.
Régiment de cavalerie '. Colonel : *Von Glen*.

ÉCOLE DE CAVALERIE NICOLAS.

Directeur : Général-major *Rynkiévitch*.
Principal professeur d'équitation et de dressage de l'école des officiers : Lieutenant-colonel *Brousilov* (à la suite du rég. des Grenadiers à cheval de la Garde).
Commandant l'escadron des younkers : Lieutenant-colonel *Soukhomlinov* (à la suite des Hulans de la Garde).

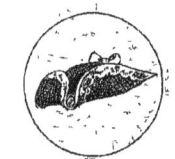

Coiffure d'officier de Cuirassiers; 1762.

CHAPITRE XI

SUÈDE

L'ARMÉE active suédoise compte 8 régiments ou plutôt 8 corps de cavalerie; elle est divisée en VARFADE, troupe volontaire, et en INDELTA, troupe cantonnée.

La VARFADE, qui se recrute avec des engagés volontaires, comprend :

1 régiment de cavalerie de gardes du corps à 4 escadrons,
1 régiment de hussards de la ligne (Prince-Royal) à 6 escadrons;
soit environ 1.100 hommes.

Les engagements sont contractés par des jeunes gens ayant de dix-sept à vingt-six ans, pour une durée de trois ans.

La prime d'engagement est de 41 fr. 40 (30 couronnes).

Son engagement terminé, le volontaire peut contracter un rengagement qui lui donne droit à une prime de 27 fr. 60 (20 couronnes) pour chaque année de service.

Garde du corps.

L'INDELTA, dont les soldats sont procurés par les grands propriétaires, et entretenus à leurs frais, se compose de : 3 régiments de hussards (gardes du corps et Scanie) de 5 à 10 escadrons, 1 régiment de dragons (gardes du corps) à 5 escadrons, 1 corps de dragons à 10 escadrons, 1 régiment de chasseurs à cheval à 2 escadrons, formant un total d'environ 3.560 hommes.

En principe, tout Suédois doit le service militaire, de *conscription*, pendant douze ans : six années dans l'armée active et six dans la MILICE, soit de vingt et un à trente-deux ans.

Durant la première année, le conscrit est appelé sous les drapeaux pendant quarante-deux jours, dans la cavalerie. La deuxième année, il doit servir vingt-sept jours, et quinze jours pendant la troisième année.

La durée légale et maxima du service est de trente ans. Arrivé à cinquante ans d'âge et trente ans de service, le soldat a droit à une pension de retraite. Après neuf années consécutives de service dans la troupe permanente, le soldat peut obtenir un des emplois réservés dans les grandes administrations ou dans la police.

Quant aux pensions de retraite, elles sont de quatre classes, variant de 15 couronnes (la couronne est de 1 fr. 38 c.) à 72 couronnes. En plus, la retraite donne droit à une part prélevée sur la caisse du régiment. Ces caisses, alimentées par des dons volontaires et des retenues sur la solde, disposent souvent de fonds considérables s'élevant jusqu'à 200 ou 250.000 francs, ce qui peut porter la part de chaque retraite à 560 ou 650 francs.

Dragons de Scanie.

Sabre d'officier de cavalerie.

La hiérarchie des grades est la suivante :

Vice-caporal, un galon de laine au collet.

Sergent, ne porte pas de marques distinctives, mais a une tenue intermédiaire entre celle de la troupe et celle de sergent-major.

Sergent-major, la tenue d'officier, mais sans marques distinctives.

Sous-lieutenants, lieutenants, capitaines. Les officiers subalternes portent, en grande tenue, des contre-épaulettes, en or ou en argent, sur les brides desquelles sont brodées une, deux ou trois étoiles. En petite tenue, le grade se marque au képi, avec un, deux ou trois galons, et les étoiles brodées sur le turban du képi.

Major, lieutenant-colonel et colonel. En grande tenue, épaulettes à franges, avec, sur les brides, une, deux ou trois étoiles doubles.

Général-major, général-lieutenant, général. Tenue du corps d'état-major, avec une, deux ou trois grandes étoiles sur le corps des épaulettes et sur les attaches.

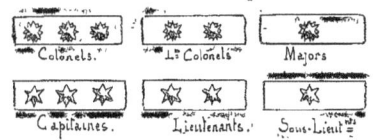

Marques distinctives des grades.

L'insigne du service est une ceinture de soie jaune et or.

Chaque corps ou régiment de cavalerie compte 1 état-major et un nombre d'escadrons variant de 5 à 10.

GARDE DU CORPS.

Le régiment de hussards et celui de dragons ont chacun 10 escadrons; 5 de ces escadrons forment 1' bataillon.

Chaque escadron se compose de 1 chef d'escadrons, 1 capitaine, 2 ou 3 lieutenants et sous-lieutenants, 1 porte-drapeau, 3 ou 4 sergents, 6 caporaux et vice-caporaux, 3 trompettes, de 83 à 87 cavaliers volontaires, de 96 à 107 hommes de troupe et 89 à 97 chevaux. Les vétérinaires sont en nombre variable.

Deux écoles, à Stockholm et à Alnarp, reçoivent des élèves maréchaux qui suivent un cours de deux années. Ces élèves, au nombre de 26, sont pris à tour de rôle dans les régiments de cavalerie.

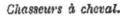
Chasseurs à cheval.

Le travail des recrues commence à leur arrivée au corps, en septembre ou octobre, et se termine l'année suivante à la même époque.

Chaque régiment possède une école d'équitation dirigée par un officier écuyer.

Les EXERCICES MILITAIRES se font du 1er avril au 1er juillet.

Dans l'Indelta, ce qu'on appelle les exercices de recrues et de remonte se font chaque année et ont une durée de 100 jours. Le roi fixe la date de cette période d'instruction. On convoque alors toutes les recrues et toutes les remontes, et l'on garde sous les armes le nombre jugé utile d'hommes et de chevaux.

Les exercices de commandement pour les officiers ont une durée de 10 jours, précédant les exercices pendant lesquels officiers et sous-officiers sont exercés avec un groupe de 14 cavaliers par escadron.

Les MANŒUVRES DE RÉGIMENT durent de 20 à 26 jours, pendant lesquels le régiment est surtout exercé au service en campagne.

Dans chaque escadron les six plus mauvais tireurs font une période d'instruction supplémentaire de 8 jours.

Les exercices du SERVICE EN CAMPAGNE ont lieu généralement tous les ans.

Enfin, tous les deux ans, s'exécutent les grandes manœuvres, qui réunissent sous le commandement supérieur la moitié ou le quart des troupes suédoises.

Il est établi à Stockholm, dans la caserne de Ladugardsgarde, une école de gradés pour la cavalerie. Chaque escadron de cavalerie y envoie un soldat ayant passé par l'école préparatoire du régiment et ayant moins de trente ans. Les cours commencent au 1er juillet pour finir au 30 septembre.

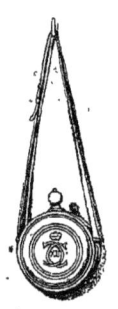
Bidon de cavalerie; 1700.

Les élèves passent ensuite des examens de sortie et reçoivent un insigne variant avec la mention obtenue. Ceux qui ont la mention « accepté » portent un galon de laine sur la manche gauche pour la 1re classe, deux galons pour la 2e; ceux qui ont été acceptés avec éloge, un galon simple ou double en or ou en argent, suivant le métal du bouton.

Il existe en outre une autre école dite ÉCOLE DE VOLONTAIRES, celle-ci destinée à fournir des sous-officiers qui peuvent ensuite entrer à l'École militaire.

Les élèves de ces deux écoles, des gradés et des volontaires, rentrent à leur corps après la fin de leurs cours et peuvent ensuite concourir pour les grades subalternes. Les sous-officiers suédois jouissent d'une grande considération et d'une grande liberté, ils peuvent être autorisés à loger en ville, liberté justifiée par leur instruction et leur bonne conduite.

Le recrutement des officiers est assuré par l'école militaire de Karlberg.

Nul ne peut aspirer au grade d'officier s'il n'est sous-officier, et s'il n'a obtenu son diplôme de maturité, qui équivaut à notre baccalauréat. Le nombre annuel des élèves est de 80, qui sont nourris, logés et instruits gratuitement pendant les quinze mois que durent les cours. Les cours terminés et les examens de sortie subis, les aspirants officiers rejoignent leurs corps; ils sont classés d'après leur numéro de sortie qui devient leur numéro d'ancienneté pour leur promotion au grade de sous-lieutenant. Ceux qui, ayant satisfait aux examens de sortie, n'ont obtenu que la note *passable*, pour leur conduite, subissent un retard de six mois ou un an, suivant l'avis du chef de corps, pour le classement.

Les sous-lieutenants de cavalerie ne peuvent aspirer au grade de lieutenant qu'après avoir suivi un cours d'une année à L'ÉCOLE D'ÉQUITATION de Stromsholm. Ce cours est interrompu pendant deux mois, durant lesquels l'officier retourne faire son service à son corps.

Les officiers de cavalerie peuvent également être envoyés à L'ÉCOLE DE TIR de Rosersberg, pour y suivre un cours de deux mois. Les officiers qui veulent entrer dans l'état-major général doivent passer par l'école de guerre de Stockholm.

NORVÈGE

Distincte de l'armée suédoise, l'armée norvégienne compte, comme cavalerie, une brigade de trois corps de chasseurs à cheval.

Ces 3 corps sont : celui D'AKERHUSEN, composé de 5 escadrons dont 1 de volontaires et permanent à Christiania; le CORPS D'OPLAND, de 4 escadrons, et celui de TRONDHJEM, de 2 escadrons.

Chaque escadron comprend : 1 capitaine-commandant, 1 premier lieutenant, 1 second lieutenant (l'escadron permanent en a 2), 8 sous-officiers, 1 caporal à solde fixe et 7 autres, 2 trompettes, 91 cavaliers et 111 chevaux.

Au point de vue du recrutement et des obligations militaires, l'armée se compose de trois bans :

L'ARMÉE ACTIVE, formée de contingents annuels et de volontaires dans une proportion variable;

L'ARMÉE TERRITORIALE, landwœrn, qui ne peut servir en dehors du royaume;

LA RÉSERVE DE L'ARMÉE TERRITORIALE, landstorm, destinée à la défense locale;

Auxquels il convient d'ajouter le RENFORT DU LANDSTORM qui comprend, en temps de guerre, tous les Norvégiens de dix-huit à cinquante ans, en état de porter les armes.

En principe, tout Norvégien est tenu de satisfaire successivement aux obligations militaires des trois bans de l'armée.

A partir de sa vingt-deuxième année, chaque citoyen doit à l'État un temps de service de treize ans, dont cinq dans l'armée active, quatre dans l'armée territoriale et quatre dans la réserve de l'armée territoriale. En temps de paix, toute obligation militaire cesse après quarante-cinq ans d'âge.

La période d'instruction des recrues est de 70 jours pour la cavalerie. En outre, chaque année, les 2ᵉ, 3ᵉ et 4ᵉ classes d'âge, dans la cavalerie, sont soumises à des exercices qui portent à 154 le nombre de jours d'exercices annuels de cette arme. Toutes les classes et tous les hommes non appelés pour les exercices ci-dessus restent dans leurs foyers en temps de paix, et le service est assuré par les volontaires enrôlés.

Les grades et leurs signes distinctifs sont les mêmes que dans la cavalerie suédoise. Les gradés se divisent en deux classes : ceux qui touchent la solde fixe, au titre permanent; ceux qui ne touchent la solde que pendant la durée de leur présence sous les drapeaux au moment des appels.

Le recrutement des cadres est à peu près semblable à celui de la Suède. L'école destinée à fournir les cadres inférieurs porte le nom D'ÉCOLE DE SOUS-COMMANDEMENT; elle est organisée à l'escadron permanent de chasseurs à cheval résidant à Christiania, où est également organisé, pour les lieutenants en second, les sous-officiers et les élèves de l'école de sous-commandement, un cours d'équitation d'une durée de sept mois.

C'est à L'ÉCOLE MILITAIRE de Christiania que se forment les officiers à toutes les armes. Elle est divisée en deux sections, inférieure et supérieure.

La SECTION INFÉRIEURE, dont les cours durent onze mois et qui reçoit chaque année 105 élèves environ, fournit des officiers au titre non permanent; LA SECTION SUPÉRIEURE est réservée aux jeunes gens qui veulent servir au titre permanent. Les candidats doivent être âgés au moins de vingt-cinq ans, avoir leurs deux

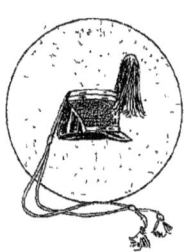

Chasseurs à cheval.

baccalauréats, avoir suivi le cours de la SECTION INFÉRIEURE ou passer avec succès l'examen de la classe des sergents de l'école de sous-commandement, et avoir rempli les fonctions de sergent pendant les exercices d'une année. Cette section, qui compte environ 40 élèves, suit des cours d'une durée de deux ans.

En temps de paix, les officiers doivent se remonter à leurs frais et entretenir leur monture; ils reçoivent à titre d'indemnité annuelle 1.049 francs, s'ils sont au service permanent, et 662 francs, s'ils sont au titre non permanent, comme dans la cavalerie suédoise.

Enfin, les hommes sont armés du sabre et de la carabine, les sous-officiers et trompettes ayant le revolver comme arme à feu.

TABLE DES PLANCHES EN COULEURS

Pages.

N° 1. — Garde du corps Hongrois; officiers Allemands, Anglais, Russes, etc. . . . . COUVERTURE.

ALLEMAGNE.

N° 2. — Officiers de cavalerie de la Garde en tenue de gala. . . . . FRONTISPICE.
N° 3. — Princesse, colonel honoraire d'un régiment de Hussards. 5
N° 4. — A l'étape ; Hussard de la Garde. 9
N° 5. — Officiers des Dragons de Neumark (rég. n° 3) et des Hussards de Brunswick (rég. n° 17) . . 13
N° 6. — Hulan (rég. n° 12). 17
N° 7. — Officiers de Hussards (rég. n° 4) et des Cuirassiers de la Garde. 21
N° 8. — Colonel du rég. de Dragons n° 8 ; lieutenant de Dragons n° 22 25
N° 9. — Ordonnance, Cuirassier (rég. n° 5). 29
N° 10. — Officier des Gardes du corps ; tenue de gala. Prusse. 33
N° 11. — Sous-officier des Hussards de Blücher (rég. n° 5). 37
N° 12. — Officier de Hussards ; Saxe. 41
N° 13. — Tableau synoptique des uniformes de la cavalerie. 45
N° 14. — Idem. 46

ANGLETERRE.

N° 15. — Officier supérieur du 15° Hussards (1882). 49
N° 16. — Timbalier du 2° Dragoons-Guards (Bais de la Reine). 53
N° 17. — Officier du Royal Scots-Greys ; 2ᵈ Dragoons. 57
N° 18. — Officier du 14° Hussards 61
N° 19. — Au Zululand ; 17° Lanciers (duc de Cambridge) 65
N° 20. — Officier du 16° Lanciers 69
N° 21. — Officiers en petite tenue. 73
N° 22. — Officier indigène ; cavalerie légère de Madras. 77
N° 23. — Officier indigène en tenue de campagne ; 3° Bengale. 81
N° 24. — Officier indigène ; 2° Lanciers de Bombay 85

AUTRICHE.

Pages.
N° 25. — Général de cavalerie ; petite tenue 89
N° 26. — Dragons 93
N° 27. — Archer de la Garde du corps 97
N° 28. — « Leib-Garde-Reiter » 101
N° 29. — Officiers de Hussards ; petite tenue 105
N° 30. — Officier de Dragons ; 1838 108
N° 31. — Officier de Hulans 113
N° 32. — Tableau synoptique des uniformes de la cavalerie 117

BELGIQUE.

N° 33. — Officier de Guides 121

ESPAGNE.

N° 34. — Officier de Chasseurs ; petite tenue 137

FRANCE.

N° 35. — Officier de Cuirassiers 153
N° 36. — Au concours hippique ; officiers de Chasseurs et de Hussards ... 161
N° 37. — Service en Campagne ; Dragons 169
N° 38. — Sous-officier de Hussards, élève-officier à Saumur 177
N° 39. — Officiers de Guides ; second Empire 193
N° 40. — Sous-officier de Chasseurs d'Afrique 209

ITALIE.

N° 41. — Guides de Murat ; Royaume de Naples, 1812 233
N° 42. — Capitaine du rég. de Gênes ; 4° de cavalerie 237

RUSSIE.

N° 43. — Trompette des Gardes à cheval en tenue de gala 245
N° 44. — « Mladchii Vakhmistre » des Cosaques de l'Escorte de l'Empereur ... 249
N° 45. — Officier des Hussards de l'Empereur 253
N° 46. — Timbalier des Cuirassiers de l'Impératrice 257
N° 47. — Cosaques surveillant une ligne télégraphique 265
N° 48. — Cosaque de la Garde 273
N° 49. — Lieutenant de Cosaques 281

SUÈDE.

N° 50. — Garde du corps 289

TABLE DES ILLUSTRATIONS DANS LE TEXTE

AVANT-PROPOS.

	Pages.
N° 1. — France ; lettre ornée	VII
N° 2. — Armes d'exercice ; Angleterre	VIII
N° 3. — Coiffures indigènes ; cavalerie des Indes anglaises	IX
N° 4. — Cavalier roumain ; tenue d'hiver	XI
N° 5. — Hussard ; Roumanie	XI
N° 6. — Bonnet de police ; Autriche	XII

ALLEMAGNE.

	Pages.
N° 7. — Hussard de Brunswick, 1825 ; lettre ornée	1
N° 8. — Casquette d'officier de la landwehr ; 1890	2
N° 9. — Casque de M. de Bismarck pendant la campagne de 1870	2
N° 10. — Coiffures de cavalerie	3
N° 11. — Officiers de dragons, régiments n°ˢ 6 et 9 ; petite tenue	3
N° 12. — Officier des dragons de la reine Olga, régiment n° 5	4
N° 13. — Shako des hussards de la landwehr ; 1868	5
N° 14. — Colback du régiment de hussards n° 2 ; Prusse	5
N° 15. — Régiment des hussards de Hanovre n° 16 ; officier en tenue de parade	5
N° 16. — Trompette de cavalerie	6
N° 17. — Éperon d'officier de hulans	6
N° 18. — Officiers des 1ᵉʳ et 2ᵉ régiments de hulans de la Garde ; Prusse	6
N° 19. — Sur la frontière : hussard prussien	7
N° 20. — Cuirasse de la Garde	8
N° 21. — Casque de chevau-légers bavarois ; 1812	8
N° 22. — Lances et fanions	9
N° 23. — Casque de chevau-légers bavarois avant 1887	9
N° 24. — Officier des gardes du corps avec la cuirasse noire	10
N° 25. — En vedette ; cuirassier	11
N° 26. — Carabiniers saxons ; casquette d'officier	12
N° 27. — Officier de cuirassiers ; petite tenue	12
N° 28. — Équipement de hussards ; Prusse	13
N° 29. — Officier de dragons de la landwehr	13
N° 30. — Sabretache de hussards ; régiment de la Garde ; Prusse	13
N° 31. — Prusse ; officier de cuirassiers, petite tenue de service	14
N° 32. — Cuirassier, régiment n° 8 ; tenue d'ordonnance	15
N° 33. — Officier de cuirassiers de Silésie, régiment n° 1 ; petite tenue de service d'hiver	15

	Pages.
N° 34. — Trompette des dragons d'Oldenbourg, régiment n° 19 ; tenue de parade	15
N° 35. — Officier supérieur des cuirassiers de la reine (Poméranie), régiment n° 2 ; tenue de cérémonie	16
N° 36. — Dragon mecklembourgeois, régiment n° 18	16
N° 37. — Étendards des gardes du corps, de la cavalerie de la Garde et de la ligne	16
N° 38. — Timbales du régiment des cuirassiers de la Garde ; Prusse	17
N° 39. — Patte d'épaules des engagés volontaires du 1ᵉʳ régiment de cuirassiers	17
N° 40. — Officier du régiment des dragons de Kurmarck n° 14	17
N° 41. — Casque du « poker », timbalier, des gardes du corps ; Prusse	18
N° 42. — Timbales du régiment des gardes du corps ; Prusse	18
N° 43. — Officier de dragons, régiment n° 14 ; grande tenue à pied	19
N° 44. — Très curieuse caricature montrant en « schema » les cinq grades de l'armée allemande	19
N° 45. — Hussards de Brunswick	20
N° 46. — Officier de hussards ; Prusse	20
N° 47. — Officier prussien ; tenue de ville	21
N° 48. — Sabre de hulan prussien	21
N° 49. — Bavière ; casque des cuirassiers	21
N° 50. — Saxe ; 1885	22
N° 51. — « Wachmeister » des leib-cuirassiers ; régiment n° 1 ; petite tenue	22
N° 52. — Casquette d'officier du régiment de cuirassiers n° 6 ; 1870	22
N° 53. — Épaulettes d'Oberstlieutenant	23
N° 54. — Grades sur les pattes d'épaules	23
N° 55. — Hanovre ; rég. de dragons n° 16 ; capitaine-adjudant, attaché à la personne du prince ; tenue de gala	23
N° 56. — Épaulettes d'officiers prussiens	24
N° 57. — Sous-officier des dragons de Brandebourg, régiment n° 2 ; « Hausanzug », tenue ordinaire	25
N° 58. — Marques distinctives des attachés aux grands quartiers généraux en 1866 et en 1870-71	25
N° 59. — Patte d'épaules des volontaires d'un an	25
N° 60. — Dragon badois ; régiment n° 22	26
N° 61. — Saxe ; officier de hussards ; régiment n° 18	28
N° 62. — Types d'officiers ; aujourd'hui et avant 1870	29
N° 63. — Colonel du régiment n° 1 des leib-cuirassiers du grand Électeur ; tenue de bal	30

298   CROQUIS DE CAVALERIE.

	Pages.
N° 64. — Paquetages de campagne; cuirassiers, Prusse....	32
N° 65. — Pattes d'épaules des régiments de cuirassiers et de dragons....................................	46

ANGLETERRE.

N° 66. — 1er Life-guards; lettre ornée................	47
N° 67. — Officier de hussards; 1851.................	48
N° 68. — Officier du 4e dragons-gardes..............	49
N° 69. — Sous-officier de dragons; tenue de ville........	50
N° 70. — Marques distinctives des pattes d'épaules.......	51
N° 71. — Coiffure des gardes du corps; 1840..........	51
N° 72. — Officier en petite tenue...................	51
N° 73. — Dragons lourds; 1803...................	52
N° 74. — Dragoon-guard; 1826....................	53
N° 75. — Casque du 6e dragons; 1815...............	53
N° 76. — Officier du 18e dragons (« light dragoons »); 1840....................................	53
N° 77. — 12e Dragons légers; 1811.................	54
N° 78. — Officier et cavalier du 17e lanciers...........	55
N° 79. — Camp................................	56
N° 80. — 16e Lanciers...........................	56
N° 81. — Officier de hussards; tenue de « field day »; 1891.	57
N° 82. — Czapska et lance........................	58
N° 83. — 18e Dragons légers; 1840.................	58
N° 84. — Officier du 2e dragons; Royal Scots grey.......	59
N° 85. — Colbach d'officier de hussards; 1891..........	59
N° 86. — Officier du 1er life-guards.................	60
N° 87. — « Busbies », coiffures de hussards...........	61
N° 88. — Officier du 2e dragoons-guards.............	61
N° 89. — A Sandhurst; l'escrime du sabre.............	62
N° 90. — 1er Régiment de cavalerie du Bengale.........	62
N° 91. — 17e Lanciers..........................	63
N° 92. — « Sowar » (cavalier) du 10e lanciers..........	63
N° 93. — « Tent pegging ».......................	63
N° 94. — Officier des gardes du corps du gouverneur de Bombay....................................	64
N° 95. — Casque porté aux colonies par la cavalerie anglaise......................................	64
N° 96. — Lancier en tenue de sortie.................	65
N° 97. — 17e Lanciers; petite tenue.................	65
N° 98. — Coiffure de trompettes de life-guards.........	65
N° 99. — Trompette de cavalerie...................	66
N° 100. — Sous-officier de life-guards; petite tenue de service......................................	66
N° 101. — Coiffure portée par le 8e hussards pendant la révolte des Indes; 1857........................	67
N° 102. — 2e Dragoons-guards.....................	67
N° 103. — 6e Dragoons-guards (carabiniers)...........	67
N° 104. — 1er Régiment de cavalerie du Pendjab........	68
N° 105. — Officier du corps des guides (Bengale).......	68
N° 106. — Major-général D. C. Drury Lowe, commandant de la cavalerie anglaise pendant la campagne d'Égypte en 1882.............................	69
N° 107. — 1er Dragons; tenue de garde à pied..........	69
N° 108. — Carabine et étui de carabine..............	69
N° 109. — 5e Régiment de cavalerie de Bombay........	70
N° 110. — Cavalier du 8e régiment du Bengale.........	70
N° 111. — Cavalier anglais du 10e lanciers, Bengale; tenue de campagne................................	71
N° 112. — Officier indigène des guides de la Reine; Bengale......................................	72

	Pages.
N° 113. — 16e lanciers; petite tenue de service à pied.....	72
N° 114. — Casquette d'officier du 13e dragons (light-dragoons); 1840.............................	72
N° 115. — Gardes du corps du vice-roi...............	73
N° 116. — 5th Bombay cavalry.....................	73
N° 117. — 1er Lanciers de Madras..................	74
N° 118. — 15e Lanciers du Bengale.................	74
N° 119. — Casque de life-guards...................	84

AUTRICHE.

N° 120. — Archer de la garde du corps; 1836 (lettre ornée).	85
N° 121. — Cuirasse; 1840........................	86
N° 122. — Coiffure de hussard; 1770................	86
N° 123. — Sabre d'officier de la garde royale; Hongrie....	86
N° 124. — Shako de général de cavalerie.............	87
N° 125. — Tirailleur du Tyrol.....................	87
N° 126. — Officier du régiment de dragons, n° 2; petite tenue.....................................	88
N° 127. — Marques distinctives au collet.............	89
N° 128. — Archer de la Garde en petite tenue.........	89
N° 129. — Carabine à répétition...................	90
N° 130. — Coiffure des tirailleurs à cheval du Voralberg..	90
N° 131. — Dragon.............................	91
N° 132. — Officier de cavalerie; petite tenue..........	92
N° 133. — Officier de hulans; régiment n° 4..........	93
N° 134. — Czapska des hulans de la landwher.........	93
N° 135. — Colbach des gardes de la couronne; Hongrie..	93
N° 136. — Officier de cavalerie, petite tenue..........	94
N° 137. — Vétérinaires; marques distinctives..........	94
N° 138. — Hussard.............................	95
N° 139. — Officier de hussards-honved..............	96
N° 140. — Officier de chasseurs à cheval du Tyrol......	97
N° 141. — Officier de la garde hongroise.............	97
N° 142. — Chasseur à cheval du Tyrol...............	97
N° 143. — Dragon en blouse......................	98
N° 144. — En Bosnie...........................	99
N° 145. — Colbach de vétérinaire..................	100
N° 146. — Dragon; régiment n° 8.................	100
N° 147. — Hussards............................	101
N° 148. — Marques distinctives; collet..............	101
N° 149. — Volontaires d'un an....................	102
N° 150. — Invalide.............................	103
N° 151. — Gardes de la couronne de Hongrie.........	104

BELGIQUE.

N° 152. — Officier de guides; lettre ornée............	117
N° 153. — Lancier..............................	119
N° 154. — Képi de capitaine des guides; petite tenue.....	120
N° 155. — Ronde d'officier.......................	121
N° 156. — Czapskas de lanciers....................	123

DANEMARK.

N° 157. — Dragon (lettre ornée)...................	127
N° 158. — Dragons au combat à pied................	129
N° 159. — Hussards de la Garde; officier en petite tenue..	131
N° 160. — Hussards de la Garde; bonnet de police......	134

ESPAGNE

	Pages.
N° 161. — Hussard (lettre ornée)........................	135
N° 162. — Escorte royale...............................	136
N° 163. — Ordonnance.................................	136
N° 164. — Chasseur; tenue d'hiver......................	187
N° 165. — Lanciers...................................	188
N° 166. — Hussard de la princesse; 1864...............	188
N° 167. — « Ros » des carabiniers à cheval............	139
N° 168. — Bonnet d'écurie des lanciers................	139
N° 169. — Officier de chasseurs; petite tenue.........	139
N° 170. — Officier des hussards de la princesse; petite tenue	140
N° 171. — Officiers; marques distinctives..............	140
N° 172. — Troupes; marques distinctives................	141
N° 173. — Hussard de la princesse; petite tenue........	141
N° 174. — Képi d'alférez de chasseurs..................	148

FRANCE

N° 175. — Spahis; lettre ornée.........................	149
N° 176. — Carabiniers; 1892...........................	150
N° 177. — Quelques types de cavaliers..................	150
N° 178. — A l'essai aux hussards en 1881..............	151
N° 179. — Passage d'un gué; cuirassiers...............	151
N° 180. — Idem......................................	151
N° 181. — De semaine!................................	152
N° 182. — De 1765 à 1892; cuirasses..................	153
N° 183. — La nouvelle carabine de cavalerie...........	153
N° 184. — Bonnet de police d'off. de dragons, modèle 1891..	154
N° 185. — Képis; marques distinctives.................	154
N° 186. — Dragons....................................	155
N° 187. — Officier de cuirassiers; tenue du jour.......	156
N° 188. — Étendard de cavalerie.......................	157
N° 189. — Casques de dragons; 1820, 1830, 1850........	158
N° 190. — Cuirassier.................................	159
N° 191. — Chapeaux et casques de cuirassiers; de 1772 à 1890	160
N° 192. — Corvée de fourrage.........................	161
N° 193. — Différentes coiffures de la cavalerie française; 1892	162
N° 194. — Bonnet d'écurie............................	162
N° 195. — Cuirassiers................................	163
N° 196. — Les prévôts à Saumur.......................	164
N° 197. — Sapeur de cavalerie........................	164
N° 198. — Grades; marques distinctives sur la manche..	165
N° 199. — Les rengagés...............................	165
N° 200. — Colbach de chasseurs à cheval; 1870........	166
N° 201. — Guides; 2° Empire..........................	166
N° 202. — Sabre de cavalerie légère; 1er Empire......	166
N° 203. — Trompette de cavalerie; 1892...............	167
N° 204. — Chasseurs; 1878............................	167
N° 205. — Id.; 1812..................................	167
N° 206. — Colbach de hussards, compagnie d'élite; 1er Empire	168
N° 207. — Fanion.....................................	169
N° 208. — Sabre de l'époque du Consulat..............	170
N° 209. — Hussards; 1840.............................	170
N° 210. — Spahis.....................................	171
N° 211. — Hussards; 1er Empire.......................	173

HOLLANDE.

	Pages.
N° 212. — Hussard (lettre ornée)......................	225
N° 213. — Casquette d'officier du 3° hussards........	226
N° 214. — Hussard en vedette.........................	227
N° 215. — Colbach de hussards........................	227

ITALIE.

N° 216. — Hussard; du Pape, 1867; petite tenue (lettre ornée)	229
N° 217. — Cavalerie de ligne; casque d'officier......	230
N° 218. — Officiers; marques distinctives au képi....	231
N° 219. — Vétérinaire................................	231
N° 220. — Élève de l'École de cavalerie de Pignerol..	231
N° 221. — Collet des volontaires d'un an............	232
N° 222. — Capitaine du régiment de Savoie; 3° de cavalerie	232
N° 223. — Lanciers de Novare; 5° de cavalerie; officier	233
N° 224. — Colbach des guides de Murat................	233
N° 225. — Sergent du régiment de Nice; 1er de cavalerie	233
N° 226. — Marques distinctives des grades sur la manche	234
N° 227. — Casque des gardes-nobles du Pape...........	234
N° 228. — Sabretache des hussards de Murat; 1812.....	234
N° 229. — Officier de cavalerie en petite tenue......	235
N° 230. — Lanciers de Novare; 5° de cavalerie........	235
N° 231. — Officier du régiment de Rome...............	235
N° 232. — Officier de cavalerie......................	236
N° 233. — Casque de trompette des « Gardie d'Onore » du prince Eugène	236

RUSSIE.

N° 234. — Grenadiers à cheval (lettre ornée)..........	243
N° 235. — Officier du 1er régiment des hussards de l'Empereur; tenue d'hiver	244
N° 236. — Grenadiers à cheval de la Garde............	244
N° 237. — Officier du 3° régiment des hussards de la Garde de Grodno	244
N° 238. — Off. des hussards de l'Empereur; petite tenue (1).	245
N° 239. — Cuirasse; 1835.............................	246
N° 240. — Sous-officier des Cosaques de la Garde; 2° régiment	246
N° 241. — Cosaque de l'Amour.........................	247
N° 242. — 3° régiment de dragons; grande tenue.......	248
N° 243. — Officier des hussards de Grodno............	248
N° 244. — Pattes d'épaules; marques distinctives des grades	249
N° 245. — « Essaoul » (capitaine) des Cosaques de l'Amour	249
N° 246. — 2° régiment des Cosaques de la Garde; officier en petite tenue	250
N° 247. — Chevaliers-gardes; bonnet de petite tenue..	250
N° 248. — Casquette de toile blanche portée par la cavalerie en Asie	250
N° 249. — Cosaque...................................	251
N° 250. — Étendards des cuirassiers de la Garde.....	252
N° 251. — Trompettes des chevaliers-gardes..........	252
N° 252. — Officier du 2° régiment des Cosaques de la Garde.	253
N° 253. — Cosaque du Don............................	254
N° 254. — Sous-officier des chevaliers-gardes à pied; tenue d'exercice	254

(1) La légende porte par erreur « hussards de Grodno »: il faut lire « off. des hussards de l'Empereur.

		Pages.
N° 255.	— Officier de hulans............................	254
N° 256.	— Le lieutenant Dmitri Poshkov................	255
N° 257.	— Sous-officier de chevaliers-gardes ; tenue d'hiver.	256
N° 258.	— Selle toborkesse.............................	257
N° 259.	— Trompette des Cosaques du Caucase de la Garde.	258
N° 260.	— Colbach des hussards de Grodno............	259
N° 261.	— Étrier de Cosaques.........................	259
N° 262.	— Cosaque ; tenue de campagne................	260
N° 263.	— Chevalier-garde en faction dans l'intérieur du Palais d'Hiver..............................	261
N° 264.	— Casque de chevalier-garde...................	262
N° 265.	— En Asie....................................	263
N° 266.	— Officier de chevaliers-gardes en tenue de manœuvres.....................................	264
N° 267.	— Ordre de Saint-Georges.....................	265
N° 268.	— Bonnets de cavalerie........................	265
N° 269.	— Hussard de Slobotzki (1756-1761)...........	266
N° 270.	— Sabre de cavalerie ; dix-huitième siècle......	266
N° 271.	— Sabretache des hussards de Grodno ; 1835...	266
N° 272.	— Grenadiers à cheval.........................	267
N° 273.	— Trompette de cavalerie......................	267
N° 274.	— Bonnets de cavalerie........................	268
N° 275.	— Officiers de grenadiers à cheval ; 1758......	268
N° 276.	— Sabretache de hussards ; dix-huitième siècle..	268
N° 277.	— Épaulettes d'officiers subalternes ; chevaliers-gardes, 1820.................................	269
N° 278.	— Ceintures d'officier de cuirassiers ; 1820.....	269
N° 279.	— Czapka ; 1840..............................	269
N° 280.	— Chevaliers-gardes ; 1820....................	270

		Pages.
N° 281.	— Cosaques ; 1856............................	271
N° 282.	— Sabre de chevaliers-gardes ; 1832...........	271
N° 283.	— Czapka ; 1815..............................	272
N° 284.	— Cosaques de l'Oural ; garde impériale........	272
N° 285.	— Sabre porté en campagne par toute la cavalerie.	273
N° 286.	— Cuirasse des cuirassiers de la Garde, en 1760..	273
N° 287.	— En tirailleur !..............................	275
N° 288.	— Coiffure d'officier des cuirassiers de Lomza ; 1762.	288

SUÈDE-NORWÈGE.

N° 289.	— Garde du corps ; lettre ornée,................	289
N° 290.	— Sabre d'officier de cavalerie.................	290
N° 291.	— Dragons de Scanie..........................	290
N° 292.	— Marques distinctives des grades.............	290
N° 293.	— Chasseurs à cheval..........................	291
N° 294.	— Bidon de cavalerie ; 1700....................	291
N° 295.	— Chasseurs à cheval..........................	293
N° 296.	— Fin ; cul-de-lampe..........................	294
N° 297.	— Épaulettes ; Allemagne......................	300

EXPLICATIFS.

N° 298.	— Allemagne ; officiers de cavalerie de la Garde ; tenue de gala..................................	frontispice.
N° 299.	— Allemagne ; uniformes......................	45
N° 300.	— Autriche ; uniformes........................	117

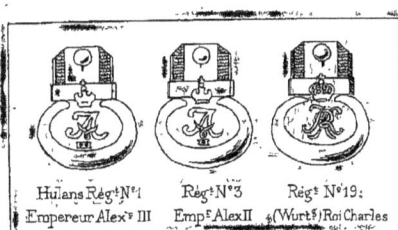

Épaulettes ; Allemagne.

TABLE DES MATIÈRES

	Pages.
AVANT-PROPOS	IX
AVIS AU LECTEUR	XV
CHAPITRE Ier. — **ALLEMAGNE**	1
Principaux officiers de la cavalerie allemande en 1892	33
CHAPITRE II. — **ANGLETERRE**	47
Principaux officiers de la cavalerie anglaise en 1892	75
CHAPITRE III. — **AUTRICHE**	85
Principaux officiers de la cavalerie austro-hongroise en 1892	105
CHAPITRE IV. — **BELGIQUE**	117
Principaux officiers de la cavalerie belge en 1892	125
CHAPITRE V. — **DANEMARK**	127
CHAPITRE VI. — **ESPAGNE**	135
Principaux officiers de la cavalerie espagnole en 1892	143
CHAPITRE VII. — **FRANCE**	149
Noms des officiers de la cavalerie française en 1892	175
CHAPITRE VIII. — **HOLLANDE**	225
CHAPITRE IX. — **ITALIE**	229
Principaux officiers de la cavalerie italienne en 1892	237
CHAPITRE X. — **RUSSIE**	243
Principaux officiers de la cavalerie russe en 1892	277
CHAPITRE XI. — **SUÈDE-NORWÈGE**	289
TABLE DES PLANCHES EN COULEURS	295
TABLE DES ILLUSTRATIONS DANS LE TEXTE	297

www.ingramcontent.com/pod-product-compliance
Lightning Source LLC
Chambersburg PA
CBHW052128230426
43671CB00009B/1169